日本企業のバイアウト

事業再編とバイアウト

日本バイアウト研究所［編］

中央経済社

序　文

　1998年に日本でバイアウト・ファンドの出資を伴う最初の本格的なMBO（management buy-out）が成立してから2010年12月末までに500件を超えるバイアウト案件が成立している。日本企業によるバイアウト・ファンドの活用事例は着実に増加してきており，バイアウト・ファンドの認知度も高まってきている。しかし，その一方では，バイアウト・ファンドの活動実態が正確に理解されておらず，また，アクティビスト・ファンドとの混同でハゲタカと揶揄されるなど，ファンドのイメージの問題から企業側がバイアウト・ファンドに対する抵抗感を持つ場合もあるとの指摘もなされている。また，バイアウト・ファンドから出資を受けると具体的にどのような支援が得られるのかがよく理解されていないという現状もある。

　バイアウトに関する解説を行った図書は日本にも存在するが，これまで刊行されている図書は，プロフェッショナル・ファームやプロフェッショナルを目指すMBA学生などを読者層としており，バイアウト・ファンドを活用する側の企業経営者を読者層として想定して書かれているものは極めて少ない傾向にある。特に，バイアウト・ファンドの経営支援機能（ハンズオン支援機能），投資先企業のバリューアップに焦点をあてて深く掘り下げた図書はほとんど存在しないのが現状である。

　このような背景に基づいて，日本企業の経営者を主な読者層とする"日本企業のバイアウト"シリーズを刊行することとした。本シリーズは，「事業再編」，「事業再生」，「事業承継」をテーマとする三部作とし，バイアウト・ファンドの機能の理解を深め，日本企業によるバイアウト・ファンド活用の促進に貢献することを目的としている。内容としては，さまざまな経営課題を抱えた日本企業がバイアウト・ファンドを活用して取り組んでいる事例を豊富に取り上げることとした。

　本書は，第Ⅰ部と第Ⅱ部の2部構成となっている。第Ⅰ部は，手法の解説や市場動向を中心とした内容となっている。有力プロフェッショナル・ファーム

の方に，バイアウトの手法に関する論文を執筆いただいた。また，日本バイアウト研究所の統計データを活用しながら，日本のバイアウト市場の動向が明らかにされている。

　第Ⅱ部は，事例紹介と経営者インタビューを中心とした内容となっている。実際に案件に関与したバイアウト・ファンドの投資担当者に事例をご紹介いただいた。具体的には，当該企業が抱えていた経営課題，バイアウトの背景，バイアウト後の経営改善の内容，バイアウト・ファンドが当該企業に対して提供した付加価値などが明らにされている。また，経営者インタビューでは，バイアウト・ファンドを活用することにした決断のポイント，投資担当者に最初に会った際の印象，バイアウト・ファンドと一緒に取り組んできて学んだこと，バイアウト・ファンドのメンバーと特に真剣に議論して取り組んだ経営施策，従業員のモチベーションを向上させるために現場で実施したこと，バイアウト・ファンドのメンバーとの信頼関係の構築のために行ったコミュニケーションの方法，などについてお話いただいた。また，当該企業の製品，工場・店舗などの現場，経営会議の様子などの写真も豊富に記載した。

　第Ⅰ部と第Ⅱ部の最後には，座談会形式による討論を記載した。第Ⅰ部の座談会では，数多くの案件で経験を積んだ業界屈指のプロフェッショナル三名により，近年の案件の特徴や市場動向についてお話いただいた上で，バイアウト後の成功への鍵，エグジットに関する留意点などの討論を行った。第Ⅱ部の座談会では，バイアウト・ファンドのメンバーと投資先企業の経営者の両方にご登場いただいて，バイアウトを実施した企業の経営改善の本質に迫った。

　このように，本シリーズの特徴は，豊富な事例と経営者インタビューを記載したことにある。本書『事業再編とバイアウト』では，大企業子会社がMBOで独立する際にバイアウト・ファンドが支援した事例，グローバルなネットワークを有するバイアウト・ファンドの支援を得てアジアの事業拡大を図った事例，業界上位企業がバイアウト・ファンドのリソースを活用してさらなる成長を図った事例，MBO後に株式公開を達成した事例，バイアウト・ファンドの支援を得てロールアップを実施して業界再編を狙う事例などが記載されており，業種も，メーカー，外食チェーン，アパレル，ソフトウェア開発など多様性に富んでいる。本書が，日本企業のマネジメント，経営企画担当（M&A担

当)，財務担当（CFO），MBOを検討している子会社のマネジメントの役に立てれば幸いである。また，学生や広く一般の方にも読んでいただいて，バイアウト・ファンドの良さや存在意義を知っていただければ嬉しく思う。

なお，3冊で30社にも及んだ経営者インタビューと座談会6件の聞き手は，すべて株式会社日本バイアウト研究所杉浦慶一が担当した。ご協力いただいた各社には感謝申し上げる。インタビューおよび座談会の本文中における意見に関する部分は，各発言者の私見であり，所属会社の見解を示すものではありません。

2011年3月

株式会社日本バイアウト研究所
代表取締役　杉浦慶一

目　次

序　文

第 I 部　手法と市場動向

第1章　大手企業の有力事業部門・子会社再編と バイアウト・ファンドの役割

はじめに・3

1　大手企業にとっての有力事業部門・子会社再編の意義
　・3
　(1)　リーディング・カンパニーとなること・4
　(2)　ランチェスターの法則・5
　(3)　業界再編の障害・7
　(4)　総合メーカー戦略の限界・7
　(5)　漸進的な進歩に依存した事業戦略・9
　(6)　成果に見合わない報酬制度・11

2　事業再編に関する海外事例・12
　(1)　米国半導体メーカーの事業再編事例・12
　(2)　米国半導体メーカーの事例におけるポイント・16

3　バイアウト・ファンドの果たす役割と再編実行時の要点
　・17
　(1)　バイアウト・ファンドの役割・18
　(2)　客観的な視点や異なったアプローチの提案・18
　(3)　経営陣に対するプレッシャー・19
　(4)　経営陣・従業員に対する適切なリワード（報奨）の提供
　　・20

おわりに・21

第2章 事業再編型バイアウトにおけるスキーム選択
―法務・税務上の留意点―

はじめに・23

1 売却対象が事業部門の一部である場合のスキーム・25
　(1) 事業売却スキーム①（事業譲渡）・25
　(2) 事業売却スキーム②（会社分割）・28
　(3) 各スキームの比較・35

2 売却対象が子会社である場合のスキーム・36
　(1) 子会社売却スキーム①（株式譲渡）・36
　(2) 子会社売却スキーム②（事業譲渡→解散・清算）・39
　(3) 子会社売却スキーム③（会社分割）・42
　(4) 各スキームの比較・45

3 段階的売却のためのスキーム・46
　(1) 事業会社とバイアウト・ファンドによる合弁形態を形成する局面・46
　(2) 事業会社とバイアウト・ファンドによる合弁形態を解消する局面・48

おわりに・51

第3章 事業再編型バイアウトを成功に導くための組織・人事上の要諦

はじめに・53

1 事業再編型バイアウトにおける企業価値向上の鍵・54
　(1) 完全には発揮できていない潜在能力・55
　(2) バイアウト・ファンドによる経営サポート・56

2 変革のための現状把握・58
　(1) 組織・人事デューデリジェンス・59
　(2) 従業員意識調査・62

3 経営戦略と人事戦略・制度のアラインメント・63
　(1) ステップ1：戦略を実現するために必要な組織能力の確認・63
　(2) ステップ2：人材が持つべき必須ファクター・人材像の検討・64

　　　　(3) ステップ3：人事制度の10要素を念頭においた人事戦略
　　　　　　の策定・64
　　　　(4) ステップ4：人事戦略を具体化する人事制度の構築
　　　　　　・66
　　4　ファンド，経営陣，従業員のアラインメント・69
　　　　(1) ファンドと経営陣を一枚岩に・69
　　　　(2) 企業価値向上に向けた従業員の方向付け，動機付け
　　　　　　・70

　　おわりに・75

第4章　事業再編型MBOと株式上場

　　はじめに・77
　　1　事業再編型MBOの検討時の留意点・78
　　　　(1) MBO実施方法に関する留意点：オークションか相対
　　　　　　取引か・78
　　　　(2) パートナーファンドの選択上のポイント・79
　　　　(3) 親会社からの出資・80
　　　　(4) 親会社との関係の整理・80
　　2　事業再編型MBOの特徴・81
　　　　(1) 人材の充実・81
　　　　(2) ガバナンスの高さ・82
　　　　(3) 経営管理のレベル・82
　　3　MBO企業の株式上場の意義・82
　　　　(1) 事業再編型MBO企業はIPOを目指すべき・82
　　　　(2) MBO企業がIPOした場合のメリット・83
　　　　(3) MBO企業のIPOの可能性・85
　　4　MBO企業のIPO準備段階での留意点・86
　　　　(1) IPOを実現するタイミング・86
　　　　(2) IPOを目指す上での業績・管理面の留意点・88
　　　　(3) IPOに向けた資本政策・91
　　　　(4) インセンティブプランの導入など・93
　　5　IPOを果たしたMBO企業の課題・94
　　　　(1) IPO後のファンド所有株の売却・94

(2) 株価対策・96
　　　(3) 取引ボリュームの確保・98
　　　(4) 株主数作り・99
　　　(5) 目指すべき取引所・99
　　　(6) 後継者対策・100
　　6 ファンドにとって株式公開によるEXITの意義・100
　　　(1) 株式公開によるEXITは有利か不利か・100
　　　(2) 株式公開の社会的意義・101
　　7 MBO企業のIPOについて証券会社に期待すること・102
　　　(1) IPO時の適切な公開株式数の設定・102
　　　(2) オーバーアロットメント・103
　　　(3) ロックアップ・104
　　　(4) MBO企業の株価に対する誤解の解消・104

　おわりに・105

第5章　日本における事業再編型バイアウトの市場動向

　はじめに・107
　　1 日本における事業再編型バイアウトの類型・107
　　　(1) 親会社のリストラクチャリングに伴う売却・108
　　　(2) 優良企業によるノンコア事業の売却・110
　　　(3) 外国法人による日本子会社の売却・112
　　　(4) 合弁事業の解消に伴う売却・113
　　　(5) 上場子会社の売却（非公開化のケース）・115
　　　(6) 上場子会社の売却（上場維持のケース）・116
　　　(7) 上場企業の戦略的非公開化・119
　　2 事業再編型バイアウトの市場動向・121
　　　(1) 件数と取引金額の推移・121
　　　(2) 規模別の傾向・124
　　　(3) 業種別の傾向・125
　　　(4) 地域別の傾向・126
　　　(5) 社長の就任方法・126
　　　(6) 複数の子会社をバイアウト・ファンドに売却した
　　　　　大企業グループ・127
　　　(7) 商社による子会社売却・129

3 エグジット案件の動向・130
  (1) 各種のエグジット方法の特徴・130
  (2) 事業再編型バイアウト案件のエグジット方法の傾向・134
  (3) 株式公開を達成した事例・135
  (4) 事業再編型バイアウト案件のエグジット達成率・137

おわりに・138

座談会　事業再編におけるバイアウト・ファンドの活用と日本企業の競争力強化

日本経済におけるバイアウトの意義・142
バイアウト・ファンドの機能と日本型MBOの確立に向けて・144
MBOの意向のある経営者の留意点・148
売手である親会社の留意点・149
バイアウト後の成功のポイント・151
バイアウト・ファンドのエグジット方法の選択・153
日本企業の経営者へのメッセージ・156

第Ⅱ部　事例と経営者インタビュー

第6章　ベインキャピタルの事業支援アプローチ
　　　　　――ドミノ・ピザ ジャパンの事例――

はじめに・163
1 事業・市場の概要・164
  (1) 日本における宅配ピザ市場の特徴・164
  (2) ヒガ・インダストリーズ（現ドミノ・ピザ ジャパン）の事業概要・166
2 投資に至る経緯・167
  (1) 投資前の株主構成・167
  (2) ベインキャピタルによるデューデリジェンス・167
3 投資後の状況・171
  (1) 投資前における事業プランの作り込み・172

　　　　(2) 新経営体制の構築・175
　　　　(3) 事業運営サポート・177

　　おわりに・183

　　≪経営者インタビュー≫　株式会社ドミノ・ピザ ジャパン
　　　　ベインキャピタルと力を合わせ，さらなる成長を実現・184

第7章　業界再編に向けたコミュニティワンの挑戦
　　　　──マンション管理業界における業界インフラの構築
　　　　　を目指して──

　　はじめに・193

　1　APの業界再編への取り組み・194
　　　　(1) 業界再編と投資機会・194
　　　　(2) ターゲット業界の選定・194

　2　マンション管理業界の動向・195
　　　　(1) マンション管理業の業界特性・195
　　　　(2) マンション管理業を取り巻く環境の変化・196
　　　　(3) マンション管理業界の再編・197

　3　ダイア管理からコミュニティワンへ・198
　　　　(1) ダイア管理への投資・198
　　　　(2) コミュニティワンの誕生・199
　　　　(3) 中期事業計画とアクションプラン・201
　　　　(4) 社員の変化・202

　4　コミュニティワンの目指す戦略・204
　　　　(1) 顧客満足の徹底的な追求・205
　　　　(2) マンション管理会社としての総合力の活用・205

　5　ロールアップ戦略の実行・207
　　　　(1) ユナイテッドコミュニティーズ（UC）コンセプトの
　　　　　　確立・207
　　　　(2) 藤澤建設マンション管理事業部の買収・209
　　　　(3) その後の追加買収・210
　　　　(4) 今後のUCの戦略・211

　　おわりに・212

≪経営者インタビュー≫　コミュニティワン株式会社
　　高品質なマンション管理の実現に向けて・213

第8章　外国資本の子会社に対する投資
　　―日本ドライケミカルの事例―

はじめに・221

1　会社・事業の概要・221
　(1)　会社の概要・221
　(2)　事業の概要・223
　(3)　防災業界の特徴・226

2　タイコ時代の状況・227
　(1)　タイコの企業統治が上手くいっていた点・227
　(2)　タイコの企業統治がマッチしていなかった点・228

3　投資検討時の仮説と実際の投資スキーム・230
　(1)　投資検討時の仮説・230
　(2)　投資スキーム　～LBO（leveraged buy-out）スキームの活用・232

4　投資実行後の諸施策について・233
　(1)　中期経営計画"イノベーション2010"の策定・233
　(2)　ガバナンスの整備・236
　(3)　上流営業の支援・237
　(4)　車輌再生プロジェクト・238

おわりに・238

≪経営者インタビュー≫　日本ドライケミカル株式会社
　　外資からの独立と企業価値の最大化に向けた取り組み・240

第9章　住宅設備機器業界
　　―ハウステックの再生と成長―

はじめに・247

1　会社概要・248

2　沿　　革・249

3　経営環境・250

4　2008年以降のハウステックの主な活動結果・251
　　5　ニューホライズンキャピタルの支援活動内容・253
　　　(1) 戦略の骨格構築：組織横断型のタスクフォース
　　　　（2008年1月～2008年12月）・253
　　　(2) 戦略の導入の徹底：企業再生委員会
　　　　（2009年1月～2009年3月）・256
　　　(3) 戦略導入の継続性の確保：黒字化プロジェクト
　　　　（2009年5月～12月）・256
　　　(4) 上場に向けた成長戦略の構築：エコ・スマート計画構築
　　　　支援（2010年2月～5月）・256
　　　(5) IPOおよびエコ・スマート計画推進支援
　　　　（2010年5月～）・260

　おわりに・260

　≪経営者インタビュー≫　株式会社ハウステック
　　新たなパートナーと連携した経営改革活動・262

第10章　「日本のものづくり」の長所を承継しつつ，アジア成長市場での事業拡大を推進
　——LADVIKの事例——

　はじめに・269
　　1　事業内容・270
　　2　案件の背景・271
　　　(1) LADVIKの経営陣の視点：親会社からの独立により
　　　　独自の成長路線を選択・271
　　　(2) 倉元製作所の視点：本業回帰・272
　　　(3) BPEAの視点：ファンドの視点から見たLADVIKの
　　　　経営改善余地と成長可能性・273
　　3　投資ストラクチャー・273
　　4　投資後の経営改善支援・274
　　　(1) 投資直後からリーマン・ショックまで・274
　　　(2) 景気後退期・277
　　　(3) 古賀慎一郎氏の参画・279
　　　(4) 組織改革・人材招聘・280
　　　(5) 新事業年度（2010年10月期）の開始・282

(6)　経営陣とBPEAとの協業体制一般・283
　　(7)　BPEAチームの特色・283
　　(8)　グローバルなものづくりと海外進出・284
　おわりに・286
　≪経営者インタビュー≫　株式会社LADVIK
　　「ものづくり企業」のファンド活用とグローバル展開・287

第11章　ポラリスとのMBOにより成長を遂げる駅探
──"Polaris 9 methods"を実践しIPOへ──

　はじめに・295
　1　駅探の会社概要・295
　　(1)　会社概要および沿革・295
　　(2)　事業概要・296
　　(3)　成長著しいモバイル事業・297
　2　ポラリスの投資テーマ・298
　　(1)　MBOの経緯・298
　　(2)　ポラリスの投資決断のポイント・299
　　(3)　"Polaris 9 methods"を活用したバリューアップ・シナリオ・301
　3　「100日プラン」に基づくバリューアップの実際・304
　　(1)　マーケティング戦略の再構築・304
　　(2)　組織戦略の再構築・305
　　(3)　戦略のアクションプラン化と実行管理の徹底・307
　4　ポスト「100日プラン」の成長に向けて・308
　　(1)　SNS／スマートフォン市場の急拡大・308
　　(2)　グローバルに注目される「移動支援サービス」分野への挑戦と提携戦略・309
　おわりに・310
　≪経営者インタビュー≫　株式会社駅探
　　「100日プラン」の実践と有料会員数の伸長・311

第12章　業界リーダーのさらなる成長への挑戦
　　　　―弥生の事例―

はじめに・319

1　弥生について・319
　(1)　会社概要・事業内容・319
　(2)　業種特性・320

2　案件の概要・321
　(1)　案件の背景：ライブドアについて・321
　(2)　オークション・ディール・321
　(3)　投資テーマ・322
　(4)　バイアウト・スキーム・322

3　投資実行時の弥生の抱えていた課題・323
　(1)　ビジョン・社風・323
　(2)　経営陣・324
　(3)　マーケティング・営業・324
　(4)　製品・開発体制・324

4　投資後の経営改革について・324
　(1)　経営体制の刷新・325
　(2)　戦略の見直し・325
　(3)　組織の見直し・326
　(4)　マーケティングと営業の強化・326
　(5)　開発の強化・327
　(6)　サポート＆サービスのさらなる強化・328
　(7)　変革の重要性・329

5　弥生の将来像・330

6　プライベート・エクイティと企業・331
　(1)　プライベート・エクイティの役割・331
　(2)　情報共有の重要性・332
　(3)　プライベート・エクイティが株主である企業・333

おわりに・333

≪経営者インタビュー≫　弥生株式会社
　　現場と一体となった経営改革の実践・335

第13章 シティック・ファンドによる鳴海製陶の企業価値向上の取り組み
―相互信頼深化を通じた本音での企業改革―

はじめに・343

1 会社概要と案件概要・344
   (1) 鳴海製陶の概要・344
   (2) MBO案件の経緯と概要・345
2 鳴海製陶へのシティック・ファンドの関わり方・346
   (1) シティック・ファンドとは・346
   (2) 十分に時間をかけた事前の対話・347
   (3) 投資先企業における実質的な主体性の考え方・347
   (4) 具体的なシティックの関与の在り方の実情・348
   (5) シティック関与の整理・352
3 プライベート・エクイティ・ファンドを活用する際の考え方・355
   (1) 企業改革・経営改革の大きな梃子としてのファンド活用・355
   (2) ファンドを最大限活用する姿勢の重要さ・356
   (3) 価値観を通じ合わせる必要性・357

おわりに・358

≪経営者インタビュー≫ 鳴海製陶株式会社
   シティック・グループのネットワークを活用した中国事業の強化・360

第14章 ノンコア事業会社から「強い会社」への脱却
―キンレイへの投資事例―

はじめに・367

1 キンレイの会社概要・367
2 案件の背景・369
   (1) 優れた「ノンコア」事業会社・369
   (2) 成長戦略の検討・369
   (3) 新経営陣の選定とガバナンス体制・370
   (4) 一歩先を行く「選択と集中」・371
3 キャス・キャピタルの投資理念・372

　　　　(1)　CASが考える「強い会社」・372
　　　　(2)　CASの投資方針・372
　　　　(3)　「七つの投資基準」・373
　　4　株式取得プロセス・374
　　　　(1)　株式取得のプロセス・374
　　　　(2)　大阪ガスとの共同保有・376
　　5　価値創造への取り組み・376
　　　　(1)　独立企業としての組織強化・376
　　　　(2)　食品事業での取り組み・378
　　　　(3)　外食事業での取り組み・381

おわりに・384

≪経営者インタビュー≫　株式会社キンレイ
　親会社依存から脱却した収益マインドの確立・385

第15章　資本と経営の調和を目指して
　　　　――シーズメンのMBOから株式上場まで――

はじめに・393

　　1　会社概要・394
　　2　MBOのプロセス・396
　　　　(1)　MBOの経緯・396
　　　　(2)　投資実行・397
　　3　企業価値向上（Value-Add）への取り組み・399
　　　　(1)　基本スタンス・399
　　　　(2)　業績低迷からV字回復実現まで・400
　　　　(3)　人に始まり，人に終わる・403
　　4　株式上場の実現・405
　　5　資本と経営の調和・407

おわりに・409

≪経営者インタビュー≫　株式会社シーズメン
　会社全体のモチベーション向上と株式公開・411

座談会　キトーの事業価値向上と再上場
　　　　─事業再編とグローバル戦略の推進─

　キトーが抱えていた経営課題とMBOの背景・420
　事業価値向上に向けた経営施策①〜日本〜・423
　事業価値向上に向けた経営施策②〜北米〜・426
　事業価値向上に向けた経営施策③〜中国〜・429
　再上場の達成・433
　世界的不況への対応策と競争力強化〜さらなるグローバル戦略の推進〜・435
　日本企業の事業再編とバイアウト・ファンド活用促進に向けて・438

あ と が き／441
執筆者略歴／443

第Ⅰ部

手法と市場動向

第1章 大手企業の有力事業部門・子会社再編とバイアウト・ファンドの役割

株式会社 KPMG FAS
執行役員 パートナー 岡田 光

はじめに

　日本の大手企業の国際競争力低下が叫ばれるようになって久しい。1990年代まで高い競争力を誇っていた大手電気・電子メーカーは，従来からの競争相手である欧米企業に加え，アジア勢の台頭によりこの20年近く，深刻な業績不振を経験してきた。バブル後も着実に業績を伸ばした自動車・輸送機器メーカーもリーマン・ショック後の経済危機で体力を落とし，欧米市場や新興国市場で韓国メーカーなどの急速な追い上げを許している。この他，機械や素材などの業種においても，以前は高い競争力を誇ってきた日本企業の多くが，激化した国際競争の中で苦難を強いられている。これまでの延長でこの危機的状況を打開できるのか，今，日本企業にとっての大きなテーマとなっている。また，抜本的な再編が不可避といわれる日本の産業界において，バイアウトを絡めた再編も事業の競争戦略を再構築するための有効な選択肢である。この点についてファンドの貢献は何なのか，その役割が改めて問われる時代となっている。

1　大手企業にとっての有力事業部門・子会社再編の意義

　経済先進国の企業の中で日本の大手企業ほど事業ポートフォリオ（すなわち，事業部門・子会社）の再編（特に売却）に消極的な事業体は他に見当たらない。バブル崩壊後，20数年が経過し，その間，1990年代後半の金融危機，日産ゴー

ン・ショック，小泉内閣による金融・産業の一体改革，リーマン・ショックといくつもの大波にのまれても，未だに電機10社，自動車11社，高炉5社が存在し，基幹産業における再編が進んでいない。人口の減少，資源の高騰，新興国の台頭など企業側には選択と集中による競争力強化が不可欠であったはずなのに，再編が進まなかった理由は何なのか。ここでは，その考察を通して大手企業にとっての有力事業部門・子会社再編（特に事業部門・子会社の切り離しと売却）による集中戦略の意義を検証する。

(1) リーディング・カンパニーとなること

　海外の経営者はよく「リーディング・カンパニー」という言葉を好んで用いる。産業規模の大小を問わず，特定分野において他のプレーヤーに少なからず影響を及ぼし，ひいてはその産業分野の将来を形作るような競争力，革新性，将来性などを持った会社，そんな意味がこのリーディング・カンパニーという言葉には込められている。

　成熟した経済分野（すなわち，先進国の成熟産業）において，その業界のリーディング・カンパニーとしての地位を確保できるか否かはその事業の存否に係わる。リーディング・カンパニーとなれる事業は，既存市場において事業規模と技術革新により競合企業との競争に勝り，新興市場において優良な経営資源（特に優秀な人材）の獲得をより有利に進めることができる。よって，競合企業に対してより効果的かつ効率的な戦いをすることができる。

　一方で，リーディング・カンパニーになれない事業はその属する産業の成熟化とともに競争力を落とし，最終的には市場からの撤退を余儀なくされる場合が多い。取引先や採用希望者を含め，周囲の利害関係者もこうした流れに敏感である。多くの者がリーディング・カンパニーである強い事業を支持する。誰も敗者の側には居たくはなく，勝者に味方したいと感じるものである。特定の分野ででもリーディング・カンパニーとしての地位を獲得できれば，その地位を足場としてその後の事業展開をより有利に進めることができるのである。

　しかし，日本企業の多くは未だに企業規模へのこだわりもあり，たとえある事業の業界地位や将来性が芳しくなかろうと，それをただちに切り離して再編することにはまだまだ消極的である。代わりに，他の事業から上がる利益でこ

れを支援し，企業全体としての存続を優先させる戦略をこれまで採ってきた。こうした戦略は得てして時間の経過とともにすべての事業の競争力を低下させてしまうことになり，今日のようなグローバル経済の中で研究開発や設備投資が大規模化し，数少ない勝者がより大きな成果を獲得する世界ではあまり有効ではない。経済先進国の大手企業には，グローバルな視点からも将来リーディング・カンパニーとなりうる事業部門（または子会社）を厳選して，その事業に思い切って経営資源を投入し，戦略的に育成していくことが求められるようになってきている。

(2) ランチェスターの法則

　事業分野を絞り込むことで事業の競争力を向上させ，競合企業の市場シェアを奪う戦略的方法論にランチェスターの法則の活用がある。ランチェスターの法則とは，1914年にフレデリック・ランチェスターによって発表された軍事シミュレーションにおける数理モデルである。その後，ビジネスの世界においても応用されるようになり，特にマーケティングの領域において自社の戦略に応じた市場戦略を構築するために活用されている。

　ランチェスターの法則は，**図表1-1**のように，第1法則と第2法則の二つの法則からなり，戦い方（すなわち，どちらの法則を前提とした戦いをするか）によって戦力が優位な者（強者）と戦力が劣る者（弱者）それぞれにどの程度の損失が発生するかを示すものである。

　まず，第1法則は，個と個の戦いを前提としており，これは局地戦（すなわち一騎打ち）の法則である。局地戦では，その戦力を順番に繰り出していくことになるので，個々の戦力が同じなら戦力数が多い方が勝利する。なるべく戦力を一点に集中させ，局地的な勝利を目指すことがポイントとなる。よって，これは総力戦では勝てない弱者が局地的な勝利を得るために強者に対して用いる戦術である。

　第2法則は，集団と集団の戦いを前提としており，総力戦の法則である。総力戦では，すべての戦力をすべての敵の戦力に対して同時にぶつけることが前提となるため，全体の総戦力で勝る強者がより有利に戦いを進めることができる。もともと弱者は戦力で劣るが，総力戦ではこれをより多くの敵の戦力にぶ

図表 1 - 1　ランチェスターの法則

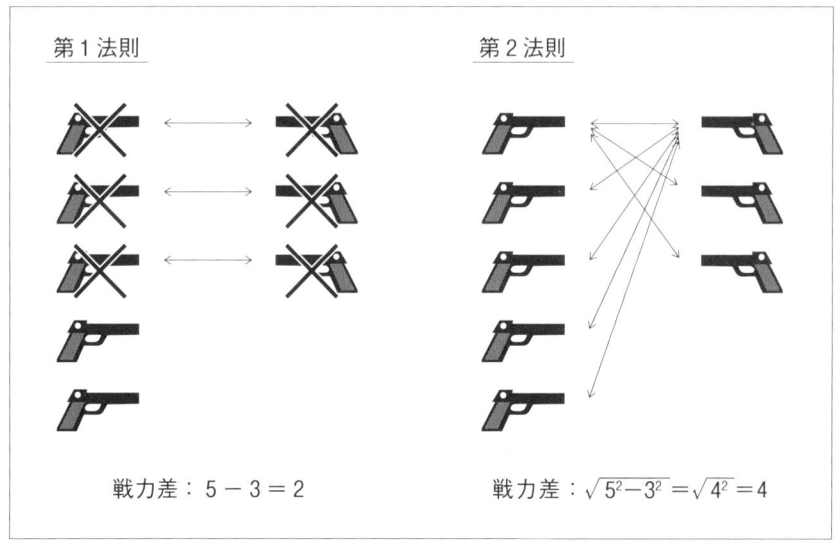

(出所)　筆者作成

つけなければならず，戦力が分散し，結果としてより大きなダメージを被ることになる。この追加的なダメージを数式化すると，第2法則における損失は第1法則を用いた場合の損失の二乗に等しくなる。よって，第2法則は戦力に優る者が用いるものであり，強者のための戦術ということができる。

　例えば，韓国のサムソン電子は，その成長過程においてこれらを見事に活用してきた。まず，特定の市場（例えば，まずは新興市場，次に欧州・米国など）で日本企業に局地戦を挑み，徐々に市場シェアを獲得していった。その後，企業体力で一気に日本企業を抜き去ると，今度は特定の事業分野にさらに経営資源を集中して，その分野におけるグローバルな総力戦を日本企業に対して仕掛け，現在では体力で劣る日本企業の追随を許さない戦況を作り上げている。今日の日本企業は，全体としては企業規模が大きいにも関わらず，個々の分野では多くの事業に経営資源が分散しており，第1法則で局地戦を挑むにしても，第2法則で総力戦を挑むにしても，中途半端な状態となっており，今後戦略の見直しが必要である。また，戦略を効果的に実行するために事業範囲を見直し，事業再編の実行によって経営資源を集中できるように直ちに取り組んでいかな

ければならない時期に差し掛かっている。

(3) 業界再編の障害

ではなぜ，日本の大手企業はこれまで戦略の見直しと事業再編による選択と集中をできずにきたのだろうか。企業の資金調達が，主として間接金融に依存する日本とは異なり，直接金融を主とする米国では，企業は株主に対する利益還元を常に高水準に維持することが求められる。こうした厳しい要求が一つの規律となって，米国の経営者には，企業の規模，社会的地位や認知度，ひいては雇用や地域社会との関係をある程度犠牲にしてでも，事業ポートフォリオの競争力を維持していくための事業再編の実行が求められている。またそれがゆえに，経営者自身も事業再編の可能性の追求を常に怠ることはない。こうした背景もあり，米国ではリーディング・カンパニーとなるための事業再編，すなわちM&Aは，経営者の最も重要な仕事の一つとなっている。

他方，日本においては，事業再編の企画と実行に対する経営者の責任が十分に追及されない。また，たとえ日本の経営者が事業再編に積極的であったとしても，日本においては事業再編の検討を進めるにあたり，障害となる要因がいくつか存在する。特に，以下の三つの要因の影響は少ないとはいえない。

① 総合メーカー戦略
② 漸進的な進歩に依存した事業戦略
③ 成果に見合わない報酬制度

(4) 総合メーカー戦略の限界

日本の多くの大手メーカーは，今日でも「総合」メーカー意識が強く，多数の事業からなる複雑な事業ポートフォリオを抱えながらその経営に苦戦している。一般に，総合メーカー戦略の利点としてあげられるものとしては，基礎技術の多数の製品群への応用（すなわち技術面の連携のメリット），規模の経済メリット，知名度や信用力の維持，といったものが考えられる。しかし現実には，一定の市場地位を有しながらも，なかなか成果を上げることができない事業を他の事業の利益で支え，企業全体としての存続を辛うじて維持するといういわば"ジリ貧"状態になっているケースが非常に多い。

さらに日本の場合には，これは一部の企業における特殊なケースということではなく，ほとんどの大手メーカーがそうした総合メーカー意識を捨て切れずにいる。その結果，多くの産業分野において日本の大手企業同士が厳しい競争で長期間にわたり体力を消耗し続け，高い技術力とノウハウを有していながらもグローバルな競争で力を発揮できない状態を続けている。

　日本の産業政策に倣い産業育成が行われたと言われる韓国でも，以前は日本のように業界再編が進まず，過度な競争の結果，企業が徐々に体力を消耗する状況が存在していた。ところが，アジア通貨危機を契機として産業政策が大幅に転換されたことにより，淘汰による業界再編が進み，現在は各業種につき主要企業が１，２社程度に集約された産業構造となっている。結果として韓国企業の多くは国内市場における競争よりもグローバルな規模での競争に注力できる環境を得ることができた。また，この産業集約に伴い，企業経営者の意識も急速に変化し，以前は規模と事業分野の拡大を優先する経営者が多かったが，現在では成長性と収益性に重点を置いた事業ポートフォリオのマネジメントが行われるようになっている。こうした意識変化が，その後の韓国企業の国際競争力を高める一つの要因となっていることは確かである。

　また，米国の大手企業の多くも以前は事業の多角化が度を超えたことにより，経営が複雑化し，本当の注力分野を見失ってしまった結果，業績低迷に苦しんだ時期があった。株価の面でも，いわゆるコングロマリット・ディスカウントと呼ばれる割引きが適用され，業績，企業価値の両面で壁にあたり，経営者が職を解かれるケースが多発したりもした。1980年代に入りこの失敗に気付いた投資家や次世代の経営者たちは，注力すべき分野を明確化し，積極的にその他の事業ポートフォリオのスリム化を断行し，経営を立て直していった。また，本体から切り離された事業の中にも，その後その産業分野の中でリーディング・カンパニーとして大きな成長を遂げる会社もあった。以降，米国企業の経営は，従来の大企業志向から特定の成長分野に集中的に経営資源を投入する「選択と集中」を実践し，1990年代半ばからの高成長を実現したことはまだ記憶に新しいところである。

　こうした事例と日本の現状を比較した場合，日本の企業に最も不足しているものは，現有の事業分野にとらわれることなく，自社にとって市場機会のある

分野を見出し,それに集中する決断力であろう。韓国企業にしても,米国企業にしても,これができた後にはじめて事業再編が実行に移せていることに注目すべきである。韓国や米国の経営者は,目指すべき領域(すなわち注力市場や注力技術)に関するアイディアを豊富に持っている。やりたいことがたくさんあり,それをやり抜くために,他の事業について選択と集中を実施するという発想がある。既存事業の延長線上で戦略を考える日本企業にはそうした発想ができていないところが大きな問題である。

　これまで日本企業は,本来,事業戦略やビジネスモデルの異なる多数の事業を,企業文化や画一的な社内諸制度を活用して,一体的に運営することに腐心してきた。しかし,そのことが本当に企業価値の創造・向上につながってきたのか,現在では疑わしい状況となっている。日本の大手メーカーは,そろそろ「総合」戦略に真の決別を果たし,事業の選択と集中により自らがリーディング・カンパニーとして再生するとともに,切り離す部門や子会社が事業再編を通してより高い成長性を秘めた事業体に変貌できるよう後押ししていくことが必要である。早期に業界再編を進め,世界のリーディング・カンパニーとなれば,経営資源の調達においても有利な戦略を展開できる。今後は,個々の事業の可能性を徹底的に精査した上で,何を伸ばし,何を捨てるのかを明確にし,積極的にかつスピーディに事業再編に取り組まなければならない。

(5) 漸進的な進歩に依存した事業戦略

　日本の製造業が世界のマーケットで認められるようになって以来,その競争力の源泉の一つとして注目を集めてきたのが「カイゼン」である。従来,米欧の大手企業が先行する分野において,敢えて商品の投入サイクルを短期化し,その都度,革新的ではないが現場の知恵と創意工夫を活かし,製品付加価値の向上を着実に実現しつつ,市場シェアを獲得してきた。しかしその後,韓国や台湾,近年では中国メーカーが後発の強みを活かして日本企業から市場シェアを奪うようになり,大胆さに乏しい日本企業の戦略に疑問が生じていることも事実である。

　日韓の産業比較に詳しい朴世逸(パク・セイル)ソウル大学国際大学院教授は,日本企業の従来の戦略に対して,以下のように疑問を呈す。

「あくまで私の仮説だが，日本人がすばらしいのは，一つの技術がテイクオフ（離陸）すると，それを現場でたゆみなく改善していく力だ。そうしながら徐々にイノベーションを生み出していく。漸進的（Gradual Innovation）な技術革新。（中略）この点では，世界で誰も追いつける者はいないだろう。一方，韓国や米国は新しい技術を見つけると，果敢にぶつかっていく気質だ。（中略）これほど技術革新が速く進み，また新しいイノベーションが相次いで誕生していく中で，（日本企業の従来のやり方が）有利かどうか。（中略）日本的なものにとらわれて失ったものはないか。もちろん，日本の技術力は称賛して余りあるが，従来型の日本的思考が今後も通用するかどうかだ。」
（『週刊東洋経済』2010年7月31日号）

　コスト競争力で有利とはいえない経済先進国の企業が今後も競争力を維持していくためには，漸進的な進歩のみに頼っているわけにはいかない。競争環境によっては，集中的な投資による大幅な技術革新で自ら積極的に競争をリードしていかなければ，海外の競合企業に追いつかれるのは時間の問題である。また，そうした積極的な戦略を採ることが困難な事業分野があれば，早い段階でその事業を切り離し，事業価値が低下する前に売却して，得た対価を他の事業に再投資していくことも不可欠である。日本の大企業も，この視点から事業戦略を抜本的に見直すべき段階にきている。海外企業の追随のスピードを考えると躊躇していることは許されない。折しも日本の大手企業が長年蓄積してきた技術が，今やチームごとのヘッドハンティングで，海外の競合企業に奪われ，競争力の差を一気に埋められてしまうような事象も発生している。成長分野に自ら積極的に集中投資して，競合企業を引き離していくような戦略なくして，今後，市場地位の優位性を維持していくことは困難となっていることをより明確に認識する必要がある。

　特に，企業経営者はもっと自社の注力分野を社内外に明示し，小粒の投資が各事業部門や子会社で行われることがないよう強いリーダーシップを発揮しなければならない。十分な経営資源の投入も行わず，現場の漸進的な改善努力に大きく依存したこれまでの経営スタイルは，昨今の日本企業の競争力低下の要因となっている。このことを反省した上で，競争優位を築いていくための大幅

な戦略見直しが必要である。

(6) 成果に見合わない報酬制度

　日本の大手企業において，大胆な事業戦略が採られないことの理由の一つに，たとえ大きな成果を上げたとしてもそれに見合う報酬が期待できないということが背景の一つとしてある。いわゆる「全員野球」を是とする文化的背景に象徴される通り，一部の者による際立った成果よりも，組織を構成する者すべての小さな成果の積み上げのほうをより評価し，報酬制度もその価値観に根ざした広く薄いものとなっている。

　しかし，革新的な発想に基づく，際立って優れた成果というものは，どちらかというと少人数チームの強力なイニシアティブによって成し遂げられる場合が多い。であるならば，そうした特別な成果を上げる人々に対しては特別な報いを用意することが自然であり，合理的である。むろん人間は金銭的なインセンティブのみにより動機付けられるものではないが，かといって，成果の大小にかかわらず一律的な報酬制度を押しつける理由にもならない。

　終身雇用システムに対する信頼が消失した今日，日本の大企業の一律的な報酬制度は，成果に対する貢献の個人差をある意味無視したものとなっており，組織として卓越した成果を狙っていく上で必要とされる優秀な人材の獲得や動機づけに適さないものとなっている。また，そうした不十分な動機付けしか与えられていない組織は，えてしてリスク回避的な思考となり，高い目標設定を行わなくなる悪循環に陥りやすく，問題がある。この傾向を打破していくためには，より小さい単位で成果を評価し，その成果に応じた報奨を施していく必要がある。会社全体よりも各事業部門，事業部門よりも各チームや個人，というように，成果の評価単位をなるべく小さくして，独創的なアプローチや，革新的な企画が生まれやすくするために報酬制度を改良していく必要がある。

　なお，こうしたことは大手企業においても取り組んでいくことは可能である。ただ，事業単位でその戦略に合致した報酬制度を構築していくほうがより効率的であろう。また場合によっては事業再編を行い，会社としての体制を整えた上で，ストックオプションなどの制度を利用していくことも選択肢の一つである。報酬制度がより個々の成果に傾斜したものとして改良されれば自ら革新的

な戦略や取り組みのリーダーシップをとってより大きな成果を目指す者も増えてくる可能性がある。

2　事業再編に関する海外事例

　本節では，日本企業との比較を意識しながら，大胆な事業再編の断行により企業が競争力を高めた海外の事例を取り上げる。ここで注目するのは，1980年から1990年代にかけての米国の半導体メーカーによる事業再編の事例である。

(1) 米国半導体メーカーの事業再編事例
① インテル（Intel）
　日本企業がその生産で一時代を築いたDRAM（Dynamic Random Access Memory）は1970年代初頭にインテルが開発した製品である。1985年，この分野で日本企業からの攻勢を受けていたインテルは，熟慮の末，事業からの撤退を決定し，MPU（Micro-Processing Unit）事業への集中を宣言する。当時のMPU事業は，インテルの事業ポートフォリオの中でも最も高い成長率が見込まれた分野であり，競争状況としてもインテルが圧倒的に先行していた。インテルはこの事業再編により，大きく事業規模を落とすことにはなったが，急速な成長が見込まれるMPU事業に社をあげて集中することができるようになった。今日インテルは，誰もが知るMPU生産販売の世界最大手である。

　DRAM事業からの撤退を決定した際，インテルは戦略的理由から，当時まだ新興企業であったサムスン電子にDRAM技術を供与し，その成長を強力に後押ししたと言われている。その理由としては，インテルがDRAM事業から撤退することによって低下することになる業界内の競争を，サムスン電子の新規参入に支援の手を差し伸べることによって少しでも維持し，DRAM業界における価格競争を維持・促進させる狙いがあったと言われている。DRAM価格が低下すれば，当時，拡大基調にあったPC（Personal Computer）市場がより急速に拡大し，MPUを独占するインテルとしてはMPU事業の急成長が望めると判断したのである。市場の動向とダイナミズムを熟知するリーディン

グ・カンパニーならではの戦略的な再編ということができる。

② テキサス・インスツルメンツ（Texas Instruments）

テキサス・インスツルメント（TI）は，1998年に当時売上の30％を占めていたメモリー事業を売却している。この時のTIの判断としては，将来的にTIが業界でトップの地位を狙えるのはDSP（Digital Signal Processing）とアナログ半導体の分野であり，当時業界シェア7位に甘んじていたメモリー事業は，一定の成長は望めるものの，最終的には業界内で優位な地位を確立することは困難な分野という位置付けであった。TIは，その後DSPおよびアナログ半導体の両分野で集中的な企業買収と経営資源の投入を行い，現在それぞれの分野で業界最大手となっている。

③ クアルコム（Qualcomm）

クアルコムは，CDMA（Code Division Multiple Access）方式の携帯電話の実用化に成功したことで知られる企業であり，当時は携帯電話端末事業と携帯インフラ事業を行っていた。しかし1999年，次世代携帯電話技術の国際規格競争において，エリクソン・NTTドコモ連合に敗れたことを期に，携帯インフラ事業をエリクソンに，また携帯端末事業を京セラに売却して，これらの事業から速やかに撤退した。一方，クアルコムは，次世代携帯電話に用いられるチップセットが携帯電話だけでなく，携帯情報端末やPCにも利用されるようになると見込み，携帯電話向け半導体事業への集中特化を決定する。クアルコムは，現在ではCDMA携帯電話用チップの生産においては市場をほぼ独占している。

④ アドバンスト・マイクロ・デバイセズ（Advanced Micro Devices／AMD）

1981年，DRAMの量産競争において日本企業の優勢がほぼ決定的とみるや，AMDはDRAM市場からの撤退を決定し，マイクロプロセッサの生産へと事業をシフトしていった。当時，AMDはすでに3億ドルを売り上げる企業へと成長しており，米国にDRAM量産用の最新鋭ラインを構築したばかりであっ

た。SRAM（Static Random Access Memory）についても，将来の競争激化による収益性低下を懸念して，1990年に撤退を決定している。当時は，これらの撤退について日本の同業企業から「量産に対する根気が欠けている」と指摘されたこともあった。しかしAMDは，こうした批判に耳を貸すこともなく，その後も毎年のように戦略的な買収，売却，統合を繰り返し，半導体製造大手として今日まで成長してきている。

　インテルがDRAMの商業生産の先駆けであったように，米国半導体大手企業はもともとDRAM市場で先行し，この市場を重視していた。それでも急速な日本企業の追随を見るやいなやDRAM事業からの早期撤退を断行し，例えばインテルはMPU，TIはDSP，というように選択と集中の道を選んだ。その背景には，徹底した市場の先取り戦略があったといえる。DRAMは量産型の汎用品であり，競争が激化すれば上位メーカー以外はいずれ収益を上げられな

図表1－2　1988年の半導体世界売上高上位20社

順位	企　業　名	国　　名	売上高（百万ドル）
1	NEC	日本	4,543
2	東芝	日本	4,395
3	日立	日本	3,506
4	モトローラ	アメリカ	3,035
5	テキサス・インスツルメンツ（TI）	アメリカ	2,741
6	富士通	日本	2,607
7	インテル	アメリカ	2,350
8	三菱	日本	2,312
9	松下電器	日本	1,883
10	フィリップス	オランダ	1,738
11	ナショナル セミコンダクター	アメリカ	1,650
12	GS-トムソン	フランス/イタリア	1,087
13	AMD	アメリカ	1,084
14	三洋電機	日本	1,083
15	シャープ	日本	1,036
16	ソニー	日本	950
17	沖電気工業	日本	847
18	サムスン電子	韓国	905
19	AT&T	アメリカ	859
20	シーメンス	ドイツ	784

（出所）　Gartner

くなり，消耗戦をよぎなくされる，ということを米国半導体メーカーはよく理解し，この時点で戦略に反映できるようになっていた。1980年代当初は，PCやモバイル機器といった情報機器産業の勃興期であり，情報機器に組み込まれるMPUやDSPといったロジック製品は，高付加価値の半導体製品として潜在的に高い成長性を秘めていた。米国企業は，果敢にその市場開拓にチャレンジしていくことを選択したのである。

　また，こうしたチャレンジをより確実なものにするために，主要事業からの撤退もいとわず，事業再編を決断力をもって実行していった。それは大きなリスクを伴うものであったが，現状に止まることにより競争力が失われていくリスクをとるよりは，事業転換に邁進することによりリーディング・カンパニーとなる機会に挑んでいったのである。この大転換により，現在に至るまで米国半導体業界全体の市場シェアは低下することなく維持されている。

図表1-3　2009年の半導体世界売上高上位20社

順位	企業名	国名	売上高（百万ドル）
1	インテル	アメリカ	32,095
2	サムスン電子	韓国	17,123
3	東芝	日本	10,640
4	テキサス・インスツルメンツ（TI）	アメリカ	9,612
5	STマイクロエレクトロニクス	イタリア/フランス	8,400
6	クアルコム	アメリカ	6,475
7	ハイニックス半導体	韓国	5,940
8	ルネサス テクノロジ	日本	5,664
9	AMD	アメリカ	5,038
10	ソニー	日本	4,670
11	NEC	日本	4,403
12	インフィニオン	ドイツ	4,340
13	ブロードコム	アメリカ	4,198
14	マイクロン・テクノロジ	アメリカ	3,995
15	メディアテック	台湾	3,524
16	エルピーダメモリ	日本	3,498
17	フリースケール・セミコンダクタ	アメリカ	3,344
18	パナソニック	日本	3,330
19	NXPセミコンダクターズ	オランダ	3,247
20	シャープ	日本	2,886

（出所）　iSuppli

(2) 米国半導体メーカーの事例におけるポイント

　1980年から1990年代にかけての米国半導体業界の事例から，日本企業は三つのことを学ぶべきであろう。一つ目は，足元の競争に目を奪われるのではなく，将来の可能性に注目した競争戦略を持つべきであること。リスクはあれど，成長性の見込まれる市場を競合企業に先んじて獲得するという決意，アグレッシブさなど，こうした意識や姿勢なくしてはどんなに優れた技術やノウハウも競争優位に結び付けることはできない。先行者は先に進み続けることのみにより優位性を維持することができるという極めて単純な現実を，戦略に確実に反映していくことが求められている。

　二つ目は，注力分野と定めた事業には徹底的に経営資源を集中して中途半端な戦略で終わらせないこと。先の米国半導体メーカーの集中戦略はすさまじい限りであるが，逆にいえば，経営者のそれぐらいの決意と実際の経営資源の集中なくして大きな事業転換は達成できないともいえる。そのためには，注力事業以外の事業からは基本的に撤退し，中途半端な縮小戦略は採らないことが肝

図表1-4　半導体売上高上位10社の地域別シェア推移

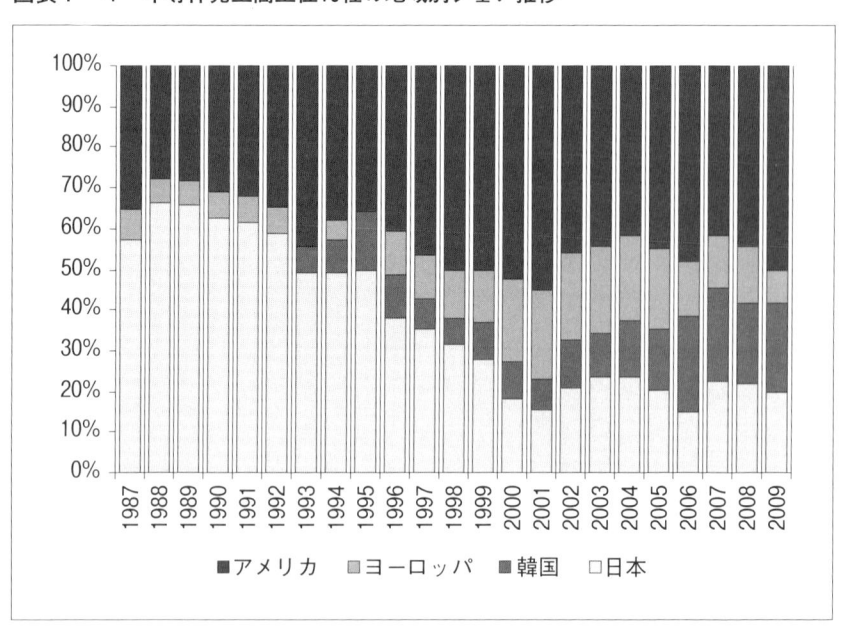

（出所）　Gartner および iSuppli

要である。

　三つ目は，注力分野以外の事業は原則として手元に残さないということである。注力分野に本当に集中するためには，極限まで経営を単純化し，経営のスピードを上げていくことが不可欠である。多くのことを事業として行っていればそれだけ問題も発生して，集中力を奪われることとなる。事業に集中するということは，経営者がその事業のためだけの時間を作れるようにすることでもある。

3　バイアウト・ファンドの果たす役割と再編実行時の要点

　日本においては，大手企業の有力事業部門・子会社を対象としたバイアウト案件の数は，多くの期待を集めながらも，この10数年間，伸び悩んでいる。この結果に関しては，これまでにもさまざまな要因が議論されてきたが，大手企業自身が事業の切り離しに対して極めて消極的なことがその主たる要因であるとの見方が概ね主流であろう。ファンド側は，これまでも多大な労力と時間を費やして，バイアウトを活用した事業再編のメリットについて日本の大手企業に対して説明してきており，案件組成におけるファンド側の努力はある程度尽くされているとみなすことが妥当である。

　カーライル・グループ共同創業者のデイビッド・ルーベンシュタイン氏は，日本企業が売却に抵抗感を持つことについて，「日本にはどうも企業を売却したがらない傾向がある。米国の場合は自分が企業を経営して，上手く行かなかった場合は，売却することをよしとする傾向がある。欧州でもある程度そういった傾向があるが，日本をはじめアジアの国々では，なかなか売ることをよしとしない文化があるようだ」(『週刊東洋経済』2010年7月31日号) と語り，日本企業の事業部門・子会社を対象とするバイアウトが増えない理由を説明している。これに加え，前節で先述した三つの要因 (①総合メーカー戦略，②漸進的な進歩に依存した事業戦略，③成果の見合わない報酬制度) も，日本の大手企業が事業再編を進める上での大きな障害となっている。よって，以下に記述するバイアウト・ファンドの果たす役割のみによってバイアウト案件が増加

すると考えることはできないが，以下その要点をまとめることとする。

(1) バイアウト・ファンドの役割

　大手企業がその有力事業部門または子会社を切り離し，事業再編を実行するにあたり，バイアウト・ファンドには一般的に以下の支援または主体的対応が期待されている。

　① 豊富な資金量を背景とした買収資金（リスクマネー）の提供
　② バイアウト後の新たなガバナンス体制と指針の構築
　③ バイアウト後の新たな経営陣の組成におけるタレントの特定と調達
　④ 新たな戦略の構築と社内外へのコミュニケーションに関する支援
　⑤ 経営陣・従業員に対する目標設定とインセンティブ制度の構築
　⑥ ファンドならびにファンドの投資先の有するネットワークの活用
　⑦ ファンドならびにファンドの投資先の有する経営ノウハウの提供
　⑧ 経営状況の継続的モニタリングと危機管理を含めたアクションプランの設定

　上記の内，①，②ならびに⑧の一部は，バイアウト・ファンドの金融機能として期待される部分である。他方，③から⑦ならびに⑧の一部は，バイアウト・ファンドのオペレーション機能というか，より再編対象事業の戦略と運営に踏み込んだ部分である。バイアウトの対象となる事業部門・子会社にとって，これらの項目はどれも改善可能性を意味する分野であり，ファンドのメンバーとの協働が求められる部分である。

　他方，バイアウトの場合においてファンドが担うより本源的な役割は，対象事業にとっての「変革を起こす触媒」としての役割であろう。具体的には，ファンドには以下の三つの役割が期待される。

　① 客観的な視点や異なったアプローチの提案
　② 経営陣に対するプレッシャー
　③ 経営陣・従業員に対する適切なリワード（報奨）の提供

(2) 客観的な視点や異なったアプローチの提案

　再編対象となりうる事業のほとんどは，その事業をもともと保有していた企

業の総合メーカー戦略や,漸進的な技術革新に依存した戦略の弊害として,思い切った将来志向の戦略が描き切れていないケースがある。バイアウトを実行するにあたっては,当然,対象事業独自の競争力強化／成長実現のための戦略が必要であり,ファンドにはその策定過程における支援が期待される。無論,戦略や事業計画の策定の主体は対象会社の経営陣ということになるが,これに対してファンドには,より客観的な視点や,これまでのアプローチとは異なる新しいアイディアが期待される。こうした客観的な視点や新しいアイディアが,非常に大きな可能性をもたらす場合もある。ファンドが経営陣とは少し異なった視点で検討に加わることにより,検討の幅が広がったり,検討の目線が変わったりすることがバイアウトにおけるファンドの存在の大きなメリットとして期待されている。

なお,たまに対象事業の経営陣に事業戦略の策定に必要な構想力や意欲が不足している場合がある。こうした場合,そもそもそのような事業に対して投資を検討するかという問題もあろうが,仮に実際に投資を検討する場合,ファンド側のイニシアティブがより一層重要になってくる。このような状況において,ファンドには変革の触媒として,コミュニケーションの枠組みを構築し,経営陣が日常の業務のみに埋没してしまわないように,将来と外部機会に焦点を合わせた視点を提供しつつ,戦略の検討を後押ししていく役割が求められる。

(3) 経営陣に対するプレッシャー

変革を進めていくためには,ファンドが経営陣に対するプレッシャー役となる必要がある。組織や組織に属する個人は,一般的に,変化を嫌う傾向がある。変化が必要なことを頭では理解しながらも,変化がもたらす不安定要因に対して少なからず抵抗感を覚え,行動が鈍る可能性があることは否定できない。バイアウトの状況においてもこれは同じである。経営陣自らバイアウトに賛同し,総論では変化を受け入れる意識を持っていたとしても,例えば部下からの抵抗や取引先からの反発があると,経営陣のメンバーといえども時として変化に消極的になってしまうことがあるのも事実である。そんな時,ファンドには基本的な方向性の基軸として,経営陣が変革を推し進めていけるようにプレッシャーを維持していく役割が求められる。

なお，ここで重要なことは，このプレッシャーが経営陣や従業員にとって前向きな力として作用することである。いくらプレッシャーが必要だといっても，これをかけ続けた結果，組織内に変革への抵抗感が強まってしまったのでは目標が遠のくばかりである。人間関係構築とコミュニケーションを十分に図った上で，一定の納得感を得ながら進めていくことが重要である。

　さて，現実においては，これは「言うは易し行うは難し」である。特に日本人の組織は必ずしもトップダウンが問答無用で通用するものではない。どれだけ人間関係構築に腐心し，コミュニケーションを図ろうと努力を尽くしてみても，考え方を変えようとしない個人も存在する。この点について日本の経営陣メンバーや従業員の意識は柔軟性に欠ける傾向が強い。実利的ではなく，組織内で抵抗となり続けることの当人にとってのデメリットに対しても鈍感である。むしろ頑固に主義主張を繰り返し，時間の経過とともに隔たりが増していく場合も多い。

　こうした状況においても，ファンドの果たす役割は重要である。最も大きな役割として，変化を進めようとしている前向きな経営陣に代わり，抵抗を取り除く役割がある。経営陣自らがこれにあたろうとすると，①本来のやるべき仕事に時間を割くことができない，②組織内の軋轢の当事者になってしまう，③疲労過多となりモチベーションが減退してしまう，などの弊害が発生しデメリットが多い。日本の組織の場合，こうした汚れ仕事は，できるだけ経営陣に代わり，ファンドのメンバーが悪者となって行ったほうが全体としてはスムーズに進む場合が多いように思われる。

(4) 経営陣・従業員に対する適切なリワード（報奨）の提供

　バイアウトにおいてファンドに求められる役割の三つ目は，経営陣メンバーや従業員に対する適切なリワード（報奨）の提供である。前述した通り，日本の大手企業の報酬制度は成果の大小にかかわらず非常に一律的になっており，際立って優れた成果に対する十分な動機付けができていない。再編対象事業にとって，バイアウトはそうした制度を見直す絶好のチャンスでもあり，ファンドはその事業の戦略に沿った報酬制度を構築し，経営陣メンバーならびに従業員のモチベーションを向上していく役割を担っている。特にストックオプショ

ンを使ったインセンティブ制度は，事業が大手企業の一事業部門や子会社の間は導入が困難なものであり，バイアウト後に有効に使われることによって大きなモチベーションの要素となる可能性もある。

　以上のように，ファンドにはバイアウトの対象となる事業がその産業分野でリーディング・カンパニーとなっていくための変革の触媒としての役割が期待される。多くの場合，大手企業の有力事業部門・子会社の幹部は，その事業・子会社を保有する大手企業の意向に配慮しつつ，時にはその枠組みに制約され，また時には守られながら，これまで事業を運営してきた。そうしたやり方は，日本企業が米・欧企業を追撃している状況においては有効であった。しかし，今日のように，韓国，台湾，中国，その他アジアの企業の猛烈な追い上げを受ける立場となった日本企業は，今一度，各事業分野における競争力の飛躍的な向上を真剣に検討しなければ生き残っていけない立場に追い詰められつつある。これまでの延長線で戦略を検討することは，一時的な業績回復が事業環境によってあったとしても，本質的にはここ20年間の競争力低下を繰り返すことになる可能性もあり，極めて危険な方向性である。

　ファンドには，こうした状況を踏まえ，これまで以上にバイアウトを通した日本の大手企業の有力事業部門・子会社の再編において，積極的なイニシアティブをとっていくことが期待される。さらに，その過程でカギとなるのものとしては，①客観的な視点や異なったアプローチの提案，②経営陣に対するプレッシャー，③経営陣・従業員に対する適切なリワード（報奨）の提供，といったファンドにしか担えない変革の触媒としての役割であり，今後もこの部分の積極的な活動が求められるところである。

おわりに

　今後，日本の大手企業が，海外の有力企業との競争に向けてどのような戦略を打ち出し，それを実行していくのか，期待を持って見守っていきたいところである。確実なことは，いかなる戦略も，大胆な経営資源の「選択と集中」なくしてその実行はおぼつかないということである。「選択と集中」，この事業戦

略論において言い尽くされた言葉が未だ実行できていない日本企業にとってはこれからが本当の正念場であり，またそうであればこそ，そこに可能性も存在していると考えるべきであろう。バイアウト・ファンドには，こうした企業側の活動を，より革新的かつ戦略的な思考を持ってサポートしていくことが期待されている。日本におけるバイアウト・ファンドの存在意義はここ10年でほぼ認知されたと言って過言ではないと考えるが，今後はまさに日本の産業の核である大手企業の有力事業部門や子会社の事業再編において，その存在意義がますます高まっていくことに大きな期待を寄せるところである。

第2章 事業再編型バイアウトにおけるスキーム選択
——法務・税務上の留意点——

長島・大野・常松法律事務所
弁護士 浅妻　　敬
弁護士 吉村浩一郎
弁護士 真野　光平

はじめに

　本稿では，事業会社が事業再編のためにバイアウト・ファンド（より正確にはバイアウト・ファンドが出資するSPC（special purpose company）[1]）に対してその事業の一部または子会社を売却する際に検討対象となりうるスキーム[2]のいくつかを紹介し，法務・税務の観点からその基本的な特徴と主たる留意点を説明する[3]。

　事業再編型バイアウトを最適なスキームに基づいて実行するためには，採用

---

[1] バイアウト・ファンドによるバイアウト案件においては，買収対象事業の事業価値を担保として金融機関から買収資金の一部を調達する，いわゆるLBO（leveraged buy-out）の手法が用いられることが多いが，バイアウト・ファンドによるLBOにおいては，バイアウト・ファンドが出資するSPCが，金融機関から借入れを行う借入人となり，かつ，買収主体となるのが通常である。

[2] 本稿は，事業会社がその事業の選択と集中を図るためにバイアウト・ファンドを活用する際に一般的に検討対象となりうるスキームを取り扱うこととし，いわゆる事業再生案件に特有のスキームについては取り扱わない。事業再生案件に特有のスキームについては，別途刊行される『事業再生とバイアウト』を参照されたい。

[3] 本稿は，事業再編型バイアウトにおいてスキームを選択する際の一般的な考慮要素を説明することに主眼を置くものであり，必要となる手続を網羅的に記載するものではない。また，事業再編型バイアウトを含むM&A取引においては，法務・税務・会計等の種々の観点から事案ごとの個別具体的な事情を踏まえて最適なスキームを選択する必要があるため，実際の取引に際しては，弁護士，会計士その他の専門アドバイザーにご相談いただきたい。
　なお，意見にわたる部分はすべて私見であり，筆者らの所属する法律事務所の見解ではないことを申し添える。

しうるスキーム案を広く検討対象に含めた上で，①譲渡する資産，負債，契約，従業員等の選別の可否，②事業継続に必要となる許認可等の新規取得の要否，③手続上の留意点（手続の内容，必要な期間等），④税務その他のコスト等の観点から，各スキーム案のメリット・デメリットを慎重に比較検討する必要がある。本稿では，売却対象が事業部門の一部である場合（第1節），売却対象が子会社である場合（第2節），子会社をバイアウト・ファンドに対して段階的に売却する場合（第3節）について，いくつかのスキームを取り上げる。

以下では便宜上，事業会社をX社，その子会社をA社，事業を譲り受けるバイアウト・ファンド出資のSPCをB社と呼ぶ。また，各スキームに関する説明をできる限り簡素化するため，いずれの会社も日本法に基づいて設立された株式会社であること，X社は非上場会社であること，A社はX社の100％子会社であること[4]，X社およびA社は特別法や業法の規制に服していないこと[5]，B社は買収目的のためにのみ設立されたSPCであり取引実行の直前まで何ら具体的な事業を営まない会社であること，B社には親会社は存在しないこと[6]，B社は外為法上の「外国投資家」には該当しないこと[7]，X社とB社は相互に独立した第三者であり，両社間で合意された契約上の対価は時価であることを

---

4) X社に多数の株主が存在する場合は，X社の株主総会招集手続に必要となる期間を織り込んだ上でスケジュールを作成する必要がある。これに対し，B社はバイアウト・ファンド出資のSPCであるため，一般にB社の株主総会決議を得ることは容易であり，スケジュールに重大な影響を及ぼすことはないと考えられる。そのため，本稿においてはB社における株主総会決議の要否については特に言及しない。また，X社の100％子会社であるA社の株主総会決議の要否についても同様の理由から言及しない。

5) 特別法や業法の規制に服している会社の中には，バイアウトに伴う事業または子会社の譲渡について，特別な規制に服すべきものがある。例えば，銀行を対象会社とするバイアウトには，内閣総理大臣の認可が必要である（銀行法30条3項，52条の9等）。このように特別法や業法の規制に服している会社を対象とするバイアウトを検討するにあたっては，当該特別法・業法に基づいて必要となる手続を慎重に確認した上で，場合によっては主務官庁に事前に相談しておくことが必要となる。

6) B社がSPCであっても，B社に親会社が存在する場合，B社の属する企業結合集団の営む事業の内容によっては，B社によるバイアウトが一定の取引分野における競争を実質的に制限するものでないかどうかについて独占禁止法上の観点から精査を要する可能性があり，場合によっては公正取引委員会に事前に相談しておくことが必要となる。また，仮に一定の取引分野における競争を実質的に制限するものではないことが明らかであるとしても，B社に親会社が存在する場合，a事業の国内売上高，B社の属する企業結合集団の国内売上高，A社単体またはA社の属する企業結合集団の国内売上高等の具体的な数値によっては，バイアウト実行前に独占禁止法上の事前届出を要する可能性があり，スケジュールに影響を及ぼすことがある。

前提とする。

1 売却対象が事業部門の一部である場合のスキーム

(1) 事業売却スキーム①(事業譲渡)

X社がその事業部門の一部(以下「a事業」という)をB社に対して売却する方法としてまず想起されるのが、事業譲渡である。具体的には、X社が、B社に対してa事業を事業譲渡により承継させ、その対価をB社から受け取ることにより取引が実行される。

図表2－1　事業譲渡のスキーム図

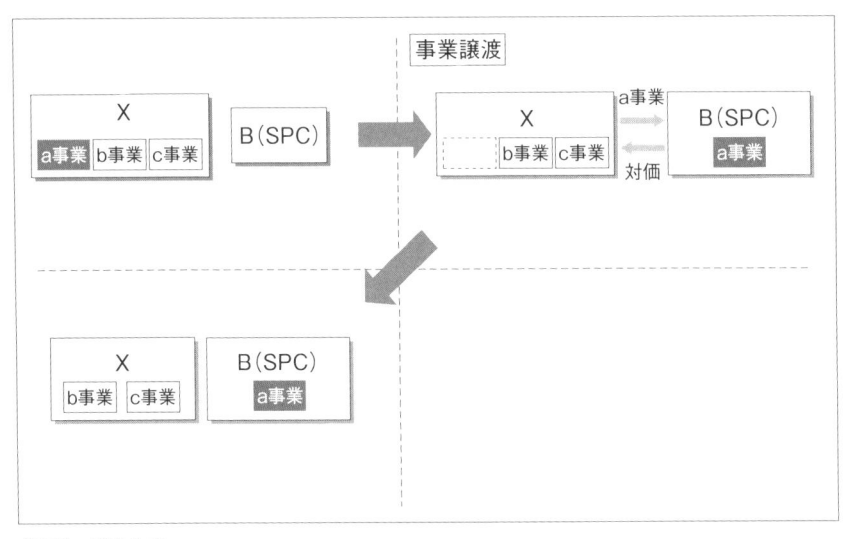

(出所)　筆者作成

---

7) 外国法人がB社の議決権の50％以上を有する場合など一定の場合には、B社は外為法上の「外国投資家」に該当する。B社が「外国投資家」に該当する場合において、売却対象事業またはA社の営むいずれかの事業が外為法上のいわゆる事前届出業種であるなど一定の要件を満たすときは、バイアウト実行前に外為法上の事前届出を要する可能性があり、スケジュールに影響を及ぼすことがある(外国為替及び外国貿易法26条、27条)。

① 基本的な特徴と主たる留意点
　ⅰ）株主総会決議の必要性
　a事業がX社にとって「重要な事業」に該当する場合は，簡易事業譲渡の要件（譲渡対象資産の帳簿価額が，X社の総資産額の5分の1またはこれを下回る定款で定めた割合以下であること）を満たすときを除き，X社において株主総会の特別決議を経る必要がある（会社法467条1項2号，309条2項11号）。事業譲渡に反対する株主には，株式買取請求権が認められている（会社法469条）。
　ⅱ）譲渡対象資産等の選別の可否
　事業譲渡においては，事業譲渡契約において特定された資産，負債，契約その他の権利義務のみが譲渡対象となる。
　ⅲ）個別の資産，負債，契約その他の権利義務の承継手続
　事業譲渡においては，譲渡対象とされた資産，負債，契約その他の権利義務を個別に移転させるための手続が原則として必要となる。特に，契約を移転させるためには，原則として，契約上の地位をB社に承継させることについての同意を当該契約の相手方から個別に取得する必要があるため，譲渡対象となる契約が多数に上る場合には，その手続的・時間的負担が大きなものとなる可能性がある。また，当該契約の相手方の同意を得ることができないなどの理由によりa事業にとって重要な契約をB社に承継させることができない場合には，B社への譲渡によってa事業の事業価値が毀損してしまう可能性もある[8]。そのため，a事業にとって極めて重要な契約が存在する場合において，当該契約の相手方の同意を得ることができるか必ずしも明らかではないときには，事業譲渡よりも次に述べる会社分割を選択することが望ましいことが多い。
　ⅳ）許認可等の取得
　許認可等によっては，その根拠法令に基づき，a事業のB社への譲渡に伴っ

---

[8] 事業譲渡契約においては，売却対象事業の継続にとって重要な契約の買主への承継が事業譲渡を実行するための前提条件として規定されるなど，重要な契約の承継に関する何らかの規定が設けられることが少なくない。このような場合において，当該重要契約の相手方の同意が取得できないなどの理由により当該重要契約を買主に承継させることができないときは，取引実行の前提条件が満たされず取引自体が不成立となってしまうなど，売主にとって望ましくない法的効果が事業譲渡契約上の規定に従って発生することになる。

てB社に承継されるものもあるが，このように事業譲渡に伴って譲受会社に承継される許認可等は極めて少なく，多くの許認可等は，事業譲渡に伴って承継されることはない。そのため，a事業の継続のために必要となる許認可等について，事業譲渡の実行に先立ってB社において許認可等の取得手続を行っておくべき場合が多い[9]。新たな許認可等の取得には長期間を要するものもあるので，スケジュール策定の際には留意が必要である。

v）**法人税法上の取扱い**[10]

X社においては，譲渡した資産および負債の譲渡価額と（税務上の）簿価の差額について譲渡損益が計上される。これに対し，B社においては，事業の譲渡対価と譲渡対象資産および負債の時価純資産価額の合計額との差額が，資産調整勘定または負債調整勘定（税務上の「のれん」）に計上され，5年間にわたって均等に償却（資産調整勘定の場合は損金に算入，負債調整勘定の場合は益金に算入）される（法人税法62条の8）。

例えば，譲渡した資産および負債の譲渡価額の合計額（譲渡対価）が300，その（税務上の）簿価の合計額が100，その時価純資産価額の合計額が180である場合，X社においては譲渡益が200（＝300－100）計上され，原則として当期の法人税課税の対象となる。他方，B社においては，120（＝300－180）を資産調整勘定に計上した上で，原則として毎事業年度24（＝120÷5）を損金に算入することになるため，その分だけ法人税の負担が少なくなる。

vi）**その他税務上の取扱い**

X社からB社に対する不動産の譲渡がある場合，B社において不動産取得税

9） a事業を譲り受ける前のB社は具体的な事業を営まないSPCであるから，対象となる許認可等がSPCにおいて（事業の譲受を条件として）あらかじめ取得手続を行うことが可能なものであるかも含めて，監督官庁に確認しておく必要がある。この点は後述する会社分割についても同様である。

10） 法人税法においては行為・計算の一般的否認規定が置かれており，法人の行為・計算で，これを容認した場合には法人税の負担を不当に減少させる結果となると認められるものについては，税務署長が通常の行為・計算に引き直して税額等の計算をすることができるものとされている（法人税法132条ないし132条の3）。いかなる場合に法人税の負担を「不当に減少」させるものと認められるのかは必ずしも明確ではないが，正当な事業目的を伴わず，もっぱら租税負担を減少させることだけを目的として特異な法形式・スキームを選択したような場合には行為・計算の一般的否認規定が適用される可能性があるため，スキームの検討に際しては慎重な検討が必要とされる。繰り返さないが，法人税法上の取扱いについて以下同様である。

および不動産所有権移転登記に係る登録免許税が課される。そのため、ａ事業に高額[11]の不動産が多数含まれている場合には、不動産取得税および不動産所有権移転登記に係る登録免許税の負担が相当に大きなものとなる可能性がある[12]。

また、譲渡対象に消費税の課税資産[13]が含まれている場合は、Ｘ社において当該資産の対価相当額について消費税が課されることになる[14]。Ｂ社は、Ｘ社に対して消費税相当額を支払うことになるが、当該消費税相当額の全部または一部を仕入税額控除の計算に算入することができる（消費税法30条）。仕入税額控除の計算に算入された金額に対応する分だけ、Ｂ社が申告納付する消費税額は減少するため、Ｂ社がＸ社に対して支払った消費税相当額がすべてそのままＢ社の負担金額となるわけではない（例えば、課税標準に対する消費税額から仕入税額控除額を差し引いた金額がマイナスとなった場合、Ｂ社は消費税の還付を受けることができる）。

(2) 事業売却スキーム②（会社分割）

先に述べたように、事業譲渡においては、譲渡対象契約の相手方からの同意取得に係る手続的・時間的負担が大きなものとなる可能性があるし、契約の相手方の同意を得ることができないなどの理由によりａ事業にとって重要な契約をＢ社に承継させることができない場合には、Ｂ社への譲渡によってａ事業の

---

11) 不動産取得税および不動産所有権移転登記に係る登録免許税の金額は、固定資産課税台帳に登録されている価格を基準に決定される（地方税法73条の21第1項、登録免許税法附則7条）。
12) 特許権等の知的財産権の移転登録についても登録免許税が課される。知的財産権の移転登録に係る登録免許税は件数ベースで課されるため、ａ事業に多数の知的財産権が含まれる場合は留意する必要がある。
13) 消費税は国内で行われた資産の譲渡等を課税対象とするが（消費税法4条1項）、例えば、土地、有価証券等の譲渡等については非課税とされている（消費税法6条、別表第一）。
14) 譲渡対象に多くの非課税資産が含まれている場合、Ｘ社において非課税売上高が増え、その結果、Ｘ社の課税売上割合が減少することになる。Ｘ社の課税売上割合が95％以上である場合は、Ｘ社が申告納付する消費税額の計算に際して、課税仕入れに係る消費税額の全額を仕入税額控除として差し引くことができるのに対して（消費税法30条1項）、Ｘ社の課税売上割合が95％未満となった場合は、Ｘ社が申告納付する消費税額の計算に際して、課税仕入れに係る消費税額の一部について仕入税額控除として差し引くことができなくなる可能性があるため（消費税法30条2項）、留意が必要である。

事業価値が毀損してしまう可能性もある。契約相手方からの個別同意の取得に関する問題を回避しつつ，事業の一部のみを譲渡するために実務上広く用いられている手法として，会社分割があげられる。

① **事業譲渡と会社分割の比較**
ⅰ) **株主総会決議の必要性**

簡易分割の要件（承継対象資産の帳簿価額が，X社の総資産額の5分の1またはこれを下回る定款で定めた割合以下であること）を満たす場合を除き，X社において会社分割の効力発生日の前日までに吸収分割契約（または新設分割計画）について株主総会の特別決議を経る必要がある（会社法783条1項，784条3項，804条1項，805条，309条2項12号）。事業譲渡においても原則としてX社における株主総会の特別決議が必要であり（上記1(1)①ⅰ)），この点において大きな違いはない。反対する株主に株式買取請求権が認められている点も同様である（会社法785条，806条）。

ⅱ) **承継対象資産等の選別の可否**

会社分割の場合も事業譲渡と同様に，会社分割契約（または新設分割計画）において特定された資産，負債，契約その他の権利義務のみが承継対象となる（ただし，従業員との間の労働契約については下記ⅴ）参照）。

ⅲ) **個別の資産，負債，契約その他の権利義務の承継手続**

会社分割の場合は，会社分割の効力発生の法的効果として，承継対象資産，負債，契約等が承継会社（または新設会社）に承継されることとなるため，事業譲渡の場合（上記1(1)①ⅲ) 参照）と異なり，原則として[15]，承継対象契約の相手方からの同意取得に係る手続的・時間的負担が生じたり，契約の相手

[15) 実務上は，契約当事者が会社分割を行うことを解除事由として規定している契約や，会社分割による契約上の地位の移転を禁止する規定なども散見されるため，事前に契約の相手方の同意を取得することが望ましい場合もある。また，契約書における一般条項として，「契約上の権利又は契約上の地位の譲渡」を禁止する条項が規定されている例は少なくないが，会社分割による契約上の地位の移転が，このような条項により禁止されているかどうかについては，当該契約が締結された当時の当事者の合理的意思解釈による必要があり，慎重な対応を要する場合がある。なお，仮に契約当事者が会社分割による当該契約上の地位の移転を禁止する旨を明示的に合意していたとしても，当該契約上の地位は会社分割の効力発生日に承継会社（または新設会社）に有効に承継される（当事者間の契約違反の問題が残るだけである）。

方の同意を得られなかったことに起因して，a事業の事業価値が毀損するおそれはない。

iv）債権者異議手続の必要性

会社分割では，X社において会社分割の効力発生日の前日までに債権者異議手続を履践する必要がある[16]。債権者異議手続に要する期間は，理論上は最短1ヶ月であるが，公告の準備のために要する期間や債権者から異議申出がなされた場合に当該異議に対応して弁済等を行うための期間も考慮すると，スケジュール作成上は約1ヶ月半程度の期間を見込んでおくことが望ましい。

事業譲渡の場合，このような債権者異議手続は不要であるから，少なくとも理論上は，会社分割よりも短期間で取引を実行できる可能性がある。

v）労働契約の承継手続

会社分割により従業員との間の労働契約をB社に承継させるためには，会社分割に伴う労働契約の承継等に関する法律（以下「労働契約承継法」という）および改正商法附則5条1項において定められている従業員に対する通知，従業員との間の協議等の手続を履践する必要があり，スケジュール作成上，これらの手続に要する期間を見込んでおく必要がある。

また，労働契約承継法等の定めに基づき，a事業に主として従事する従業員は，X社とB社の意向にかかわらず，当該従業員が希望する限りそのままの雇用条件でB社に承継され，それ以外の従業員は，X社とB社の意向にかかわらず，当該従業員が希望する限りX社に残留することとなる[17]。そのため，例えば，a事業に主として従事する一部の従業員との間の労働契約のみを譲渡・承継対象とすることは，事業譲渡スキームでは原則として可能であるが，会社分割スキームでは，a事業に主として従事する他の従業員の了解を得る必要があるため，柔軟に対応できない場合がある。

---

[16] 会社法上は，B社においても債権者異議手続を履践する必要があるが，SPCとして設立されたばかりのB社について債権者は存在しないか，またはごく限られているのが通常であり，債権者から実際に異議が述べられる事態はほとんど想定されない。

[17] 労働契約承継法4条及び5条，並びに分割会社及び設立会社等が講ずべき当該分割会社が締結している労働契約及び労働協約の承継に関する措置の適切な実施を図るための指針。

vi) 取引内容の設計における自由度の違い

　事業譲渡契約の内容については会社法において特段規定はなく，原則として当事者間において自由に取引内容を設計することができると考えられている[18]。

　これに対して，吸収分割契約（または新設分割計画）の内容については会社法において必要的記載事項が定められており，また，吸収分割の効力発生日の変更には事前に公告を行うことが要求されているなど，手続面においても会社法上のさまざまな要請を満たす必要がある。そのため，例えば，会社分割の効力発生日以降における分割対価の調整や，許認可等が取得できなかったために効力発生日を延期したい場合に必要な手続について，どの程度柔軟な設計・対応が法令上許容されるのか必ずしも明確ではないというデメリットがある。

vii) 許認可等の取得

　事業譲渡と比較した場合，会社分割については，効力発生に伴い承継される旨がその根拠法令に定められている許認可等も少なくない。もっとも，事業譲渡の場合と同様に，ａ事業の継続のために必要となる許認可等について，会社分割の効力発生日に先立ち承継会社において許認可等の取得手続を行っておくべき場合も多く，また，新たな許認可等の取得に長期間を要するものもあるため，スケジュール策定上留意を要する。

viii) 法人税法上の取扱い

　法人税法上，会社分割には適格分割と非適格分割の２種類があり，いずれに該当するかによって当事者の課税関係は異なるが，互いに資本関係のない事業会社とバイアウト・ファンドとの間の取引において実行される会社分割は，多くの場合，非適格分割に該当するものと考えられる[19]。

---

[18] ただし，会社および株主に対していかなる影響・意義を有するかが基本的に判断できる程度の契約の本質的内容について株主総会における特別決議を得る必要があると解されている（落合誠一編『会社法コンメンタール12―定款の変更・事業の譲渡等・解散・清算(1)』（商事法務，2009年）47頁〔齊藤真紀〕，上柳克郎＝鴻常夫＝竹内昭夫編『新版　注釈会社法(5)』（有斐閣，1986年）269頁〔落合誠一〕）。

[19] 後述する事業売却スキーム②－１（現金交付型会社分割）は，金銭等不交付要件（法人税法２条12号の11柱書）を満たさないため非適格分割となり，事業売却スキーム②－２（会社分割→株式譲渡）は株式の継続保有要件（法人税法２条12号の11イ，同施行令４条の３第６項）を満たさないため非適格分割となる。

非適格分割に該当する場合の法人税法上の取扱いは，基本的には事業譲渡の場合（上記1(1)①ⅴ）参照）と同様である。すなわち，X社においては，譲渡した資産および負債の譲渡価額と（税務上の）簿価の差額について譲渡損益が計上される。これに対し，B社においては，分割対価と承継対象資産および負債の時価純資産価額の合計額との差額が，資産調整勘定または負債調整勘定に計上され，5年間にわたって均等に償却（資産調整勘定の場合は損金に算入，負債調整勘定の場合は益金に算入）される（法人税法62条の8）。

ⅸ）その他税務上の取扱い

　会社分割の場合も法人間での不動産の移転があるため，事業譲渡と同様に，B社において不動産取得税および不動産所有権移転登記に係る登録免許税が課される。ただし，不動産取得税は一定の場合に非課税となり（地方税法73条の7，同施行令37条の14）[20]，不動産所有権移転登記に係る登録免許税は，（時限措置ではあるものの）税率が軽減されており（租税特別措置法81条1項），事業譲渡よりも不動産の移転に関する税負担が小さくなる。

　また，事業譲渡と異なり，会社分割においては，B社からX社に交付される分割対価に消費税は課されない。

② 　事業売却スキーム②-1（現金交付型会社分割）

　事業売却スキーム①（事業譲渡）と同様の取引を会社分割を用いて実行する場合のスキームとしては，X社がB社に対して会社分割（吸収分割）によりa事業を承継させ，その対価をB社から現金で受け取るという現金交付型会社分割のスキームが，まずは考えられる。

---

20) 後述する事業売却スキーム②-1（現金交付会社分割）では，金銭等不交付要件（地方税法施行令37条の14柱書）を満たさないため不動産取得税が課されるが，事業売却スキーム②-2（会社分割→株式譲渡）では，同条で定められた要件を満たせば不動産取得税は非課税となる。

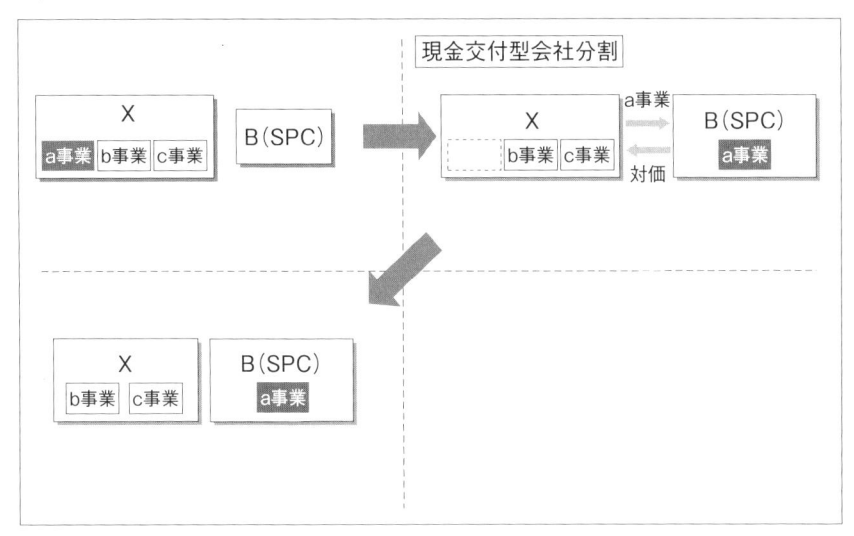

図表2-2 現金交付型会社分割のスキーム図

(出所) 筆者作成

　本スキームの基本的な特徴と主たる留意点は，上記1(2)①において会社分割一般について述べたところがそのまま当てはまる。

③　事業売却スキーム②-2（会社分割→株式譲渡）
　事業売却スキーム②-1（現金交付型会社分割）によった場合，取引内容の設計における自由度が限定されてしまうという会社分割のデメリット（上記1(2)①ⅵ)）が直接影響してくることになる。他方で，事業譲渡と比べた場合，会社分割には，原則として承継対象契約の相手方からの同意取得に係る手続的・時間的負担が生じることがなく，また，契約の相手方の同意を得られなかったことに起因して売却対象事業の事業価値が毀損するおそれがないといったメリットがある。そこで，会社分割のメリットを活かしつつ，柔軟な取引内容の設計を可能にすることを主たる目的として，会社分割と株式譲渡を組み合わせたスキームが用いられることがある。
　具体的には，次のようなステップを経て取引が実行される。
　ステップ1：X社が会社分割（新設分割）により新設会社（Y社）にa事業

を承継させ，同時にY社の全株式を取得する[21]。

ステップ2：B社は，X社からY社の全株式を譲り受け，X社に対してその対価を支払う。

図表2-3　会社分割→株式譲渡のスキーム図

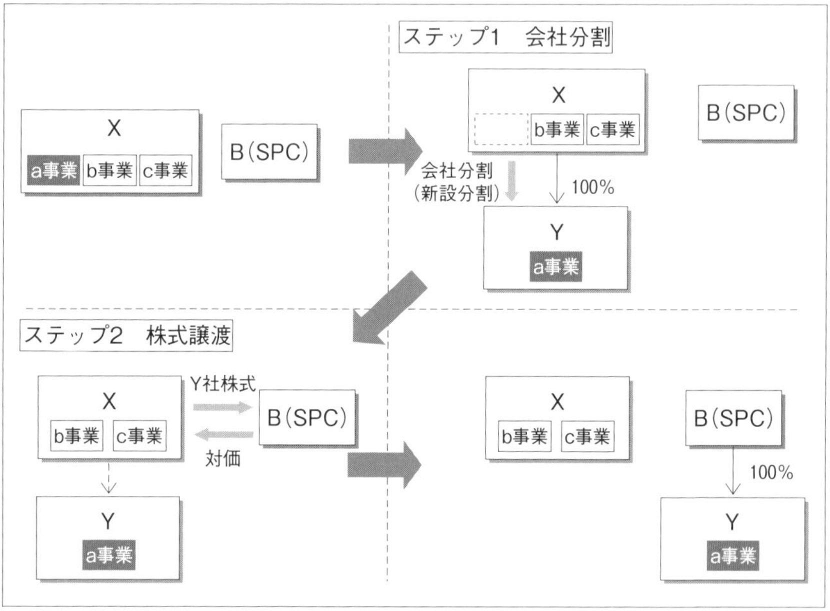

```
ステップ1　会社分割
    X                    X
[a事業][b事業][c事業]  B(SPC)    [b事業][c事業]   B(SPC)
                      会社分割
                     （新設分割）    100%
                                   Y
                                [a事業]

ステップ2　株式譲渡
         Y社株式
    X  ───────→            X
[b事業][c事業]  B(SPC)    [b事業][c事業]   B(SPC)
         ←───
         対価                        100%
    Y                                Y
[a事業]                            [a事業]
```

(出所)　筆者作成

---

[21] X社の事業の継続のために必要となる許認可等について，会社分割に伴う承継を認める規定が存在しないことが判明した場合，あらかじめX社の子会社としてSPC（Y社）を設立し，Y社に当該許認可等の取得に必要な手続を行わせた上で，（新設分割ではなく）Y社に対する吸収分割を行うという方法により対応できる場合もある。この場合，注9において事業譲渡について述べたところと同様に，会社分割により事業を承継する前のY社は具体的な事業を営まないSPCであるから，対象となる許認可等がSPCにおいて（事業の承継を条件として）あらかじめ取得手続を行うことが可能なものであるかも含めて，監督官庁に確認しておく必要がある。

なお，この場合のY社はX社の完全子会社であるため，会社分割によりX社がその事業をY社に承継させた場合，Y社は承継した財産の価額を限度として，X社が国税を滞納した場合の第二次納税義務を負担することになる（国税徴収法38条）。そのため，X社に税務リスクがあるような場合は，（X社ではなく）B社の子会社としてSPCを設立した上で，当該SPCとの間で（当該SPCの株式を分割対価とする）吸収分割を行い，吸収分割によりX社が取得した当該SPC株式をB社に対して譲渡するというスキームを採用することも考えられる。

後述するように（下記2(1)①ⅱ）），株式譲渡契約については，法令上特段の制約はなく，当事者の合意に基づいて自由に取引内容を設計することができる。

ステップ1（会社分割）については，上記1(2)①において述べたところを参照されたい。

(3) 各スキームの比較

上記各スキームの特徴をまとめると，**図表2－4**の通りとなる。

図表2－4　各スキームの比較

	スキーム① 事業譲渡	スキーム②-1 現金交付型会社分割	スキーム②-2 会社分割→株式譲渡
必要な期間	理論上は短期間で実行可能	実務上は最短1ヶ月半程度必要	
資産，負債および契約上の地位の移転に関する個別手続	原則必要	原則不要	
労働契約承継に関する個別同意の取得	原則必要	原則不要（ただし，労働契約の承継について法定の手続の履践が必要）	
許認可等の新規取得	必要な場合あり（ただし，スキームによって異なる場合あり）		
取引内容の設計における自由度	広い	狭い	ある程度広い
法人税	当事者の税務上のステータスによって法人税負担額は異なる		
消費税	課税あり	課税なし	
不動産取得税	課税あり		一定の場合，課税なし
不動産所有権移転登記に係る登録免許税	課税あり	課税あり（ただし，スキーム①より税率が低い）	
その他の留意点	・独占禁止法上の事前届出，公正取引委員会に対する事前相談が必要となる場合あり ・外為法上の事前届出が必要となる場合あり ・特別法・業法上の手続（例えば，主務官庁の認可）が必要となる場合あり		

（出所）　筆者作成

2 売却対象が子会社である場合のスキーム

(1) 子会社売却スキーム① (株式譲渡)

親会社がその子会社を売却する場合にまず想定されるスキームは、株式譲渡（A社株式のB社に対する譲渡）である。

図表2-5　株式譲渡のスキーム図

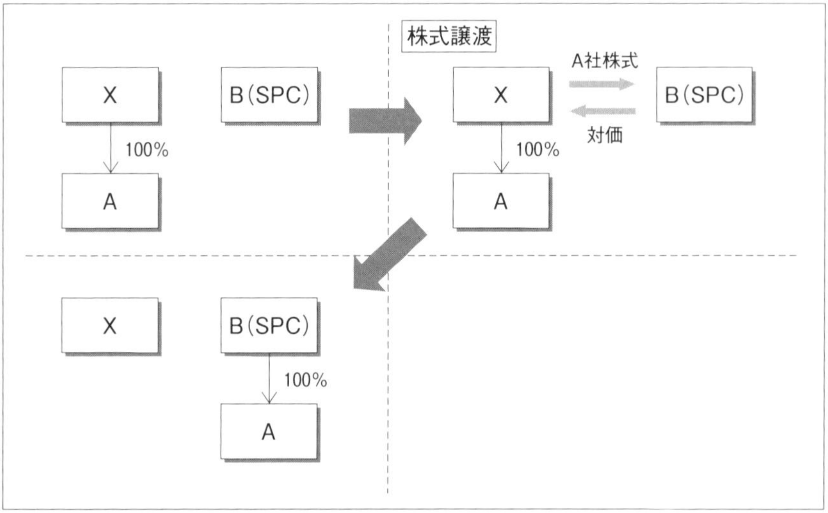

（出所）　筆者作成

① 基本的な特徴と主たる留意点

ⅰ）資産，負債，契約その他の権利義務，許認可等の不変更

本スキームは株式譲渡によりX社がその保有するA社株式をB社に対して譲渡するものであり，A社それ自体には何ら変更を加えるものではない。A社は，資産，負債，契約その他の権利義務，許認可等のあらゆる面において，原則としてそのままの状態でB社に譲渡されることとなる[22]。そのため，株式譲渡においては譲渡・承継対象とする資産，負債，契約その他の権利義務を選別することができず，B社は，潜在債務等の負債も含めて（A社株式を通じて間接的に）譲り受けなければならない。他方，A社自体には何ら変更が加えられな

いため，許認可等については原則として改めて取得する必要はない。

これに対し，事業売却スキームとして説明した事業譲渡および会社分割は，いずれも会社からその事業の一部のみを切り出した上で，その切り出した部分のみを第三者に対して譲渡または承継させるものであるため，譲渡・承継対象とする資産，負債，契約その他の権利義務を選別することが原則として可能であり，また，原則として潜在債務を譲渡・承継対象外とすることもできるという点において大きな違いがある。他方，許認可等については，改めて取得しなければならない場合が多い。

ⅱ）取引内容の設計における自由度が広いこと

株式譲渡契約の内容については，法令上特段の制約はないため，取引当事者はその内容を自由に設計することができる。そのため，対価の事後調整や取引実行日の定め方など，当事者は当該取引に最も適切な取引内容を柔軟に設計することができる。

ⅲ）税務上の取扱い

X社においては，A社株式に係る譲渡損益（A社株式の譲渡価額からA社株式の（税務上の）簿価を差し引いた金額）がX社の益金または損金に算入され，原則として法人税課税の対象となる。B社においては，A社株式の対価としてX社に支払った金額がA社株式の簿価とされる。事業売却スキームの場合（上記1(1)①ⅴ）および1(2)①ⅷ)）と異なり，B社はその後A社株式を第三者に譲渡等するまでの間，原則として当該A社株式の簿価の全額について，課税所得の計算上，一切損金または益金の額に算入することができない[23]。

[22) 実務上は，契約当事者の親会社または大株主の変更を解除事由として規定している契約なども散見されるため，実際の取引実行に際しては，このような契約の有無・内容を確認する必要がある。

[23) なお，LBOにおいては，B社によるA社の買収後にB社とA社との間で合併を行うことが多いが，100％親子会社関係が生じてから5年以内の会社同士の合併においては，消滅会社の繰越欠損金の引継，または存続会社の繰越欠損金の使用について制限が課される場合があるため（法人税法57条3項，4項），B社によるA社の買収5年以内にA社とB社とを合併させる場合には留意が必要である。また，A社が欠損金または評価損資産を有する会社である場合において，一定の要件を満たすとき（例えば，B社がA社株式に加えて，A社に対する不良化した債権を買い取った上でA社を消滅会社とする合併を行う場合など）は，A社の繰越欠損金の使用が制限されるのであわせて留意する必要がある（法人税法57条の2）。

不動産の所有権は常にA社に帰属したままであり，法人間での移転は生じていないから，不動産取得税や不動産所有権移転登記に係る登録免許税の負担が生じることはない。また，株式譲渡について消費税は非課税とされている（消費税法6条1項，別表第一の二）。

② 応用スキーム（配当→株式譲渡）

A社において，その事業の運転資金として必要な金額を超える大幅な余剰資金があり，バイアウト・ファンドがこのような大幅な余剰資金の承継を望まない場合がある[24]。このような場合，A社からX社に対して余剰資金相当額の配当を行った上で，B社に対してA社株式を譲渡するというスキームが考えられる[25]。

このスキームが選択された場合，A社株式の譲渡価額は，配当による資金流出を織り込んだ金額となる。X社において，A社株式に係る譲渡益として法人税の課税対象となる金額が配当相当額だけ低額となり，他方でA社からX社に対する配当金額は原則としてX社の益金に算入されないため（法人税法23条1項1号）[26]，結果としてX社における課税負担は小さくなる。

例えば，X社の保有するA社株式の（税務上の）簿価が100，時価が300である場合，子会社売却スキーム①（株式譲渡）では，X社は，対価として300を受領し，200（＝300－100）を益金に計上しなければならない。これに対し，

---

[24] 株式譲渡実行後にA社からB社に対して余剰資金相当額の剰余金の分配を行うことも考えられるが，その場合，取引実行に先立ち余剰資金相当額についてバイアウト・ファンドが一時的にB社に対して出資するか，あるいはB社が外部金融機関等から資金調達しなければならないため，経済的に非効率であるし，本文で述べたスキーム（配当→株式譲渡）と比べるとB社側の手続的な負担が重いものとなることが予想される。

[25] 配当は会社法上の分配可能額の制限の範囲内で行う必要がある。株式譲渡を行う事業年度において多額の利益が上がったために剰余金が生じているような場合は，配当に先立って臨時計算書類の承認を行うことにより，当該事業年度において生じた利益相当額を会社法上の分配可能額に取り込むことが考えられる（会社法461条2項2号）。

[26] A社からX社に対する配当金額の全額がX社において益金不算入となるためには，当該配当金額の計算期間を通じてX社がA社の100％子会社であることが必要とされるが，これに該当しない場合であってもX社がA社の25％以上の株式を配当日の6ヶ月以上前から継続して保有しているときは，相当部分（配当金額の全額から一定の計算により算出される当該A社株式に係る負債利子額を控除した金額）について益金に算入しないことが認められている（法人税法23条）。以下，受取配当の益金不算入について同様である。

この応用スキーム（配当→株式譲渡）において，株式譲渡実行前にＡ社からＸ社に対して50の配当を行った場合，Ｘ社は，子会社売却スキーム①（株式譲渡）と同様に合計で300を受領するにもかかわらず，150（＝(300－50)－100）のみを益金に計上すれば足りることになる（配当50はＸ社において全額益金不算入)。

図表２－６　（配当→株式譲渡）のスキーム図

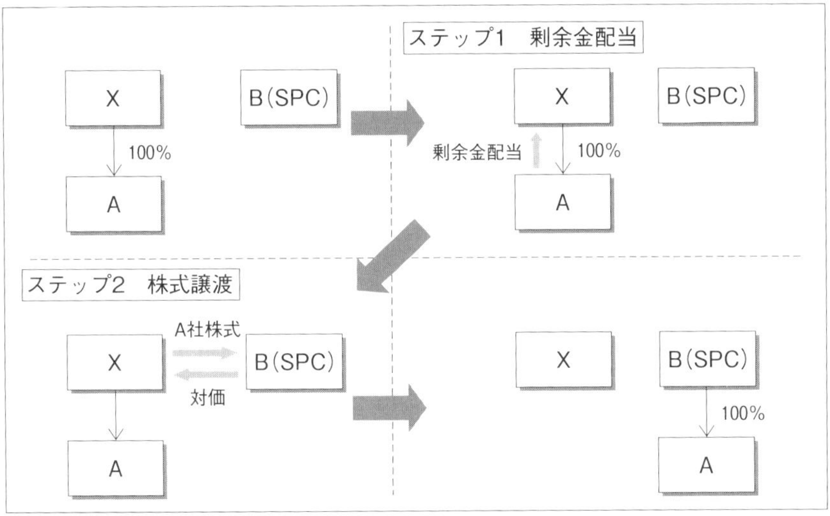
ステップ1　剰余金配当
X
B(SPC)
100%
A
剰余金配当
ステップ2　株式譲渡
A社株式
対価

（出所）　筆者作成

(2) 子会社売却スキーム②（事業譲渡→解散・清算）

子会社売却スキーム①（株式譲渡）（上記２(1)）においては，Ａ社自体はそのままの状態で，Ａ社の株式のみがＢ社に譲渡されることになる。そのため，Ａ社が潜在債務を負担している場合，取引実行後はＢ社がこのような潜在債務に関するリスクを（Ａ社株式の保有を通じて間接的に）負担することとなる。このような潜在債務に関するリスクは，一般的には，株式譲渡契約において当該リスクが顕在化した場合に売主側が補償義務を負担する形で手当てされるか[27]，株式譲渡対価の価値算定にあたって減額要因として織り込まれることによる対応が試みられることが多い。

しかしながら，このような契約上の対応が試みられたとしても，買主であるB社の立場からすれば，契約上の諸条件（例えば，補償を請求することのできる期間，下限額，上限額等の諸条件）によっては不十分なものとなる可能性があるし，また，売主であるX社の立場からしても，潜在債務に係るリスクを譲渡・承継対象から除外することができれば，A社の営む事業をより高値でB社に対して譲渡できるかもしれない。そこで，A社の資産，負債，契約その他の権利義務を選別し，潜在債務を除外する形でA社の全事業を売却する方法として，事業売却スキーム（上記1）において説明した事業譲渡と会社分割が用いられることがある。

A社の事業のみを切り出した上で譲渡する方法としてまず想起されるのが事業譲渡である。そこで，まずは事業譲渡を用いるスキームについて説明する。具体的には以下のステップを経て取引が実行される。

ステップ1：B社が，A社の事業の全部を事業譲渡により譲り受け，A社に対してその対価を支払う。

ステップ2：A社は，事業譲渡実行後に解散・清算を行う。A社が受領した事業譲渡の対価は，清算手続においてA社の残存債務を弁済した上でX社に支払われる。

① 基本的な特徴とその留意点

本スキームの基本的な特徴と主たる留意点は，以下の通りである。事業譲渡については上記1(1)で述べた通りであるから，本スキーム特有の部分を除き，本項では再論しない。

ⅰ) 譲渡対象資産等の選別の可否，潜在債務の遮断

事業譲渡においては事業譲渡契約において特定された資産，負債，契約その他の権利義務のみが譲渡対象となるため（上記1(1)①ⅱ)），潜在債務を譲渡

---

27) 本稿ではその詳細には立ち入らないが，このような補償義務に基づく支払いについては，税務上の取扱いを考慮して，株式売買代金の調整・減額として取り扱う旨を契約上規定することも多い（国税不服審判所平成18年9月8日裁決参照）。

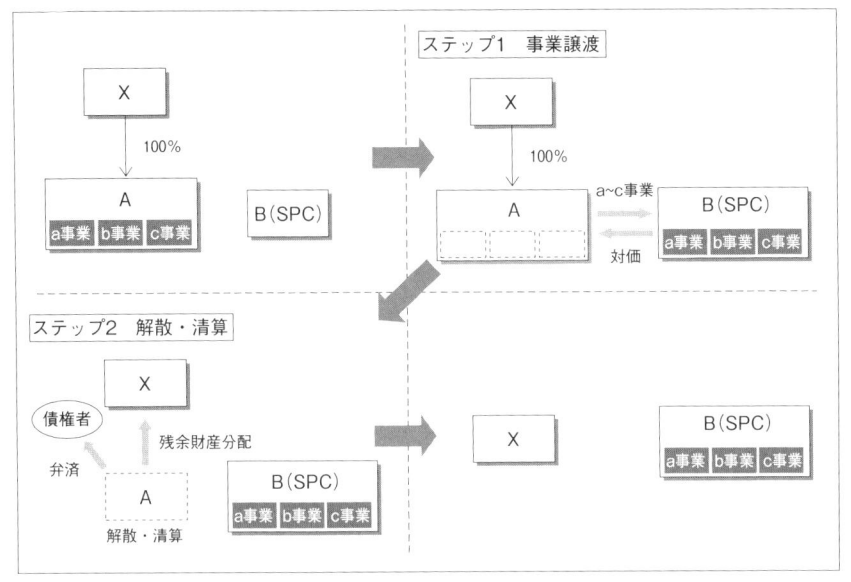

図表 2 − 7　事業譲渡→解散・清算のスキーム図

(出所)　筆者作成

対象から除外したり，あるいは過剰在庫を譲渡対象資産から除外することにより，結果としてA社の営む事業をより高値でB社に対して譲渡できる可能性がある。

なお，A社は，そのすべての事業をB社に譲渡した後，株主総会の特別決議により解散した上で清算手続を行うことになるが，仮にA社に残された潜在債務が存在したとしても，原則として株主であるX社が直接その責任を負担することはない[28]。

ⅱ）譲渡対価の取得時期

清算手続においては，株主に対する残余財産の分配を実行できるまでに最短でも2ヶ月半程度の期間を要し，売主かつA社の株主であるX社は，それまでの間，B社からA社に交付されたA社事業の譲渡対価を受領することができな

---

[28] ただし，A社に未払いの租税債務がある場合，X社は清算手続の過程で分配を受けた残余財産の価額を限度として当該租税債務について第二次納税義務を負う（国税徴収法34条）。

い[29]。

iii）税務上の取扱い（解散・清算）

株主であるX社に対して残余財産の分配として交付される金額のうち、A社の資本金等の額を超える部分はみなし配当として取り扱われ、X社において益金不算入となる（法人税法24条1項3号、23条1項1号）。他方で、A社はX社の100％子会社であるため、X社の保有していたA社株式について残余財産分配時に譲渡損益は計上されない（法人税法61条の2第16項）。

また、A社はX社の100％子会社であるため、X社は、法人税法上定められている一定の要件を満たすことを前提に、A社の残余財産が確定した日の翌日から遡って7事業年度分のA社の未処理欠損金額を、X社の欠損金額として引き継げる場合がある（法人税法57条2項）。

(3) 子会社売却スキーム③（会社分割）
① 子会社売却スキーム③-1（現金交付型会社分割→解散・清算）

子会社売却スキーム②（事業譲渡→解散・清算）と類似した取引を、会社分割を用いて実現しようとすると、以下のような取引になる。

ステップ1：B社は、会社分割（吸収分割）によりA社の事業の全部を承継し、A社に対して分割対価を支払う。

ステップ2：A社は、会社分割実行後に解散・清算を行う。A社が受領した分割対価は、清算手続においてA社の残存債務を弁済した上でX社に支払われる。

本スキームは、子会社売却スキーム②（事業譲渡→解散・清算）を事業譲渡の代わりに現金交付型会社分割を用いて実行するものであり、紙幅の都合上再論しないが、基本的には上記2(2)①において子会社売却スキーム②（事業譲渡→解散・清算）について述べたところがそのまま当てはまる。会社分割と事業譲渡の違いについては上記1(2)①で述べた通りである。

---

29) A社において相当額の会社法上の分配可能額がある場合は、株主総会において解散の決議を行う前にA社からX社に対して配当を行うことにより、A社事業の譲渡対価を早期にX社に取得させることも考えられる。

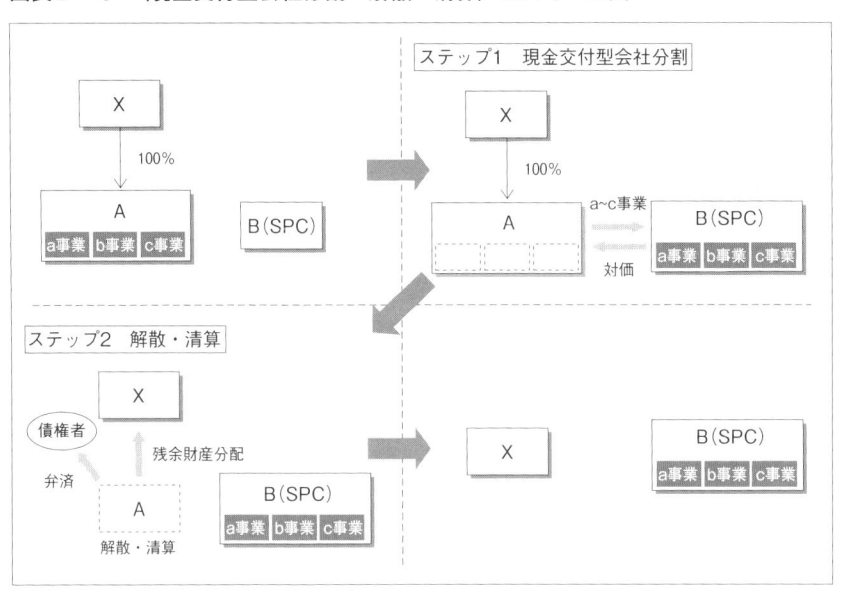

図表2-8 (現金交付型会社分割→解散・清算) のスキーム図

(出所) 筆者作成

② 子会社売却スキーム③-2 (会社分割→株式譲渡→解散・清算)

　子会社売却スキーム③-1 (現金交付型会社分割→解散・清算) には，事業売却スキーム②-1 (現金交付型会社分割) (上記1(2)②) について述べたところと同様に，取引内容の設計における自由度が限定されてしまうという会社分割のデメリットがある。そこで，事業売却スキーム②-2 (会社分割→株式譲渡) (上記1(2)③) と同様に，子会社売却スキームについても，会社分割と株式譲渡を組み合わせて取引を実行することが考えられる。具体的には，以下のステップを経てA社の事業をB社に譲渡することになる。

　　ステップ1：A社が，その事業の全部を会社分割 (新設分割) により新設会社 (Y社) に承継させる。
　　ステップ2：B社は，A社からY社の株式を譲り受け，A社に対してその対価を支払う。
　　ステップ3：A社は，会社分割実行後に解散・清算を行う。A社が受領した株式譲渡の対価は，清算手続においてA社の残存債務を弁済し

た上でX社に支払われる。

図表2-9 (会社分割→株式譲渡→解散・清算) のスキーム図

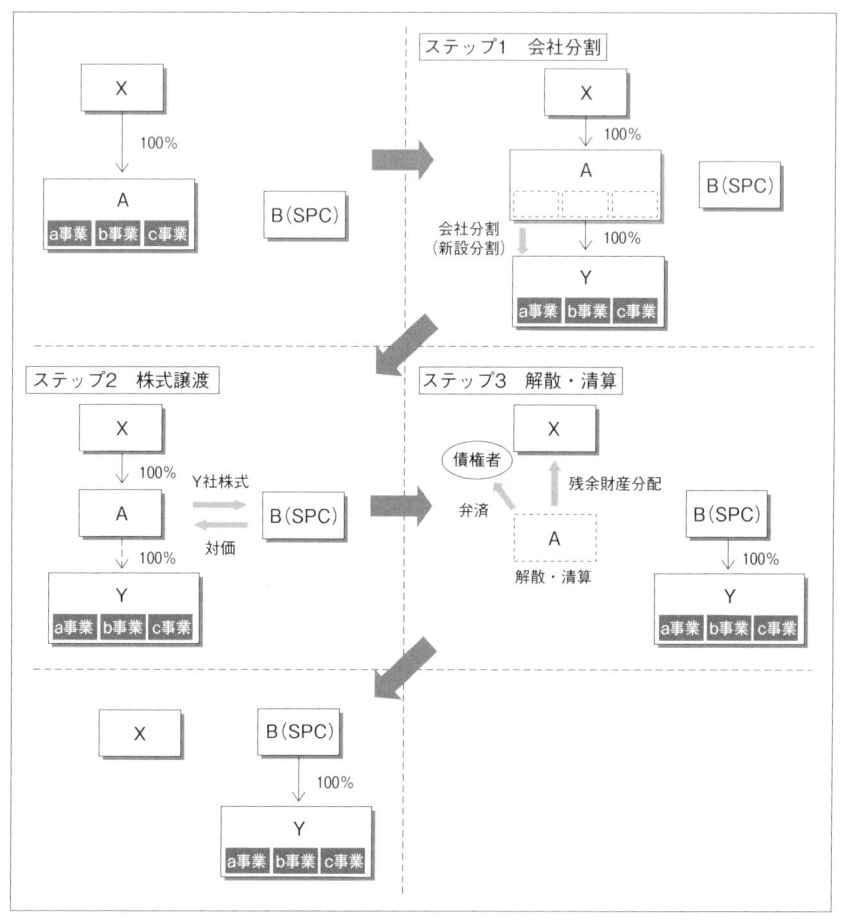

(出所) 筆者作成

　本スキームは，事業売却スキーム②-2（会社分割→株式譲渡）（上記1(2)③）と，子会社売却スキーム②（事業譲渡→解散・清算）（上記2(2)①）のステップ2（解散・清算）とを組み合わせたものであり，紙幅の都合上再論しないが，基本的には両スキームにおいて述べたところがそのまま当てはまる。

(4) 各スキームの比較

本項の各スキームの特徴をまとめると、**図表2-10**の通りである。

図表2-10 各スキームの比較

	スキーム① 株式譲渡	応用スキーム 配当→株式譲渡	スキーム② 事業譲渡 →解散・清算	スキーム③-1 現金交付型会社分割 →解散・清算	スキーム③-2 会社分割 →株式譲渡 →解散・清算
必要な期間	理論上は短期間で実行可能		実務上は清算手続に最短2ヶ月半程度必要	実務上は、会社分割に最短1ヶ月半程度、清算手続に最短2ヶ月半程度必要	
譲渡・承継対象資産等の選別、潜在債務の遮断	不可		原則可能	原則可能（労働契約の選別は原則不可）	
労働契約承継に関する個別同意の取得	原則不要		原則必要	原則不要（ただし、労働契約の承継について法定の手続の履践が必要）	
資産、負債および契約上の地位の移転に関する個別手続	原則不要		原則必要	原則不要	
許認可等の新規取得	原則不要		必要な場合あり （ただし、スキームによって異なる場合あり）		
取引内容の設計における自由度	広い		狭い		ある程度広い
法人税	当事者の税務上のステータスによって法人税負担額は異なる				
消費税	課税なし		課税あり	課税なし	
不動産取得税	課税なし		課税あり	一定の場合、課税なし	
不動産所有権移転登記に係る登録免許税	課税なし		課税あり	課税あり（ただし、スキーム②より税率が低い）	
その他の留意点	・独占禁止法上の事前届出、公正取引委員会に対する事前相談が必要となる場合あり ・外為法上の事前届出が必要となる場合あり ・特別法・業法上の手続（例えば、主務官庁の認可）が必要となる場合あり				

(出所) 筆者作成

3 段階的売却のためのスキーム

　第1節および第2節では，事業会社がその事業の一部または子会社を一度にすべて売却する場合を念頭に検討対象となりうるスキームを紹介したが，実際の取引においては，事業会社とバイアウト・ファンドの両者が売却対象事業に対して経営資源を提供することにより売却対象事業の価値を向上させ，このような事業価値の向上により得られる利益を両者で分かち合うことなどを目的として[30]，事業会社がその事業の一部または子会社の持分を部分的にバイアウト・ファンドに対して売却し，その後バイアウトを完了させるまでの間，当該事業会社とバイアウト・ファンドが共同して事業を運営することがある[31]。

　このような段階的売却を行うためのスキームについてもさまざまなものが考えられるが，本節では事業会社がその子会社をバイアウト・ファンドに対して売却する場合について，①事業会社とバイアウト・ファンドによる合弁形態を形成する局面と，②事業会社とバイアウト・ファンドによる合弁形態を解消する局面のそれぞれについて，若干のスキーム上のアイデアを紹介する。

(1) 事業会社とバイアウト・ファンドによる合弁形態を形成する局面
① 株式の一部譲渡

　X社がA社をB社に対して部分的に売却するためのスキームとしてまず考えられるのが，株式の一部譲渡である。例えば，X社がA社の発行済株式の60％をB社に対して譲渡することにより，X社とB社とがそれぞれ40％，60％の株式を保有する合弁会社とすることができる（その基本的な特徴と留意点は株式の全部譲渡の場合と大きく異ならないため，上記2(1)を参照されたい）。

---

[30] このような段階的売却の手法を採用することにより，売却対象事業に属する従業員の不安を和らげることができる場合もある。
[31] 段階的売却の手法が採用される場合，事業会社とバイアウト・ファンドとの間では，バイアウトが完了するなどして合弁形態が解消されるまでの期間を対象として，合弁会社株式の処分に関する事項のほか，合弁会社の事業運営に関する事項（取締役等の指名権，重要な経営判断に関する事項の決定プロセス，一方当事者の拒否権等）等が合意されるのが一般的である。

図表 2 - 11　合弁形態の形成（株式の一部譲渡）のスキーム図

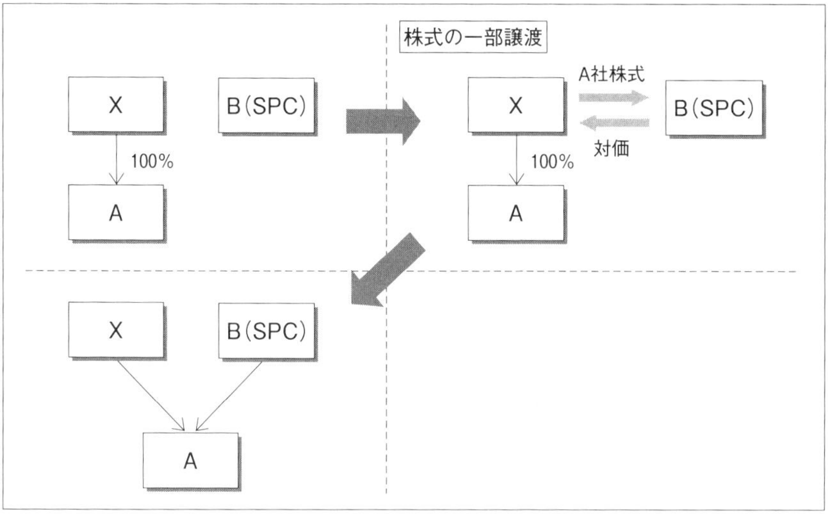

(出所)　筆者作成

② 　第三者割当増資

　これに対して，例えば，A社の資金繰りが悪化しており，早晩A社に対する増資が必要となることが見込まれている場合などにおいては，A社が第三者割当増資によりB社に対して新株を発行することにより，A社をX社とB社の合弁会社とすることが考えられる[32]。

　株式の一部譲渡による場合は，株式譲渡実行時点においてX社はA社株式に係る譲渡損益を認識しなければならないが，第三者割当増資による場合は，A社による新株の発行価額が時価である限り，A社における増資に伴う登録免許税の負担（増加する資本金の額の0.7％）を除き[33]，特段の課税関係は生じない。

---

[32] 第三者割当増資だけでは，X社とB社との間でA社についての適切な持分比率が形成されない場合は，第三者割当増資と株式譲渡を組み合わせて取引を実行することも考えられる。

[33] A社が自己株式を保有している場合においては，新株の発行を伴う第三者割当増資の代わりに，自己株式処分（A社の保有するA社株式をB社に対して割り当てる）の方法により同様の取引を実現することもできる。この場合は新株の発行を伴わないため，A社において登録免許税の負担は生じない。

図表2-12　合弁形態の形成（第三者割当増資）のスキーム図

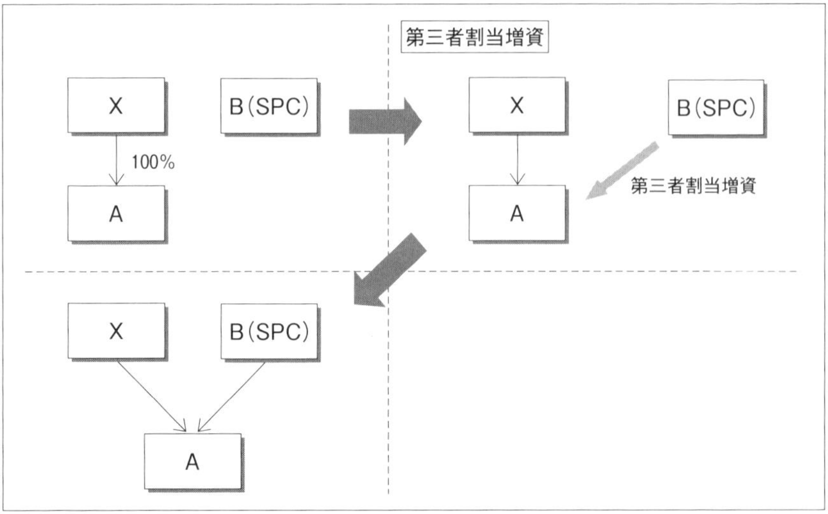

(出所)　筆者作成

(2) 事業会社とバイアウト・ファンドによる合弁形態を解消する局面
① 株式の一部譲渡

　X社とB社による合弁形態を解消し，A社をB社の100％子会社とするためのスキームとしてまず考えられるのは，株式の一部譲渡である。すなわち，X社が保有を継続していたA社の発行済株式すべて（例えば40％）をB社に対して譲渡することにより，A社をB社の100％子会社とすることができる。

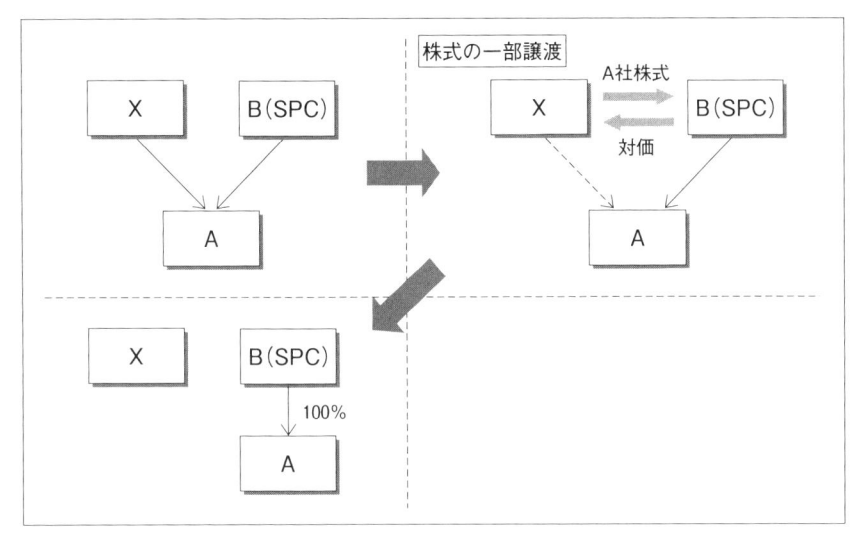

図表 2 - 13　合弁形態の解消（株式の一部譲渡）のスキーム図

(出所)　筆者作成

② 自己株式取得

これに対して，X社とB社とが共同してA社の事業を運営した結果，A社の価値が大幅に向上し，A社の運転資金として必要な金額を大幅に上回る余剰資金が生じた場合などにおいては，A社が自己株式取得によりX社の保有するA社株式を取得することによってA社をB社の完全子会社とする方法も考えられる[34]。

自己株式取得が行われた場合，X社においては，受領した自己株式取得対価のうち，取得の対象となった株式に対応する資本金等の額を超える部分の金額はみなし配当として取り扱われ，益金不算入となる（法人税法24条1項4号，23条1項1号）[35]。また，受領した自己株式取得対価からみなし配当として取

---

34) 自己株式取得の場合，合弁形態の解消に際してB社が金銭を支出する必要がない。そのため，B社においてX社からA社株式を買い取るための余剰資金がなく，仮にX社からの株式買取を行うとすれば外部金融機関等またはバイアウト・ファンドから新たな資金を調達する必要がある場合などにおいて，B社の手続的負担を軽減することができ，また経済的にも効率的であるというメリットがある。

り扱われる金額を差し引いた金額と，A社株式の（税務上の）簿価との差額が，譲渡損益として益金または損金に算入されることになる（法人税法61条の2）。

例えば，X社の保有するA社株式の（税務上の）簿価が100，時価が300，X社の保有するA社株式に対応する資本金等の額が250である場合，X社においては，50（＝300－250）はみなし配当として益金不算入となり，150（＝300－50－100）のみを益金に計上すれば足りることになる。

自己株式取得は資本等取引に該当するため，自己株式取得に際してA社においては特段課税関係は生じない。

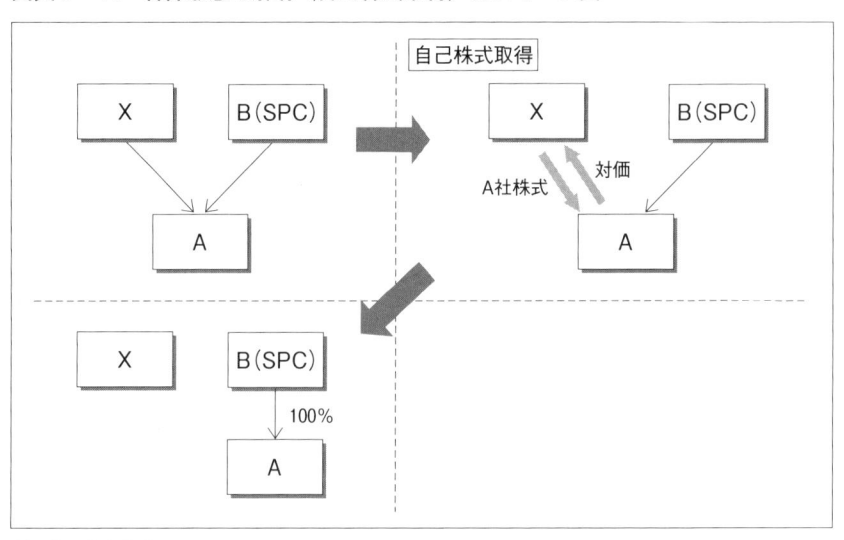

図表 2 - 14 合弁形態の解消（自己株式取得）のスキーム図

(出所) 筆者作成

---

35) 平成22年税制改正により自己株式として取得されることを予定して取得した株式に係るみなし配当については，配当の益金不算入の規定が適用されないこととなった（法人税法23条3項）。合弁契約においては，合弁形態解消の方法として自己株式取得を用いることが規定される場合があるが，このような場合にまで，自己株式として取得されることを予定して取得した株式として，配当の益金不算入の規定が適用されないこととなるのかは，現時点では必ずしも明確ではない。そのため，新設分割によりX社の一部事業を，いったん，子会社として切り出した上で段階的売却を行う場合など，X社が新たに子会社株式を取得した上で段階的売却を行うような場合においては，自己株式取得に関するX社における税務上の取扱いについて慎重に検討を加える必要がある。

おわりに

　バイアウト・スキームは，本稿で説明したように，さまざまなものが存在する。本稿では，紙幅の関係上，その一般的な内容の記述とそれに基づく比較のみを行い，個別具体的な事項やそれらに関する法的な論点等の詳細に立ち入ることは控えたが，事業または子会社の売却による事業再編を検討する事業会社において，弁護士等の専門家とともに最良の事業再編スキームを策定するための一助としていただければ幸いである。

第3章 事業再編型バイアウトを成功に導くための組織・人事上の要諦

マーサー ジャパン株式会社　グローバルM&Aコンサルティング
プリンシパル　関根賢二

はじめに

「事業再編型バイアウトを成功に導くための組織・人事上の要諦は何か」

この問いに答えるためには，「事業再編」と「バイアウト」という機会によって企業価値の向上をもたらす源泉は何であり，それを顕在化するために，組織・人事上の観点から行うべきことは何かを考えなければならない。

本稿では，まず，事業再編型のバイアウトにおける企業価値向上とは，バイ

図表3-1　本稿の全体像

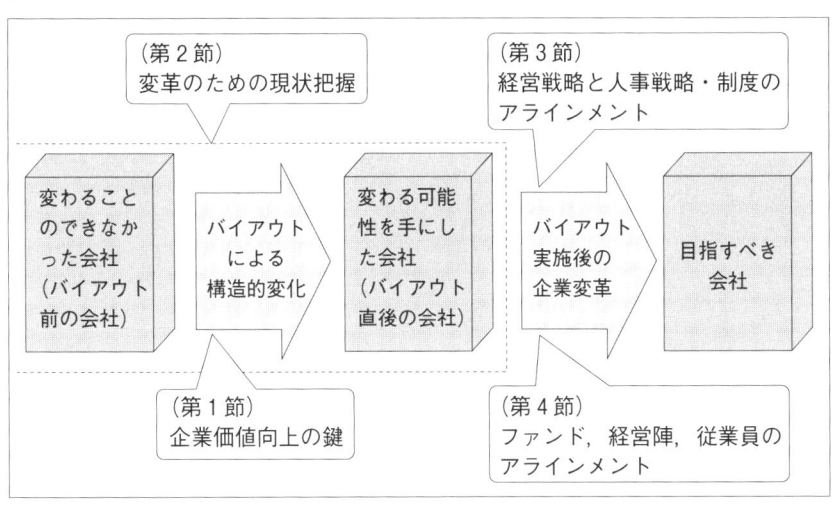

（第2節）変革のための現状把握		（第3節）経営戦略と人事戦略・制度のアラインメント	
変わることのできなかった会社（バイアウト前の会社） → バイアウトによる構造的変化 → 変わる可能性を手にした会社（バイアウト直後の会社）		→ バイアウト実施後の企業変革 →	目指すべき会社
（第1節）企業価値向上の鍵		（第4節）ファンド，経営陣，従業員のアラインメント	

（出所）　筆者作成

アウトの対象企業が有する「完全には発揮されていない潜在能力」を,「バイアウト・ファンドによる経営サポート」を活用しながら顕在化することであることを説明する。次に,この顕在化の準備として「現状把握」の重要性を説明し,代表的な方法として,組織・人事デューデリジェンスと従業員意識調査を紹介する。その上で,ファンドと一枚岩になった経営陣が強力なリーダーシップを発揮して,「経営戦略と人事戦略・制度のアラインメント[1]」,「ファンド,経営陣,従業員のアラインメント」の二つを実現して,従業員とともに戦略実現へ向けた変革を実行しなければならないことを説明する。

1 事業再編型バイアウトにおける企業価値向上の鍵

　バイアウトとは,一定の収益基盤のある事業や会社の株式の過半数を取得する取引である。その際,買収の対象となる会社の経営者や事業の責任者とバイアウト・ファンドとが共同出資して,株式や事業を買収し独立する取引をマネジメント・バイアウト（MBO：management buy-out）と呼ぶ。

　MBOは企業の事業再編,特に,ノンコア事業の分離[2]に有効な経営手法である。グローバルベースで競争が激化する中,企業は選択と集中を通じて,成長が見込め,自らの強みを生かせるコア事業へと,経営資源を集中するようになっている。一方,ノンコア事業に位置付けられた事業に関して考えると,親会社からみれば,中途半端な形で維持して,グループ全体の収益性を低下させるよりは分離したほうが良いし,ノンコア事業にとっても,新たな株主のもとで必要な経営資源を得て再出発するほうが好ましい。

　このような背景で活用される事業再編型バイアウトにおいては,親会社から十分に経営資源を投入してもらえなかったなどの事情で「完全には発揮できていない潜在能力」を,「バイアウト・ファンドによる経営サポート」を活用しながら顕在化することが企業価値向上の鍵となる。

---

1) alignment（= a-line-ment）：「一直線になるように束ねる」といった意味をもつ言葉。
2) 実際には,ノンコア事業に限らず,「会社あるいはグループに留まるよりも,独立性を高めて事業を拡大していくことが潜在能力の発揮につながる事業や会社の分離」を意味する。

図表3-2　事業再編型バイアウトにおける企業価値向上の鍵

```
変わることの            バイアウトによる構造的変化         変わる可能性
できなかった                                          を手にした
会社                                                会社
               完全には発揮          ファンドに
(バイアウト前    できていない    ＋    よる経営          (バイアウト直
の会社)         潜在能力           サポート          後の会社)
```

(出所)　筆者作成

(1) 完全には発揮できていない潜在能力

　例えば，企業グループでノンコアに位置付けられた子会社について考えてみる。もともと，企業グループ経営の本質は，グループ全体としての企業価値の最大化を図るために，グループ内の限られた経営資源を最適な形で配分して経営することにある。そのため，企業グループの一子会社であるということ自体，子会社単体で見た場合には，そこには十分に発揮されていない高い潜在能力が残されている可能性が高い。これは一般に，全体最適は部分最適の集合体とは一致しないために，ある意味当然に起こりうる。もちろん，子会社が企業グループの一員であることによって享受できる恩恵もたくさんある。それは例えば，親会社からの資金援助であったり，親会社をはじめとする企業グループ他社との安定的な取引であったり，人材交流であったりである。しかしながら，ノンコアに位置付けられてしまうと，これらの経営資源や機会の多くはコアの子会社へと振り分けられ，ノンコア子会社にとっては，逆に，グループに属するデメリットのほうが大きくなってしまう。

　バイアウトは，このような「完全には発揮できていない潜在能力」を顕在化する絶好の機会を提供してくれる。バイアウトで企業グループから独立することによって，自社独自の成長戦略を描けるし，そのための成長資金もバイアウト・ファンドが提供してくれる。ターゲット顧客を，親会社との取引に縛られることなく独自に開拓できるし，自社の提供する商品やサービスに関しても，グループ内企業との利害調整（競合の回避）に煩わされることなく，独自の強

みを活かした，開発，生産，販売が可能となる。

また，親会社グループの元で，自社単体で見ると効率的とはいえない組織体系，業務フローが構築されている場合などは，バイアウトによる独立が，これらを抜本的に再構築し効率性を高める良い機会となる。さらに，人事的な側面の改善も望める。例えば，子会社の事業運営上重要な人材の採用，育成に関して，親会社の人事政策上の都合で子会社に必要な裁量権が与えられていなかったり，人事制度や賃金体系に関して，親会社との関係から，子会社の事業には適さないものが採用されていたりするケースは多い。バイアウト後は，これらを子会社の事業独自の観点からゼロ・ベースで見直すことが可能となる。

最後に，従業員の士気の問題も非常に重要である。ノンコアに位置付けられた子会社の従業員の間では，事業に対して「あきらめ感」が蔓延し，業務効率が悪化してしまっていたり，やる気や能力があるにもかかわらず，自分のやりたいことにチャレンジできないことが不満になっていたりもする。バイアウトによって独立することを機会に，十分な成長のチャンスが提供されるようになれば，従業員の帰属意識を高め，士気を向上し，その結果，業務効率や創造性，革新性が格段に高まる可能性も大きい。

今まで述べたことは，企業グループ全体を一つの会社，ノンコアに位置付けられた子会社を一つの事業部とみなせば，ノンコア事業の切り出しに関しても当てはまる。これらの機会が，親会社グループから子会社を分離したり，事業会社から一事業部を切り出したりする，事業再編型バイアウトにおける企業価値向上の源泉である。

(2) バイアウト・ファンドによる経営サポート

バイアウト・ファンドが企業価値向上に向けて果たす役割は，大きく分けると二つある。一つはマネジメント力の向上であり，もう一つは事業戦略の策定や実現への関与である。

まず，マネジメント力の向上とは，ファンドが多くの経験に基づいて，より迅速かつ実効的な意思決定ができる経営体制を構築したり，独自の人材ネットワークを活用して人材を補強したり，あるいはまた経営陣の良きアドバイザーとなったりすることを意味する。

例えば，企業グループ内の子会社の場合，成長マーケットへの戦略投資など子会社にとっての重要事項が，親会社から見ると優先順位の低い検討事項に位置付けられ，その結果，投資の迅速な意思決定が下されない場合がある。スピード自体が差別化の要因となる現在，ファンドが参画することによって実現される，迅速かつ効果的な意思決定のもたらすインパクトは計り知れない。

また，対象会社が海外オペレーションを有する場合には，グローバルに展開するバイアウト・ファンドの人材ネットワークも魅力的である。一般に日本企業は，海外オペレーションをマネッジできるシニア人材が不足していることが多く，結果として，外国人マネジメントの放漫な非効率経営を容認している場合も少なくない。しかしながら，代替となる外国人マネジメントを現地で採用しようとしても，外国人から見た場合の日本企業の魅力が乏しいために，優秀な人材を採用できない場合がある。このようなケースでは，グローバルなバイアウト・ファンドが株主になり，その人材ネットワークを活用することで，今までは採用できなかったような優秀な人材を現地で採用できる可能性が高まる。現実的に，外国人マネジメントに海外オペレーションを任せるケースの多い日本企業にとって，ファンドが提供してくれるこの価値は大きい。

次に，事業戦略の策定や実現への関与とは，ノンコアに位置付けられた子会社のままでは実現できなかったような事業計画を，経営陣とともに策定し，その実施をサポートすることである。事業再編型バイアウトにおいては，完全には発揮できていない潜在能力を把握した上で，ファンドが提供する経営資源も加味して，どのような成長戦略を描けるかがポイントとなるため，ファンドも十分に関与した上で，経営陣にとって納得のいく事業戦略・計画を策定することが重要である。

ファンドが提供できる，この他の戦略機会としては，ファンドの保有する他の投資先企業との連携や取引機会の提供・新事業展開，追加的な買収・合併，さらなる選択と集中を実現する事業譲渡などのM&A戦略などがある。ファンドは，このように自らが保有する経営資源やノウハウを活用しながら，経営陣とともに企業価値の向上を目指すのである。

2 変革のための現状把握

バイアウト後，変革を実行し変化を起こしていくためには，現状をしっかりと把握しておくことが必要不可欠である。現状を把握することで，将来の目指すべき姿とのギャップ，変革の実現に必要な打ち手，実行の際の制約条件などを把握できるからである。現状把握の手段としては，人事規程をはじめとする種々の資料や従業員データ等を分析する，いわゆる人事デューデリジェンス，マネジメントに対するインタビュー，特定の従業員を対象としたフォーカス・グループ・インタビュー，あるいは従業員意識調査などがある。

ここでは，有効な現状把握の手段として，ディールの初期の段階で実施する人事デューデリジェンスと，新会社設立後に実施する従業員意識調査に関して概観する。なお，人事デューデリジェンスの多くは，ディール交渉時にファンド主導で実施されるが，ファンドがどのような視点で人事デューデリジェンスを行うかを理解することは，経営陣にとって非常に有意義である。

図表3-3　現状把握による現在の姿とギャップの把握

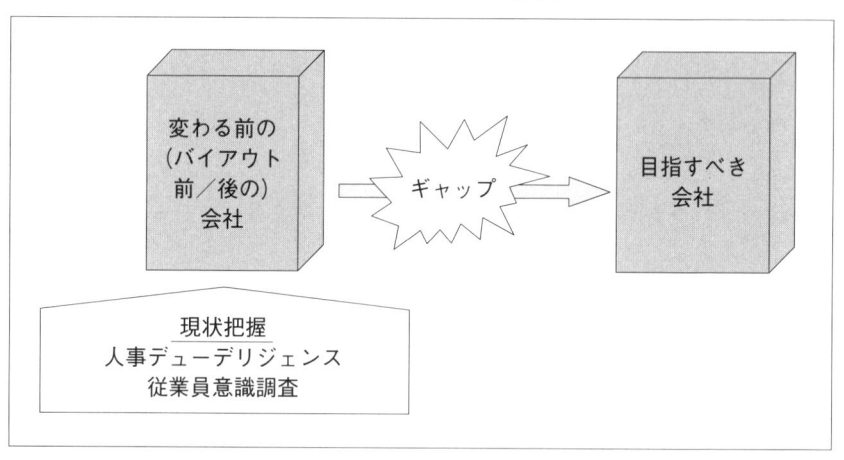

（出所）　筆者作成

（1）組織・人事デューデリジェンス

　デューデリジェンスとは，M&Aやバイアウトを実施する際に行われる，対象企業の精査のことで，多くの場合，基本合意書が締結された段階から，新会社設立までの期間に行われ，財務，法務，ビジネス，組織・人事などの内容がカバーされるのが一般的である。

　デューデリジェンスの目的は大きくわけると三つある。一つ目は，対象会社の実態を把握した上で買収価格を正確に評価すること，二つ目は買収契約書に織り込むべき事柄を整理し反映すること，そして三つ目は将来の事業運営を考えた場合に，問題となりうる項目をあらかじめ把握し，クロージング後の事業運営に活かすことである。デューデリジェンスでカバーする内容やその深さはさまざまであるが，以下でデューデリジェンスを行う際に念頭におくべき重要な視点を解説する。

① **重要な視点1：PMI（post merger integration）を睨んで実施する**

　M&Aやバイアウト全般にいえることであるが，M&Aやバイアウトの成否は，その取引が成立したかどうかでは決まらない。あくまでも，買収後の企業価値向上の一点で決まる。だとすれば，買収対象企業の精査に関しても，現状を把握するのみでなく，将来の事業を営む上で，磨けば光る経営資源はどこに潜んでいて，また障害となりうるものは何かという，買収後の事業運営を睨んだデューデリジェンスが重要となってくる。バイアウトにおいては，デューデリジェンスの実施段階で，将来の経営戦略の青写真が描けている場合がほとんどなので，その経営戦略に照らし合わせて，必要な組織能力や人材は足りているか，足りていないとすると，それは社内で育成できるか，外部から調達することは可能か，などの精査が可能であるし，行わなければならない。

② **重要な視点2：スタンド・アローン・イシューを精査する**

　スタンド・アローンとは，「自分ひとりで立つ」という意味である。つまり，ここでいうスタンド・アローン・イシューとは，親会社に一定程度依存しながら運営されてきた子会社が，バイアウト後に親会社から離れ，一つの独立した法人になる際に生じる課題のことである。特に，長い歴史を持った製造業の企

業グループからの事業再編型バイアウトでは，スタンド・アローン・イシューが大きな問題になることがある。組織・人事の観点から問題となるスタンド・アローン・イシューとしては，親会社グループに依存あるいは共有していた機能に頼れなくなる，親会社から提供を受けていた人材やプログラムを享受できなくなる，グループで運営されている各種制度に加入できなくなる，などの理由から生じる課題が多い。

具体的には，バック・オフィス機能，シェアード・サービス，幹部候補人材や事業運営の鍵となる従業員（key employees），教育・研修制度，年金・退職金，健康保険，福利厚生などに関して，バイアウト後に自前で準備・運営する必要が生じるケースである。これらの問題は，デューデリジェンスの段階で正確に把握し，必要に応じて，将来かかる費用を算定した上で買収価格を調整したり，買収条件の一部である「移行にかかわる同意書（transition agreement）」の中で当面の使用権を認めてもらうように売り手側と交渉したり，あるいは将来の事業戦略実現の観点からの制約として認識した上で，何らかの手を打ち始めるなどの対策を講じる必要がある。

③ 重要な視点3：ハード面だけでなく，ソフト面も精査する

ここでいうハード面とは，組織構造や人事制度のような「仕組み」のことで，一方ソフト面とは，その仕組みが現場でどのように「運用」されているかということである。例えば，ある会社が，経営戦略の実現と従業員の評価とを連動させるべく，目標管理に基づく評価制度を採用していたとしよう。この場合，「目標管理に基づく評価制度」という仕組み自体がハードにあたり，目標管理制度が社内でどのように運用されているのかというのがソフトにあたる。

では，なぜソフト面の分析が重要なのであろうか。目標管理制度が「経営戦略の実現と，従業員の評価とを連動させる」という期待成果をあげるためには，目標設定において，「なぜ自分の目標はそのように設定されるのか，また，それは経営戦略実現とどのように結びついているのか」について，従業員個々人が十分に理解，納得している必要がある。そのためには，経営目標が全社員で共有された上で，各人の目標設定が，役員レベルから，部長レベル，課長レベル，係員レベルへと整合的にカスケードされ，各々のレベルで，自分の目標と

経営目標とがどのように連動しているのかが理解されなければならない。

このような状況は，目標管理制度という制度の導入だけでは到底実現できず，全社レベルでの経営目標の共有，整合的な目標設定を可能にする評価者研修，上長と被評価者との十分なコミュニケーションなどが存在してはじめて実現される。つまり，目標管理制度という評価制度を理解するためには，評価規程などに基づきその仕組みを理解するだけでは不十分で，それがどのように運用されているのか，別の言葉で言えば，従業員からはどのように捉えられているのかというソフト面を探求しなければならない。

なお，人事制度のソフト面を理解することは，このように人事制度の真の姿の理解に必要なばかりでなく，後述する従業員意識調査と並んで，従業員に対する戦略的なコミュニケーション構築の際の重要なインプットとなる。

図表3-4　代表的なスタンド・アローン・イシュー

バック・オフィス機能	人事，総務，法務などのバック・オフィス機能の全部あるいは一部を親会社に依存していたため，バイアウト後は人材確保を含めすべてを自前で行う必要がある
シェアード・サービス	給与の支払い事務等をグループのシェアード・サービスに依存していたため，その代替が必要となる
幹部候補人材	経営者や管理者を親会社からの転籍者や出向者に頼っていたため，次世代を担える幹部候補が社内で不足している
鍵となる従業員 (key employees)	鍵となる優秀な研究者や技術者を親会社からの出向者に頼っていたため，バイアウト後は自社内で人材不足になってしまう
教育・研修制度	教育・研修制度などのプログラムの開発や実施を親会社に依存していたため，バイアウト後は自前で行う必要が生じる
年金・退職金	企業グループから離脱することで，グループで一体運営されている年金や退職金制度から離脱し，独自の制度を設立・運営する必要が生じる
健康保険	企業グループから離脱することで，グループで一体運営されている健康保険組合から離脱し，他の健康保険制度への移管が生じる
福利厚生	社宅や運動施設を初めとする福利厚生施設を企業グループから離脱することで使用できなくなってしまう

(出所)　筆者作成

(2) 従業員意識調査

組織・人事デューデリジェンスと並んで，現状の把握に用いることのできる強力なツールに，従業員意識調査がある。通常，従業員意識調査は，第三者機関を活用しながら，マークシートやウェブを通した質問表に匿名で返答してもらう形で，全従業員を対象として，新会社設立後に実施する。従業員意識調査の秀でている点はいくつもある。

一つ目は情報の信頼性である。人事デューデリジェンスやインタビューでは，時間的な制約や機密性の観点から，特定の人のみから情報を入手する。しかしながら，M&Aやバイアウトという特殊な状況下では，個々人が政治的な思惑から話すべきことを取捨選択している可能性も高いため，収集できた情報が必ずしも信頼できるとは限らない。その点，匿名式で全従業員を対象とする意識調査では，偏りのない信頼性の高い情報を得られる可能性が高まる。

二つ目は，数値化された統計データを作成できるという点である。バイアウト後に企業を成功路線に乗せるためには，ファンドと経営陣が一体となって迅速に社内の変革を推進していかなければならない。その変革は，組織構造改革であったり，ビジネス・プロセスの変更であったり，人事制度の変更であったりとさまざまであろう。限られた時間と予算の中で，最大限の成果を残すためには，改革すべきことに優先順位を付け，もっとも効果的かつ効率的な変革方法を探し出し，そして実行しなければならない。従業員意識調査の結果は，多くの従業員の意見を統計的に分析し数値化した状態で把握できるために，効果的かつ効率的な変革プランを検討する際の客観的な拠り所になる。

三つ目は経過観測が可能なことである。バイアウトを成功させるためには，経営戦略実現のために，変革を継続的に実行しなければならない。従業員意識調査を，例えば，新会社設立時，100日プラン終了時，1年後，2年後，と定期的に行うことによって，何が変わって，何が変わっていないのか，何が足りないのか，といった情報が把握できる。つまり，ファンドや経営陣の行っている変革プランの成功度合いが測定できるとともに，改善のヒントを与えてくれる。また，従業員への戦略的コミュニケーションの観点からは，従業員の参加意識を醸成したり，質問内容を通じて会社からのメッセージを送ったりといった役割も担ってくれる。

3 経営戦略と人事戦略・制度のアラインメント

どのような戦略であれ,それを実現していくのは人材であり,その人材を最大限に活かすためには,適切な人事戦略・制度の構築,運用が必要である。ここでは,経営戦略と連動した人事戦略・制度(経営戦略とアラインした人事戦略・制度)を構築する四つのステップを説明する。

　ステップ1:戦略を実現するために必要な組織能力の確認
　ステップ2:人材が持つべき必須ファクター・人材像の検討
　ステップ3:人事制度の10要素を念頭においた人事戦略の策定
　ステップ4:人事戦略を具体化する人事制度の構築

図表3-5　経営戦略と人事戦略・制度のアラインメントと策定ステップ

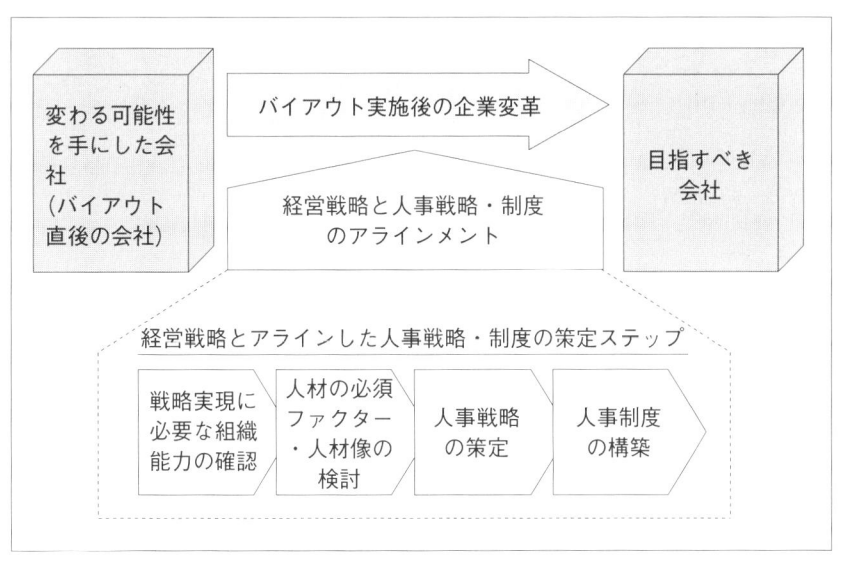

(出所)　筆者作成

(1) ステップ1:戦略を実現するために必要な組織能力の確認

組織能力とは,個々人の持つ能力ではなく,あくまで組織全体として保有している,事業を遂行していくための能力のことである。よって,仮にある特定

の個人が会社を辞めても，組織内で脈々と再現していけるような能力のことである。

　事業再編型バイアウトにおいて，必要とされる組織能力を深く検討することは大切である。なぜなら，バイアウトを機に事業戦略が大きく変更されるとともに，これまで一部の組織を親会社に依存していたケースが多いため，親会社グループから離脱するバイアウト後に求められる組織能力は，当然，今までのものとは異なるからである。

　必要となる組織能力が明確になったら，現状の組織能力とのギャップを把握し，それを解消していかなければならない。そのための手段としては，組織設計・組織運営の見直し，あるいは人事戦略・制度の見直しがある。以下では，人事戦略・制度の見直しに焦点をあてて解説する。

(2) ステップ2：人材が持つべき必須ファクター・人材像の検討

　組織に求められる能力がイメージされたら，一段掘り下げて，そこで働く従業員のイメージを持つようにする。その際，新たな事業戦略に基づき考えられた組織能力に照らし合わせて，どのような能力やスキルを持つ人材が何人必要かといった人材スペックの観点からのイメージと，今後の変革の中でどんな行動特性・思考特性を持った人に，どんな企業文化を築きあげながら働いてもらいたいかといったイメージの両面を検討するようにする。

(3) ステップ3：人事制度の10要素を念頭においた人事戦略の策定

　求められる組織能力，必要となる人材要件や人材像のイメージが確認されたら，人事戦略を策定する。人事戦略とは，経営戦略を実現するために必要となる人材を，採用し，育成し，活用し，つなぎとめるための，調和がとれた一連のアプローチのことである。人事戦略を検討する際には，10項目の整理軸を活用する。すなわち，①採用，②育成，③異動・配置，④退社，⑤等級，⑥評価，⑦報酬，⑧労働条件，⑨福利厚生，⑩年金・退職金である。これら10項目を整理して，①～④を「フロー系統」，⑤～⑦を「処遇系統」，⑧～⑩を「ベネフィット系統」と呼ぶ。

　例えば，バイアウトを機に，より迅速に商品を開発し，新規顧客をアグレッ

シブに開拓することを目指したとしよう。この場合の人事戦略としては，「優れたパフォーマンスを自発的にあげる個人に対して，メリハリのきいた処遇で報いる」などが考えられる。また，これを10項目に展開したものとして以下が考えられる。

採　　　用：新卒・中途を問わず優れた個人を随時採用する
育　　　成：優れたトレーニングの機会は提供するが，習得は個人の責任とする
異動・配置：適材・適所を勘案してフレキシブルに行う
退　　　社：退職は自らの判断とし，引きとめは行わない
等　　　級：保有能力と発揮能力を総合した体系とする
評　　　価：有言実行に基づく，対前年改善を評価する
報　　　酬：卓越した業績に対しては業界最高水準レベルで報いる
労 働 条 件：自己管理を原則とする
福 利 厚 生：自助努力を原則とする
年金・退職金：自己責任を基本とする確定拠出制度とする

上記は架空の例であるが，厳しい，プロフェッショナル型の会社を目指している人事戦略であることが理解いただけると思う。

人事戦略はそれ自体，従業員に対しての強烈なメッセージになるとともに，

図表 3 - 6　人事制度の10要素

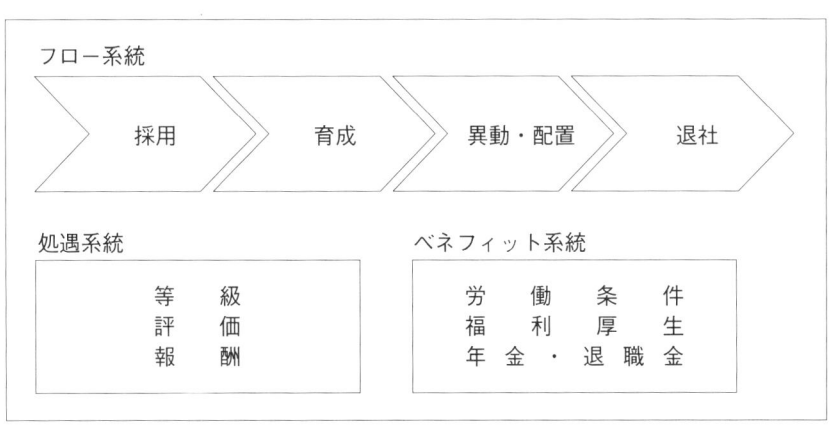

```
フロー系統
  採用 → 育成 → 異動・配置 → 退社

処遇系統              ベネフィット系統
  等　級                労 働 条 件
  評　価                福 利 厚 生
  報　酬                年 金・退 職 金
```

(出所)　筆者作成

従業員のキャリアパスや処遇を決定する人事諸制度を設計する際の「羅針盤」としても使用される。経営戦略と整合的な，かつ十分に考え抜かれた人事戦略の策定が，従業員を戦略実現へ向けて正しく導いていくために必要不可欠である。

(4) ステップ4：人事戦略を具体化する人事制度の構築

ここでは，いわゆる人事制度とよばれる処遇系統，人材フロー・マネジメントとよばれるフロー系統に関して，事業再編型バイアウトの特徴を考慮しながら考えてみる。

① 人事制度（処遇系統）の構築

処遇系統は，等級，評価，報酬，という三つの要素から構成されている。等級制度は，会社が求めている期待値を等級分けし，従業員を格付けする制度で，採用／育成／異動・配置／退社という人材のフローの管理や，評価，報酬制度のベースとして使用される。また，等級制度は，「職務」や「役割」をベースとした仕事基準，「職能」をベースとした人基準の二つに大きく分けられる。「職務」「役割」「職能」に基づくそれぞれの等級制度は戦略との整合性において異なった特徴を持っている。大まかにいうと，業務の効率性を追求したり，仕事基準で一定のミッションを果たしてもらうような業務に関しては，職務や役割をベースとした等級，また会社固有の知識や技能のような長期にわたる能力開発が必要な場合には職能ベースの等級が適しているので，事業戦略にマッチしたものを適用すべきである。なお，管理職／非管理職，職種の違い，などの業務特性に応じて等級制度を使い分けることも検討すべきである。

評価制度は，従業員を方向付け，動機付けるための最も重要なマネジメント・ツールと呼んでも過言ではない。評価制度の運用に関しては，十分なコミュニケーションが重要となる。特に，バイアウト実施後は，多くの混乱が生じている上に，会社の進む方向性や業務の進め方を変更し，それに伴って従業員への期待値，目標，求める行動基準等も大きく変更する場合がある。効果的な評価者研修を設計し実施するなどして，評価制度の運用が会社の戦略実現に向けて適正に行われることに注意を払うべきである。

報酬制度は，基本給，賞与，長期インセンティブ，手当などから構成される。バイアウトにおいては，ファンド，経営陣，従業員が一体となって，経営戦略を実現することが重要である。その意味で，会社や事業部の業績指標と連動したインセンティブ制度の導入などは効果的である。特に，事業戦略を整合的にカスケードした上で，部門ごとに適切なKPI（key performance index）を設定して運営すると，会社が各部門へ求めるメッセージを従業員に明確に伝えられるとともに，会社業績と各人の報酬が目に見える形で連動するため，動機付けに対する効果も大きい。

　また，ストックオプションや従業員持株制度を導入することも考えられる。これらも，株主との利害の一致という観点から有効となりうる。ただ，従業員から見た場合，自らの努力と自社の株式価値との関係が不明瞭であるし，特にオプションは，分かりにくい制度と映る場合も少なくない。現状把握から読み取れる従業員の動機付けの要因などを参考にしながら，導入の可否を検討すべきである。

② **人材フロー・マネジメント（フロー系統）の構築**

　事業戦略実現の観点から，人材フローを見直すことも重要である。現存する人材スペックで事業戦略は実現できそうか，人材が足りないとしたら外部から調達すべきか，内部で育成するとしたらどのくらいの時間がかかるかなどの検討や，戦略実現のため，機能部門間，管理部門と事業部門間での人材交流を促進すべきかなどの検討も行った上で，人材フロー施策を構築していく必要がある。

　また，新会社としてのメッセージを明確に伝え，変革を促進するために，求める人材像を人材登用基準や運用に反映したり，そのような人材を育てるために育成支援制度を拡充したりすることも有効である。また一方で，新会社になじまない人材に関しては転進支援をすることなども検討すべきである。

③ **その他の制度（年金制度）の構築**

　事業再編型のバイアウトに際しては，年金制度の取り扱いが大きな問題になる場合がある。これは，対象会社（事業）が親会社やそのグループから離脱す

ることに伴って，年金制度も何らかの形で分離する必要が生じるためである。企業の年金制度は，確定拠出制度（defined contribution plan）と確定給付制度（defined benefit plan）の二つに大きく分けられる。さらに，確定給付制度は，その準拠する法令に応じて，税制適格年金，厚生年金基金，確定給付企業年金，という三つのタイプに分類できる。バイアウトにおいて，確定拠出制度が問題になることはほとんどない一方で，確定給付制度に関してはさまざまな問題が生じうる。ここでは，気をつけるべきポイントとして「年金の引継ぎスキーム」，「年金の財務的イシュー」，「年金制度変更のスケジュール」を概説する。いずれの課題も，デューデリジェンス段階での早期の検討と，的確かつ迅速な対応が必要となる。

a 年金の引継ぎスキーム

株式取得，会社分割，事業譲渡，といったバイアウトのスキームと，既存年金制度のタイプや運営方法の組み合わせに応じて，可能となる年金制度の引継ぎ方法（変更なし，年金制度の分割，権利義務の承継など）が限定される。年金制度の引継ぎ方法によって，負担すべき債務額，発生するキャッシュフロー，承継のスケジュールなどが大きく異なるので，バイアウト・スキームと並行して，年金制度の引継ぎスキームも検討する必要がある。

b 年金の財務的イシュー

まず，年金の積立不足が妥当な前提に基づいて評価されているかを確認する必要がある。次に，バイアウトに伴って多額のキャッシュ・アウトが発生するかを検討しなければならない。例えば，親会社グループの年金制度に入っている場合などは，バイアウトに伴って，今までに膨らんだ積立不足債務を一括拠出で穴埋めする必要が生じる可能性があるので十分な注意を要する。

c 年金制度変更のスケジュール

年金制度の変更には，その内容に応じて，組合や加入者の3分の2以上の同意を法令上要求されるのに加え，制度の変更や施行に伴う所轄官庁への申請手続に数ヶ月を要する。バイアウトの成立スケジュール自体に影響を及ぼす可能性があるため，年金制度変更にかかる期間を早い段階から考慮する必要がある。

4 ファンド，経営陣，従業員のアラインメント

事業再編型バイアウトでは，完全には発揮できていない潜在能力を，短期間に顕在化することが求められる。大株主であり，取締役を派遣する形で経営にも参画してくるファンドと，事業を運営していく経営陣との相互理解がなければ，新たな戦略実現のための施策を実行していくことが困難であることは明らかである。また，実際の価値を創造する従業員にとっても，ファンドと経営陣が一枚岩でなければ，企業価値向上へ向けた変革の実現に向け，努力し続けることはできないであろう。では，ファンドと経営陣が一枚岩になるためのポイントは何であろうか。そして，企業価値向上に向け，従業員を方向付け，動機付け，ファンド，経営陣，従業員の三者が一丸となって改革に邁進するためのポイントは何であろうか。

図表3－7　ファンド，経営陣，従業員のアラインメント

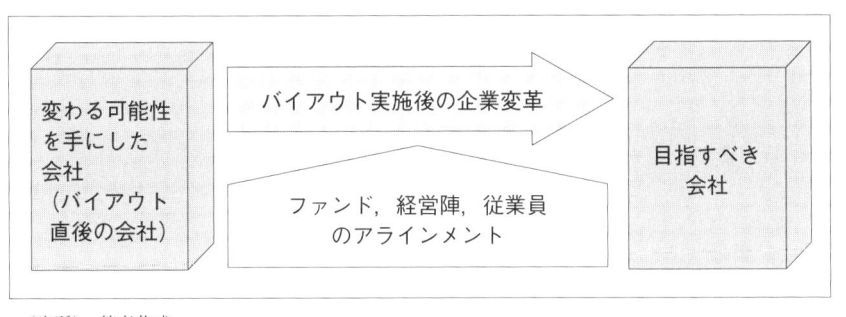

(出所)　筆者作成

(1) ファンドと経営陣を一枚岩に

ファンドと経営陣が一枚岩になるには，相互理解が欠かせない。今後何年間にもわたり，企業経営をともにするファンドと経営陣においては，単なる企業経営上の価値観だけでなく，人生観も含めた価値観を理解し，人と人としての信頼関係を築くことが大切である。また，企業経営に関しては，ファンドの投資スタイル（どのような投資対象になぜ投資するのか，エグジットに関しての方針は何か），事業運営方針（事業運営上ファンドが提供してくれる支援内容

は何か,実際の事業運営が計画通りに進まなかった場合の対処方針は何か),ガバナンス方針(取締役会の構成,選任・解任に関しての方針,重要事項決定に関する会議体運営はどのようなものか),KPIの設定やモニタリングはどのように行うか,あるいはまた,組織・人事と関連の深い事柄では,経営者報酬,人員整理も含めた従業員の処遇,人材補充,ストックオプションや従業員持株制度の導入などに関しての考えを十分に話し合い,合意することが重要である。これらを真剣に議論していく中で,お互いの理解が深まり,信頼関係もより強固なものになっていく。

経済的な利害の一致も大切である。どんなにやる気と能力を持った経営陣であっても,数年間にわたり士気を維持しながら,改革をリードしていくのは難しい。また,経営者の考える経営が,必ずしも株主であるファンドの観点からは好ましくない場合もありうる。そこでファンドと経営陣との利害を一致させ,経営陣の士気を維持するための経済的な仕組みが大切となる。それが,共同出資やストックオプションなどの株式報酬である。バイアウトにおける経営陣の出資比率は一般には大きくないが,経営者一人ひとりの財産としては相当な額になる。また,企業価値が向上すればその分,株式価値も向上し,経営陣の利益もさらに大きくなる。このように,企業価値の向上が,そのまま経営者本人の報酬と結びつくようなインセンティブを与えることで,ファンドと経営陣の利害が一致し,一枚岩になることを促進できるのである。

(2) 企業価値向上に向けた従業員の方向付け,動機付け

新会社の持つ潜在能力に適合した優れた戦略を策定し,リーダーシップを持った優秀な経営陣を組成できたとしても,それだけでは企業価値の向上は望めない。従業員一人ひとりが経営戦略実現に向け必死に頑張らなければ,その実現は不可能であり,優れた経営戦略も画にかいた餅で終わってしまう。では,どうやって従業員を方向付け,動機付けられるのであろうか。その方法は,大きく分けると二つある。

一つは,制度を通した目に見える形での動機付けである。例えば,ストックオプションや従業員持株会のような株式連動型のインセンティブ制度の導入や,前節で説明した,経営戦略と連動した人事制度を通して,昇格,昇給,賞与を

適切に運用するといったものがこれにあたる。もう一つは，従業員の心に訴え，共感を導く方法である。適切なメッセージを，効果的なコミュニケーションで伝えることで従業員の心に働きかけ，従業員自らが能動的に変革に参画する状況を作り出すのである。人事制度の構築などの話は前節で行っているので，ここでは，効果的コミュニケーションに関して説明する。

① 従業員に繰り返し伝えるべきメッセージ

　事業再編型バイアウトでの成功の鍵は，完全には発揮できていない潜在能力をいかに顕在化できるかである。そのためには，従業員一人ひとりが，その潜在能力を発揮するために，経営陣が考えていることは何で，その顕在化のために何を行っていて，その文脈で，自分自身は何を行わなければならないか，という一連の関係を十分に理解し，納得していなければならない。また，従業員一人ひとりを動機付け，実際に変革を実行させるという観点から，これら一連の活動を実現することで自分はどのように報われるのか，も十分に理解していなければならない。よって，以下の三つは従業員に繰り返し伝えるべき大切なメッセージとなる。

① 会社は何を目指し，何を行っているか？
② その中で，自分の部署や自分自身は何を行うべきか？
③ 自分は，貢献することでどのような見返りを期待できるか？

　これらを関連性付けてコミュニケーションすることで，従業員は「会社」の向かっている方向や行っていることと，「自分」が行っていることとの繋がりが理解できるようになり，「会社」の問題を「自分」の問題として捉えられるようになるのである。従業員一人ひとりの一番の関心は，いうまでもなく自分自身であるから，従業員一人ひとりが，いかに「自分」の問題として企業価値向上を捉えてくれるかが鍵となる。

　従業員一人ひとりの「自分」に働きかけるには，従業員の立場に立ったメッセージを発信するという視点も重要である。事業再編型バイアウトでは，親会社の傘下のもと，いわば守られていた社内に，バイアウト・ファンドという外部のものが，突然，大株主として入ってくるのだから，従業員の不安は計り知れない。「自分の雇用は守られるのか」，「自分のポジションは確保されるのか」，

「自分の処遇は下げられないか」「今までと同じような環境で働けるのか」など心配は数え切れない。

このような不安を積極的に解消しない限り、企業価値の向上どころか、企業価値の維持さえも危うくなってしまう。ただ、従業員の持つこのような不安は、実はバイアウトによって変更される特定の何か（例えば、組織構造の変更、処遇制度の変更など）の内容に起因するというよりは、これからどうなってしまうのであろうという「将来の不確実性」によってもたらされる場合がほとんどである。そのような意味で、ファンドと経営陣が一体となって、タイムリーに、伝えられることは積極的に伝えていくというコミュニケーションが必要であり、有効である。

また、従業員にとって「バイアウトはチャンスだ！」と思わせるようなメッセージを積極的に発信することも重要である。具体的には、従業員にとって何が良くなるのか、何が期待できるのかを明確に伝えることである。例えば、新たな研究分野に取り組める、意思決定のスピードアップや組織階層の減少によって仕事がしやすくなる、権限の委譲や裁量の拡大が実現する、業績重視の報酬体系の導入で頑張った分だけ評価される、などを従業員の目線で魅力的に説明していくのである。そうすることで、従業員はより動機付けられる。

図表 3 - 8　戦略的コミュニケーション（何を伝えるか？）

何を？	会社は何を目指し、何を行っているか？ その中で、自分の部署や自分自身は何を行うべきか？ 自分は、貢献することでどのような見返りを期待できるか？

（出所）　筆者作成

② **従業員への効果的なコミュニケーション方法**

「何を伝えるか」も大切であるが、「どのように伝えるか」も同様に大切である。変革を実行していく際に必要なのは、会社の方向性や期待を従業員に理解してもらうことではなく、その上で、実際に変革に向けて行動してもらうことである。そのためには、要所を押さえた、従業員に変革を実行させるための効

果的なコミュニケーションが必要となる。ここでは，戦略的コミュニケーションを構成する四つの要素，Listen（聴く），Involve（巻き込む），Lead（導く），Inform（知らせる）から成るLILIという実用的なフレームワークを紹介する。

　変革の実現には，「聴く」，「巻き込む」を意識したコミュニケーションが重要となる。というのは，変革を成功させるには，まず，従業員が抱く不安をできるだけ取り除き，変革という将来への取り組みに目を向けられる状況を作り出した上で，従業員一人ひとりが変革に共感し，内面から動機付けられ，「自分もこの変革に参加している」，もっと言えば，「自分もこの変革を牽引している」と感じてもらう必要があるからである。

　「聴く」ことによって実現される双方向のコミュニケーションは，従業員の持つ漠然とした不安の整理，聴いてもらったことからくる安心感，変革への共感の醸成に役立つし，「巻き込む」を意識したコミュニケーションは，従業員の参加意識，当事者意識を高め，新たな会社を一体感を持って作り上げていくために必須である。このような，聴く，巻き込む，を実現し，従業員に実感させる手法として，従業員意識調査，社員提案制度，フォーカス・グループ・セッション，対面式の一対一のインタビューなどが活用できる。また，巻き込みに関しては，バイアウト後の各種改革プロジェクトのメンバーとして重要な人材を登用し，イニシアティブを持って，彼らに変革を推進させることも有効である。

　なお，重要人材を改革プロジェクトに登用するのは，当事者意識を高めるのみでなく，バイアウト後の混乱時期に重要な人材が離職するのを防いだり，その活動状況を観察することで，将来の幹部候補を選別したりすることに役立てるためでもある。

　次に，「導く」に関してだが，何よりも大切なのは，ファンドと経営陣が一枚岩となり，経営陣自らが従業員に対して，しっかりとしたメッセージを繰り返し送ることである。従業員から見て，経営を推進する頭が一つになったうえで，明確でわかりやすいメッセージが伝えられなければ，一方向に安心して邁進していくことはできない。

　また，コミュニケーションは，経営陣から，シニア・マネジャー，マネジャー，一般従業員へとカスケード展開されていくが，そのカスケードの各段

階で、お互いが十分に納得し、自分の言葉で変革を語れるレベルにまで、しっかりとしたコミュニケーションが行われることも大切である。「いつも一緒にいる直属の上司から、納得のいく説明を聞きたい」と考えている従業員は少なくない。なお、従業員が多い会社では、変革を担ってくれる変革浸透リーダーを、クリティカル・マス（会社全体に影響を及ぼせる一定多数）の水準まで準備した上で、彼らに変革プロセスをリードさせるという方法も有効である。

　四つ目の「知らせる」ということに関しての重要性は説明するまでもないであろう。ただ、バイアウトという特殊な状況においては、さまざまな情報と憶測が錯綜し、現場は混乱しているため、この「知らせる」というコミュニケーションも計画性をもって行うことが必要となる。知らせる際のポイントは、もっとも効果的な時期（When）、場所（Where）、発信者（Who）、発信媒体（How）はどうあるべきかを十分に検討することである。

　このように、LILIのフレームワークを使った上で、適切なメッセージを、タイムリーに、かつ繰り返しコミュニケーションし続けることで、従業員の当事者意識を高め、「ファンド、経営陣、従業員のアラインメント」を実現できるのである。

図表3－9　戦略的コミュニケーション（どのように伝えるか？）

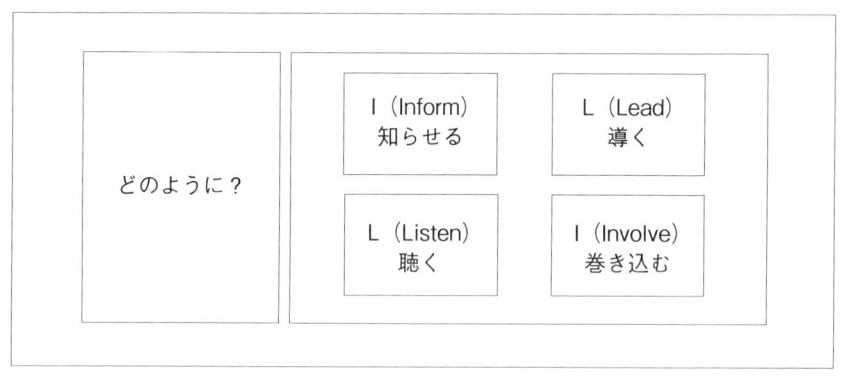

| どのように？ | I (Inform) 知らせる | L (Lead) 導く |
| | L (Listen) 聴く | I (Involve) 巻き込む |

（出所）　筆者作成

おわりに

　ここまで，事業再編型のバイアウトで成功するためには，自社の現状をしっかりと把握した上で，ファンドと一枚岩になった経営陣が強力なリーダーシップを発揮して，「経営戦略と人事戦略・制度のアラインメント」，「ファンド，経営陣，従業員のアラインメント」の二つを実現しながら，従業員とともに戦略実現へ向けた変革を実行しなければならないことを説明した。ただ，これらは何も「事業再編」や「バイアウト」に限った話ではない。ここで述べている本質は，「自社を差別化する経営戦略を，強いリーダーシップのもと，従業員と一丸となって実現していく」という，いわば企業経営そのものである。

　しかしながら，あえて事業再編型バイアウトでは何が特別かと聞かれれば，それは「変革のチャンス」であると答えたい。すべての人は，知らず知らずのうちに，今までと同じことを行おうとする慣性という行動特性を持っている。この慣性に打ち勝って，「昨日よりも良くしよう」，「今までとは違う何かを実現しよう」という変革を実現するのは容易ではない。事業再編，バイアウト，という強い外的圧力を持った，過去と非連続的な機会だからこそ，変革を起こす絶好のチャンスになるのである。

参考文献
佐山展生・山本礼二郎（2009）『バイアウト―産業と金融の複合実務―』日本経済新聞出版社．
杉浦慶一・越純一郎編（2010）『プライベート・エクイティ―勝者の条件―』日本経済新聞出版社．
西口尚弘編著（2007）『M&Aを成功させる組織・人事マネジメント』日本経済新聞出版社．
長谷川直紀（2006）『職務・役割主義の人事』日本経済新聞出版社．
マーサージャパン（2010）『M&Aを成功に導く人事デューデリジェンスの実務（第2版）』中央経済社．
松本伸男・大橋和彦・本多俊毅（2006）『バイアウトファンド』中央経済社．

第4章 事業再編型MBOと株式上場

みずほキャピタルパートナーズ株式会社
代表取締役社長 大畑康寿

はじめに

　本稿では，事業再編型MBOにより独立した企業が新規株式公開（IPO：initial public offering）を実現していく上で経営者が留意すべき点について取り上げてみたい。

　大企業グループでは，事業再編の一環としてノンコア事業を切り離すことが多い。このような事態に遭遇した場合，子会社の経営者にはファンドのような機関投資家の支援を受けて独立し，上場を目指すという選択肢がある。いわゆる大企業グループからのMBOによる独立である。

　筆者が関与しているMBOファンドの投資先のうち事業再編型MBOにより大企業グループから独立したMBO企業の中では，これまで既に4社がIPOを果たしている。荏原製作所から独立した荏原ユージライト株式会社（以下「荏原ユージライト」という），日産自動車から独立した株式会社バンテック（以下「バンテック」という），日商岩井（現双日）から独立したアルコニックス株式会社（以下「アルコニックス」という），それに昭和電工から独立した株式会社エス・ディ・エスバイオテック（以下「エス・ディ・エスバイオテック」という）である。本稿では，MBOにより独立した企業がどのように上場を目指していくかについて，これらの実例を参考にしながらその留意点について述べてみたい。

1 事業再編型MBOの検討時の留意点

　親会社が子会社を売却するときに考慮するポイントは，独立性の有無，売却価格，従業員の処遇，将来の事業の発展性などである。この中で子会社の独立性や従業員の処遇を重視するならMBOが一番適している。

　事業再編型MBOでは，対象会社がMBO成立後に独立企業となるので，事業会社にM&Aにより売却する場合には問題とならないような事項についても検討する必要がある。

(1) MBO実施方法に関する留意点：オークションか相対取引か

　対象会社を売却する場合，大きく分けて，①幅広く買収候補者を募り価格などの条件の良い事業会社かファンドに売却する方法（オークション）と，②特定の売却候補者を絞り相対での交渉により売却する方法（相対取引）の二つの方法がある。いずれの方法によってもファンドが売却先となった場合，その取引がMBOとなる（正確にいうとこの段階では経営陣が出資をしていないのでMBOとはなっていないが，一般的にファンドが出資する場合経営陣の出資が予定されているのでMBOといわれている）。

　最近はオークションによって売却先のファンドを決定するケースが目立っている。しかし，本来いかなるタイプのMBOであっても，オークションにより対象会社の経営陣の意向が反映されずに，例えば価格を主要な決定要因として，親会社によって売却先ファンドが決定されるMBOは，必ずしも理想的なMBOとはいえない。後述するように，MBOは経営陣とファンドがパートナーシップを組む取引であり，そのMBOを成功に導くには経営陣が一緒に組みたいと思うファンドを選定することが肝要だからである。したがって，本来MBOにはオークションという売却先選定方法は不向きといえる。このためMBOという形態により子会社を分離するときには，オークションでなく相対の交渉によりファンドを選定し売却する方が好ましい。

　ただし，相対取引には売却価格の妥当性を証明することが難しいという難点がある。この問題を解決するには，専門家による事業価値評価を取得するとい

う方法がある。この方法では専門家により客観的な事業価値が，ある一定の範囲で示されるので，この範囲内で売買価格を決定すれば価格の妥当性は確保されると考えられる。実際に，このような方法にて売買価格の妥当性の説明責任を担保しているケースがある。

あるいは次善の策として，まず複数のファンドにあたり，パートナーとして相応しいと思われるファンドを2～3社選定し，この中での競争によりベストのファンドを選択するという方法もある。いわゆるクローズド・ビッドあるいはリミテッド・オークションといわれる手法による売却先の選定である。この方法では入札（オークション）にはなるが，売却候補先は既に対象会社の経営陣によりふるいに掛けられているので，相対取引で売却先を選定することと大差のない効果が得られる手法である。

(2) パートナーファンドの選択上のポイント

MBOによる独立を選択した場合に最も大切で難しい問題は，エクイティを提供してくれるファンドの選択である。日本にも50社を超えるMBOファンドが存在する。これらのファンドはそれぞれ独自の投資方針を持ち，さまざまな特徴を持っている。その投資方針・特徴をよく理解して一緒に組むファンドを選択することが肝要である。

MBOでは，原則ファンドが対象会社の株式の過半数を取得する。すなわち対象会社の経営陣（場合によっては従業員も含む）は出資を行うものの，小額とならざるをえないため，MBOでは会社の支配権（マジョリティ）を有するのはファンド，実際に対象会社を経営するのが対象会社の経営陣というスキームで行われる。このようなスキームのため，通常ファンドと経営陣は，お互いグッドパートナーとして会社の価値向上のため協力し合うことになる。これまでの事例から見る限り，グッドパートナーとなるために最も重視されるべきポイントは，お互いの価値観・考え方などの相性，いわゆるケミストリーといわれるものであろう。MBOを成功させるには，まず数あるファンドの中からこのケミストリーの合うファンドを選ぶことが大切となる。

次に，ファンドからどのようなサポートを受けられるかも重要なポイントとなる。通常MBO投資を行うファンドは，受身的な投資家ではなく，積極的に

経営に関与すること（いわゆるハンズ・オンの投資）を基本方針としている投資家である。このため会社経営上必要なさまざまなサポートが行われることが多い。したがって、対象会社の経営陣にとっては、ファンドから将来の成長、事業の収益性向上、海外ビジネス展開、あるいは上場実現などに関するサポートが受けられるか否かが検討のポイントとなる。

(3) 親会社からの出資

　事業再編型MBOの場合、一部親会社の出資を残すケースも多い。親会社は分離される子会社の従業員を慮り完全に保有株を売却するのではなく、一部を継続保有するケースなどである。この場合は、親会社の持分連結対象会社とするか否かを考慮して保有割合が決定されることが多いようである。例えば、完全に連結対象会社から外す必要がある場合は、現在の会計原則では親会社の出資は20％未満にとどめることになる。

　また、逆に独立後もビジネス上の繋がりが継続する場合、例えば工場など資産の一部を賃借する場合などは、対象会社あるいはファンドから親会社に対し、積極的に株式の保有を依頼するケースもある。

　このように事業再編型MBOの実行時には親会社の出資を残すのか、残すとすればどの程度残すのかを検討する。ちなみに筆者が関与するファンドが出資し上場を果たした投資先のアルコニックスの場合は、MBO時に旧親会社の双日は35％の出資を行った。また、荏原ユージライトの場合は20％、エス・ディ・エスバイオテックは15％であった。ただし、バンテックの場合は旧親会社の日産自動車の持分は会社方針によりゼロであった。

　また、出資関係がある間は親会社から非常勤取締役などの役員の派遣が要請されるケースもあり、役員の派遣を受けるか否かも検討ポイントとなる。

(4) 親会社との関係の整理

　MBOにより独立する場合は親会社との各種の関係を整理する必要がある。例えば、商標、退職年金・健康保険、不動産の貸借、出向社員、各種事務代行などである。MBO時に親会社との関係を完全に解消する必要があるのか、ある一定期間は親会社との関係を継続するのか、ケース・バイ・ケースで決定さ

れる。ただし，IPOを実施する場合，真の独立性が問われるので，「どのサービスをいつまで」旧親会社に委託するのかを検討しておく必要がある。

2 事業再編型MBOの特徴

　事業再編型MBOには，それ以外のタイプのMBO，例えば事業承継型MBOや事業再生型MBOなどと比較すると特徴的なことがいくつかある。その代表的な例は以下の3点である。
　① 経営陣をはじめ必要な人材が確保されていること
　② 会社運営のルールが確立し，いわゆるコーポレート・ガバナンスが効いていること
　③ 財務・経理がしっかりしており計数管理のレベルが高いこと
　一言で言うならば，企業経営のインフラが整っているということであり，他のタイプのMBO企業と比較すると，早期のIPOを目指す上ではアドバンテージとなっている。このため事業再編型MBOの場合，ファンドにとってもIPOよるEXIT（ファンド資本の退出）は有力な選択肢の一つとなっている。

(1) 人材の充実

　一般的に事業再編型MBOの対象会社は，比較的経営陣が充実しており，また経営陣以外でも必要な人材が確保されているケースが多い。これは大企業グループにあっては，子会社でも組織の整備が重視され，営業面，管理面ともバランスよく組織が整備され，その整備された組織に必要な人材が配置された結果と考えられる。また，人材の確保という点では，親会社から人材の供給を受けることができる点も人材の確保を容易にしている。このような事情から，MBOにより独立しても経営陣をはじめとした人材の補充は最小限ですむケースが多いようである。この点は，最小の人数で繰り回していることが多いオーナー系企業からのMBOである事業承継型MBOや人材の流出がある事業再生型MBOなどと比較した場合，人材補強のための体力負担やMBO実施後の新体制の立上げといった面ではだいぶアドバンテージがあるといえる。

(2) ガバナンスの高さ

　事業再編型MBOの対象会社の場合には，規程などの社内規則も整備され内部統制の水準も比較的高く，取締役会が正常に機能し，コーポレート・ガバナンスが相応に発揮されていることが多い。すなわち上場を目指す上での基礎がある程度出来上がっているといえる。

(3) 経営管理のレベル

　事業再生型MBOの対象会社の場合には，財務・経理がしっかりしており詳細な計数の把握が可能となっている会社が多いことも特徴である。特に親会社が上場企業の場合，親会社の会計ルールが適用され計数の信頼性が高く，各種経営管理指標も整っている。これらの点も上場を目指す上ではアドバンテージといえる。

　筆者が関与し上場を果たしている前記4社の事業再編型MBO企業の場合でも，上記の特徴がすべて当てはまる。事業の大幅拡充を図ったバンテックを除けば，MBO時に人材の補充は最小限度に止まった。もちろん取締役会は正常に機能し，各種の規程も相当程度整備されているなど，会社運営上のルールも整っていた。また，会社の財務・経理面も一部の会社では問題があったが，経営管理指標もよく整っていた。このため比較的スムーズにIPOの準備ができたのではないかと評価している。

3　MBO企業の株式上場の意義

(1) 事業再編型MBO企業はIPOを目指すべき

　事業再編型MBOを実現した企業でIPOによりEXITを果たしている事例は，これまでのところ**図表4－1**のグラフが示す通り通算で22件とまだ少ない。
　第2節に記述したように，事業再編型MBOの場合は比較的会社の体制がよく整っており，事業規模も上場を展望できるほどの業容となっているなど，IPOを目指す素地が既に出来上がっている会社が多い。

また，独立性を維持するということは，形式的にはいずれの株主も経営に影響を及ぼすほど大きな出資シェアを持たない状況を維持するということであり，現在の日本では株式上場以外の方法でこの独立性を維持することは難しい。

これらの点を考慮すると，事業再編型MBOにより親会社から独立に成功した企業は，独立性が維持可能なIPOを目指すのが自然であり，目標とすべきであろう。

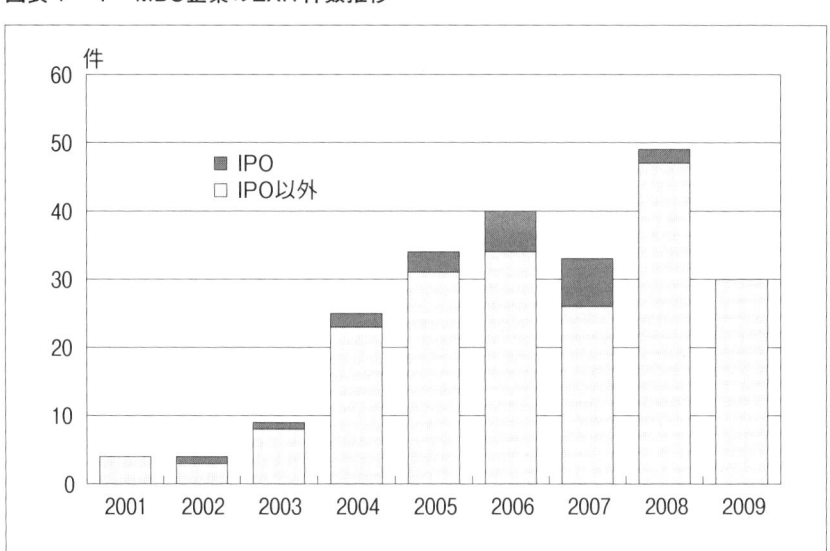

図表4－1　MBO企業のEXIT件数推移

(出所)　日本バイアウト研究所

(2) MBO企業がIPOした場合のメリット

株式上場には，業務管理体制の整備や予算管理制度に基づく業績開示体制の確立などに対する体力およびコスト負担，IPO後の上場維持のためのコスト負担，あるいは株価への気配り等々，負担が多いことも事実である。しかし，上場にはこれらの負担を遥かに凌ぐメリットがある。例えば，**図表4－2**に記載したようなメリットはその代表的な例である。

図表 4 - 2　株式上場のメリット

項　　目	具体的メリット
(1)　資金調達の円滑化・多様化	・直接金融が可能となり財務体質が改善・充実する
(2)　企業の社会的信用力と知名度の向上	・社会的に認知される，将来性のある企業というステータスを獲得。このため取引先・金融機関等の信用力が高まる ・知名度の向上 ・優秀な人材の採用
(3)　社内管理体制の充実と従業員の士気の向上	・組織的な企業運営の構築 ・内部管理体制の充実 ・パブリックカンパニーとなり役員・従業員の士気が向上

(出所)　東京証券取引所の「上場の手引き」より抜粋

　これらのメリットに加え，上場には市場の株価反映が可能な従業員持株会やストックオプションなどのインセンティブプランが導入できるなどのメリットもある。

　ここでは，これらの直接的なメリットの他に「上場を目指すこと」が，間接的にではあるが会社の業績，管理面の向上を図る上で大きなメリットがあることを付け加えておきたい。すなわち①上場を目指す上で目標とすべき業績目標が設定されるが，これが企業業績の向上のドライバーになるということ。また②管理面も上場企業に求められる水準まで引き上げるよう整備を進めることになるが，上場準備を通して管理面の課題がはっきりし，その課題を解決することで管理体制の構築が促進されるということ，である。

　通常，上場を目指すMBO企業は，IPO時の売上ならびに利益を大きく伸ばす目標を掲げる。例えば，5年後にIPOを実現するという目標を立て，それまでに売上・利益を2倍増，3倍増にするといった目標を設定しチャレンジする。IPOを目指し成長戦略を立て努力していくと，上場を目指さず年間数パーセント増というささやかな目標を掲げる企業と比較すると，数年の間に企業の業績・規模において大きな差が出てくる。また，IPOを目指す目標を立てると役職員の士気が高まり，業績の向上，業務改革などにプラス効果が出てくる側面もある。

　例えば，2001年に旧日商岩井（現双日）から独立した非鉄金属の卸商社のア

ルコニックスは，MBO実行後5年で上場を目指すという長期計画を立てたが，当時の利益水準を考えると既存事業の利益を毎年10％程度伸ばしたとしても利益水準が投資家を惹き付けるような水準には到底到達しないことが予想された。そこで，既存事業のうち重点的に伸ばす領域を選定し，加えてM&Aも積極的に行うことで，上場時には利益水準を4倍にするという計画を立案した。アルコニックスの社長は自らM&A対象先を積極的に探すようになり，IPOまでに3社の企業買収を果たし上場直前期に5.8億円の営業利益を達成，見事ジャスダックへの上場を果たしている（同社の業績推移は**図表4－6**参照）。

　管理面でも同様の効果が期待できる。上場を実現するには相当高い管理水準が求められるが，上場企業に求められる管理水準を目指す過程で，例えば正確で早い原価計算ができるようになり，経営陣への業績報告が短期間で行われるようになるなど経営管理のレベルアップが実現するとか，組織的なコンプライアンス体制が整うことになりミス・不正・事故などの未然防止の可能性が高まるようになるなど，経営管理面にも大きなプラス効果が出てくる。

　ファンドの立場からしても，投資先のMBO企業が上場準備をするということは，経営者が自発的に高い経営目標に取り組むことが期待されるので，会社の成長に向けた事業計画の作成段階で軋轢が少なくなり，好ましいことである。

(3) MBO企業のIPOの可能性

　株式上場は，一部の選ばれた企業だけが成就でき，一般的な企業には難しいことと受け止められているようであるが，実際はそれ程難しいことではない。

　図表4－3に東京証券取引所の審査基準を示している。原則としてこの基準をクリアーすれば上場は達成できる。大きくいうと①持続可能な収益性と②有効な管理体制の整備の2点のクリアーである。MBOを実施してから数年かけてこれら2点をレベルアップしていけばIPOを達成することは難しいことではない。特に企業再編型MBOとしてファンドが投資した企業は，前述の通り企業としてのインフラが整っているなど，IPOを狙う上でアドバンテージを有しているので，IPOを目指し適切な経営が行われれば大部分の事業再編型MBO企業の場合は上場を目指すことが可能と思われる。

図表 4 - 3　東京証券取引所の上場審査基準

実質上場審査基準	具体的上場審査のポイント（ガイドラインから）
１．企業の継続性および収益性 継続的に事業を営みかつ経営成績の見通しが良好なものであること	①利益計画・収支計画の合理性 ②損益・収支の良好な見通し ③安定かつ継続的な経営活動の遂行
２．企業経営の健全性 事業を公正かつ忠実に遂行していること	①特定の者との間に経営活動上不当な利益供与・享受がないこと ②役員の公正・忠実・十分な業務の執行・監査の実施状況 ③経営活動の親会社等からの独立性の状況
３．コーポレート・ガバナンスおよび内部管理体制が適切に整備され，機能していること	①役員の適正な職務執行を確保する体制の適切な整備・運用状況 ②内部管理体制の適切な整備・運用状況 ③上記①，②の維持のための必要な人員の確保状況 ④会計処理基準・会計組織の適切な整備・運用状況 ⑤法令遵守体制の適切な整備・運用の状況。重大な法令違反行為がないこと
４．企業内容などの開示の適正性 企業内容などの開示を適正に行うことができる状況にあること	①重要な会社情報の管理と適時・適切な開示が可能な状況。内部者取引の未然防止体制の適切な整備・運用状況 ②開示書類作成の法令遵守，投資判断に重要な影響を与える事項・主要な事業活動の前提となる事項の適切な記載 ③企業グループの実態の適切な開示
５．その他公益または投資者保護の観点から東証が必要と認める事項	①株主の権利内容・その行使状況が適当であること ②経営活動・業績へ影響する係争・紛争などがないこと ③反社会的勢力による経営活動への関与防止体制の整備と適当な実施状況 ④その他な公益・投資者保護上の適当な事項

（出所）　有価証券上場規程第207条より抜粋

4　MBO企業のIPO準備段階での留意点

(1) IPOを実現するタイミング

①　MBO後5年以内のIPOを目指す

　基本的には，MBO後できるだけ早期にIPOを実現したい。遅くとも5年程度でIPOを実現したい。ファンドからの投資の場合，5年経過してもEXITの目処が立たなければ，その投資は失敗とみなされるのが一般的であり，この点

からもIPOはMBO実行後5年以内に達成することが目処となる。5年かけてもIPOできない企業はおそらく10年かけてもIPOはできない。したがって，ベンチャー的企業を除けば，MBO実施後に新しい態勢で経営に臨み，5年程度経っても業績がIPOを実現できるところまで到達しなければ，IPOによるEXITの道は相当難しいと覚悟しなければならない。

参考までに，筆者が関与しているファンドの投資先でIPOを果たした事業再編型MBO企業の場合，IPOまで要した期間は，短い場合で2年，長くて5年である。他のMBOの場合でも，大部分の企業がMBO実施後3～4年でIPOを果たしている（本稿最後のページ**図表4－10**参照）。

② **のれん代の償却が大きい場合のIPOのタイミング**

MBOの場合取引の結果としてのれん代が発生する場合がある。一般的には，株式の売買価格が簿価純資産額を超えると，超過した部分がのれん代として認識される。また，営業権譲渡の場合は，資産の時価額以上で売買されると同様にのれん代が発生する。このれん代は会計上，原則20年以内で償却される。実務的には5～10年で償却されることが多い。償却額が多額になると営業利益に影響が出る。極端なケースでは，のれん代の償却のため赤字になることもある。上場時の株価は1株当りの純利益（EPS）を参考に決められることが多いので，のれん代の償却のため利益額が減少すると株価が低く評価されることがある。このような事態を避けるため，のれん代償却の多い企業のIPOは当該のれん代の償却終了直前・直後で行われることが多い。

③ **借入金水準が高い場合のIPOのタイミング**

MBOの場合，株式あるいは資産の取得が出資金（エクイティ）だけでなく借入を使って行われることが多い。いわゆるレバレッジを使ったMBO（LBO型MBO）といわれる取引である。この借入は，将来の収益で返済される性質のもので通常5～7年で毎年分割弁済される。この借入が多いうちはIPOが難しいので，平常の借入水準まで返済が進んだ時点でIPOを行う。具体的には借入水準がフリーキャッシュフローの3倍程度まで下がった時点が目安となろう。

④ IPO達成に必要な利益水準

各証券取引所には上場の形式基準として**図表4-4**に示すような利益基準が決められている。ただし，MBO企業が実際に上場するには，この基準にかかわらず営業利益の水準が最低5億円に達していることが望ましい。できれば10億円には到達しておきたい。この水準に到達しないと，成長が著しい企業を除けば時価総額がそれ程大きくならず注目される株にならないので，上場後の上場維持で苦労し，売出しあるいは公募増資などを行う際に，上場のメリットをあまり享受できない可能性が出てくる。

図表4-4 主な証券取引所の上場基準概要（利益基準）

東京証券取引所（注1）		大阪証券取引所（注2）	
市場一，二部	マザーズ	ジャスダック スタンダード	ジャスダック グロース
以下のa,b,cのいずれかを満たすこと a. 利益の額が，最近2年間において 　最初の1年間：1億円以上 　最近の1年間：4億円以上 b. 利益の額が，最近3年間において 　最初の1年間：1億円以上 　最近の1年間：4億円以上 　かつ 　最近3年間の総額：6億円以上 c. 時価総額が1,000億円以上 　（最近1年間における売上高が100億円未満である場合を除く）	規定なし	最近の1年間：1億円以上（上場日の時価総額が50億円以上の場合は利益の規定なし）	規定なし

(注1) 利益の額：連結経常利益金額又は連結税金等調整前当期純利益金額のいずれか低い額。
(注2) 経常利益および税引前利益
(出所) 東京証券取引所，大阪証券取引所ホームページより抜粋

(2) IPOを目指す上での業績・管理面の留意点

上記(1)で記述したように，IPOを実現するタイミングは企業の置かれている状況により異なる。しかし，IPOへ向けた準備は，IPOを狙うことができるようになってから行えば十分と考えている経営者もいるが，通常業績・管理面ともにIPOの準備には数年を必要とするのでMBOの手続が終了した後直ちにはじめるのがよい。

準備は通常業績面と経営管理面に分けて行う。まず，業績面ではIPOを見据えた長期事業計画の作成を行うことからスタートする。また，経営管理面は監査法人によるショートレビューを受け，指摘された問題点・課題をつぶしていくところからはじめる。

① IPOを目指す業績計画

　中長期事業計画は，IPOまで到達するための道筋を示すマップでもあり，IPOを目指す上で極めて大事である。MBO後の中長期計画はビジョンの作成からはじめる。すなわち会社が中長期的に目指すべき姿を決定する。このビジョンはファンドと共有化し，次に，このビジョンを中長期的に達成するための戦略を策定し中長期計画としてまとめる。その際下の**図表 4 － 5** に記した留意点を参考に作成するとよい。これらはMBOした投資先に対し中長期事業計画を作成するときに参考にしてもらっている留意点である。

図表 4 － 5　事業計画策定時の留意点

項目	留意点
自ら策定すること	• ファンドからのお仕着せでなく自ら作成する • 社長が自社のビジョン実現の観点から計画の骨子を作成する。積上げベースとしない。 • 各セクションは社長の策定した骨子実現のための具体的な計画を作成する
会社を牽引できる目標設定であること	• 会社の目指す姿をはっきりさせ，その姿を実現するための計画とすること • IPOを見据え目指す姿は高いものであること
細分化できる計画であること	• 各セクション，各人が担う役割がはっきりする具体的な計画とすること • 誰がいつまで何をやるかを含んだ具体的アクションプランまで作成すること
中長期的視点からの計画であること	• IPOを視野に入れた計画とすること • 成長戦略実現のために中長期的観点から当該年度に実施すべきことを織り込んだ計画とすること
利益・キャッシュフロー重視の計画であること	• 企業価値の向上は収益とキャッシュフローの向上より実現されるので，この2点を重視した計画とすること • 借入れを活用したMBOの場合は，借入金の返済が優先課題となるのでキャッシュフローの捻出を重視する計画とすること

(出所) 筆者作成

② IPOを目指す業績

　IPOを実現する上では業績は極めて重要となる。IPO時に高く評価されるためには，売上，利益とも成長していくことが想定されるような実績を上げていることが求められる。

　このためには，MBO実施直後からIPOを見据えた成長戦略を策定し着実に実行していくことがポイントとなる。また，MBOは会社の枠組みを変えるイベントでもあるから，経営全般を見直し，経営革新を図るには絶好のチャンスでもある。これまでの経験では，多くの企業がMBO実行時に経営の全面的な見直しを行って収益力を高めることに成功している。既存事業だけで大きな成長が期待できなければM&Aを活用することにより事業を拡大することも選択肢となる。

　図表4－6は，みずほファンドが投資した事業再編型MBO企業4社のIPO前後の業績である。本図表から全社ともIPOに向けて業績を向上させIPOの成功に結び付けていることが見てとれる。

図表4－6　みずほファンド出資先のIPO前後の業績

(単位：百万円)

	上場時期	売上高			経常利益		
		直前々期	直前期	翌期	直前々期	直前期	翌期
荏原ユージライト	05年12月	6,539	7,472	8,546	725	864	1,032
アルコニックス	06年4月	83,623	105,011	127,628	103	580	1,215
バンテック	07年9月	138,947	151,107	161,902	6,869	7,247	7,425
エス・ディ・エスバイオテック	08年12月	11,759	12,453	12,388	1,049	1,165	1,352

(注)　直前期は，アルコニックスは上場直前の決算期（3月），エス・ディ・エスバイオテックは上場直後の決算期（12月）を使用
(出所)　各社の上場時の目論見書並びに決算短信から集計

③ IPOを目指した管理面のレベルアップ

　経営管理面は，監査法人によるショートレビューが有効であると思われる。ショートレビューでは会計処理の問題，労務の問題，組織の問題など経営全般に関し，上場審査上必要となる点を中心にレビューされる。通常膨大な数の指摘事項が出てくる。この指摘事項を一つひとつつぶしていくと上場企業に求め

られる経営管理水準に近づくことになる。

ショートレビューは、その指摘事項の整備に時間がかかるものが多く、また定着化にはさらに時間がかかるので、MBO実施後直ちに取りかかるのがポイントである。

またショートレビューは、早期に整備していけばそれだけ会社のリスクが減少することに繋がるものが多く、早期の改善は業務遂行上もプラスに働く。

第二段階として、実際にIPOが近づき主幹事証券会社が決定された後には、主幹事証券会社の指導も受けることになる。主幹事証券会社はコーポレート・ガバナンスおよび内部管理体制の状況など、証券取引所の上場審査基準の諸項目に照らしてチェックを行う。この段階での指摘事項は直ちに整備し、改善後のルールなどの早期定着化を目指すことになる。

(3) IPOに向けた資本政策

IPOに向けて株主構成を検討する必要がある（これを資本政策という）。資本政策を検討する際、①ファンドの持分を段階的に減少させることと、②IPO後の株式の安定化を図るために安定株主（長期保有の友好的株主）を作ることの2点を考慮する。

① ファンドの持株の削減

過半数を保有するファンドの株式を全株株式市場で売却することは事実上不可能と考えざるをえない。証券会社は、過去の実績からIPO時に公募・売出しにより株式市場で売却できる株式数（公開株数という）を増資前発行済株式数の「3割程度」と見ている。また、IPO後の公募売出し（PO：public offering）で売却できる株式数は、IPO後の株式市場の動向にもよるが、これまでの実績では発行済株式数の10～15％程度となっているようであり、大量の売出しは期待できない。したがって、ファンドの持株のある一定部分はIPOの前に売却することになる。

本稿の最後に掲載した**図表4－10**は、MBO企業がIPOを行った時市場に出した株式数比率とそのうちの既存株主の売却比率を纏めたものである。これを見ると、公開株式数は全発行株式数の20～30％、多くて40％強である。そのう

ち増資以外の既存株主の売却部分（売出）の比率は50～70％となっている。売出しの大部分はファンドと考えられるのでファンドがIPO時に売出すことができるシェアは全体の10～20％と算出される。

② **安定株主作り**

通常は，IPO前に安定株主となる可能性のある事業会社などに株式を持ってもらう。例えば，事業提携先，その他ビジネス上関係の深い取引先，取引金融機関，それに会社の役員，従業員などである。これらの株主はIPO後のコア株主となるので，幅広くできるだけ多く集めたい。筆者はIPO前に30％強の安定株主を確保することが望ましいと考えている。1／3以上の株式を経営方針に理解を示す安定株主が保有するようになれば株主総会での特別決議事項への拒否権を有することになり，敵対的買収防衛策を導入する必要性も低くなり，経営も安定する。加えてIPO後のファンド保有株式の処分も容易になる。ただ一般的には30％の安定株主を確保することはそれ程容易ではないので，事業上のシナジーが期待できる事業提携先に比較的大口（例えば5％～10％程度）の株式保有の依頼を検討することも一案である。

また，事業会社によっては株式の持合いを保有の条件とされることがあるが，日本の場合比較的投資家層が薄いので，ある程度取引先との間で株式の持合関係が生じてもやむをえないと思われる。いずれにしてもIPO前でファンドの持分比率を50％以下のシェアになるまで低下させておくと，IPO後のファンドのシェア引下げに伴う資本政策が容易になる。ただし，IPO時に直ぐに売却するような投資家に保有を依頼すると，IPO時の株価下落要因になるので，このような投資家はあまり好ましい売却先とはいえない。

この安定株主作りは，ファンドと経営陣が共同で取り組む課題であるが，安定株主になってもらう候補者の選定には経営陣が主体的に動く必要がある。株式市場が活況を呈しているとき，あるいはIPO株への人気が高いときには安定株主団の組成はそれ程困難ではないが，そうでない場合は容易ではない。上場準備を具体的に開始するときに検討を開始したのでは遅いので，常日頃より誰に株式の保有を依頼するのかを考え，そのための布石を打ちながら経営を行う必要がある。

③ IPO前の株価の考え方

　株式を保有してもらう際に重要になるのは，①IPOの確度が高いこと，②継続して業績がよいこと，それに③妥当な株価でのオファーであろう。

　この中で特にIPO直前の譲渡で検討ポイントが多いのが株価である。実務上は安定株主への譲渡価格は，理論株価，ファンドの投資利回り，IPO時の想定株価，それに安定株主に受け入れ可能な価格などを総合的に検討して決定される。この場合，理論株価は第三者の専門家に評価を依頼し，またIPO時の想定株価に関しては主幹事証券会社と相談し参考とする。一般的には，非流動性ディスカウントなども勘案し，IPO時の想定価格より20～30％程度低い価格で譲渡するのが妥当なところと考えられている。このようにして決定されれば，透明性が高くなり証券取引所の審査上の問題もなくなる。

④ 安定株主比率と流動性確保のバランス

　できるだけ多くの安定株主を作ることが望ましいと述べたが，安定株主の割合が大きくなり過ぎると，逆に市場に流通する株式数が少なくなり，①株価変動が大きくなり過ぎる，②流動性が低いと売りたいときに売れないリスクを嫌う機関投資家が投資を避ける，また③上場の維持に必要な株主数が不足するといった問題を引き起こすことになる。

　筆者が関与しているファンドの投資先でも偶然にではあるが，IPO銘柄の人気が高いときに資本政策を行い安定株主比率が50％強と多くなり，IPO後の出来高が上がらずその後の株主数の確保および資本政策に影響が出たという事例がある。したがって，安定株主を作る一方で流動性の確保にも留意する必要がある。

(4) インセンティブプランの導入など

　IPO準備の一環としてストックオプション，従業員持株会の設立などのインセンティブプランを導入することもなるべく早い段階で実行したい。

5 IPOを果たしたMBO企業の課題

(1) IPO後のファンド所有株の売却

ファンドには投資期限があり、期日まで投資した資金を回収する（EXITという）必要がある。しかし、ファンドのシェアが高い場合、早期に100％EXITすることは容易なことではない。したがって、IPO後の資本政策はファンドの持株の処分が重要なテーマとなる。

ファンドの株式はIPOを果たした後、いつでもマーケットで処分できるわけではない。大量の株を一挙に売却することはできない。また、小口に分けて断続的にマーケットで処分する方法も考えられるが、そうすれば株価が下がり続けるので現実的な方法ではない。さらには、インサイダー情報に接する機会も多く、売却できる時期にも制約が出てくる。

経営者によっては、ファンド所有の株式の処分を全くのファンド任せにしているとか、あるいは逆に自社の都合で唐突にファンドに持株の売却を依頼するケースがあるが、両方とも決して好ましいことではない。自社の株式の問題なので、経営者が自らの問題として主要株主であるファンドと十分な打ち合わせを行い、証券会社からのアドバイスを受けながら計画的に処分する必要がある。

ファンド持株のEXIT方法には、①株式市場での売出し、②立会外分売、③ブロックトレード、④自社株買い、⑤株式処分信託による売却などがある。それぞれの特徴は**図表4－7**に示した通りである。

売出しは、上場市場をジャスダックから東証へ替えるとき、あるいは東証二部から一部へ指定替えとなるときなどのイベントを捉えて行われることが多い。この際には、公募も同時に行われることが多い。

立会外分売は、対象会社の株主数が不足しているときなど、主に個人株主を増やす目的でファンドの持株を市場に放出する場合に使われることが多い。

ブロックトレードは、取引先など特定の株主にファンドの持株を譲渡するときに使われる方法である。この場合は立会外分売という方法で行われる。

自社株買い、株式処分信託はファンドの持分が少なくなったときに使われることが多い。

市場売却という方法もあるが，ファンドは株価に与える影響を考慮して通常行わない。少なくとも筆者が関与しているファンドの場合，投資している企業の株式を市場売却という形で市場に売却した例はない。

図表4－7　上場株式の処分方法

株式処分方法	内容	備考
売出し	多数の投資家に対し，同一条件にて発行済み株式の売りつけの申し出をすること	目論見書などの準備に時間がかかり，売出しのコストもかかる
立会外分売	売買立会い外で大量の売り注文を分売する売買方法	届出日の最終価格を基準に割引された固定価格で取引される
ブロックトレード	証券会社を通じて大口の注文を相対で行う取引	通常立会外分売を利用して行われる
株式処分信託	信託契約により信託銀行に依頼し株式の処分をする取引	処分最低売却希望価格などの条件で信託会社の裁量により市場で売却される
自社株買い	発行会社が買取ること	TOBによる市場外取得やToSTNeTなどの取引所の制度を利用した市場内時間外による取得などがある
市場売却	市場に株式を売却すること	コストは最も安いが大量の処分には時間がかかる

(出所) 筆者作成

参考までに荏原ユージライトがMBO実施後ファンドのシェアを引下げゼロまで持っていったプロセスを紹介したい。

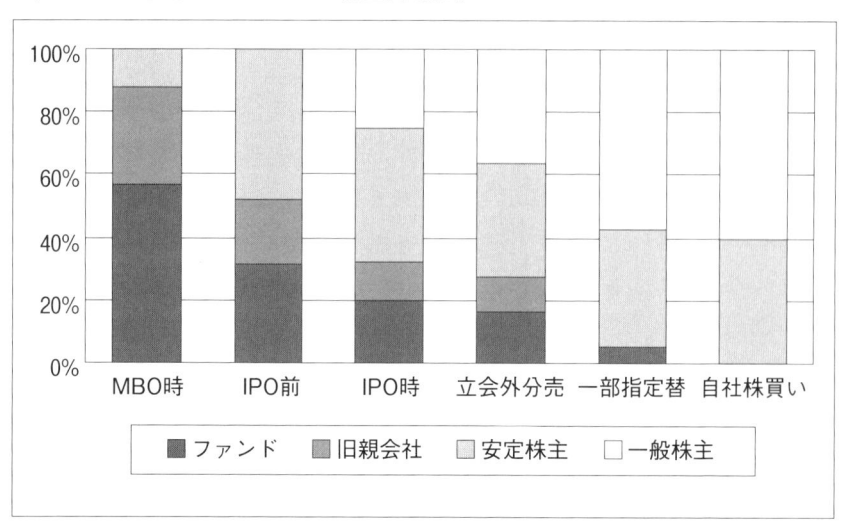

図表 4 − 8　荏原ユージライトの株主変動推移

[グラフ: 横軸 MBO時, IPO前, IPO時, 立会外分売, 一部指定替, 自社株買い / 凡例: ファンド, 旧親会社, 安定株主, 一般株主]

(注)　安定株主は推定値
(出所)　各種資料に基づき筆者作成

- 2003年9月，MBO実施．ファンドシェア58％（取引実施後シェア，以下同じ）
- 2005年3月，IPO前の資本政策実施．ファンドの持株と増資株を安定株主に譲渡．ファンドシェア32％
- 2005年12月，IPO時に売出し実施。ファンドシェア20％
- 2006年6月，株主数作りのため立会外分売を実施。ファンドシェア17％
- 2006年12月，東証一部への指定替え時に売出し実施。ファンドシェア5％
- 2010年11月，自社株買いを実施。ファンドシェア0％

(2) 株価対策

　上場企業の経営者は絶えず株価をウォッチしておく必要がある。株価は経営者への通信簿といわれるように，当該企業への市場の評価となるからである。IPOを果たしたMBO企業も投資家の株価上昇期待に応えるため，以下の点に留意することが大切になる。

① IPO後の業績

　株価は株式市場の動向に左右されるが、極短期の変動を除けば概ね当該企業の業績動向が反映されていると見られている。株価は業績が良ければ、短期的には多少のアップ・ダウンはあっても傾向として右肩上がりに上がっていく。反対に業績が悪くなったり、あるいは成長が見込まれないと判断されたりすれば、株主は持株を売却するので株価は下がる傾向がある。IPO前は業績が芳しくなくとも大口株主であるファンドに事情を説明し納得させることができればそれですんでいたかもしれないが、上場すれば株価の下落という形で経営に対する評価が下される。したがって、言うまでもなく株価を上げるには、まず良い業績を上げなければならない。

② IR活動

　株価対策にはIRを積極的に行うことも重要である。日本の上場企業は2010年9月末時点で3,700社弱存在する。この中から株式購入先として選んでもらう必要がある。このためには国内の機関投資家はもちろん、個人、海外の機関投資家向けのIR活動を積極的に行う必要がある。IR活動の中には新聞・雑誌などのマスメディアへの露出も含まれる。メディアに採り上げてもらうためには顕著な業績、新商品、新規事業展開などのアピール材料が重要となってくる。経営者はこの点も頭に入れて経営を行う必要がある。

③ 流動性の確保

　流動性を高めることも株価対策には必要である。流動性の低い株式は価格の動きが大きくなりやすく、また売却時に売却しにくくなる。このため投資をためらう投資家が多い。一部には流動性が高くなると売り圧力が高まるという懸念もあるが、まず流動性を高めて日頃の売買を活発にすることが大切と思われる。流動性を高めるためには大口株主の株式を効果的・機動的な売出しや立会外分売などで活用させてもらうことも検討する。MBO企業の場合は、IPO後もファンドが大株主になっていることが多いので、ファンドと相談し保有株を放出してもらうことが可能である。これはファンドの持分比率を下げる効果もあるので、一般的にはファンドは協力的である。いずれにしても、流動性対策

もファンドと二人三脚で推し進める必要がある。

④ 配当政策

　株価対策には配当政策も重要である。MBO企業の場合IPO前は借入返済が優先されるため，通常配当は行われないが，IPO後は一部の成長性が高く資金ニーズの旺盛な企業を除けば配当は必須である。特に安定的な収益力はあるものの成長力が見劣りする企業の場合は，高配当により投資家を惹き付けることも検討に値する。東証の上場企業の配当性向は，平成22年3月期の決算短信集計（連結・会計）では，ここ2年間は赤字企業が多かったため50％超となっているようであるが，それ以前は20〜30％台となっている。株価対策として，例えば40％台の配当性向とすることも考えられる。

⑤ 株式の買い手の確保

　MBO企業の場合，ファンドの持株比率が高いので，IPO後も株式の買い手の確保が経営者の重要な課題となってくる。常日頃から自社株への投資家の発掘を心がける必要がある。

　買い手を確保するという観点からは，役員持株会，従業員持株会も重要な投資家である。会社として従業員持株会にインセンティブを付与するなど積極的な対応をすることは株価対策にも有効と思われる。

(3) 取引ボリュームの確保

　上場後は株式市場での自社株の取引ボリュームにも注意を払っておく必要がある。PO（public offering）でまとまった株式を市場で売却するときには，日々の取引ボリュームが制約要因となる。証券会社は多くて「約3ヶ月分」の取引量がPO時に市場で売却できる数量と見ている。

　取引ボリュームを増加させる方法に特効薬的なものはないようである。やはり上記の諸点に留意し株式を魅力あるものにすることが取引ボリュームの確保に繋がると思われる。

(4) 株主数作り

　MBO企業が上場した場合，ファンドの持分が依然高かったり，安定株主のシェアが高かったりするので，株主数の確保が大きな課題となるケースが多い。通常，IPO時の公募・売出しでは，個人の投資家に販売される割合が多く，相当の株主数を確保することが可能である。しかし，一般的にIPO後一定の期間が経過し株価が落ち着いてくると，機関投資家が買いに入る。このようにして，IPO後には株主が多数の個人投資家から少数の機関投資家に移り，株主数が減少する傾向がある。

　個人株主数を増加させるには，上記(2)の株価対策を実行することがまず大切であろう。その上で，立会外分売により個人をターゲットに売却を行えば少なくとも一時的には個人株主を増やすことが可能となる。

　その他の方法も考えられる。例えば，個人投資家向けIRとか株主優待制度の導入，高配当政策の実施などである。筆者が関与するファンドの投資先でも株主数の確保に課題を抱えていた企業が，株主優待制度の導入により個人株主数を大幅に増やすことに成功し，必要な株主数を確保できるようになった事例もある。

(5) 目指すべき取引所

　通常MBO企業は中堅企業が多いので，東証一部に直接上場することは難しい。東証一部に直接上場するには時価総額で500億円が必要となる。みずほファンド支援の上場MBO企業5社の中でも，直接東証一部に上場を果たしたのはバンテック1社のみである。MBO企業全体を見ても他にキトー社の例があるだけである。通常はジャスダック，東証マザーズなどの新興市場あるいは東証二部へ上場することになる。これらの市場が悪いあるいは格が劣るということではないが，最終的には東証一部を目指すべきと思われる。それは東証一部を注目している投資家が多く，参加者が多い市場だからである。しかし，時価総額が小さい企業は何が何でも東証一部を目指すというのではなく，ジャスダックのような新興市場に留まることも検討すべきである。中小型株を中心に投資を行う投資家は新興市場に注目していることが多いから，投資対象として選択される可能性が高くなると思われる。

(6) 後継者対策

　MBO企業は，MBO実行時の経営陣がIPO後も社長をはじめ主要な役職を担っているケースが多い。MBO企業の場合，伝統ある上場企業と異なり必ずしも人材が豊富とは限らないので，会社の永続的な発展のためには社長の後継者も含めて主要ポストの後継者を決めておくことが望ましい。毎年主要なポストにある者は後任者を記述し提出する会社もあるが，制度的にそのようにしなくとも後継者対策は常に意識しておきたい事項である。これは危機管理という観点からと人材育成という観点から大切な事柄である。

　もし社内に後継者がいなければ，外から招聘することも検討する必要がある。これまでの実例を見ると，招聘する場合は招聘者を直接後継者にするのではなく，いったん他のポストに就け，後継準備をすることがスムーズな承継には効果的と思われる。

　最も難しいのは社長の交替時期である。一般的には経営の安定という観点からはMBOをリードしIPOを果たした社長ができるだけ長く社長を続けたほうが好ましいようである。しかし，会社の永続的な発展という観点からは，時期を見て社長職を後継者にバトンタッチする必要がある。MBO企業に限ったことではないが，長期政権になりがちなMBO企業の社長の場合は特に後継者を育成し，自ら区切りをつけて後継者に経営を委ねることが求められる。

6　ファンドにとって株式公開によるEXITの意義

(1) 株式公開によるEXITは有利か不利か

　ファンドがMBO企業への投資資金を回収する方法には，①第三者（企業あるいはファンド）への売却（M&AによるEXIT）と②株式市場（一般投資家）への売却（IPO, POによるEXIT）がある。いずれの方法にもそれぞれメリット，デメリットがある。

　図表4－9は，M&AとIPOそれぞれのEXITの優位性の比較表である。

図表4－9　MBO資金の回収方法とその優位点

M&AによるEXITの優位点	IPOによるEXITの優位点
オークション方式で事業会社あるいは他ファンドに売却すればより高く売却できる	IPO後の株式市場の市況が好転した時点で売却すれば，より高い価格で回収できる
投資額全額を一括で回収できる	将来有望な商品，技術などがある企業は株式市場では将来性が高く評価される傾向があるので，上場したほうが高く評価される
株式市場の市況動向に関係なくいつでも売却ができる	

(出所) 筆者作成

　このようにIPOとM&Aと比較した場合必ずしもどちらが有利と断定できないが，一般的にはファンドにとってはM&AによるEXITの方がより高いパフォーマンス，すなわち投資利回りが得られるとみられている。しかし，欧米のバイアウト市場ではIPOによるEXITが数多くみられ，またみずほファンドのケースでも荏原ユージライト，日本高純度化学㈱のIPOによるEXITではファンドの目標利回り（IRRで計られ，通常30％といわれる）を大きく上回る高い総利回り（Gross IRR）を実現している。

(2) 株式公開の社会的意義

　MBOファンドは，投資した企業の価値を高めて売却しキャピタルゲインを収受することを目的とした基金である。しかし，MBOファンドがこの目的実現のためより大きなキャピタルゲインだけを求めてM&Aにより売却することに特化したら，MBOファンドは社会から評価される存在にはならないのではないかと思われる。社会から評価される存在にならなければ，長く社会に存在し続けることは困難になるであろう。したがって，MBOファンドは一般の企業と同様，その活動を通じて社会に貢献することが必要となる。

　MBOファンドによる社会貢献は，リスクマネーの投下による企業の再生もあるが，以下のような特徴を持つMBO企業のIPOサポートも立派な社会貢献として評価されるものと思われる。

　① 社会から公の企業として認められる企業の輩出。上場企業は，一般的に業績面やガバナンスの面でレベルの高い企業と見なされており，MBO企業のIPOはこのような公の企業として認められる立派な企業を数多く世

② 投資先の経営者の夢・願望の実現に応えること。日本の企業経営者の多くは最終的に自社を上場企業にしたいと考えている。帝国データバンクの2007年の調査によれば，未上場企業の51％はIPOを目指しているという。MBO企業には特にIPO志向が強いように思われる。投資先がIPOを望む場合は，できる限りその実現に協力をすることもMBOファンドの役割の一つと思われる。

③ 再編対象子会社をIPOにより分離しようとしている売手企業に受皿を用意すること。再編対象子会社を，その経営陣の意向を酌んでIPOにより対象子会社をグループから分離できないかと考えている企業は少なくない。そのような企業に短期間でグループ再編が実現でき，しかも当該企業のIPOも実現できる方法があればグループ再編も行いやすくなる。

7 MBO企業のIPOについて証券会社に期待すること

　上述のように，ファンドにとってMBO投資のEXITとしてIPOは必ずしも有利なEXIT方法ではない。それはEXIT時の実現価値の大小の問題ばかりでなく，EXITの手続きやそれに付随するコストの点からもIPOがM&Aと比較して見劣りするためである。したがって，今MBO企業のIPOがMBO投資のEXIT手段として，当該MBO企業にとっても，持株の売手であるファンドにとっても，さらにはIPO後の一般株主にとっても，より魅力的なEXIT方法と感じられるように発展していくことが望まれている。

　ここではこれまでの数件のMBO企業のIPO経験から，IPOで重要な役割を担う証券会社に，IPOをより魅力的にするため，その取引慣行などの改善が必要と思われる事例のいくつかをあげてみたい。

(1) IPO時の適切な公開株式数の設定

　IPOあるいはPO時の幹事証券会社はそれまでの経験，その時の株式市場の需要動向などから公募株数と売出株数の合計（公開株式数）の上限を決定して

いる。一般的に，持株の売却を考えているファンドと増資を考えている当該MBO企業は，できるだけ多くの株式を市場で売却したいとの希望がある。一方で，株式市場には吸収の限界がある。限界を超えた売却は市場での消化不良を引き起こし，株価の急激な下落に繋がる。残念ながら過去にこれに近い例が出ている。ファンド，当該MBO企業，それに幹事証券会社が協力して合理的な公開株式数の着地点を見出すことが期待されている。

(2) オーバーアロットメント

証券会社に株式の売却引受けを依頼する時，オーバーアロットメント（OA：over allotment）が要求される。以前は少なかったが，最近はほぼすべての証券会社が大部分のIPOやPOでOAを要求する。OAとは，本来はマーケットで需要が多く，売出し予定の株数だけではその需要を満たせない場合に追加で株式を放出することをいう。しかし，現在では少しOAの意味合いが変わってきており，株価を支えるために使われることが多くなっているといわれている。すなわちIPO後に売り圧力が強く買い手が不足している場合，証券会社が買いを入れて買い支えをする，「法的に許容されている株価対策手段」ということのようである。このOAの数量は半ば慣行として，規制上の上限である公開株式数の15％となっているようである。

このOAには二つの問題点ある。第一は，もともと需要が多くなかったのではないかという点である。需要が多ければ，上場後に買い支えを行わなければならないほど売り圧力が強くならないはずだからである。第二は，実態的には引き受けていない，すなわち証券会社が買取った株式は，後にOAで証券会社の要請で持株の貸出に応じた大口株主に返還されるにもかかわらず，引受手数料が徴求される点である。加えてOAは株価が下がると証券会社にキャピタルゲインが入る仕組みであり，OAには一種の利益相反の問題が発生する側面がある。証券会社は，OAがあると投資家は安心して買うことができるのでOAは必要と主張しているものの，証券会社は市場で吸収される以上の株式を公開し，結果としてIPO後の株価を引き下げている側面も否定できず，必ずしも説得力があるわけでない。改善の余地がある取引慣行であろう。

もちろんOAが有効なケースもあるだろうから，ケース・バイ・ケースで対

応するのがよいのではないかと思われる。

(3) ロックアップ

　ロックアップ（lock-up）も再考されるべき仕組みである。ロックアップとは，主要株主にIPO後一定期間売却を制限する制度である。主要株主が，IPO後に株価の水準が未だ定まる前に大量の株式を市場に売却して，市場にマイナスの影響を与えることを防ぐために必要とされている。通常6ヶ月程度売却の制限期間が必要とされている。

　しかし，MBO企業のIPOの場合，ファンドはIPO後も筆頭株主になっているケースが大部分であり，株価にマイナスの影響を及ぼすような売却はしない。したがって，MBO企業の場合ロックアップは意味のない手法といえる。事実，ロックアップがなくても問題ないと思われるIPOがある。筆者はむしろロックアップを設けないほうが，自然な売買が行われることになるのでより良いのではないかと考えている。MBO企業の場合には，ロックアップは却って市場に混乱を与えることになるのではないかと考えている。

　もしファンドが市場に大量に持株を放出して大幅な価格下落を招くようであれば，そのファンドは将来市場に受け入れられなくなるリスクを負うことになるので，通常そのような行動はとらない。ロックアップによらず，このような市場の力を利用するほうがより健全と思われる。

(4) MBO企業の株価に対する誤解の解消

　よくファンドが大株主になっているMBO企業の場合に，アナリストなどにより，「ファンドが大株主になっていると，絶えず売り圧力が強いので株価が上がりにくいとか，上がらない原因となっている」などのものがなされることがある。このコメントは理論的にありうることであり，また一部の投資家の心理を反映したものと考えられるが，必ずしも実態を踏まえたものとは言い難いようである。確かにファンドには期限があり，また運用成績を気にしている株主であるので，ファンド保有株はいつか売却される。

　しかし，前に述べたように，一般的にMBOファンドは市場に影響を与えないような方法により持株の処分を行う。事実，これまでもファンドが市場で売

却し売り圧力になっているという事実はほとんどないように思われる。また，ファンドが大口で持っている場合は，市場で売却することは困難なので，大口のまま新たな株主に売却することや，プレミアム付きのTOBに応じることなども行われている。このような事実からすると，必ずしも売り圧力により株価が上がらないとのコメントは妥当ではないように思われる。

おわりに

　MBO企業のIPOの事例はこれまで22件とまだまだ少ない。これまで述べてきたように，事業再生型MBO企業は，IPOを目指す上ではインフラの整備が進んでいるというアドバンテージを持っている。MBO企業の経営者は，もっとIPOにチャレンジしてもよいのではないかと思われる。

　一方，ファンドも投資したMBO企業のIPOをもっと積極的に支援すべきであろう。投資家の資金を預かるファンドであるから運用成績を上げなくてはならないことは理解できるものの，投資リターンの極大化だけを追求していたのでは「長期的に社会から受入れられる存在」になることは難しいであろう。MBO企業のIPOを支援することは，ファンドの社会的責任を果たすことにもなる。ファンドはもっとIPO企業の輩出にチャレンジして欲しい。

　IPOを成功させたMBO企業の経営者には，次のフェーズに向けて突き進んでいくことを期待したい。上場企業には停滞は許されない。大きな構想，大きな戦略の下，より存在感のある会社なっていくことを期待したい。

図表 4 - 10　主なMBO企業のIPO事例と公開株式数比率

企業名	MBO実施年月	上場年月	市場	公開株式数比率	うち売出比率
日本高純度化学	1999.08	2002.12	ジャスダック	27.9%	64.1%
トーカロ	2001.03	2003.12	東証二部	42.4%	64.3%
かわでん	2001.03	2004.11	ジャスダック	30.0%	66.7%
荏原ユージライト	2003.09	2005.12	東証二部	32.8%	61.8%
ジェネシス・テクノロジー	2003.04	2006.03	東証二部	28.0%	49.8%
ゴールドパック	2003.03	2006.04	ジャスダック	21.3%	62.7%
アルコニックス	2001.03	2006.04	ジャスダック	22.1%	50.0%
バンクテック・ジャパン	2002.11	2006.10	ジャスダック	12.9%	63.0%
GABA	2004.06	2006.12	マザーズ	35.5%	78.9%
キトー	2003.07	2007.08	東証一部	41.2%	100%
バンテックグループホールディングス	2003.09	2007.09	東証一部	26.8%	56.5%
日本マニュファクチャリングサービス	2004.07	2007.10	ジャスダック	33.5%	85.5%
エス・ディー・エス　バイオテック	2005.03	2008.12	ジャスダック	12.1%	78.3%
らでぃっしゅぼーや	2006.02	2008.12	ジャスダック	30.8%	9.3%

(注) 公開株式数比率（オファリング・レシオ）：公募＋売出し（オーバーアロットメントを含む）／公募実施前発行済み株式数
(出所) 各社の上場時目論見表等から集計

第 5 章 日本における事業再編型バイアウトの市場動向

株式会社日本バイアウト研究所
代表取締役　杉浦慶一

はじめに

　1998年にバイアウト・ファンド等の投資会社の出資を伴う日本初の本格的なバイアウト案件が成立してから十数年が経過した。その間に成立したバイアウト案件の件数は通算500件を超えているが，その中で最も多く成立した案件のタイプが「事業再編型」の案件である。「事業再編型」の案件は，種々のタイプに類型化できるが，大企業グループの事業再編の一環として，子会社や事業部門がバイアウト・ファンドの支援を得てMBO（management buy-outs）で独立するケースが最も典型的である。

　本稿では，まず，日本における事業再編型のバイアウト案件の類型について述べる。次に，事業再編型バイアウト案件の市場動向について日本バイアウト研究所の統計データを用いて明らかにする。そして，バイアウト・ファンドが保有株式を売却してエグジットを達成した案件の特徴を明らかにする。

1　日本における事業再編型バイアウトの類型

　本節では，日本における事業再編型バイアウトの類型について，具体的な事例を交えながら明らかにする。日本における事業再編型のバイアウト案件は，親会社のリストラクチャリングに伴う売却，優良企業によるノンコア事業の売却，外国法人による日本子会社の売却，合弁事業の解消に伴う売却，上場子会

社の売却などに類型化できるが、複数のタイプに該当する案件も存在することには留意されたい。

(1) 親会社のリストラクチャリングに伴う売却

まず、事業再編型バイアウトの一つの類型として、抜本的な改革を必要とする親会社のリストラクチャリングの一環として子会社が売却されるタイプがあげられる。このようなタイプの案件の場合には、親会社が売却して得た資金は、有利子負債の削減に充当される。

具体的には、**図表5－1**に記載されているように、日産自動車、ダイエー、ライブドア、USENなどの子会社が売却された事例が該当する。

『日産リバイバル・プラン』に基づき有利子負債の削減を目指す日産自動車は、2000年代前半に子会社や関連会社の株式の売却を進めていた。事業会社にM&A（mergers & acquisitions）で売却された子会社も数多く存在したが、MBOで独立した企業もあった。当時は、国内外のバイアウト・ファンドが本格的に活動を開始した時期でもあったことから、独立意欲のある経営陣がバイアウト・ファンドと組んでMBOを実施する取り組みが出てきたのである。具体的には、総合物流企業のバンテックや完成車輸送のゼロ（旧日産陸送）などの案件が登場した。その後、独立した企業は、日産自動車以外の自動車メーカーとの取引を拡大するなどで飛躍を遂げ、一部には株式公開を達成した企業もある。

2002年2月には、ダイエーの子会社3社がMBOにより独立している。当時のダイエーは、「修正再生3ヵ年計画」（フェニックスプラン）を打ち出し、新体制のもとで営業力強化と連結有利子負債の圧縮を中心とする財務改革に取り組んでいた。そのグループ事業再編の一環として、コア事業への選択と集中を進める中で、複数の事業の売却を検討した結果、キャッシュマネジメントサービスや現金輸送などを主要事業とする警備会社のエー・エス・エス（現アサヒセキュリティ）、不動産の開発・販売を行うマルコー（数回の商号変更を経て現在はアパマンショップサブリース）を含む3社の株式を譲渡している。

ライブドアは、2006年1月の「ライブドア事件」以降、選択と集中を含めたグループ経営戦略の見直しを進めてきた。そして、2006年12月には、ライブド

アフィナンシャルホールディングス（現かざかフィナンシャルグループ）の全株式を，アドバンテッジパートナーズがサービスを提供するファンドなどが出資するAPFHに譲渡した。その後，コア事業として位置付けたインターネット関連事業を会社分割によりライブドアとして法人化してグループの中核に据える一方で，ライブドアホールディングスをグループを統括する持株会社とし，傘下のノンコア事業や子会社を譲渡して整理を進めてきた。その一環として，2007年9月には，中小法人・個人事業者向け業務用ソフトウェア業界における圧倒的なブランド力を誇る弥生の保有株式を，MBKパートナーズが運用するファンドが全額出資する特別目的会社に710億円で譲渡した。

2010年には，有線放送事業に経営資源を集中することで業績および財務基盤の立て直しを目指すUSENが，「事業の選択と集中」を推進する中で，複数の子会社をバイアウト・ファンドに売却した。5月には，光ファイバー・イン

図表5-1　親会社のリストラクチャリングに伴うバイアウト案件

年月	案件名	売手	投資会社
2001年1月	バンテック	日産自動車	3i Group PPM Ventures
2001年5月	ゼロ	日産自動車	東京海上キャピタル，他
2002年2月	エー・エス・エス（現アサヒセキュリティ）	ダイエー	The Carlyle Group
2002年2月	マルコー（現アパマンショップサブリース）	ダイエー	MKSコンサルティング
2006年12月	ライブドアフィナンシャルホールディングス（現かざかフィナンシャルグループ）	ライブドア	アドバンテッジパートナーズ
2007年9月	弥生	ライブドアホールディングス	MBK Partners
2010年5月	UCOM	USEN	ユニゾン・キャピタル GEAM International Private Equity Fund みずほキャピタル
2010年7月	インテリジェンス	USEN	Kohlberg Kravis Roberts & Co.

（出所）　日本バイアウト研究所

ターネット接続サービス事業を営むUCOMの持分の全株式が，ユニゾン・キャピタルがアドバイザーを務める投資ファンドなどに譲渡されている。USENは，2007年に，UCOMの株式の38.2％を戦略的パートナーとして迎えたユニゾン・キャピタルへ譲渡し，UCOMの企業価値向上に取り組んできたが，残りの保有株式も譲渡した。また，7月には，派遣アウトソーシング事業のインテリジェンスの株式が米国の大手プライベート・エクイティ投資会社であるKohlberg Kravis Roberts & Co.の関連先である投資ファンドが実質的に全株式を保有する会社へ譲渡され，インテリジェンスはUSENの連結子会社から外れている。

(2) 優良企業によるノンコア事業の売却

　優良企業がコア事業に経営資源を集中するために，ノンコア事業をバイアウト・ファンドに戦略的に売却するケースもある。

　具体的な事例としては，まず経営資源を医薬品事業に集中してきた塩野義製薬が，カプセルの製造を行うシオノギクオリカプスの株式を2005年にThe Carlyle Groupへ譲渡したケースがあげられる。シオノギクオリカプスは，クオリカプスに商号を改めて，The Carlyle Groupの支援により追加買収の実施を含むグローバル成長戦略を遂行し，事業価値の向上に努めてきた。塩野義製薬は，2010年3月には，医薬品の製造受託を行う武州製薬の株式を東京海上キャピタルが運用するファンドへ譲渡している。いずれの案件も，独自の事業基盤を十分に有している子会社が，その潜在的な成長力を最大限に引き出すことのできる有力バイアウト・ファンドに譲渡された典型的な事例である。

　2006年には，ソニーのリテール事業群の事業独立が実施された。ソニーは，前年より，リテール事業群の資産価値の最大化に向け，他社とのアライアンスを含めたオプションを検討していたが，リテール事業群の経営陣と従業員による独立的経営を目指し，当該リテール事業群を傘下におく持株会社を新設し，そのファイナンシャル・パートナーとして日興プリンシパル・インベストメンツ（現シティグループ・キャピタル・パートナーズ）を迎えた。スキームとしては，日興プリンシパル・インベストメンツの関連先が51％，ソニーが49％出資する持株会社のスタイリングライフ・ホールディングスの傘下に，プラザス

タイル（旧ソニープラザ），ライトアップショッピングクラブ（旧ソニー・ファミリークラブ），B&Cラボラトリーズ，CPコスメティクス，マキシム・ド・パリ，ライフネオの6社が傘下に入るものであった。

　また，伊勢丹は，専門店を展開するバーニーズジャパンの株式を住友商事と東京海上キャピタルが運用するファンドへ譲渡している。本案件の特徴としては，日本の総合商社と有力バイアウト・ファンドが共同で買収を行った点にある。そして，住友商事と東京海上キャピタルは，「バーニーズ」ブランドの卓越した力と両社の有するリソースを組み合わせることにより，首都圏の既存店の業容拡大や全国主要都市への新規出店を柱とする成長戦略の実現を支援することとなった。具体的な新規出店としては，2008年にアウトレット店のオープンを，2010年に神戸店のオープンを実現している。

　2008年には，漢方・生薬に事業領域を集中・特化するツムラが，入浴剤などの医薬部外品の製造を行うツムラライフサイエンスの株式をWISE PARTNERSが運用するファンドへ譲渡している。譲渡した主な理由は，ツムラの中核的な事業領域である漢方事業とのシナジー効果が少なく，ツムラライフサイエンスの事業への積極的な資源投入ができない状況にあることなどで

図表5－2　優良企業のノンコア事業の売却案件

年月	案件名	売手	投資会社
2005年10月	クオリカプス（旧シオノギクオリカプス）	塩野義製薬	The Carlyle Group
2006年6月	スタイリングライフ・ホールディングス（ソニープラザ，ソニー・ファミリークラブ，B&Cラボラトリーズ（CPコスメティクスを含む），マキシム・ド・パリ，ライフネオの持株会社）	ソニー	日興プリンシパル・インベストメンツ（現シティグループ・キャピタル・パートナーズ）
2006年7月	バーニーズジャパン	伊勢丹	住友商事（事業会社）東京海上キャピタル
2008年8月	バスクリン（旧ツムラライフサイエンス）	ツムラ	WISE PARTNERS
2010年3月	武州製薬	塩野義製薬	東京海上キャピタル

（出所）　日本バイアウト研究所

あったが，WISE PARTNERSによる提案が，MBOのスキームであり，現経営体制と組織体制を維持し，積極的な支援を継続的に期待し得ることでもあったことによる。独立後は，株式上場を目指すこととなり，2010年9月にはバスクリンに商号を改めている。

(3) 外国法人による日本子会社の売却

　親会社である外国法人による日本での事業撤退を動機とし，日本子会社が売却される際にバイアウト・ファンドが買手となるケースもある。特に，事業会社に売却されて独立性が失われて柔軟な経営ができなくなるのを回避したい場合には，バイアウト・ファンドの活用は有力な手段となる。日本法人が独立する際に，バイアウト・ファンドを活用する意義としては，経営の自由度を高めて，迅速な意思決定をする体制を構築することができるという点などがあげられる。

　このタイプの日本初の案件は，粉ミルク製造のアイクレオの案件である。アイクレオ（当時の社名は日本ワイス）は，もともと米国の大手ヘルスケア企業のAmerican Home Products（現Wyeth）の傘下にあったが，American Home Productsが医薬品事業へ特化する方針を打ち出したため，アドバンテッジパートナーズがサービスを提供するファンドの支援を得て1999年11月にMBOで独立した。そして，独立後は，経営陣とアドバンテッジパートナーズが共同で経営改善策に取り組んで大幅に業績を向上させている。

　靴修理チェーン「ミスターミニット」を展開するミニット・アジア・パシフィック（旧ミニット・ジャパン）は，もともとミニット・ジャパンの商号で欧州を中心とするグローバルなグループの傘下に入っていたが，2006年2月にCVC Asia Pacificの支援を得てMBOを実施した。欧州の本部から独立を果たした後には，アジア太平洋地域のミニット・グループ（Minit Canada Ltd., Minit Australia Pty Limited, Minit New Zealand Limited, Mister Minit (Singapore) Pte. Ltd.）を100％子会社として統括する「ミニット・アジア・パシフィック」として新しいスタートを切っている。そして，新サービスの開始，新店舗の開設を積極的に展開している。

　その他には，貨幣識別装置の製造・販売を行う日本コンラックス，ストロー

やプラスチック製の食品容器の製造・販売を行う日本ストロー，消火器の製造を行う日本ドライケミカルなどの案件が該当する。これらの3社は，もともと日本の上場企業であったが，2000年代前半に実施されたM&Aにより海外企業の傘下に入っていた。

図表5－3　外国法人の日本子会社の独立に伴うバイアウト案件

年月	案件名	売手	投資会社
1999年11月	アイクレオ（旧日本ワイス）	American Home Products（現Wyeth）	アドバンテッジパートナーズ
2006年2月	ミニット・アジア・パシフィック	Minit Group Europe	CVC Asia Pacific（Japan）
2006年6月	日本コンラックス	Mars, Incorporated	アドバンテッジパートナーズ Bain Capital Asia
2007年11月	日本ストロー（旧ソロカップジャパン）	Solo Cup Company	フェニックス・キャピタル
2008年2月	日本ドライケミカル	Tyco International Holding	大和証券SMBCプリンシパル・インベストメンツ

(出所)　日本バイアウト研究所

(4) 合弁事業の解消に伴う売却

合弁事業の解消に伴い，その受皿としてバイアウト・ファンドが株主となるケースもある。

図表5－4は，合弁事業の解消に伴う主なバイアウト案件を示している。合弁により出資している2社の両方が保有株式を売却して資本関係を切り離すケースと，1社がマイノリティで残るケースがある。前者には，ペイロール（旧パソナ・エーディーピー・ペイロール）とオプトレックスの案件が該当し，後者には，荏原ユージライトとアヴァンストレート（旧NHテクノグラス）の案件が該当する。

パソナの持分法適用会社であるパソナ・エーディーピー・ペイロールは，米国のAutomatic Data Processing（ADP）との合弁企業であり，主に企業の給与計算代行業務を展開してきたが，ベアリング・プライベート・エクイティ・

アジアより提案を受け，ADP社およびパソナが保有する全株式をベアリングに売却した。その後，パソナ・エーディーピー・ペイロールは，ペイロールに商号を変更し，北海道BPOセンターの開設や大阪営業所の開設を行うなどの事業拡大を行い，「ソフトインフラ企業」として進化・成長し続けている。

旭硝子と三菱電機は，2008年2月に，中・小型液晶パネルの製造・販売などを手がける合弁会社オプトレックスの全株式を売却した。売却先は日本産業パートナーズが運営する投資ファンドであった。そして，ファンドが株主となった後には，不要設備等の売却による固定資産の削減，子会社拠点機能の見直し・再編，生産拠点間の生産機種入れ替えによる生産効率の向上，欧州でのTFT（thin film transistor）生産の開始などの施策を実施し，高収益を安定的に確保できる企業体質への変革を目指すこととなった。

表面処理薬品の製造・販売を行う荏原ユージライトは，荏原製作所とOMI International Corporation（現Enthone Inc.）が共同株主となっていたが，2003年10月にみずほキャピタルパートナーズの支援を得てMBOを実施している。この際に，荏原製作所は新会社への出資を行い，マイノリティの株主として残っていた。その後，2005年12月には，東京証券取引所第二部への上場を果たし，飛躍を遂げた。なお，2007年3月に，荏原製作所が，荏原ユージライトの株式を売却し，現在は株主ではなくなっている。

NHテクノグラスは，1991年に，日本板硝子とHOYAが共同で開発したTFTカラー液晶ディスプレイ用ガラス基板を製造・販売するために設立された企業である。その後，市場拡大とともに，台湾，シンガポール，韓国での現地生産を開始するなど，事業拡大を進めてきたが，2008年には，グローバル・プライベート・エクイティ・ファンドのThe Carlyle Groupが日本板硝子に代わって筆頭株主となった。バイアウトによって，HOYAと日本板硝子が折半出資する合弁会社の企業グループであった頃と比較して，より経営の自立性を高め，積極的な成長戦略を展開することが可能な状況になっている。The Carlyle Groupが筆頭株主となったNHテクノグラスは，アヴァンストレートに商号を変更し，海外生産拠点を中心に積極的な設備投資を行い，液晶ガラス基板顧客の増産要請に対応していくこととなった。なお，HOYAは，引き続き株主として残り，The Carlyle Groupと協働を行っている。

図表 5 − 4　合弁事業の解消を伴うバイアウト案件

年月	案件名	合弁会社の設立母体（持株比率）	投資会社
2003年10月	荏原ユージライト	荏原製作所（55%） Enthone Inc.（45%）	みずほキャピタルパートナーズ
2008年1月	ペイロール (旧パソナ・エーディーピー・ペイロール)	Automatic Data Processing, Inc（50.00%） パソナ・エーディーピー・ペイロール（48.63%）	Baring Private Equity Asia
2008年2月	オプトレックス	旭硝子（60%） 三菱電機（40%）	日本産業パートナーズ
2008年6月	NHテクノグラス（現アヴァンストレート）	日本板硝子（50%） HOYA（50%）	The Carlyle Group

（出所）　日本バイアウト研究所

(5) 上場子会社の売却（非公開化のケース）

　上場子会社がバイアウト・ファンドの支援を得てMBOで独立するケースも存在する。通常，このようなタイプの場合，MBOを企図する経営陣とバイアウト・ファンドが買収目的会社（受皿会社）を設立し，公開買付け（TOB：takeover bid）を通じて全株式の取得を目指すこととなる。対象企業が上場廃止となることから，「非公開化」，「ゴーイング・プライベート」とも呼ばれる取引となる。

　このようなタイプの案件は2000年代前半より登場していた。2001年には，自動車部品メーカーのキリウが日産自動車より独立し，2003年には，「事業の選択と集中」を進める住友金属工業が事業運営上の相乗効果を期待できなくなった小倉興産の保有株式を売却するというケースが登場した。また，東芝グループからは，2003年に東芝タンガロイ（現タンガロイ）が，2006年には東芝セラミックス（現コバレントマテリアル）がMBOで独立を果たしている。東芝タンガロイと東芝セラミックスは，ともに東証一部上場企業であり，当時の大型案件として注目された。

　2009年には，事業ポートフォリオの再構築とコア品目への経営資源の集中化を行うアークの子会社である南部化成の経営陣が独立系バイアウト・ファンドの日本みらいキャピタルの支援を得てMBOを実施している。

昨今，親子上場の問題が議論されており，大企業が上場子会社を完全子会社化する動きや上場子会社を売却して切り離す動きが出てきており，その際の売却先として，バイアウト・ファンドは有力な買手候補になりうると考えられる。

図表 5 – 5　上場子会社のバイアウト案件（非公開化のケース）

年月	案件名	上場市場	売手 （保有比率）	投資会社
2001年3月	トーカロ	ジャスダック	日鐵商事 （60.43%）	ジャフコ
2001年12月	キリウ	東証第二部	日産自動車 （36.7%）	ユニゾン・キャピタル
2003年3月	小倉興産	福証	住友金属工業 （58.30%）	アドバンテッジパートナーズ
2003年12月	タンガロイ（旧東芝タンガロイ）	東証第一部	東芝（36.98%）	野村プリンシパル・ファイナンス
2005年10月	キンレイ	ジャスダック	大阪ガス （44.33%） オージーキャピタル（30.48%）	キャス・キャピタル
2006年12月	コバレントマテリアル（旧東芝セラミックス）	東証第一部	東芝（40.40%）	ユニゾン・キャピタル The Carlyle Group
2009年4月	南部化成	ジャスダック	アーク（44.99%）	日本みらいキャピタル
2010年7月	三洋電機ロジスティクス	ジャスダック	三洋電機 （57.67%）	ロングリーチグループ

（出所）日本バイアウト研究所

(6) 上場子会社の売却（上場維持のケース）

　上場子会社の売却案件では，バイアウト・ファンドが全株式の取得を想定せずに，上場を維持した状態で事業価値向上を目指すケースもある。この場合も，3分の1超の株式を取得する場合には，公開買付けが実施されるが，現在の株価水準に対してディスカウント価格での取得となるケースもある。このようなタイプの案件としては，旭テック，橋本フォーミング工業，三洋電機クレジッ

ト，サンポットなどの案件がある。

① 旭テック

　日本ガイシは，2003年5月に，旭テックの全保有株式を，Ripplewood Holdings LLC が運用する投資ファンドの出資会社が実施する公開買付け（TOB）に応募し，譲渡した。

　日本ガイシは，電力関連事業におけるガイシ金具の安定供給を目的として，1950年に旭可鍛鉄（現旭テック）に資本参加し，経営権を取得，歴代の社長を派遣し，同社の経営に携わってきた。しかし，昨今の国内電力会社の設備投資圧縮などにより，取引額が従来に比べて大幅に減少しており，本来の目的が薄れてきており，シナジー効果も見込めなくなっていた。そこでRipplewood Holdings LLCに経営を委ねるのが最適であると判断があり，株式譲渡に至っている。なお，Ripplewood Holdings LLCが運用するファンドは，議決権を有する優先株式の第三者割当増資の引き受けも行っている。

② 橋本フォーミング工業

　事業再編を進める日産自動車は，2003年9月に，橋本フォーミング工業の保有株式をみずほキャピタルパートナーズが運営するファンドに譲渡した。2003年11月には，みずほキャピタルパートナーズが議決権を有する優先株式の第三者割当増資を引き受けて，橋本フォーミング工業を支援する体制を整えた。

　その後，2004年4月に，橋本フォーミング工業は，みずほキャピタルパートナーズの既存投資先企業であるアルティア（旧日産アルティア）との経営統合により，共同持株会社のファルテックの傘下に入った。2005年2月には，アルティアと橋本フォーミング工業が合併し，アルティアを存続会社とするアルティア橋本が誕生している。さらに，2007年10月には，ファルテックがアルティア橋本の自動車部品・用品事業を吸収合併し，事業持株会社となっており，ファンド傘下での事業再編が進んでいる。

③ 三洋電機クレジット

　三洋電機クレジットは，三洋電機の連結子会社であったが，三洋電機は，

「SANYO EVOLUTION PROJECT」に基づく中期経営計画を策定し，事業ポートフォリオの選択と集中による事業の再編と再構築およびコスト構造を改革するための業務改革と組織再編，財務体質の健全化に取り組んでおり，その一環として三洋電機クレジットの保有株式のうち一部をゴールドマン・サックス・グループに売却した。この譲渡により，三洋電機クレジットは三洋電機の連結子会社から外れることとなった。

三洋電機から株式の譲渡を受けたゴールドマン・サックス・グループは直後に保有株式の一部をPremier Goal Company LimitedおよびWoodperker Development Ltd.に売却したが，2006年1月に第三者割当増資を引き受け，33.22％を保有し，三洋電機クレジットの事業価値の向上を支援することとなった。ゴールドマン・サックス・グループからは二名の取締役が派遣された。

そして，1年を経過した2007年3月には，リース会計基準変更，貸金業法改正等，外部環境が一層熾烈化する中で，新たなパートナーと永続的かつ戦略性に富む経営基盤を構築することにより，事業競争力の強化を図る目的で，General Electric Companyのグループ企業となることが公表された。そして，GEグループの資金調達力を活かした既存事業の加速度的成長，グループリソースの活用・クロスセルによる収益機会の拡大，取引先・顧客へのサービス性の向上といったシナジー効果が見込まれ，三洋電機クレジットの独自性を維持しつつさらなる事業価値の向上を目指すこととなった。ゴールドマン・サックス・グループは，General Electric Companyの関連会社が実施した公開買付けに応募し，全保有株式を売却し，エグジットを達成した。

その後，三洋電機クレジットは，GE三洋クレジットに商号変更し，2009年には，GEフィナンシャルサービスに吸収合併され，2010年には，そのGEフィナンシャルサービスが，日本GEに吸収合併されている。

④ **サンポット**

北海道・東北地区を中心に石油暖房機器および温水機器製造・販売のサンポットの案件は，2006年3月に，商社のトーメン・グループより株式を取得することで実施された。日本みらいキャピタルは，有能な役員候補の推薦・選任および適切な人材の派遣などを行い，経営ノウハウを活かしながら現経営陣お

よび従業員とともに中長期的視野に基づき企業戦略を立案・実行することにより，企業価値を向上させることとなった。

　その後，サンポットは日本みらいキャピタルの投資後1年後の2007年2月に，石油・ガス給湯機器メーカーとしてシナジー効果を最大限に発揮できる長府製作所の傘下に入ることを公表した。日本みらいキャピタルは長府製作所が実施した公開買付けに応募し，全保有株式を売却し，エグジットを達成した。サンポットが長府製作所の傘下に入ることで得られる具体的なシナジー効果としては以下の項目が想定されている。

① 石油関連分野における相互OEM供給による業容の拡大
② 両社の有する技術力を集結した新製品の共同開発による製品ラインナップの強化
③ 販売エリアの相互補完による販売拡大
④ 経営資源の集約による経営効率の改善
⑤ 資金調達機能の一体化による財務体質の強化

　サンポットは長府製作所と緊密な関係を構築し，両社の特性を活かした事業展開をすることにより，さらなる事業価値の向上に努めることとなった。

図表5-6　上場子会社（関連会社を含む）のバイアウト案件

年月	案件名	売手（持株比率）	バイアウト・ファンド
2003年5月	旭テック	日本ガイシ（42.36%）	Ripplewood Holdings LLC（現RHJ International SA/NV）
2003年9月	橋本フォーミング工業（現在はアルティアと統合）	日産自動車（24.83%）	みずほキャピタルパートナーズ
2005年12月	三洋電機クレジット（現在は日本GEの法人金融部門に統合）	三洋電機（52.5%）	ゴールドマン・サックス・グループ
2006年3月	サンポット	トーメン（65.39%）	日本みらいキャピタル

（出所）　日本バイアウト研究所

(7) 上場企業の戦略的非公開化

　上場企業の非上場化を伴うバイアウト案件には，大株主の売却需要というよ

りも，現在の経営陣が非公開化することに意義を見出し，経営の自由度・機動性を確保して自社の事業再編や事業再構築を主目的として実施されるタイプの案件も存在する。このような取引は，「戦略的非公開化」とも呼ばれている。

① キトー

　キトーは，ホイストおよびクレーンを中心に開発・製造・販売からアフターサービスに至るまでの一貫した事業をグローバルに展開しているメーカーである。もともとジャスダックに登録していたが，国内の長引く景気低迷の影響を受け，業績が伸び悩んでいたところ，財務体質の抜本的な改善と海外での積極的な事業展開を図るべく，キトーの経営陣はThe Carlyle Groupとの協働により2003年9月に株式の公開買付けを行い，MBOによる非公開化を実施した。非公開化後は，キトーはThe Carlyle Groupとの緊密な連携により，迅速な意思決定体制の整備と経営基盤の強化のための施策を実施してきた。

　具体的には，グローバル経営強化の一環としての中国・米国などの海外事業の強化，トヨタ生産方式の導入，財務基盤の強化，不採算事業の見直し，経営陣や従業員に対するインセンティブ・プランの導入などの施策を協働して実行してきた。そして，種々の諸施策を実行した結果，キトーの業績は大幅に改善し，2007年8月には東証第一部に上場し飛躍を遂げた。

② ポッカコーポレーション

　ポッカコーポレーションは，食品・飲料業界の厳しい環境において勝ち残るため，抜本的な事業構造改革の実施を決断し，アドバンテッジパートナーズやCITIC Japan Partnersがサービス等を提供するファンドの支援を得て，2005年に非公開化型MBOを実施した。

　MBO実施後の重点施策としては，商品カテゴリーごとの競争戦略の明確化による収益力の向上が図られた。また，海外事業の体制強化を実施することにより，成長戦略の再構築を実施し，グループ全体の利益体質の強化に成功した。2008年には，シンガポールの現地法人でシンガポール取引所に上場していたPokka Corporation (Singapore) Private Limitedの完全子会社化を実施するなどグループの事業再編も行っている。

2008年1月には、明治製菓と、2009年9月には、サッポロホールディングスと資本業務提携を締結し、さまざまな協働が実施されている。なお、2011年3月には、サッポロホールディングスが株式を追加取得し、ポッカコーポレーションを連結子会社化することとなっている。

図表5-7　上場企業の戦略的非公開化を伴うバイアウト案件

年月	案件名	上場市場	投資会社
2003年9月	キトー	ジャスダック	The Carlyle Group
2005年9月	ポッカコーポレーション	東証第一部	アドバンテッジパートナーズ CITIC Japan Partners

(出所)　日本バイアウト研究所

2　事業再編型バイアウトの市場動向

(1) 件数と取引金額の推移

　図表5-8は、日本における事業再編型バイアウト案件の件数と取引金額の推移を示している。2001年から毎年の成立件数が二桁に達するようになり、30件前後の案件が登場した年もあった。

　取引金額については、大型案件の成立があるか否かによって毎年の総額にはかなりの差がある。2003年には、Ripplewood Holdings LLCが運用するファンドによる日本テレコム（現ソフトバンクテレコム）の買収が、2004年には、The Carlyle Groupと京セラのコンソーシアムによるDDIポケットの事業（現ウィルコム）の買収案件が取引金額の拡大に寄与した。両案件の取引金額は、ともに2,000億円を超えるものであった。

　2006年は、日本のバイアウト市場が急成長を遂げた年であり、スタイリングライフ・ホールディングス、日本コンラックス、かざかフィナンシャルグループ（旧ライブドアフィナンシャルホールディングス）など数百億円規模の案件が数多く登場した。その後も、2007年の弥生や2008年のNHテクノグラス（現アヴァンストレート）などの大型案件が登場していた。

しかし，2008年9月のリーマン・ショック以降は，事業再編型の大型案件は登場していない。2009年と2010年には，十数件の案件が登場したが，取引金額は合計で数百億円にとどまっており，取引金額が1件で300億円を超えるような大型案件は登場しなかった。

　その後，2010年10月には，協和発酵キリンが，連結子会社の協和発酵ケミカルの全株式を2011年3月末に譲渡することの基本合意書を締結したとの公表がなされ，久しぶりの大型案件の登場となった。

図表5-8　日本における事業再編型バイアウト案件の件数と取引金額の推移

年	件数	取引金額（億円）
1998年	1	38
1999年	6	94
2000年	8	333
2001年	12	590
2002年	13	768
2003年	14	4,119
2004年	28	3,216
2005年	15	390
2006年	25	3,574
2007年	31	1,680
2008年	17	1,982
2009年	12	375
2010年	13	535
合計	195	17,694

（注1）バイアウト・ファンド等の投資会社の出資を伴う案件のみを集計しており，経営陣や従業員等の個人株主のみで取引が遂行される案件は含まれていない。公開企業の非公開化を伴う案件は含まれていない。

（注2）取引金額の算出方法については，株式譲渡，営業譲渡，第三者割当増資を通じて経営権を掌握するために要した資金を基準としており，一部デットによる調達金額も含んでいる。案件成立時の運転資金の調達額や既存借入金の借り換えの資金を含めて取引金額が公表されている案件は当該資金を含めた総額を加算している。取引金額が公表されていない案件については，件数にはカウントするが，金額は加算していない。

（出所）日本バイアウト研究所

図表 5 - 9　日本における事業再編型バイアウト案件の年代別動向

年代	動向
1998年	・バイアウト・ファンド等の投資会社の出資を伴う日本初の本格的なMBOであるアイ・シー・エス国際文化教育センターの案件が成立（12月）
1999年	・American Home Productsから独立したアイクレオ（旧日本ワイス）など小型のMBO案件が数件成立
2000年	・リクルートからMBOにより独立したザイマックス（旧リクルートビルマネジメント）を含め50億円前後の案件が複数成立し，前年より取引総額が拡大
2001年	・トーカロの非公開化型MBOが成立（3月） ・日産自動車の複数の子会社（バンテック，キリウ，ゼロなど）がMBOにより独立
2002年	・ダイエーの子会社3社（アサヒセキュリティなど）がMBOにより独立
2003年	・Ripplewood Holdingsが運用するファンドを中心とするコンソーシアムが日本テレコム（現ソフトバンクテレコム）を買収（10月） ・2001年にジャフコの支援に基づいてMBOを実施したトーカロが再上場を達成（12月） ・キトーと東芝タンガロイ（現タンガロイ）などが非公開化型MBOを実施
2004年	・ユニゾン・キャピタルがキリウの保有株式を住友商事に譲渡してエグジット達成（7月） ・DDIポケットの事業をThe Carlyle Groupと京セラのコンソーシアムが2,200億円で買収（10月）
2005年	・塩野義製薬が，シオノギクオリカプス（現クオリカプス）の株式を，The Carlyle Groupに売却（10月） ・荏原ユージライトが株式公開を達成（12月）
2006年	・ミニット・ジャパン（現ミニット・アジア・パシフィック）がMBOを実施（2月） ・スタイリングライフ・ホールディングス，日本コンラックス，東芝セラミックス（現コバレントマテリアル）を含む大型の案件が複数登場 ・ゴールドパック，アルコニックス，バンテック・ジャパンなどが株式公開を達成
2007年	・ライブドアが，子会社の弥生の株式をMBK Partnersの関係先に710億円で譲渡（9月） ・東芝の子会社であった駅前探険倶楽部（現駅探）の経営陣が，ポラリス・プリンシパル・ファイナンス（現ポラリス・キャピタル・グループ）が運用するファンドの支援を得てMBOにより独立（10月） ・中小型の案件が多数登場し，年間の件数が31件に達する ・シーズメン，キトー，バンテックなどが株式公開を達成
2008年	・日立化成工業が日立ハウステック（現ハウステック）の株式を，ニューホライズンキャピタルが運営するファンドへ譲渡（1月）

	・大和証券SMBCプリンシパル・インベストメンツが日本ドライケミカルの株式をTyco International Holdingより取得（2月） ・The Carlyle Groupが、日本板硝子とHOYAの合弁会社であったNHテクノグラス（現アヴァンストレート）へ投資（6月） ・タンガロイがIMC International Metalworking Companiesの傘下に入り、野村プリンシパル・ファイナンスがエグジット（11月） ・エス・ディー・エスバイオテックとらでぃっしゅぼーやが株式公開を達成（12月）
2009年	・アークが、上場子会社の南部化成の株式を日本みらいキャピタルが運用するファンドへ売却（4月） ・産業革新機構が営業開始（7月） ・日本みらいキャピタルが運用するファンドが設立した大阪カーライフグループが、株式交換により大阪日産自動車と日産プリンス大阪販売を子会社化（12月）
2010年	・塩野義製薬が、武州製薬の株式を東京海上キャピタルが運営するファンドへ売却（3月） ・USENが、インテリジェンスの全株式をKohlberg Kravis Roberts & Co.の関連先である投資ファンドが実質的に全株式を保有する特別目的会社へ譲渡（7月） ・三洋電機が、上場子会社であった三洋電機ロジスティクスの株式を譲渡（7月） ・協和発酵キリンが、連結子会社の協和発酵ケミカルの全株式の譲渡に関して、日本産業パートナーズとの間で基本合意書を締結（10月）

（出所）　日本バイアウト研究所

(2) 規模別の傾向

図表5－10は、日本における事業再編型バイアウト案件の取引金額別の件数を示している。

「10億円以上50億円未満」の案件が最も多く、59件（30％）となっている。次いで、「10億円未満」が35件（18％）、「100億円以上300億円未満」が30件（15％）、「50億円以上100億円未満」が27件（14％）となっているが、取引金額が300億円を超える大型案件は全体の5％を占めるに過ぎず、中小型案件が大半を占めているといえる。

図表 5 - 10　日本における事業再編型バイアウト案件の取引金額の件数

取引金額	件数	%
10億円未満	35	18%
10億円以上50億円未満	59	30%
50億円以上100億円未満	27	14%
100億円以上300億円未満	30	15%
300億円以上1,000億円未満	6	3%
1,000億円以上	4	2%
N/A	34	17%
合計	195	100%

(出所)　日本バイアウト研究所

(3) 業種別の傾向

図表 5 - 11は，日本における事業再編型バイアウト案件の業種別の件数を示している。サービス業が66件（34％）と最も多く，次いで製造業が59件（14件）となっている。

図表 5 - 11　日本における事業再編型バイアウト案件の業種別の件数

業種	件数	%
製造業	59	30%
小売業・卸売業	28	14%
サービス業	66	34%
メディア，放送，通信	9	5%
出版，広告，印刷	5	3%
運輸業	6	3%
金融業・不動産業・建設業	22	11%
合計	195	100%

(出所)　日本バイアウト研究所

(4) 地域別の傾向

図表5-12は，日本における事業再編型バイアウト案件の地域別分布を示している。「東京地区」が最も多く，133件（68％）となっている。「関東（東京以外）・甲信越地区」は21件（11％），「東海・北陸地区」は18件（9％），「近畿地区」は10件（5％）であり，その他の地域は数パーセントにとどまっている。

図表5-12　日本における事業再編型バイアウト案件の地域別の件数

地域	件数	％
北海道・東北地区	5	3％
関東（東京以外）・甲信越地区	21	11％
東京地区	133	68％
東海・北陸地区	18	9％
近畿地区	10	5％
中国・四国地区	3	2％
九州・沖縄地区	5	3％
合計	195	100％

（出所）　日本バイアウト研究所

(5) 社長の就任方法

図表5-13は，日本における事業再編型バイアウト案件の社長の就任方法を示したものであるが，全体の85％の案件で社長が留任もしくは内部昇格の就任となっており，MBO方式の案件が大半を占めている。社長が外部招聘により就任するMBI（management buy-ins）方式の案件は15％に過ぎない。

図表5-13　日本における事業再編型バイアウト案件の社長の就任方法

形態	件数	％
留任or内部昇格	166	85％
外部招聘	29	15％
合計	195	100％

（出所）　日本バイアウト研究所

(6) 複数の子会社をバイアウト・ファンドに売却した大企業グループ

十数年間で数多くの事業再編型バイアウト案件が成立したが，売手に着目すると，複数の子会社をバイアウト・ファンドに売却した企業グループが存在することが明らかになる。

図表5-14は，2社以上の子会社や関連会社をバイアウト・ファンドに売却したことのある主な企業と案件を示している。『日産リバイバル・プラン』の一環として，2000年代初頭に複数の子会社を売却した日産自動車が最も多く案件を供給していることが分かる。

日産自動車以外では，東京急行電鉄，USEN，ダイエー，東芝などが複数の子会社をバイアウト・ファンドに売却している。

図表5-14 2社以上の子会社や関連会社をバイアウト・ファンドに売却したことのある大企業

売手企業	売却年月	案件名	投資会社
日産自動車	2001年1月	バンテック	3i Group PPM Ventures
	2001年4月	ナイルス (旧ナイルス部品)	Ripplewood Holdings LLC 　(現RHJ International SA/NV)
	2001年5月	ゼロ (旧日産陸送)	東京海上キャピタル AIG Japan Partners (当時)
	2001年10月	アルティア (旧日産アルティア)	みずほキャピタルパートナーズ
	2001年11月	イード	エヌ・アイ・エフベンチャーズ (当時)
	2001年12月	キリウ	ユニゾン・キャピタル
	2002年8月	リズム	J.P. Morgan Partners Asia (当時)
	2003年9月	橋本フォーミング工業	みずほキャピタルパートナーズ
東京急行電鉄	2003年3月	ゴールドパック	フェニックス・キャピタル
	2004年3月	トップツアー (旧東急観光)	アクティブ・インベストメント・パートナーズ

	2004年11月	東急エアカーゴ（現在はバンテックと合併）	みずほキャピタルパートナーズ
	2009年10月	宗谷バス，北海道北見バス，斜里バス（旧網走交通バス），上田バス（旧上電バス），上田タクシー（旧上田電鉄タクシー），草軽観光バス，草軽交通，鯱バス（旧東急鯱バス）	ジェイ・ウィル・パートナーズ
USEN	2006年10月	アルメックスPE	エヌ・アイ・エフSMBCベンチャーズ（現大和企業投資）
	2007年5月	フットノート（旧ギャガ・クロスメディア・マーケティング）	アライズ・キャピタル・パートナーズ
	2010年5月	UCOM	ユニゾン・キャピタル GEAM International Private Equity Fund みずほキャピタル
	2010年7月	インテリジェンス	Kohlberg Kravis Roberts & Co.
ダイエー	2002年2月	アサヒセキュリティ（旧エー・エス・エス）	The Carlyle Group
	2002年2月	ダーウィン（旧マルコー，現アパマンショップサブリース）	MKSコンサルティング
	2002年2月	ラスコーポレーション（現ピーアンドピー）	ビジョン・キャピタル・コーポレーション
東芝	2003年12月	タンガロイ（旧東芝タンガロイ）	野村プリンシパル・ファイナンス
	2006年12月	コバレントマテリアル（旧東芝セラミックス）	ユニゾン・キャピタル The Carlyle Group
	2007年10月	駅探（旧駅前探検倶楽部）	ポラリス・キャピタル・グループ
塩野義製薬	2005年10月	クオリカプス（旧シオノギクオリカプス）	The Carlyle Group
	2010年3月	武州製薬	東京海上キャピタル
三洋電機	2005年12月	三洋電機クレジット（現在は日本GEの法人金融部門に統合）	ゴールドマン・サックス・グループ

	2010年7月	三洋電機ロジスティクス	ロングリーチグループ
住友金属工業	2003年3月	小倉興産	アドバンテッジパートナーズ
	2006年9月	鳴海製陶	CITIC Capital Partners
荏原製作所	2003年10月	荏原ユージライト	みずほキャピタルパートナーズ
	2007年9月	マツボー	みずほキャピタルパートナーズ
旭硝子	2007年10月	旭ファイバーグラス	WISE PARTNERS
	2008年2月	オプトレックス	日本産業パートナーズ
ライブドア	2006年12月	ライブドアフィナンシャルホールディングス（現かざかフィナンシャルグループ）	アドバンテッジパートナーズ
	2007年9月	弥生	MBK Partners

(出所) 日本バイアウト研究所

(7) 商社による子会社売却

　商社が「事業の選択と集中」を目的とし，子会社や事業部門をバイアウト・ファンドに売却することもある。売却される子会社や事業部門は不採算事業ではないことが多く，再生案件の要素は薄く，従来からの経営陣が留任するMBOの形態を取ることが多い。

　図表5-15は，商社が子会社や事業部門をバイアウト・ファンドへ売却した主な案件を示している。商社は，売却後も取引関係を継続するため一部保有株式を残す場合や，バイアウト後の新会社に再出資する場合も存在する。

図表5-15　商社の子会社・関連会社・事業部門のバイアウト・ファンドへの売却案件

年月	案件名	売手企業	バイアウト後の株主構成
2001年3月	トーカロ	日鐵商事	ジャフコ 経営陣，従業員持株会
2001年3月	アルコニックス（旧日商岩井アルコニックス）	日商岩井	みずほキャピタルパートナーズ 日商岩井 経営陣，従業員持株会

2002年4月	ユアサエレクトロニクス	ユアサ商事	ジャフコ
2002年12月	ヴォークス・トレーディング	ユアサ商事	MKSコンサルティング オリックス
2004年3月	第一化成	日商岩井	日本みらいキャピタル
2005年6月	ネクシオン	丸紅	住信インベストメント ニュー・フロンティア・パートナーズ 丸紅 経営陣，従業員
2005年12月	ユニテックフーズ	双日	JBFパートナーズ 双日
2006年3月	サンポット	トーメン	日本みらいキャピタル 従業員持株会，金融機関，一般株主
2006年12月	アリスタライフサイエンス	豊田通商	Olympus Capital Holdings Asia
2007年5月	アプリシアテクノロジー（旧エム・エフエスアイ）	三井物産 FSI International, Inc.	安田企業投資 FSI International, Inc. みずほキャピタル 経営陣，従業員

(出所) 日本バイアウト研究所

3 エグジット案件の動向

　バイアウト・ファンドが保有株式を売却し，投資の回収を図ることは一般にエグジット（exit）と呼ばれている。本節では，種々のエグジット方法についての特徴について述べた上で，事業再編型バイアウトのエグジット案件の傾向を明らかにする。

(1) 各種のエグジット方法の特徴
① 株式公開

　株式公開によるエグジットとは，バイアウト・ファンドが保有する株式を，証券会社を通じて不特定多数の一般投資家に売却することである。バイアウ

ト・ファンド等の既存の大株主が保有株式を市場に放出することは、「株式の売出し」と呼ばれる。

バイアウト・ファンドの投資会社の持株比率が高い株式公開では、ロックアップ契約が締結されることが多い。ロックアップ契約とは、バイアウト・ファンド、ベンチャー・キャピタル、創業者などの大株主に、一定期間の株式の売却を禁止する制度である。株式公開を達成した後もバイアウト・ファンドが株式を保有する場合には、ロックアップ解除後に、株価と株式売買高の推移を睨みながら、市場売却（ザラ場での売却）、立会外分売、ブロック・トレード、二回目・三回目の「売出し」、公開買付けへの応募などを通じて、段階的に株式を売却していくこととなる。株式公開後のバイアウト・ファンドの持株比率が高い場合は、その後のエグジットのタイミングと方法の選択が極めて重要な課題となってくる。

株式公開によるエグジットを目指すケースにおいては、引受証券会社からの要請もあり、バイアウト・ファンドの持株比率を低くしておく必要がある。そのため、バイアウト・ファンドには、公開前に保有株式の一部を経営陣、従業員持株会、取引先企業、ベンチャー・キャピタルへ転売したり、第三者割当増資や投資先企業による株式の買戻しを実施したりすることで、持株比率を低下させる工夫が求められる。

株式公開においては、「売出し」の他に、新規に株式を発行して市場から資金を調達する「募集」が実施されることが多い。新規発行により調達した資金は、一般に設備投資や研究開発等に投入されるケースが多く、株式公開後も成長していくことが求められる。したがって、株式公開では、公開後の成長ストーリーが描けるかどうかも重要なポイントとなる。

② **M&Aによる株式売却**

M&A（mergers & acquisitions）によるエグジットは、バイアウト・ファンドが保有株式を事業会社に売却することにより達成される。M&Aによるエグジットの最大の優位点は、バイアウト・ファンドが一度に大量の保有株式を売却できる点にある。一方、対象会社にとっての優位点は、他の事業会社の傘下に入ることにより、買手の事業会社との事業シナジーを追求して、さらなる成

長を目指すことができる点にある。

M&Aが実施されると，当該企業の経営陣とともに事業価値の向上に努めてきたバイアウト・ファンドから派遣されていた取締役は退任し，親会社となる企業から新たな取締役が派遣される。M&A後も現在の経営陣が留任するケースにおいては，当該経営陣が納得する企業への売却が望まれる。

③ 第二次バイアウト

第二次バイアウト（secondary buy-outs）とは，バイアウト・ファンドが投資先企業の保有株式を別のバイアウト・ファンドに売却し，対象企業の経営支配権が移動する取引である。この取引を通じて，最初に投資したバイアウト・ファンドがエグジットを達成する。50％超の株式の移動があり，経営権が移行するところはM&Aと同様であるが，売却先がストラテジック・バイヤーである事業会社ではなく，ファイナンシャル・バイヤーであるところが異なる。

第二次バイアウトでは，対象会社が引き続いて独立性を維持しながら経営を継続できるが，新たに主要株主となったバイアウト・ファンドのエグジットが大きな課題として残る。

④ 株式の買戻し

株式の買戻し（share repurchase）は，投資先企業による買戻しと経営陣による買戻しに分類される。株式の買戻しは，現在の経営陣が株式公開やM&Aによる株式売却を望まないケースにおいて有効なエグジット方法である。

投資先企業による買戻しは，バイアウト後に生み出したキャッシュでバイアウト・ファンドの保有株式を買戻すことである。一方の経営陣による買戻しは，投資先企業の経営陣が自己資金を用いて，バイアウト・ファンドの保有株式を買戻すことである。しかし，経営陣のみでバイアウト・ファンドの保有株式のすべてを買戻すことは困難であり，次項の⑤で述べるように，通常は取引先などの事業会社と共同で株式の取得が行われる。

経営陣による買戻しは，経営陣を中心とした新たな株主グループに経営支配権が移行するため，日本では「再MBO」と呼ばれることもある。投資先企業や経営陣がバイアウト・ファンドの保有株式を買戻し，抜本的な再資本構成を

実施することは，リキャピタリゼーション（recapitalization）とも呼ばれる。また，買戻す際の資金の一部に融資が活用されるケースは，レバレッジド・リキャピタリゼーション（leveraged recapitalization）と呼ばれる。最近では，銀行の融資に加え，メザニン・ファンド（mezzanine fund）が優先株式で資金を拠出するケースも出てきている。

また，部分的な買戻しは，株式公開に向けた資本政策の一手段としても有効である。The Carlyle Groupの投資案件であるキトーの事例では，株式公開前の業績が極めて好調であり，発行会社により一部の自己株式の買戻しが実施されている。

⑤ その他の戦略的売却

その他のエグジット方法としては，1社の事業会社にコントロール（経営権）を掌握されない形で，取引先などの複数の戦略的投資家に株式を保有してもらうエグジット方法も存在する。あるいは，取引先などの事業会社への部分売却と株式の買戻しを組み合わせて実施されるケースも存在する。

M&Aによる株式売却や第二次バイアウトでは，買手が50%超の株式を取得し，新たな株主に経営権を掌握されることになるが，複数の主体に売却する方法では，対象会社の経営の独立性を維持した状態でバイアウト・ファンドがエグジットすることが可能である。

株式公開に向けた資本政策の過程でバイアウト・ファンドが事業会社などへ分散して株式を売却した事例としては，東京海上キャピタルが運用するファンドなどが投資を行っていたゼロの案件が該当する。ゼロは，新車・中古車の輸送を手がける企業であるが，2001年に東京海上キャピタルの支援を得て，日産自動車よりMBOで独立していた。その後，2004年8月には，東京海上キャピタルが運用するファンドなどが，Zenith Logistics Pte. Ltd.，エスビーエス，JBFパートナーズが運用するファンドへ株式の譲渡を行ってエグジットを達成した。その後，ゼロは，2005年8月に，東京証券取引所第二部に上場している。

⑥ 破産・清算

破産・清算とは，ゴーイング・コンサーンとしての企業の存続を断念し，債

権の回収，債務の返済，株主への残余財産の分配を行うことである。破産・清算は，バイアウト後の業績が悪化し，新たな支援者も現れないケースにおけるエグジット手段である。

(2) 事業再編型バイアウト案件のエグジット方法の傾向

図表5-16は，日本における事業再編型バイアウト案件のエグジット方法を示している。99件のうち最も多いエグジット方法はM&Aによる株式売却であり，44件（44％）であった。その他には，株式公開が14件（14％），第二次バイアウトが13件（13％）となっている。

図表5-16　日本における事業再編型バイアウト案件のエグジット方法

エグジット方法	件数	％
株式公開	14	14％
M&Aによる株式売却	44	44％
第二次バイアウト	13	13％
株式の買戻し	6	6％
その他	22	22％
合計	99	100％

（出所）　日本バイアウト研究所

図表5-17　バイアウト・ファンドがエグジットを達成した主な事業再編型バイアウト案件

エグジット年月	案件名	投資会社	エグジット方法（売却先）
2001年10月	アイクレオ	アドバンテッジパートナーズ	M&Aによる株式売却（江崎グリコ）
2003年8月	バンテック	3i Group PPM Ventures	第二次バイアウト（みずほキャピタルパートナーズ）
2004年7月	キリウ	ユニゾン・キャピタル	M&Aによる株式売却（住友商事）
2005年3月	アサヒセキュリティ	The Carlyle Group	M&Aによる株式売却（豊田自動織機）
2005年12月	荏原ユージライト	みずほキャピタルパートナーズ	株式公開

2006年2月	アクタス	アドバンテッジパートナーズ	M&Aによる株式売却（コクヨファニチャー）
2006年4月	ゴールドパック	フェニックス・キャピタル	株式公開
2006年4月	アルコニックス	みずほキャピタルパートナーズ	株式公開
2007年6月	レーザーフロントテクノロジーズ	日本産業パートナーズ	M&Aによる株式売却（オムロン）
2007年8月	シーズメン	日本プライベートエクイティジェイボック	株式公開
2008年3月	アリスタライフサイエンス	Olympus Capital Holdings Asia	第二次バイアウト（Permira Advisers）
2008年7月	スタイリングライフ・ホールディングス	日興プリンシパル・インベストメンツ（現シティグループ・キャピタル・パートナーズ）	M&Aによる株式売却（東京放送）
2008年11月	タンガロイ	野村プリンシパル・ファイナンス	M&Aによる株式売却（IMC International Metalworking Companies）
2009年3月	マツダレンタカー	大和SMBCキャピタル（現大和企業投資）	M&Aによる株式売却（パーク24）

（出所）日本バイアウト研究所

(3) 株式公開を達成した事例

図表5－18は，株式公開によりエグジットを達成した主な事業再編型バイアウト案件を示している。

株式公開によるエグジットを重視しているみずほキャピタルパートナーズの投資先企業が最も多くなっている。総合物流企業のバンテックは，2001年に英国の3i Groupの支援を受け日産自動車よりMBOに独立していたが，2003年には，国内系のみずほキャピタルパートナーズの関連ファンドが株主となり第二次バイアウトを実施していた。その後，バンテックは，東京急行電鉄からMBOにより独立していた国際貨物運送の東急エアカーゴ（後のバンテックワールドトランスポート）と2005年に経営統合を行った。そして，2007年9月には，持株会社のバンテック・グループ・ホールディングスが東京証券取引所

第一部への上場を達成した。なお，2009年4月には，バンテック・グループ・ホールディングスが，バンテックとバンテックワールドトランスポートを吸収合併し，バンテックに商号を改めている。

バンテック以外に東証一部への直接上場を果たした企業としては，キトーがある。その他に，トーカロ，荏原ユージライト，アルコニックスは，段階を経て東証第一部に上場している。

なお，最初にMBOを支援したバイアウト・ファンドがエグジットを達成した後に株式公開を達成した案件としては，前述のゼロの案件があげられる。ゴールドパックとバンクテック・ジャパンについては，再び非公開化を企図したバイアウトが実施されている。

図表5-18　株式公開によりエグジットを達成した主な事業再編型バイアウト案件

公開年月日	案件名	投資会社	市場
2003年12月19日	トーカロ	ジャフコ	東証第二部 ↓ 東証第一部 (2005年3月1日)
2005年12月22日	荏原ユージライト	みずほキャピタルパートナーズ	東証第二部 ↓ 東証第一部 (2007年3月1日)
2006年4月18日	ゴールドパック	フェニックス・キャピタル	ジャスダック ↓ 上場廃止見込 (時期未定)
2006年4月24日	アルコニックス	みずほキャピタルパートナーズ	ジャスダック ↓ 東証第二部 (2008年3月14日) ↓ 東証第一部 (2010年12月24日)
2006年10月5日	バンクテック・ジャパン	ジャフコ	ジャスダック ↓ 上場廃止 (2010年4月27日)

2007年8月7日	シーズメン	日本プライベートエクイティジェイボック	大証ヘラクレス
2007年8月9日	キトー	The Carlyle Group	東証第一部
2007年9月18日	バンテック・グループ・ホールディングス（現バンテック）	みずほキャピタルパートナーズ	東証第一部
2008年12月8日	エス・ディー・エスバイオテック	みずほキャピタルパートナーズ	ジャスダック
2008年12月9日	らでぃっしゅぼーや	ジャフコ	ジャスダック
2010年12月1日	1stホールディングス	アドバンテッジパートナーズ	ジャスダック

(注) 第二次バイアウトを経て株式公開を達成した案件，上場企業の非上場化の後に再上場を達成した案件も一部含む。バイアウト・ファンドがエグジットした後に株式公開を達成した案件は除く。
(出所) 各種資料に基づき筆者作成

(4) 事業再編型バイアウト案件のエグジット達成率

　図表5-19は，日本の事業再編型バイアウト案件のエグジット状況を案件成立年別に示したものである。この図表からは，当該年次に何件の事業再編型バイアウト案件が成立し，2010年12月末時点で何件のエグジットが完了しているかを把握することが可能である。

　2004年以前に成立した案件は，ほとんどエグジットが完了しているのが読み取れる。2005年に成立した案件は53％，2006年は28％，2007年は23％となっており，投資の実行から3年～5年程度経過している案件が未エグジットで数多く残っており，これらの案件が今後どのようにエグジットを達成するかが注目できる。

図表 5 - 19　事業再編型バイアウト案件のエグジット達成率（2010年12月末現在）

	1998年	1999年	2000年	2001年	2002年	2003年	2004年
バイアウト案件	1	6	8	12	13	14	28
エグジット案件	1	6	8	11	11	12	26
未エグジット案件	0	0	0	1	2	2	2
エグジット達成率	100%	100%	100%	92%	85%	86%	93%

	2005年	2006年	2007年	2008年	2009年	2010年	合計
バイアウト案件	15	25	31	17	12	13	195
エグジット案件	8	7	7	1	1	0	99
未エグジット案件	7	18	24	16	11	13	96
エグジット達成率	53%	28%	23%	6%	8%	0%	51%

（注）　本統計データでは，株式公開に向けた資本政策の一環としての一部売却や一部買戻しによる部分エグジットは原則として含めていない。ただし，バイアウト・ファンドの保有株式の相当な割合が売却されて案件の当事者がエグジット案件であると認識している場合は含めている。
（出所）　日本バイアウト研究所

おわりに

　以上，日本における事業再編型バイアウトの類型と市場動向について述べてきた。日本企業のリストラクチャリングによる子会社売却のみではなく，ノンコア事業の戦略的売却，合弁事業の解消，上場子会社の切り離しなど，さまざまなシチュエーションにおいてバイアウト・ファンドが活用されていることを明らかにした。

　リーマン・ショック直後には，優良企業によるバイアウト・ファンドへの子会社売却の案件が少なくなっていたが，2010年以降には，塩野義製薬による武州製薬の売却や協和発酵キリンによる協和発酵ケミカルの売却案件が出てきている。資金調達環境の回復に伴い，買手側であるバイアウト・ファンドも動きが活発化する兆しが出てきており，優良な案件の創出が期待される。

　エグジット市場については，2008年12月に，エス・ディー・エス バイオテックを含む2社がジャスダックに上場して以降，株式公開によるエグジット

は登場しなかったが，2010年12月には，1stホールディングスがバイアウト・ファンドの投資先としては2年ぶりに上場を果たした。さらに，2011年3月に駅探が東証マザーズへの上場を予定していることも公表されており，少しずつであるがエグジット市場の環境も回復してきている。

今後は，日本企業が積極的にM&Aを行い，M&A市場とバイアウト市場の両方が活性化するような取り組みが多く出てくることが望まれる。必要に迫られて売却が実施される案件ではなく，日本企業が戦略性を重視して能動的に実施される売却案件の登場が待たれる。また，企業家精神を有する独立意欲のある経営陣による能動的なMBO案件が出てくることが期待される。日本企業が積極的な行動に出て，M&Aとバイアウトが日本企業の事業再編や日本の産業再編の触媒となれば，日本経済の活性化に確実につながると考えられる。

注　本稿に記載されている個別案件に関する記述は，各社プレスリリース，有価証券報告書，半期報告書，決算短信，公開買付届出書，株式売出目論見書などを情報ソースとしているが，一部ヒアリング調査も実施している。なお，図表中の「投資会社」については，当該投資会社がサービスを提供もしくは運用・助言に携わるファンドも含めて総称して「投資会社」と表記している。

参考文献

大畑康寿（1999）「暖簾分けの伝統をPF手法で生かすMBO」『金融財政事情』Vol.50, No.7, 金融財政事情研究会, pp.16-19.

大畑康寿（2000）「日本企業になじむMBOの活用法と成功のポイント」『税務弘報』Vol.48, No.5, 中央経済社, pp.88-97.

大畑康寿（2001）「グループ内の資産効率向上へ親会社は戦略的に活用を」『日経ビジネス』第1095号, 日経BP社, p.55.

大畑康寿（2008）「みずほMBOファンドのエグジット戦略―IPO中心のエグジット―」日本バイアウト研究所編『日本バイアウト市場年鑑―2007年下半期版―』日本バイアウト研究所, pp.137-146.

奥野信亮（2004）『サバイバルプラン―会社を甦らせる経営の手法―』近代出版社.

KPMG税理士法人・古田哲也・石塚直樹・大和田智・爲永友明（2010）『M&Aストラクチャー税務事例集―買収・事業再編・事業再生における税効果スキーム―』税務経理協会.

佐山展生・小田順理・米正剛（1999）「拡大する日本のM&Aの可能性―MBO, バイアウト市場の創生で変貌するM&A―」『資本市場』No.168, 資本市場研究会, pp.4-15.

佐山展生（2000）「M&A（企業買収・合併）における企業評価―企業価値の計量手法―」『計測と制御』第39巻第7号, 計測自動制御学会, pp.461-469.

佐山展生（2003）「MBOによる事業再編と経営者の役割―新たな成長のために企業価値の向上を―」『Business research』No.943, 企業研究会, pp.28-35.

佐山展生・杉浦慶一（2007）「日本のM&A市場の発展と企業競争力」東洋大学経営力創成研究センター編『企業競争力の研究』中央経済社, pp.135-156.

杉浦慶一（2006）「日本のバイアウト市場における商社の役割」『日本貿易会月報』No.641, 日本貿易会, pp.15-18.

杉浦慶一（2007a）「日本のバイアウト企業の経営行動―事業価値創造に向けた経営改善手法の実践―」『東洋大学大学院紀要』第43集, 東洋大学大学院, pp.197-223.

杉浦慶一（2007b）「日本のバイアウト投資における株式公開によるエグジット」『年報経営分析研究』第23号, 日本経営分析学会, pp.95-103.

杉浦慶一（2008）「日本におけるゴーイング・プライベートを伴うバイアウト―ワールドの戦略的非公開化の事例を中心として―」『年報経営分析研究』第24号, 日本経営分析学会, pp.72-79.

杉浦慶一（2009a）「日本のバイアウト市場におけるデット・プロバイダーの役割」『東洋大学大学院紀要』第45集, 東洋大学大学院, pp.165-185.

杉浦慶一（2009b）「日本におけるゴーイング・プライベートと再上場―トーカロとキトーの事例分析―」『年報経営分析研究』第25号, 日本経営分析学会, pp.88-94.

杉浦慶一（2010a）「組織再編・事業再生制度」坂本恒夫・文堂弘之編『M&Aと制度再編』同文館, pp.3-18.

杉浦慶一（2010b）「産業活力再生特別措置法を活用したバイアウト案件―タンガロイの事例分析―」『年報経営分析研究』第26号, 日本経営分析学会, pp.83-90.

杉浦慶一（2010c）「日本のバイアウト市場の10年軌跡」杉浦慶一・越純一郎編『プライベート・エクイティ―勝者の条件―』日本経済新聞出版社, pp.1-26.

杉浦慶一（2010d）「中堅上場企業の非上場化を伴うバイアウト案件への投資機会」『オル・イン（Alternative Investment）』Vol.14, クライテリア, p.39.

東伸之（1999）「マネジメント・バイアウト（MBO）による経営革新」伊藤邦雄編『企業価値を経営する』東洋経済新報社.

プライスウォーターハウスクーパース編（2010）『事業再編税務ハンドブック（第2版）』中央経済社.

座談会

事業再編におけるバイアウト・ファンドの活用と日本企業の競争力強化

──討論者──

GCAサヴィアングループ株式会社 取締役 　佐山展生氏
株式会社産業革新機構 執行役員 　西口尚宏氏
森・濱田松本法律事務所 パートナー　 米　正剛氏

　この10年間で最も多く成立した日本のバイアウト案件のタイプは，親会社の事業再編により，企業の子会社や事業部門が売却されるタイプである。日本企業のグループ戦略における事業の「選択と集中」が重要視されるようになり，数多くの子会社がバイアウト・ファンドの支援を受けて親会社から独立した。そして，親会社の傘下では遂行が困難であった事業戦略を推進しているケースも数多く登場している。

　本座談会では，事業再編型のバイアウトやM&Aの案件に関与した実績が豊富なGCAサヴィアングループ株式会社の佐山展生氏，株式会社産業革新機構の西口尚宏執行役員，森・濱田松本法律事務所の米正剛弁護士の3名をお迎えし，事業再編型バイアウトの留意点などについての議論を行った。（聞き手＝杉浦）

■ 日本経済におけるバイアウトの意義

——この10年間，日本企業の事業再編においてバイアウトの手法が活用される場面がたくさんありました。最初に，日本経済全体におけるバイアウトの意義について議論させていただければと思います。

佐山：M&Aというのは株主の移転ということですから昔からありました。しかし，例えばオーナー経営者が売却を考えたとき，通常，その会社から雇われている経営者は自らが買収する資金がありませんので，第三者に売却され，経営者が交替してしまうことになりがちでした。ところが，1990年代の終わり頃から，いわゆるバイアウトの手法が日本でも登場しました。経営陣がバイアウト・ファンド等の投資家と一緒に主導権をとって，経営者自身が自分たちの経営する会社を買収するという形態がやっと出始めたのです。バイアウトの手法の認知度が向上したということは，M&Aのマーケットの広がりに非常に大きな意義があると思います。

佐山展生氏

米：一般的に，バイアウト・ファンドには，資金提供を中心とした金融機能と大株主として企業経営を担い事業価値を高めるというビジネスの視点での経営支援機能があると言われています。バブル崩壊過程の中で事業再生を図る企業が続出した日本経済の中で，新たな事業価値の創出を目指すバイアウト・ファンドは一定の地位を占めるようになってきました。

その後，ワールドの件でMBOの手法が注目されるようになり，バイアウト・ファンドが活躍する案件はさらに増えていったと思います。この10年MBOは激増しましたが，誤解を恐れずに言うと，「良いMBO」と「悪いMBO」というものがあるのではないかと思っております。MBOという枠組みを借りただけで業績の良くない会社が非上場化することにより，経営者が株主を軽視し自己の経営責任を曖昧にするためにMBOを使っているのではないかと捉えられるような案件もありました。また，バイアウト・ファンドがキャッ

米正剛氏

シュフローをあまり生まず，MBOのストラクチャーを適用するには相応しくない会社に提案を持ちかけたとか，そういう歪みが出てきているという感じもしています。

　リーマン・ショック後の経済全体の状況を抜きに語れませんので，あながちそこだけに焦点をあてるわけではないけれども，今は明らかに過渡期にあるかなという感じがしています。ただ，バイアウト・ファンドの存在がなくて，単純なM&Aだけでこのマーケットが推移していったら，非常に薄っぺらなマーケットになってしまいます。そういった意味でプラスの面は十分ありまして，もちろんそれを否定するものではありません。

　西口：日本経済の問題点は，二つに絞られると思います。一つは，技術やアイデアがベンチャーから大企業に至るまで埋もれたまま，事業化されないで死蔵されており，事業のポテンシャルが発揮できていない点です。もう一つは，特に大手企業が国内の過当競争に明け暮れている間に，グローバルに打って出る体制整備が，マーケティング，組織・人事，あるいはマネジメントを含めて遅れている点です。ふと前後左右を見ると，中国・韓国・インドなどが先に走っているのが現状です。

　日本の競争力を再構築するには，どのように日本の持っている潜在力を掘り起こしていくかという観点が必要です。その点で，バイアウトという手法は大きな意味があると思います。特に，事業再編型や切り出し型のバイアウトという観点です。例えば，大企業の中に埋もれているノンコア事業で，あまり経営資源は配分されていないけれども，やり方を変えればグローバルで勝てるかもしれない事業を，その事業に愛着や情熱を持った人々

西口尚宏氏

が中心になって切り出して，その分野に強い会社を1社でも多く創っていく可能性です。その意味で，日本経済にとって，バイアウト的手法が活発にいろいろな産業で普及していくことが，実は競争力の再構築になりうるのです。

　復活というと昔のことをもう一回やるという感じですけれども，競争のパラダイムが大きく変わっているので，新たな視点で事業の再構築をする上で，バイアウトは非常に重要な手法ではないかと思います。MBOをやろうと思う経

営者あるいは経営者予備軍が数多くあり,実際にそれが実行されることが,日本の企業家精神高揚にとって大事ではないかと感じています。

　佐山：企業価値を高めるのは誰かというと,やはり経営者だと思います。ところがM&Aの主体というのは株主です。企業価値を高める経営者自体が主導権を持ってM&Aをやるというのは,非常に経済的な面から考えて有意義です。企業価値を高めようとする人,あるいは高められる人が中心となってM&Aをやるということは,企業価値が高まる可能性が高いということです。その辺の企業価値に対する考え方自体がまだ十分日本では認識されていないので,M&Aを議論するときには,誰がM&Aの意思決定をするかまで突っ込んで考える必要があると思います。

図表1　会社の概念

- 会社自体の価値を高めるべく,そのことのために投資する『株主』に支えられ,会社の価値を高めようとする『経営陣』がいてこそ,その会社の価値は長期的に高めることができる。
- 従業員,取引先,債権者など『利害関係者』は,その会社が存在することによって恩恵を受けられる。
- 会社のことを思う株主,経営者が少しでも増えることを望みたい。
- その結果として,日本経済全体が活性化する。

（出所）　佐山展生作成

バイアウト・ファンドの機能と日本型MBOの確立に向けて

　——バイアウト・ファンドには,資金を提供するという金融機能だけではなく,さまざまな付加価値を提供するという経営支援機能があり,活用するメリットがたくさんあります。バイアウト・ファンドを活用する際の留意点や経営者に求められるものについてお話しいただければと思います。

　西口：バイアウト・ファンドが存在することによって,いわゆる触媒機能を通して,企業に通常では起こらなかった変化が起こる可能性があります。それは経営者に対する呼びかけや,経営者を勇気付けることや,あるいは本社との

交渉かもしれません。

　今までになかったアイデアが出て実際の動きがはじまるという触媒機能と，特にファンディングを伴うエグゼキューション機能の二つが総合的に提供されている案件というのは，前に進みます。ただ，やはり「良い動き方」と「悪い動き方」というのがあり，過度に起こさなくてもいい変化を起こす触媒機能や，触媒なのか押し売りなのか分からない触媒機能というのは明確に分類しなければいけないと思うのです。

　次に，まだまだ日本の「企業家精神を持った経営者群」がなかなか育っていないという現状があります。大企業の経営者の中に，企業家精神が旺盛な方が多数おられると，日本にとっては良いですね。その場合，経営者が企業価値を上げられるような支援をできるバイアウト・ファンドの存在が重要になってきます。

　佐山：バイアウト・ファンドのレベルというのも，ファンドごとに全然違います。野球で言うと，その辺の小学校のグラウンドで野球をやっている子供たちのレベルと，メジャーリーグのレベルほどの差があるように思います。でも全部野球といえば野球で，一般の人達から見れば，同じバイアウト・ファンドに見えるのです。

　そのレベルの差はあるのですが，ほとんどのバイアウト・ファンドは経営権を取ります。力があろうとなかろうと経営権を取りますが，力がない人ほど力を誇示したがるものです。それはバイアウト・ファンドに対する印象を悪くする元凶になっていると思うのです。何でもそうですけれども，偉そうにする人って力がありません。本当に力がある人は偉そうにしませんので，バイアウト・ファンドも同様だと思います。バイアウト・ファンドは，過度に株主権を行使し過ぎないようにしないと，バイアウト・ファンド自体が誤解される可能性があります。

　しかし，バイアウトに意義があるかということを考えたときに，もし大企業がその子会社を売却したいと思っても，事業会社にしか売れなければ，事業会社は，仮に買ったほうがよくても，別に買わなくてもいいのです。なぜなら，いくらいい会社で買収したほうがよくても，買収すること自体が仕事ではないので，買わなくてもいいからです。ということは，いくらいい会社でも売りた

くても売れない可能性があるのです。ところがバイアウト・ファンドが存在するということは，その会社は投資の対象になりますので，投資したいという人がいるわけです。ですから，売却ニーズに応えられる買収ニーズが存在するという意味で，バイアウト・ファンドの存在意義は社会的にものすごく高いと思います。バイアウト・ファンドが存在するかしないかで，M&A市場の活況は全く異なってくると思います。

　バイアウト・ファンドに売却するのか事業会社に売却するかのという議論ですが，まず事業会社に売却されたときに良い点というのは，その事業のことが分かっている人たちに売却できるということですね。悪い点というのは，相手もその事業のことをよく分かっているので，その会社の人達を必要としないかもしれないことです。それはケース・バイ・ケースなので，買収する側がその事業を分かっているのだけれども，対象企業の人ほどは分かっていないというのであれば，その対象企業の人達は必要とされますから事業会社への売却のほうがいいかもしれませんが，そうでないときには，いいバイアウト・ファンドへの売却のほうがいいかも知れません。

　米：バイアウト・ファンドの機能の一つに，大企業の事業部などが分離・独立する際に，独立を支援するということがあります。大企業の中には大変優秀な人材がたくさんいらっしゃいますが，ほとんど大半の方が埋もれたままで人生を終わってしまいます。稀に，外資系の企業などに移って，輝きを増す人たちもいますが，大部分はそこから抜け出すことが非常に難しいのが現実です。そこで，バイアウトという手段が出てきて，大企業に勤務する人たちに独立のチャンスを与えることができています。この役割はとても重要だと思うのです。

　西口：その点ですが，子会社だけではなく，例えば研究所の中で素晴らしい技術を開発したものの，会社はそこに注目はしていないということがあります。そういった人たちが独立して世の中を変えるようなことが普通に起こっていくといいなと思います。40代から60代くらいの人はまだ日本が元気だったころの姿を知っていて，「やるかー！」みたいなあの時代の熱気を知っていますが，20代から30代の人というのは，日本が元気だった時代や強かった時代を見たことがなく，気づいたらずっと不況だったのです。

　お父さんとか親戚も結構リストラされている姿を見ているので，今の若い人

にはものすごく保守的な人がいますね。これは40代以上の世代の責任かもしれません。ただ，日本人にもともと企業家精神がないわけではありません。もともとは企業家精神の旺盛な国なのに，埋もれてしまっているのです。ぜひ，その精神を盛りたてて元気に飛び回っている日本人の姿というのを世の中に見せることで，次の世代が続いて動いていくようになればいいと思います。

　また，起業といっても短期のIPO志向の起業ではなく，本当に世の中に役立つ事業やサービスをじっくり育てようという地道な行動です。地に足の付いた企業家が中高年から若者に至るまでたくさんいるようになっていかないと，日本は本当に衰退の道を歩むと思います。MBOやバイアウトの話は，どうやってこの国を作り直していくのかという視点で，大きく見ていくテーマではないかと思います。それはもう教育の話にも関係してきますね。

　米：私も大学や大学院で講義をしていると，学生の問題意識と日本の高度経済成長とバブルの崩壊を経験した私たちの問題意識がかけ離れていて，その溝は埋まりようがないと思うことがよくあります。1990年代の半ばに，ニューヨークのエンパイア・ステート・ビルディング（Empire State Building）から見渡すと著名な高層ビルの大半は日本の企業が所有していた，そんな時代があったと説明しても，それは「バブルへGO!!」などの映画でしか見たことがなくて，夢物語みたいに学生は思ってしまいますね。

　無理もないのですけれども，彼らは生まれてからずっと右肩下がりの経済の中で育ってきたのですから。先ほど，「悪いMBO」と言いましたが，インベストメント・バンカーの中には，創業経営者に対して「2回キャピタルゲインを取りましょう」みたいな勧誘をして回っていた会社もあるのです。これは，本来のMBOの悪用ですよね。ある種の「志のあるMBO」みたいなマーケットを作らないと，崩壊したウォールストリートのマーケットを一周遅れで後追いをやっているみたいなことになってしまいます。

　佐山：だから，先行者というのは全部正解である道を行くのではなく，間違ったりもしていますので，ただ先頭を走っていたアメリカの真似をしているのではいけないと思います。その国の歴史やカルチャーもありますので，先行者を見て学習した上で日本型のMBOのマーケットを作るべきなのだと思います。それから，今若い人の話が出ましたけれども，学生は受験勉強などのよう

に，言われたこと，決められたことをきっちりできるかどうかという受動的な能力しか試されていません。しかし，本当に社会に出て必要なのは能動的な能力，つまり自分でやることを考えてそれをやる能力だと思うのです。その辺の教育は，日本は全然できてないと思いますね。

　西口：できてないどころか，そういう人間をむしろ駄目だと言う傾向がありますね。「出る杭は抜く」みたいなことがありますので，それが変わっていかないといけません。

■ MBOの意向のある経営者の留意点

——企業家精神の旺盛な経営者が自ら志向して実施されるMBOと，売手企業の売却ニーズありきのMBOでは性質が異なると思います。前者は，英国で，entrepreneurial buy-outとも呼ばれていますが，独立を志向する経営者はMBOを実行するに向けて，どのような点に留意すべきでしょうか。

　佐山：バイアウトが成立するときの要件として，まず大株主の売却意向があることと，マネジメントがその気になるということです。両方揃わないといけません。マネジメントがその気になっても株主が売らなかったらできません。世の中には，バイアウトをやりたいけれども結局できなかったというケースがたくさんあります。MBOの意向があることが分かり，逆に首を切られてしまったケースもあります。

　または，株主がどこかに売るということで，これはまずいということでマネジメントがその気になってMBOを提案したというようなケースもあります。いずれにしろ，必要条件は何かというと，大株主が売ることとマネジメントのやる気の二つなのです。だから，どっちが欠けても，あるいはどっちが先行しても難しいのですが，一般的にはMBOというのは経営者の思い切りが必要なので，やはり誰かが背中を押さないとできないようです。その意味では，大株主の売らないといけないというニーズは，MBOが起こるための最も大きなきっかけになるというのは間違いないと思います。自ら経営者がMBOしたいという話があったとしても，株主が強ければ強いほど，それを退けてしまうことも多いようです。

西口：MBOを考え始めたときに、株主とマネジメントがその気になるプロセスの中で、企業価値の増大を誰がやるのかということを考えなければなりません。もちろん経営者は重要ですけれど、経営者が一人だけ頑張っても、下に付いてくる人がいないといけないわけで、このあたりの組み合わせを冷静に見ていくことが非常に重要だと思います。

米：トップの資質というのはものすごく大きいなと思います。バイアウトで最も重要なのは、「人」であることは自明のことです。MBOという機会を与えられて、十分な買収資金を与えられても、企業を再構築する力のない方は、そもそもこういうマーケットにおいて、バイアウト・ファンドを使ってやってはいけないのではないでしょうか。バイアウト・ファンドが買収した案件を見ていても、最終的に成功したという案件はそんなに多くないのではないかと思うのですが。買収した後に成長軌道に乗れず、人知れず対象企業が退場してしまうという案件もありました。買収対象企業の企業価値を増大させる手腕のある経営者層の少なさが日本のマーケットの弱点ではないかという気がします。

売手である親会社の留意点

——今度はMBOで独立する経営者ではなく、その売手である親会社の売却プロセスに論点を移したいと思います。日本企業は多くの子会社を抱えており、今後も売却するという局面が増加すると思います。売手である親会社が子会社を売却する際に、重要な論点はありますでしょうか。

佐山：事業会社に売るのかバイアウト・ファンドに売るのかということをまず決める際に、高ければいいのか、それともそうではなくて、売却した後の現経営陣や従業員のことも考えて売却先を決めるのかは、結構重要な問題です。一つの大きなポイントは、売却する子会社の社長あるいは経営陣がどのような人たちであって、そこで働いている人はどういう人たちなのか、またその人達の意向はどうかということを念頭に置いた上で、ファンドにするか事業会社にするかを決めるべきだろうと思います。

仮にバイアウト・ファンドを買手候補にしようと絞ったときには、一番大事なのは、それぞれのファンドのこれまでの実績です。新興のファンドであれば、

過去にどのような経験をしてきている人たちによりメンバーが構成されているかについて，じっくり調べることですね。過去に投資先と問題を起こしたことのある人がいるファンドは，1件だけではなくそのファンドが投資したところを何件も同じような問題を起こしているはずです。そういったファンドが，仮に一次入札で高い数字を出してきたとしても，対象からは外したほうが良いと思います。

　その点は，売手側に助言をするM&Aアドバイザーとしても注意しなければなりません。評判の悪いファンドは最初から買手候補には入れてはいけません。弊社がアドバイザーとして付いている場合には問題のあるファンドは入れませんが，その辺が分からないアドバイザーの人は良くないファンドも入れてしまうかもしれません。その点は，個々のファンドを分かっているかどうかということと，良くないと分かっていてもそれを入れるかどうかということです。本来ならば，まず個々のファンドの性格を調べて分かっていないといけないし，かつ良くないと分かっていたらそういうファンドを候補に入れてはいけません。すなわち，売手は子会社を売却したらおしまいではなく，その子会社がその後どうなるかまで考えて売却先の決定をしなければなりません。

　日本の社会で生きていくということは，売却した後のその会社の人たちが「ここに売ってもらってよかった」と思ってもらえることが私は大事だと思うのです。売れたのはいいけれど，その後の株主の下でガタガタになってしまったということになれば，売却の成功とは言えないと思います。売却後のその会社の不幸は絶対回避すべきだと思います。

　米：対象会社と売手である親会社というのは，売却のプロセスの中に利益相反関係が生じてしまいます。自分の会社が親会社によって売却されるというときに，売却される立場からすれば，安く売却されたほうがいいわけです。売却された後，買収資金が多いほど経営上の重しになりますからね。もちろん親会社は高く売れたほうがいいのだけれども，売却後のことを考えると，売却の対象となる会社も含めてステークホルダーの全員が納得できるような形で，Win-Winの関係になれるディールができるかというのが，非常にポイントだと思います。

　西口：プロセス面で，まず売却を検討している事業会社の方がいらっしゃい

ますが,対象会社の人は往々にしてそれを知りません。対象会社のヘッドがご存じの場合もありますが,大半の人はそういった売却の検討が進んでいることすら知らないのが普通です。売られる側には,通常二つの反応があり,「捨てられた」と思うケースと,「いい成長の機会をもらった」と思うケースです。良い売却プロセスというのは,売られる側が「いい成長の機会をもらった」と思うケースです。

売却先がバイアウト・ファンドであれ事業会社であれ,どのような時に後で良かったと思えるのかというと,実際に売られた後に事業が成長していった時です。通常はノン・コア事業が売られるわけですが,ノン・コアがコアとして育つということが起こり,いわゆる事業の成功体験が積み重なっていった後に,「いいチャンスをもらった」と振り返るわけです。そのために何をするかというと,やはり売った後にどのようにその会社を成長させるのかということを,売手側も当事者としてよく考えて,その実現のためにはどういう選択がいいのかということを考えた上で,売却プロセスを進めるべきなのです。売却価格も大事ですが,それだけにフォーカスして決定すべきではありません。

■ バイアウト後の成功のポイント

——対象会社がバイアウトで親会社から独立した後には,経営陣はバイアウト・ファンドとともに事業価値の向上を目指します。バイアウト後に成功を収めるためのポイントにはどのような点がありますでしょうか。

西口:親会社に依存していた人たちのビジネスが独立するケースがよくあります。独立するに伴い,経営者から従業員,特に現場のマネジメントが,一本立ちをするという覚悟をいかに早く確立できるかがポイントになります。やはり独立の精神があって初めて行動が付いてきますので,それは極めて大事なことです。

必ずしも売られる側だけでやるべきこととも言えず,親会社がそういったことをサポートしていくというのも,一つのやり方だと思います。そこができていないままに小手先の手を打っても,そもそも実行力が伴わない。結局,計画の実行力があるかどうかに尽きるのです。実行力というのは人に関する話でし

て,人は納得しないと動きません。ということは,その一連のプロセスをいかに早く,本音の部分で腹落ちさせることができるかどうかがポイントだと思います。

米:ファンドが入ることを前提にすると,ファンドとその独立する会社の方々との関係を良好に保つということが,一つのポイントになります。会社側は,「いい後ろ盾ができたのだから,何をやってもある程度やっていけるだろう」と思うかもしれませんが,ファンドは株主ですのでそこまでは甘くありません。その辺の関係を緊張感のあるものにしなければいけません。もう一つは,あまりビジネスを知らなくてやたらと口だけ出すようなファンドの方もいますので,その辺をどうやって上手く良い信頼関係を築いていくかということが,次のポイントかなという感じがします。

佐山:私は独立する会社の社長が重要だと思います。社長が良ければ,いい人材が集まってくるし,いい人材がいい計画を立てるし,それを実行していけます。社長を間違うと,いくらいい計画を立てても実行できないし,優秀な人材が流出していきます。それにプラスして,バイアウト・ファンド側が過度な介入をしないことが重要です。ファンドによる適切なガバナンスとそのバランスが重要だと思いますね。

親会社の幹部が子会社の社長を兼任していた場合に,社長が親会社に戻ってしまって,新たに外部から招聘するというケースもあります。そこで,日本の社会に一番欠けているのは,経営者人材の厚みです。投資するときになって急いで社長を選べるような状況ではないので,ファンドは常に,どういう状況ではどんな人材を社長として送り込むかということを頭に描いてないといけません。すぐに適任の社長が見つからない場合には,ファンドの中のメンバーがつなぎで行けるような体制というのも理想だと思います。いざとなったら送り込めるような経営人材をファンドに内在化しておくのです。

外部から社長を招聘するケースにおいて,少なくともバイアウトした後の概ね半年から1年間は,ファンドは,新しい経営体制が上手くいくようにサポートに努めなければいけません。何でも外部から社長を入れただけで上手くいくと思ってしまわないことが重要です。もう一つは,投資先の社員たちは,社長ではなく,どうしてもファンドの人の顔を見てしまうので要注意です。つまり

権限を持っている株主を見てしまうのです。そこで、そうならないように、ファンド側が社長に経営のすべてを任せる体制に持っていくということが大事だろうと思います。

■ バイアウト・ファンドのエグジット方法の選択

——最終的にバイアウト・ファンドはエグジットしますが、株式公開を達成した事例は少なく、M&Aによりエグジットした事例が多いという実態があります。バイアウト・ファンドと経営陣は、エグジット方法や売却先の選択に関して、どのような議論をすべきでしょうか。

佐山：経営者と従業員とファンドが、最初からエグジットに関する目線を合わせておくことが大切です。例えば、バイアウト・ファンドが大企業の子会社に「MBOをしませんか」とアプローチする際に、経営陣に「一緒に株式公開を目指しましょう」と言うことがよくあります。しかし、実際には、エグジットとして株式公開を実現するのは容易ではありません。なぜなら、ファンドはその投資時に95％～100％近くの株式を保有しますが、株式公開時に株式市場で一度にすべての株式の売却はできず、売却しなければいけない株式が残ってしまうからです。

株式公開でのエグジットの可能性が実際には極めて低いにもかかわらず、そういうことを言って投資しようとするファンドが多いのはよくないですね。株式公開を目指すから投資してくださいとそのファンドに決めたのに、そもそも株式公開を最優先に考えていないとすると、投資の入口の段階から関係者の目線が違っていることになります。

エグジット方法に関する議論は前もってきちんと話をして、お互いに納得しておかないと、後でごたごたしてしまいます。本当に株式公開を目指すのであれば、最初から一部分は株式公開後も継続して保有する意向であることを示した上で、継続保有部分は長期的な投資として別枠で投資しなければなりません。それができないと株式公開でのエグジットを現実のものとするのは容易ではありません。にもかかわらず、「株式公開を目指しましょう」と言っているファンドが多いように思います。出資を受け入れる側の受けがいいから言いたくな

るのかもしれませんが、おかしいですね。MBOを実施する経営者は、エグジットとして株式公開を期待するのは通常容易でないことを認識しておくべきです。

　さらに、ファンドが投資した後、仮に株式公開しても、上述のようにかなりの株式が残ってしまいます。仮に30〜40％の株式が上場後に残った場合、そのファンド株式のエグジットには注意を要します。上場するまでは、そのファンドがほとんどの株式を所有し経営権を持っていましたから、その売却についてはファンドの意向がある程度最優先されるのは仕方がないかもしれません。しかし、いったん上場し、ファンドがかなりの株式を売却し30〜40％の所有になってしまったときには、ファンドは大株主ではありますが、すでに経営権を持っていません。しかし、ファンドも経営者もついつい経営権を持っていたときの関係が頭に残ってしまいがちなので要注意なのです。

　仮にファンドが残った持分を売却しようと買手候補数社に打診し、その買手候補から100％買収・非公開化の提案があったとしましょう。その場合、高い価格のオファーをした100％買収前提の提案をのむように経営陣に迫るかもしれません。しかし、その時点ではファンドは単に30〜40％所有の大株主でしかなく、経営権は持っていないのです。にもかかわらず、完全に支配していたときの関係を引きずってしまいがちなのです。ファンドの持分だけの譲渡ならいざ知らず、100％買収・非上場化提案の場合に最優先されるべきは、大株主の意向よりもその他のステークホルダーに対して責任を持つ経営者の意向です。ファンドに経営陣への強制力はありません。上場時にかなりの株式を売却したファンドは、あたかも、当初から30〜40％のマイノリティー出資した投資家と同じ状況なのです。

　それから、株式を売却する際に、ファンドによっては高ければいいという考えを持つことがあります。実際にかなりのファンドが、高ければいいと思って売るのではないでしょうか。しかし、私はそうではないだろうと思っています。私が担当して投資していた案件では、その経営者に、売却するならどこが買手候補としていいかと聞いて、それを最優先に考えました。経営陣が望まない先に売却してしまったら、その投資先の企業自体がその後上手くいきません。実はそういうことをすると、そのファンド自体のレピュテーションにも影響して

きます。「あのファンドは経営陣の意向を無視して高ければ売ってしまうファンドだ」というレッテルを貼られては，その後の活動にも支障が出ます。私は，ずっと一緒にやってきた人が嫌がるところに売るということ自体，ファンドがしてはいけないことだと思います。

西口：MBOを実施した後の3年から5年という期間で，どのような変化が会社に起こっているかを考えてみましょう。それには，コストカットをしてキャッシュフローが改善している場合と，売上が実際に上がって，会社の規模が大きくなってきている場合と，2種類あると思うのです。

売上がぐいぐいと伸びて，会社が大きくなりましたという案件は，今までどのくらいあったのかなと思います。本当の成長の実現なしで，ただエグジットすればいいというものではありません。エグジットした後も会社と事業が育っていくことが必要です。それまでの成長の軌跡の延長線以外にはなかなか成長できません。そこをいったん立ち止まって冷静に見ることができるかどうかが，すごく大事です。売り先を選ぶ際に，一緒に取り組んできた経営者の視点でどこを選ぶかというのは，やはり大事なことで，結局その経営者にとって，より事業を大きくする相手としてどこがいいのかというのがポイントだと思うのです。その意味で，企業の成長過程を全部見据えたようなMBOとエグジットがごく当たり前になるということが，日本経済の健全な発展のために，大事なことだと思います。

米：適切なエグジットが見当たらないためにファンド・トゥ・ファンドでたらい回しのように売却される会社もあります。単に時間稼ぎをしているだけで，「買手がいなかったから，まあしょうがないか」みたいな感じで，利回りだけを見てファンドからファンドが買収する案件も間々ありますね。

佐山：それはファンドだけの責任ではなくて，M&A市場がまだ未成熟だということもあるのです。というのは，ファンドが投資できるということは，その企業に価値があるのです。ところが，事業会社は価値を認めてもなかなか買収を行わないというM&A市場が未成熟であるという実態があるのだと思います。本当はファンドが投資するということは，あるレベル以上の価値がその会社にはあるわけで，シナジーのないファンドよりも，シナジーのある事業会社のほうが，本当は高い評価価格をして当然なのです。ところが，まだ日本の

M&A市場はそこまで成長していないということなのでしょう。

米：それは案件によるような気がしますけれど。シナジーをどう捉えるかは事業会社にとっても難しい問題でしょう。経営改善が進まず結局，ファンドが仕方がなくて手放した会社もあるのではないでしょうか。

MBOをした後に，別の事業会社に再度売却されるケースもあります。そうすると，マネジメントはファンドと一緒になって企業価値を一生懸命上げてきたのに，その企業価値向上分の果実は最終的にはファンドが取ってしまったという見方もできるかもしれません。企業価値の向上のために一生懸命働いて上手くいったのに同業他社に売却されお払い箱になってしまったマネジメントもいます。これはいったいどういうことかということで，法律事務所に相談に来られる経営者の方もいらっしゃいます。ここら辺がどのように法的に保護されるべきなのか，何らかの規制が必要なのかは興味深い論点です。

佐山：それは，売却対象になった経営陣が嫌だと言った先に売却している事例でしょうね。私は，それはよくないと思いますね。儲かるからと言ってそんなことをやってはいけないと思います。規制は難しいけれども，世の中の人がそれを認識するようになり，「あのファンドはそんなことをするファンドだ」となれば，そのようなファンドは誰も相手にしなくなるわけです。悪いレッテルを貼られてしまうわけですから。ところが，今はまだ，どのファンドがよくないのか，一般の人達にはまだよく分からないですよね。今は，どのファンドもみんな一緒くたにされています。しかし，もう少し経てば，ここは良いファンドだとか，ここは悪いファンドだとか，はっきりと色分けされてくると思います。

■ 日本企業の経営者へのメッセージ

――今後も，大企業グループの事業再編により，バイアウト・ファンドを活用した子会社売却が増加すると予想されます。最後に，皆さんより，今後ファンドを活用する日本企業の経営者へのメッセージをお願いします。

佐山：まず，大企業グループのマネジメントの方に対しては，たくさん子会社を保有していると思いますが，そもそも自社がその子会社を保有している経

済価値と市場での価値を比べて，市場での価値のほうが高ければ，むしろそれは売却を検討すべきだということを認識していただきたいと思うのです。よくこの会社は利益が出ているので売りませんと言われますが，仮に自社で保有している価値が50億円でも市場での価値が100億円の場合，その会社のマネジメントにとってもそのグループにとっても外に出たほうがいいことも多いと思います。そのように，利益が出ているから売らないと考えられているところが多いので，その考え方はちょっと変えていただきたいなと思います。さらに，大企業の子会社が天下り先みたいに人材の受皿会社になっているという実態があります。天下り先を持っているというメリットよりも，そこを売却しコア事業に投資した場合のメリットのほうが大きいことがあることも認識していただきたいと思います。

　そして，大企業の子会社のマネジメントについては，一般的に大企業にずっと長年同じ会社にいた人は，その枠の中で考えがちなのですが，そもそも一度の人生なので，特にそこの社長や経営陣の方は，本当にこのグループ内にいたほうがその子会社の社員の人達にとっていいのだろうかと考えてみると良いと思います。昔であれば，そんなバイアウトという道はなかったのですけれども，バイアウト・ファンドのように独立資金を拠出するというプレーヤーが日本でも出てきている社会になっていますので，子会社の経営者の皆さんは，一度の人生なのですから，MBOを選択肢の一つとして考えてみたらどうかと思います。

米：バイアウト・ファンドには頑張ってもらいたいと切実に思います。ここまで保守化して変革に臆病になってしまった日本社会の中で，しかも急激に成長するアジアの中で日本だけ取り残されているという状況の中で，それでも変革を望まず現状維持を優先するような風潮が満ち満ちていると感じています。韓国や中国との競争に負け，日本は衰退してしまうのではないかという危機感にさいなまれていても，それでも構造改革をしない状況がずっと続いています。このような中で，選択肢を増やし，経済合理性の中で企業や人が動くという契機が必要なのです。リーマン・ショック後の行き過ぎた資本主義に対する反省が現状を是認し，次のチャレンジに歯止めをかけているような気がしてなりません。

図表 2　企業価値の概念

- "経済的な価値"＝"可能性（Potential）"
  - 貴金属，不動産，人材…の価値
- 企業価値（事業価値）
  - 資産の集合体（企業）が将来どれだけキャッシュを生むか
  - 今，キャッシュいくらと等価か（例えば，X社と50億円とどちらを選ぶか）

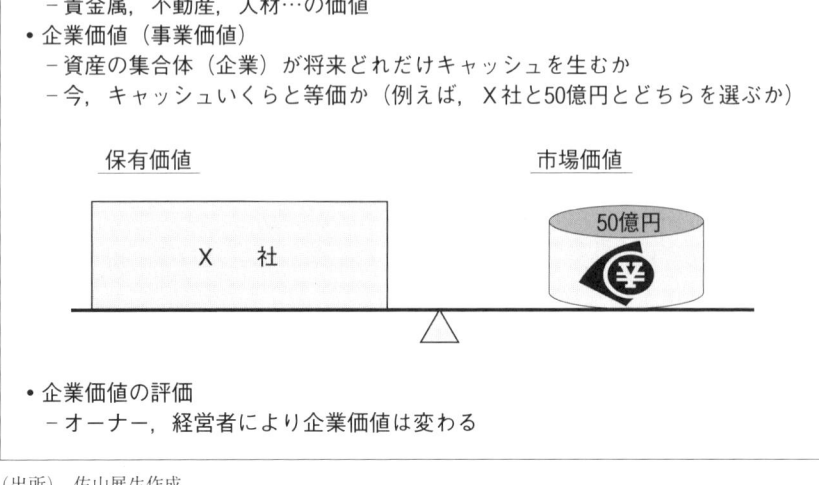

保有価値　　　　　　　　　　　　　市場価値

X 社　　　　　　　　　　　　　　50億円

- 企業価値の評価
  - オーナー，経営者により企業価値は変わる

(出所)　佐山展生作成

図表 3　企業グループ内での事業の選別

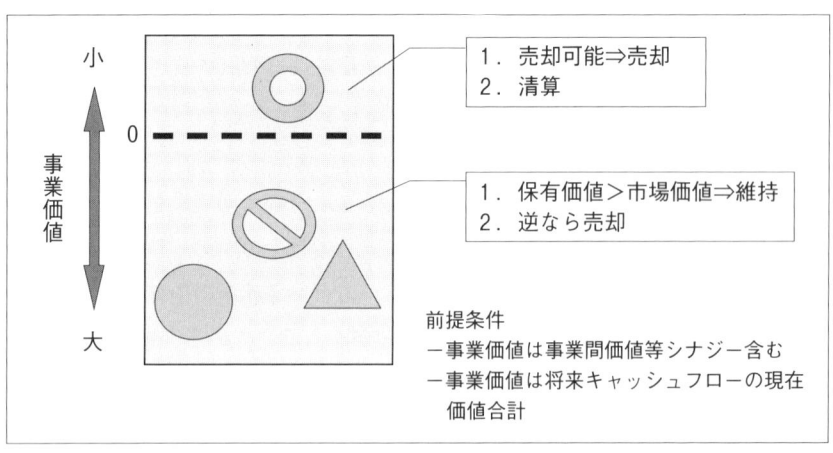

事業価値（小⇔大）

1. 売却可能⇒売却
2. 清算

1. 保有価値＞市場価値⇒維持
2. 逆なら売却

前提条件
- 事業価値は事業間価値等シナジー含む
- 事業価値は将来キャッシュフローの現在価値合計

(出所)　佐山展生作成

どうしてもグローバルなキャピタリズムの中で，日本は生きていくしかないのですから，バイアウト・ファンドの機能と役割を冷静に理解し，有効に活用することは成熟社会に活力を与えるために必要であることは間違いありません。日本企業の経営者は，もっとバイアウト・ファンドを使って，企業活動をダイナミックに展開するべきではないかと思います。経営者は，恐れず能動的にバイアウト・ファンドを使えということです。市場環境の変革のスピードはあまりにも速く，ワールドマーケットはあまりに大きいわけです。今日の勝者は明日の敗者かもしれないので，経営者が嵐が通り過ぎるまでじっと待っている時間はあまりないと思います。

西口：産業界やその事業領域全体のパイをどうやって広げていくかという発想で，かつそこに企業家精神を持って，自社の事業のポートフォリオをぜひ見ていただきたいと思います。自社の子会社や事業の成長を，どのように促せばよいのかという観点で見ると，必ずしも自社内で持っていることだけが解ではないわけです。日本国内で勝っていればいいという時代はもう終わりましたので，70億人の地球でどうやって日本のビジネスが勝っていくかというのが今の課題です。そういった観点でぜひご自分の会社の中を，企業家精神を持って見ていただきたいと思います。そういった企業家精神を持っている経営者と事業部の皆さんとファンドが，いい協働関係を築けると，これは革命的にいいことが起こるチャンスがあると言えます。

佐山展生氏略歴

GCAサヴィアングループ株式会社 取締役
1976年京都大学工学部卒業。1994年ニューヨーク大学大学院卒業（MBA）。1999年東京工業大学大学院社会理工学研究科博士後期課程卒業（学術博士）。1976年帝人株式会社入社。1987年三井銀行（現三井住友銀行）入社，M&Aアドバイザリー業務を担当。1998年代表取締役としてユニゾン・キャピタルを共同設立。2004年4月GCA株式会社共同設立，代表取締役，2008年3月GCAサヴィアングループ株式会社取締役，2008年3月インテグラル株式会社代表取締役就任。一橋大学大学院国際企業戦略研究科教授，京都大学経営管理大学院客員教授。事業再生実務家協会常務理事。

西口尚宏氏略歴

株式会社産業革新機構 執行役員
上智大学経済学部卒業。ノースウェスタン大学ケロッグ経営大学院卒業（MBA）。日本長期信用銀行，世界銀行グループ人事局（ワシントンDC），マーサー社グローバルM&Aコンサルティンググループのアジア太平洋地域統括等を経て，2009年11月に株式会社産業革新機構に入社。M&A研究会（内閣府経済社会総合研究所）委員。著書に「M&Aを成功させる組織人事マネジメント」（日本経済新聞出版社）等。

米正剛氏略歴

森・濱田松本法律事務所 パートナー 弁護士
1978年東京大学法学部卒業。1981年弁護士登録。1985年アメリカ合衆国コーネル大学法科大学院修士過程卒業。1985年米国ニューヨーク市Sullivan & Cromwell法律事務所で執務。1986年英国ロンドン市Freshfields法律事務所で執務。1987年3月ニューヨーク州弁護士登録。2000年一橋大学大学院国際企業戦略研究科講師（〜2004年）。2008年東京大学エグゼクティブ・マネジメント・プログラム講師。

第Ⅱ部

事例と経営者インタビュー

第6章 ベインキャピタルの事業支援アプローチ
―― ドミノ・ピザ ジャパンの事例 ――

ベインキャピタル・アジア・LLC
プリンシパル　横山　淳
ヴァイス・プレジデント　中浜俊介
アソシエイト　西　直史

はじめに

　ベインキャピタル・アジア・LLC（Bain Capital Asia LLC）は2010年2月1日，米ドミノ・ピザ社の日本における総代理店である株式会社ヒガ・インダストリーズの全株式を，株式会社ダスキン，大和SMBCキャピタル株式会社，創業家のアーネスト・エム・比嘉氏から取得した。その後，ヒガ・インダストリーズは全社員の投票に基づき株式会社ドミノ・ピザ ジャパンに社名変更し，新たな経営陣を加えた新体制の下，事業改革を進めている。投資後まだ半年しか経ない現状で，投資の結果を判断するのは早計ではあるが，少なくとも投資前から計画していた多くの施策は想定を上回るスピードで実行されており，2011年3月期の利益も計画を大きく上ブレする数値で着地する見込みとなっている。

　ここまでのところ，本投資が順調に進んでいる理由としては，そもそもドミノ・ピザ事業が潜在力が高く，非常に優れた事業であったことに加え，相対取引により投資実行前から経営陣と一丸となって投資後の事業プランについて踏み込んだ議論を行うことができ，ヒガ・インダストリーズおよびベインキャピタル双方が投資実行時点で事業運営の方向性において一致していたこと，既存経営陣に新たに招聘した社長・役員を加えることで強力な経営体制を構築できたこと，そしてドミノ・ピザの潜在力をフルに発揮できるよう，ベインキャピタルのメンバーが単に株主としてではなく，実務レベルに至るまで文字通りハンズオンの体制で経営をサポートしてきたことがあげられる。

これらの要素はベインキャピタルが投資を行う際には常に心がけていることではあるが，ここでは直近の投資事例として，このドミノ・ピザ ジャパンへの投資を例に，ベインキャピタルの投資アプローチについて説明していきたい。第１節ではまず，日本における宅配ピザ市場の特性およびその中でのヒガ・インダストリーズのポジショニングについて説明する。次に第２節で，ベインキャピタルがヒガ・インダストリーズに投資するに至る経緯を説明し，最後に第３節で投資後の事業の状況およびここまで投資後の事業運営が想定以上にうまく進んでいる理由について考察したい。

1　事業・市場の概要

(1) 日本における宅配ピザ市場の特徴

　株式会社ドミノ・ピザ ジャパン[1]は米ドミノ・ピザ社の日本における総代理店として2010年９月現在，東京・大阪を中心に約180店舗の宅配ピザ店舗を展開している。今でこそ店舗数という点では500店舗以上を運営するピザーラ，300店舗を超えるピザハットに次ぐ第三位ではあるが，1985年に日本初の宅配ピザチェーン店を恵比寿に開店し，その後も日本における宅配ピザ業界の成長を牽引してきた。

　日本における宅配ピザ市場は，ドミノ・ピザの進出で市場が形成された後，ピザーラやピザハットをはじめとする他宅配ピザブランドチェーンの登場・成長もあり，90年代半ばまで順調に拡大してきた。その後，一部大手ブランドの展開縮小等もあり，市場は縮小したが，現在は年間約1,200億円前後の消費量で安定して推移している。ただし，この中でも各地にある多くの中小宅配ピザ店が撤退を余儀なくされる中，上位数社のシェアが順調に伸びるという市場の寡占化が進みつつある状況である。

　他国と比較した日本における宅配ピザの特徴としては，ピザの豪華さ，それ

---

[1] 2010年３月に株式会社ヒガ・インダストリーズから社名変更。また，1994年まではワイ・ヒガ コーポレーション

に起因した単価の高さ，および一人当たり消費量の少なさがあげられる。日本の宅配ピザは，1枚のピザに乗るトッピングのバラエティ，各トッピングのボリューム双方において他国とは一線を画すものがあり，結果として単価も高くなっている。そのため，多くの消費者にとって宅配ピザは「日常食」というよりは「誕生日やクリスマスなど特別な日のイベント食」として捉えられ，年間消費量も少なくなっている。このような特徴が形成されたのは，ドミノ・ピザが日本に進出した際に，日本と欧米の食文化や市場特性の違いから，宅配ピザを日常食として位置付け，ロープライス・ハイボリューム戦略をとるよりも，機会食と位置付け，ハイプライス・ローボリューム戦略をとったほうがいいと考え，製品ラインナップもそれに対応したものとしたからである（**図表6－1参照**）。

図表6－1　各国のピザ消費量と特徴

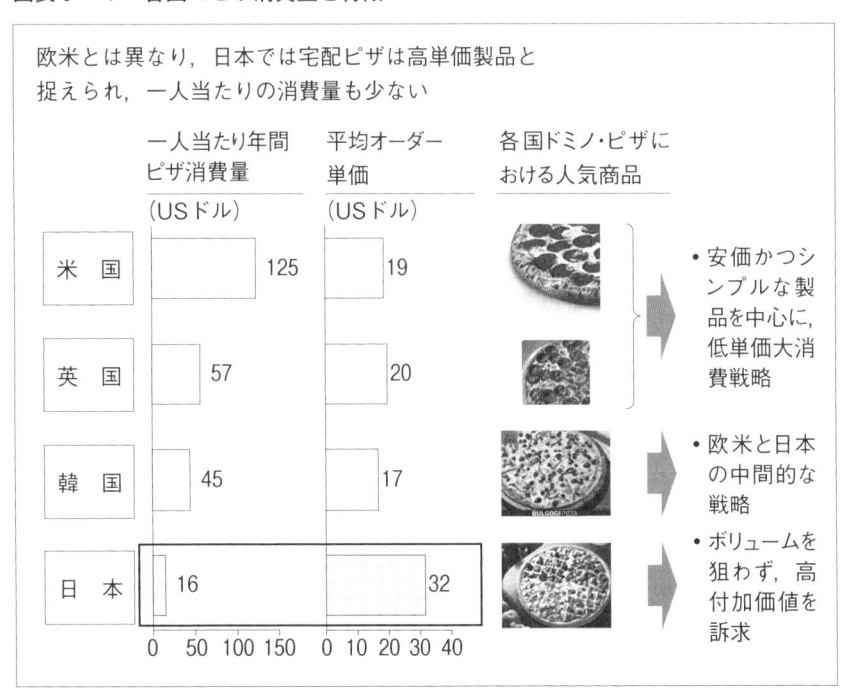

欧米とは異なり，日本では宅配ピザは高単価製品と捉えられ，一人当たりの消費量も少ない

	一人当たり年間ピザ消費量（USドル）	平均オーダー単価（USドル）	各国ドミノ・ピザにおける人気商品	
米国	125	19		・安価かつシンプルな製品を中心に，低単価大消費戦略
英国	57	20		
韓国	45	17		・欧米と日本の中間的な戦略
日本	16	32		・ボリュームを狙わず，高付加価値を訴求

（出所）米ドミノ・ピザ社内データ，ベインキャピタル分析

(2) ヒガ・インダストリーズ（現ドミノ・ピザ ジャパン）の事業概要

　ドミノ・ピザ事業は，ヒガ・インダストリーズが前身であるワイ・ヒガコーポレーションであった時代に，創業者の一族であるアーネスト・エム・比嘉氏によって会社の一事業として開始された。日本における事業開始時から，グローバルドミノ共通の特徴でもある，30分以内のお届けを確約する顧客へのコミットメント，商品やサービスの革新性，卓越したオペレーション等を武器に，主に直営店を中心とする店舗モデルで成長を遂げてきた。結果としてフランチャイズ制度を活用して地方を中心に積極展開してきたピザーラ，ピザハットと比べ，地方におけるプレゼンスは劣るものの，東京・大阪など大都市部においては遜色のない店舗展開となっている。

　近年では，オンラインオーダーシステムを競合他社に先駆けて導入することで，新規顧客の獲得，競合からのシェア向上，既存顧客の注文頻度上昇を実現，2009年3月期まで3期連続で増収増益を達成してきた。2010年3月期は外食業界全体でデフレ・需要低迷が進む中，売り上げは前年規模で落ち着いたものの，引き続き増益を遂げている。インターネットを経由したオーダーの比率は，競合他社が20～30％であると推測されているのに対し，ドミノ・ピザは40％を超えている。また，2010年には屋外からの注文も促進するため，業界初の試みとしてモバイルサイトのFlash化，iPhoneアプリの導入を開始した。iPhoneからの注文は公開からわずか4ヶ月で1億円を超えている。

図表6−2　会社概要（すべて2010年4月1日時点のもの）

会社名	株式会社ドミノ・ピザ ジャパン
設立	1964年3月
代表者	代表取締役社長　スコット・オルカー
事業内容	宅配ピザチェーン運営
本社所在地	〒101-0032 東京都千代田区岩本町1−10−3 紀繁ビル4，5階
店舗数	175店舗（直営172店舗，フランチャイズ3店舗）
従業員数	正社員約350名，アルバイト約4,500名
ウェブサイト	http://www.dominos.jp

（出所）ドミノ・ピザ ジャパン

2 投資に至る経緯

(1) 投資前の株主構成

　ベインキャピタルが投資を決めた時点でのヒガ・インダストリーズの株主は，大和SMBCキャピタル株式会社およびその関連会社44％，株式会社ダスキン44％，創業家のアーネスト・エム・比嘉氏12％の三者で構成されていた。90年代後半，ドミノ・ピザ事業が軌道に乗る中，ヒガ・インダストリーズは経営の多角化を図り，ドミノ・ピザ事業で得られた資金を活用して他の事業への参入・投資を行った。多角化の結果生じた資金の制約により，ドミノ・ピザが新規出店を十分に行えない間に競合他社はフランチャイズも活用して一気に出店を拡大し，店舗数で差をつけられた。この間，その他の新規事業は十分に伸びず，結果的に外部からの資本参画を仰ぐこととなった。

　このような状況下，大和SMBCキャピタル（当時エヌ・アイ・エフ ベンチャーズ株式会社）が2002年，第三者割当増資を引き受ける形で資本参画を開始した。ヒガ・インダストリーズは大和SMBCキャピタルの下でドミノ・ピザ事業を除くすべての事業から撤退するなどリストラを進め，コア事業であるドミノ・ピザ事業へのフォーカスを図った。

　一方，国内で暮らし関連サービス事業やミスター・ドーナツ事業などを展開するダスキンは，ミスター・ドーナツで磨いたフランチャイズ展開のスキルをドミノ・ピザの出店加速に活かせると考え，大和SMBCキャピタルおよびその他投資家から2006年に株式の一部を取得し，資本参画を開始した。しかし，出資開始から3年が経過する中で2009年，ダスキンはコア事業である暮らし関連サービス事業およびドーナツ事業にフォーカスした経営を行うために，ヒガ・インダストリーズ株売却を模索しはじめた。一方，大和SMBCキャピタルも投資開始から7年が経過し，エグジットのタイミングを模索している最中であった。

(2) ベインキャピタルによるデューデリジェンス

　そのような中で，2010年がドミノ・ピザの日本進出25周年の節目に当たるこ

ともあり，創業者の比嘉氏も持ち分売却の検討を開始し，もともと関係を有していたベインキャピタルに株式取得の検討を持ちかけ，デューデリジェンスが開始された。

　ベインキャピタルでは通常，①対象会社が事業を展開する市場・業界の魅力度・安定性，②その市場・業界の中での対象会社のポジショニングという二つの観点から事業面でのデューデリジェンスを行う。もちろん，①市場に成長が見込め，かつ②対象会社が強いポジションを確保しているのがベストであるが，ドミノ・ピザに関しては一見するとこの二つの観点双方において，以下のように魅力は高くないように見受けられた。

① 日本の宅配ピザ市場はすでに成熟しており，人口も減少する中，業界としては比較的厳しい環境にある。

② この数年順調に成長しているとはいっても，店舗数でピザーラ，ピザハットの大手2社に大きく水を開けられた業界第三位であり，必ずしも魅力的なポジショニングにあるわけではない。

　しかし，対象会社経営陣や業界エキスパートとの議論や5,000人規模の消費者調査を行い，業界を深く見ていく中で，以下のようなドミノ・ピザの対象市場・事業の魅力が明らかになった。

① 全体として日本の宅配ピザ市場は伸びていないが，特に大都市圏を中心に，電話による注文からインターネット経由での注文へとチャネルが大きくシフトをはじめており，インターネット経由でのオーダーに関しては市場が急速に拡大している。また，電話での宅配ピザ利用者と比べてオンラインでの宅配ピザ利用者は利用頻度や利用単価も増加させる傾向がある，複数の宅配ピザブランドを使い分けるのではなく一つのブランドへ注文を集約させる傾向があるなど，魅力的な消費者である（**図表6－3左**）。

② ドミノ・ピザは他社に先駆けてオンライン注文を開始しており，このチャネルにおいては圧倒的なシェアを有している（**図表6－3右**）。加えてドミノ・ピザは他ブランドと比べて年間の宅配ピザ注文回数が多いヘビーユーザーにおけるシェアが高く，他社とくらべれば顧客のロイヤリティが高いと推測される（**図表6－4**）。

　以上のような特徴を踏まえると，ドミノ・ピザは単に宅配ピザ市場全体の中

図表6-3　インターネットチャネル顧客の特徴

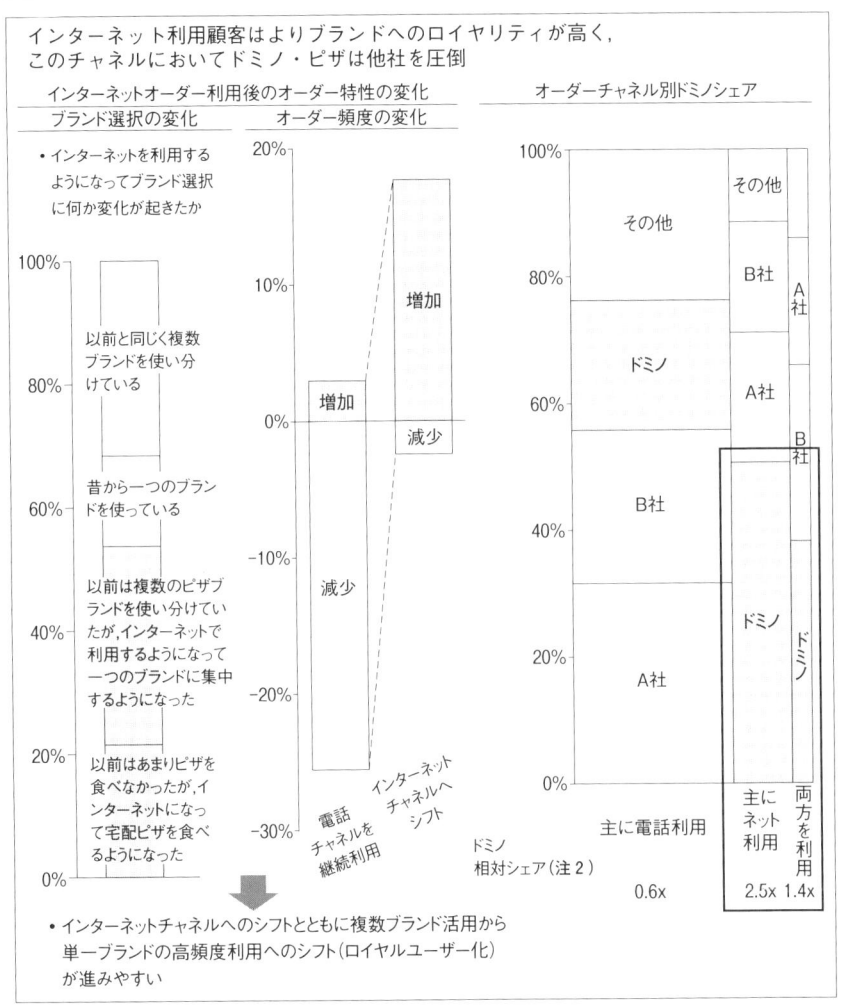

インターネット利用顧客はよりブランドへのロイヤリティが高く、このチャネルにおいてドミノ・ピザは他社を圧倒

インターネットオーダー利用後のオーダー特性の変化

ブランド選択の変化：
- インターネットを利用するようになってブランド選択に何か変化が起きたか
  - 以前と同じく複数ブランドを使い分けている
  - 昔から一つのブランドを使っている
  - 以前は複数のピザブランドを使い分けていたが、インターネットで利用するようになって一つのブランドに集中するようになった
  - 以前はあまりピザを食べなかったが、インターネットになって宅配ピザを食べるようになった

オーダー頻度の変化：
- 電話チャネルを継続利用：増加／減少
- インターネットチャネルへシフト：増加／減少

⇒ インターネットチャネルへのシフトとともに複数ブランド活用から単ブランドの高頻度利用へのシフト（ロイヤルユーザー化）が進みやすい

オーダーチャネル別ドミノシェア

- 主に電話利用：その他／ドミノ／B社／A社
- 主にネット利用：その他／B社／A社／B社／ドミノ
- 両方を利用：A社／B社／ドミノ

ドミノ相対シェア（注2）：0.6x　2.5x　1.4x

(注1) 消費者サーベイの結果に基づく。調査は主要3ブランドが利用可能なエリア（主に首都圏および大阪圏）在住の約5,000人を対象に実施。
(注2) ドミノ相対シェアは、ドミノ・ピザのもっともシェアの高い競合に対するシェアの比率。ドミノ・ピザがシェア第一位の場合は（ドミノ・ピザのシェア）÷（シェア第二位の会社のシェア）、ドミノ・ピザのシェアが第二位以下の場合は（ドミノ・ピザのシェア）÷（シェア第一位の会社のシェア）。
(出所) ベインキャピタル分析

での業界三位のプレイヤーではなく，成長しているインターネット経由の宅配ピザ市場の中でのリーディング・プレイヤーと位置付けられ，非常に魅力的な事業を展開する会社であることが分かった。その結果，約9ヶ月の検討期間を経て投資を決定，2010年2月1日に全株を取得した（**図表6-5**）。

図表6-4　ピザ消費頻度別のお気に入りブランドシェア

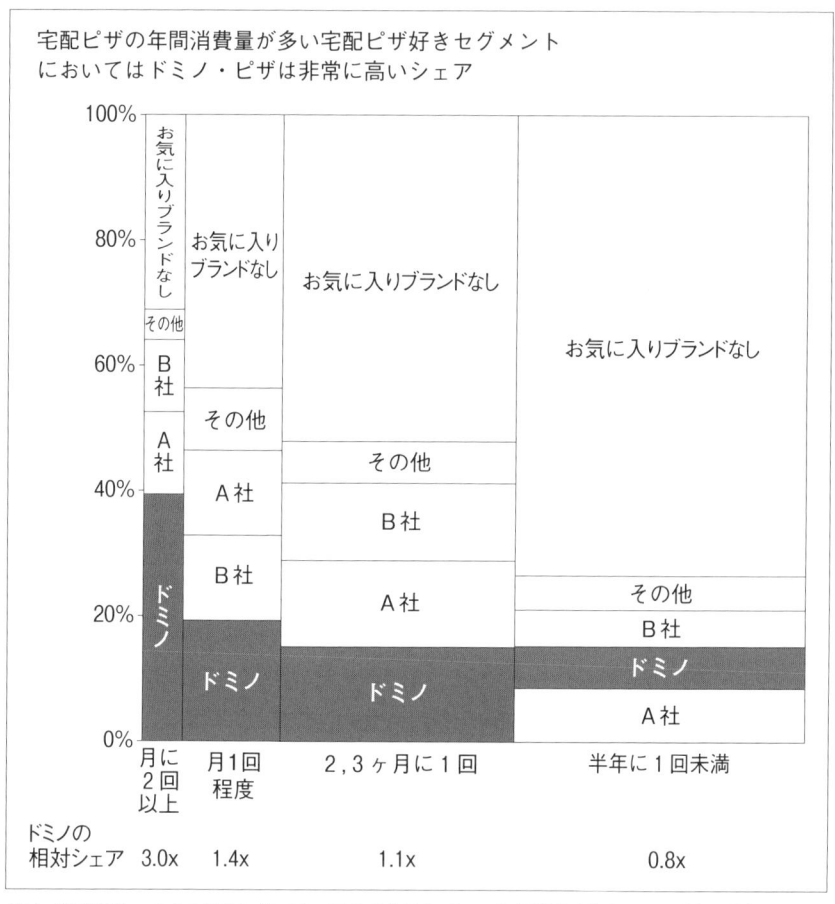

宅配ピザの年間消費量が多い宅配ピザ好きセグメントにおいてはドミノ・ピザは非常に高いシェア

	月に2回以上	月1回程度	2, 3ヶ月に1回	半年に1回未満
ドミノの相対シェア	3.0x	1.4x	1.1x	0.8x

（注）消費者サーベイの結果に基づく。調査は主要3ブランドが利用可能なエリア（主に首都圏および大阪圏）在住の約5,000人を対象に実施。
（出所）ベインキャピタル分析

図表 6 - 5　投資前後のキャピタルストラクチャーの概略

```
            ベインキャピタルによる投資前              ベインキャピタルによる投資後

         ┌─────┐ ┌─────┐ ┌─────────┐         ┌─────────┐
         │比嘉氏│ │ダスキン│ │大和SMBC  │         │  ベイン  │
         └─────┘ └─────┘ │キャピタル│         │キャピタル│          ┌────────┐
                          └─────────┘         └─────────┘          │金融機関│
概略図       12%      44%       44%                 100%            └────────┘
                                                                      │
                                                                      │融資
                 株式会社                         株式会社
              ヒガ・インダストリーズ           ドミノ・ピザ ジャパン

状況    ・複数株主間で必ずしも利害関心が       ・単一株主と会社間で戦略の方向性
         一緒ではないため，会社の方向性         を一致させ，成長に向けた迅速な
         ・戦略について全社一丸となって         意思決定と戦略の実行が可能
         の迅速な行動の実行が困難             ・金融機関からの融資も活用し，資
        ・実質的に無借金経営で，資本の有        本戦略の効率化，成長に向けた資
         効活用が図られていない                金の確保
```

(出所) ベインキャピタル作成

3 投資後の状況

2月1日にベインキャピタルがヒガ・インダストリーズの全株を取得してから執筆時点で約半年が経過した。投資前には3年程度必要と考えていた事業改善の施策の多くはすでに完了もしくは実行の目処が立ちはじめている。その結果，マクロ経済が冷え込む中にもかかわらず，11年3月期のEBITDAは10年3月期の1.5倍以上，高い目標を持つためにアグレッシブに設定した予算の1.2倍以上となる見込みである。ここでは，このスピード感を持った投資後の事業改善が実現できた理由について，(1) 投資前における事業プランの作り込み，(2) 投資直後の新経営体制の構築，そして (3) 投資後の事業運営に対するベインキャピタルからのサポートという三つの点から考察する。

(1) 投資前における事業プランの作り込み

　ベインキャピタルは他のファンドと比較して，グローバルに見ても，日本国内でも，多くの人材を内部に抱えている。また，他ファンドが金融機関出身を中心にメンバーを揃えているのに対し，ベインキャピタルの場合，コンサルティングファームあるいは事業会社出身メンバーが大部分となっている。この結果，投資前のデューデリジェンスにおいても，外部コンサルティング会社への過度のアウトソースは行わず，必要に応じて海外拠点メンバーも含めたグローバルチームを構成し，他のファンド以上に当該会社の事業の魅力についての精査を自らがこだわりを持って徹底的に行うことを信条としている。こういった傾向はオークションディールにおいても当てはまるが，既存経営陣と密接なコミュニケーションを取りやすい相対取引の際にはより顕著で，多くの場合，投資実行以前から既存経営陣と投資後の事業戦略について細部にわたって議論，合意し，双方が投資後の事業運営の方向性について認識を共有した上で投資を決定することになる。

　本案件の場合，2009年5月に打診があり，デューデリジェンスを開始した後，7月には第2節で紹介したような事業上の魅力は確認され，その後，約半年が金融機関との融資契約や当時の株主との株式譲渡契約の交渉に並行し，既存経営陣との間で，投資後どのようにしてドミノ・ピザの企業価値を高めていくかという点に関する議論を深めることに費やされた。また，その際には単純なコスト削減の方策にフォーカスするのではなく，いかにコスト競争力を高めて成長の基盤とするか，さらには中長期的な会社の成長を実現するためにもどのように売り上げを増加させるか，既存店売上の上昇，新規店舗出店両方の観点から検討を行った。例えば，既存店売上の上昇を検討するにあたって，まずは現状のトレンドを把握するためにも投資前の段階においても全店舗個別の業績に関してマーケティング部長，営業部長と議論を行った。投資が近づいてきた年末からは予算策定に関してもプロセス見直しを含めた抜本的な改革を，全部長とともに行った。

　こうした深いレベルでの議論により，投資前の1月には**図表6－6**のような事業改革計画の概要が策定され，経営陣と共有，方向性の一致が図られている。また，本案件においては比較的時間の余裕があったこともあり，ビジネス・

図表6-6　事業改革計画の全体像

		第一フェーズ 成長に向けた基盤構築 （3ヶ月〜1年）	第二フェーズ 中長期的成長戦略 （1〜5年）
マーケティング戦略		・顧客属性の深い理解，セグメンテーションの導入・見直し ・各チャネルの有効活用 ・ROIの最大化 ・商品戦略の強化	・新店出店による成長 　－各地域の成長戦略策定 　－インターナル・フランチャイズのリクルーティング 　－外部フランチャイズのリクルーティング 　－第一フェーズで改善されたマーケティング戦略，店舗モデル・フォーマット，人件費管理手法等をフルに活用
店舗オペレーション強化	アルバイト管理	・アルバイト人件費の最適化 　－KPI，インセンティブの導入 　－スタッフィングの見直し　等	
	店舗モデルの最適化	・新店フォーマットの見直し ・宅配エリアサイズの最適化　等	
	フランチャイズ導入	・インターナルフランチャイズプログラム ・外部フランチャイズのリクルーティング	
コスト削減	食材	・競争入札のフル活用 ・商品・部材仕様の見直し	・継続的なコスト削減活動
	物流	・物流管理機能の内製化 ・廃棄コストの削減	
	他販管費（本部，販促，地代等）	・間接財やサービス調達への競争入札活用 ・全店舗の家賃再交渉	

実際には第一フェーズは当初想定よりも早く目処が立ち．．．　→　．．．前倒しで新店による成長を考える第二フェーズを開始

（出所）ベインキャピタル作成

デューデリジェンス，事業計画の策定両面において外部コンサルティングファームの協力は仰がず，ベインキャピタル内のコンサルティングファーム出身のメンバーで検討を行った。結果として，社内で事業・対象会社に関する理解を直接深めることができ，また対象会社との関係を深める結果にもなり，投資後のサポートがより行いやすくなった。

　また，投資前の事業プラン作成にあたっては，ベインキャピタルのグローバルに豊富な投資，デューデリジェンスの経験・知見が活用された。ベインキャピタルは過去にバーガーキング，ダンキンドーナツ，アウトバックステーキハウス，英国を中心に欧州で給食事業を展開するブレークスグループなど多くの外食関連事業への投資を行っている。これらの投資案件ではどれも顧客に訴求するブランドの見直し，商品展開の抜本的な変更などにより，既存店売上を増加させ，得られたキャッシュを活用した出店拡大にも成功している。例えば，マクドナルドに次ぐ世界第二位のハンバーガーチェーンであるバーガーキングにおいては，ヘルシーさやファミリーでの利用をアピールするマクドナルドの戦略に追随する戦略で苦戦していた2006年に投資を行うと，顧客に対するバーガーキングの訴求価値を再度見直すために大規模な調査を行い，バーガーキングの本当のコア顧客はマクドナルドとは違い，朝からハンバーガーを食べることを好み，ハンバーガーに健康視点は求めないヘビーユーザーであることを発見し，戦略を大きく変更した。この戦略が効を奏し，バーガーキングの顧客満足は大きく上昇，既存店の売上は増加し，資金の余剰が生まれ，新店舗出店も可能となった。こういった海外での投資の成功事例に関する知見を日本オフィスと共有することで，ドミノ・ピザのデューデリジェンスを開始する際にも，どのような視点から事業を捉えればいいのか，迅速に理解を深めることが可能となっている。

　また，ベインキャピタルは1998年に米国において，米ドミノ・ピザへの投資を行っている。既に2004年に上場を果たしているものの，2010年9月現在も約30％の株式を保有する最大株主であり，取締役も二名派遣している。ヒガ・インダストリーズは日本におけるドミノ・ピザ事業の総代理店であり，米ドミノ・ピザとの資本関係はないため，投資判断にはベインキャピタルが米ドミノ・ピザを保有していることによる直接の影響はなかったものの，事業戦略の

策定等に向けてはデータの共有や日本と海外における宅配ピザ事業のビジネスモデルの違い等について多くのインプットを受けている。

　以上のような，投資前から事業プランを作り込むベインキャピタルのスタイル，海外における投資・デューデリジェンス経験の活用により，投資直後からの迅速なバリュー・アップが可能となった。実際，投資実行は2月1日であったが，先立つ議論の中で，今後の長期的な成長に向けてはフランチャイズの活用が必須であることが認識されたため，投資後1週間以内には現在，フランチャイズで運営されている高松や大阪の一部店舗の店長に筆者自身がインタビューに行っている。

(2) 新経営体制の構築

　どの案件においても投資後，どのような経営体制を構築するかがその後の事業運営においては非常に重要である。本件の場合，特に創業者兼社長であった比嘉氏の退任が決まっていたため，迅速なリーダー探しが重要であった。創業者の後継者という非常に難しいポジションでもあったため，日本人・外国人を問わず，新たなリーダーとして最適な経営者を探すために投資完了前の2009年8月頃から非常に広い範囲にわたりリクルーティングをはじめたが，最終的には米ドミノ・ピザからの紹介もあり，スコット・オルカー（Scott Oelkers）氏が社長に就任することになった。オルカー氏は米ドミノ・ピザの海外部門でアジア・太平洋責任者を勤めたのち，台湾でドミノ・ピザの総代理店となっているPizza Vestの社長を長く勤めた経験を持っている。また，ヒガ・インダストリーズにおいても2002年に取締役を勤めた経験があり，西洋とは異なるアジアの宅配ピザ市場を理解しつつ，米ドミノ・ピザとの関係も円滑に進められる人材だった[2]。

　一方，各部門のリーダーとなる役員レベルの人材については，マーケティン

---

[2] 日本をはじめ，各国のドミノ・ピザは基本的には米国ドミノ・ピザとは資本関係もなく，独立して事業運営を行っている。ただし，店舗フォーマットやオペレーションのクオリティ，生地の成分などに関して米ドミノ・ピザが求めるスタンダードがあり，これらを遵守しつつ，場合によっては自国独自の状況に合わせて米ドミノ・ピザに対してスタンダードの適用除外を要請するといったコミュニケーションが必要になる。

グおよび営業・店舗オペレーション関連においては既存の経営陣がスキル・経験両面で非常に強く，今後のドミノ・ピザ ジャパンの成長の鍵となる人材であったのに対し，フランチャイズも活用した新規出店や物流機能の内製化も含めたサプライチェーンの見直しなど，既存の枠組みにとらわれず，部門横断的に抜本的な改革を牽引する人材，および財務・管理部門でリーダーシップを取る人材に対するニーズが存在していた。そこで，ベインキャピタルが従来から持っていたネットワークを活かして，この二部門にフォーカスして投資前も含め半年以上をかけてリクルーティングを行った。最終的には部門横断的に改革を遂行する役員として，大手コンサルティングファームでマネージャーを勤めた後，当時日系プライベート・エクイティ・ファンド傘下の消費財メーカーでマネジメントとして活躍していた人物が3月から，CFO兼管理部門の役員としては，大手投資銀行でマネージング・ディレクターを勤めた後，日本の大手アパレルチェーンのマネジメントを勤めていた人物が7月からチームに加わることになった。こうした人材にチームに加わっていただけた理由はさまざまであるが，ベインキャピタルの投資チームメンバーと議論を重ねる中で，ドミノ・ピザの力強いビジネスモデルについて理解を深めていただいた上で，ベインキャピタルの投資テーマや投資先企業の支援アプローチに共感を感じていただけたことが一因である。

図表 6 - 7　投資後の新組織図

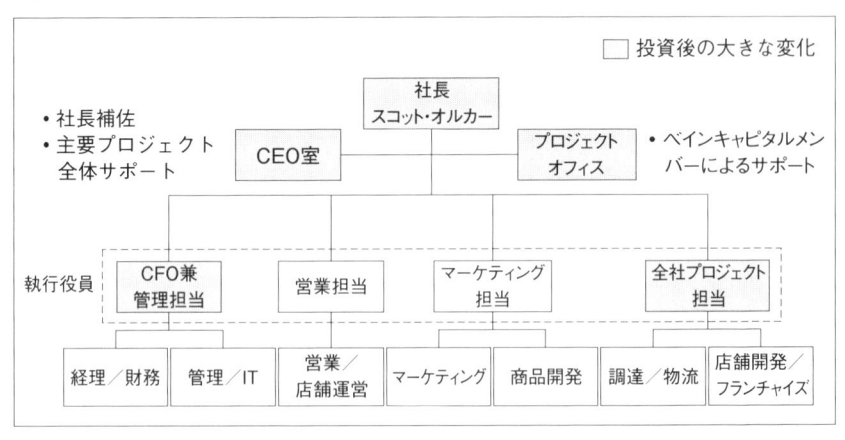

(出所)　ベインキャピタル作成

(3) 事業運営サポート

　ベインキャピタルは，投資の検討を行う投資チームに加え，投資後の事業支援を専門に行うチームを擁している。ただし，この事業支援チームに限らず，投資チームも，投資後の事業支援に積極的に関わるのがベインキャピタルの特色である。これは，投資後の全体戦略を定める事業改革計画を作成するといったレベルに留まるものではなく，重要なプロジェクトであれば，実行支援にまで踏み込んで現場レベルのサポートを実行する。例えば，2007年に投資をした高級音響機器メーカー，ディーアンドエムホールディングスの場合，投資チームのメンバー自身が調達・製造のリードタイム削減のため，サプライチェーンのプロセス変革を計画策定から実行に至るまでサポートを行っている。昨年投資を行ったベルシステム24においても，投資直後から現在に至るまで，顧客別の潜在需要の調査や営業戦略の作成・実行といった売上高増加に向けた施策から賃料等間接コストの削減まで継続的にサポートを行っている。

　本件においては，先述の通り案件の性格上，投資前から事業戦略に関する理解・議論を深めることができたため，投資前後でシームレスに事業改革のサポートを行っている。ドミノ・ピザの場合，投資当初の3ヶ月ほどは，実際にデューデリジェンスを行った投資チーム三名のうち，コンサルティングファーム出身の二名がほぼ100％の時間を事業改革サポートに使い，投資銀行出身の一名も，資本構成の変化に伴い新たな役割が拡大した財務部のサポート，金融機関とのコミュニケーションにあたってきた。投資から半年が経過した現在は，投資チームが使う時間は50％ほどに減った一方で，新たに事業支援チームから一名が支援に加わり，売上高の成長からコスト削減にいたるまで，あらゆる分野においてプロジェクトレベルでハンズオンでの支援を行っている。

　オルカー社長の信念でもあるが，本件の支援において特に重視しているのが，店舗重視の姿勢，現場中心の改革である。すなわち，ドミノ・ピザのような小売・外食ビジネスの売上・利益はすべて各店舗の売上・利益の積み上げであり，いかに各店舗が業績を上げやすい環境を構築するか，店舗利益の積み上げが会社の利益に直結するよう本部組織を効率化するかが重要である。ここでは，投資後3ヶ月で行った数多くの施策の中でこの観点から，新インセンティブ・プログラムの設計，インターナルフランチャイズ制度の導入，新店舗出店に向け

た調査という三つの例においてベインキャピタルがどのように実行に向けたサポートを行ったか，説明する。

① **インセンティブ・プログラムの設計**

　先述の通り，ドミノ・ピザの売上・利益はすべて店舗の業績の積み上げである。また，メニューチラシの配布の仕方やアルバイトのシフト管理，18～20時前後のピークタイムにおけるオペレーション管理など，店舗レベルの努力によって業績は大きく変わる。したがって，店舗を管理する店長にいかにモチベーションを高く持って店舗を運営してもらうか，会社全体にとっても非常に重要である。そこで，店舗の業績や運営状況に応じて各店長にボーナスを支給するインセンティブ・プログラムをオルカー社長の発案で設計開始，2ヶ月間の設計期間を経て2010年4月から導入している。

　このようなインセンティブ・プログラムの導入はアイデアとしてはしばしば出てくるものであったが，実際に具体化しようとすると，細部の設計で多くの困難が生じる。例えばボーナスの総支給額の決定，店長間の支給額の分布のバランス（一番もらえる人ともらえない人でどれくらい差をつけるか），納得感のある店長評価の指標設計などを店舗・全社両方にとっての最適化の観点から決定する必要がある。また，台湾でもインセンティブ・プログラムを導入して成功を収め，日本でも大胆なインセンティブ・プログラムをスピーディに導入する意向であったオルカー社長に対し，ドミノ・ピザ ジャパンの経営陣，営業部メンバーは，店長のモチベーションを上げるためにも新スキーム導入自体には賛成であるものの，最初から大胆なスキームを導入するよりも，まずは店長間の差もあまりつかない比較的保守的な形からはじめて，理想とするスキームに対して徐々に移行していく形を希望した。こういった関係者間の意向の違いを調整しつつ細部にわたる設計を行うため，週に1～2回のミーティングにベインキャピタルからも常時一～二名が参加，議論をモデレートし，4月からの実施にこぎつけた。

　インセンティブ・プログラムの第一ラウンドは4，5月で終了した。この時期は年間でも比較的売り上げ・利益が立ちづらい時期であるが，各店舗が売り上げ増進，オペレーション最適化に努めた結果，利益は予算を大幅に上ブレし，

多くのボーナスが支給されることになった。中にはこの2ヶ月だけで通常のボーナスに加えてインセンティブ・プログラムから数十万円を得た店長もおり，個人の成果に応じたボーナス配分の実現が現場のモチベーション向上に寄与している。

② インターナルフランチャイズ制度

　インセンティブ・プログラムと平行して店舗のモチベーション向上に向けて初期から導入した大きなプログラムがインターナルフランチャイズ制度である。これは，希望する社員に対して既存の直営店舗を売却し，フランチャイズになってもらう制度である。これもインセンティブ・プログラムと同様，スコット社長が台湾で導入していたものであるが，店舗レベルでフランチャイズオーナーとなった店長の経済的利益と店舗の業績が直接リンクすることになるため，店長がよりモチベーションを高く持って業績向上に取り組むようになるという狙いを持っている。

　日本においても，店長にヒアリングを行うと，いずれ直営の店長から独立して一国一城の主になりたいという希望を持っている人が多く存在していた。一方で，ドミノ・ピザ ジャパンはこれまで原則直営店舗で運営してきたため，こういった熱意を持つ店長はたとえ優秀であってもどこかのタイミングでドミノ・ピザから離れていくことが多く，場合によっては競合ブランドでフランチャイズオーナーになるケースもあった。

　こういった店長に対してドミノ・ピザビジネスの内部で独立の機会を与えるインターナルフランチャイズ制度は，店長にモチベーションを上げて働いてもらうためには非常に重要なプログラムであった。しかし，インセンティブ・プログラムと同様，いざ実施となると，対象とする店舗の決定，売却額をはじめとするフランチャイズの条件設計，フランチャイズオーナー募集のプロセス策定や複数候補者から実際のオーナーを選ぶ方法の決定など多くを詰める必要があった。この実施に向けては，ベインキャピタルはまず先述の通り，投資発表直後に四国・大阪に存在する現在のフランチャイズ店舗オーナーへのインタビューに訪問し，店舗サイドから見たフランチャイズへの意向を再確認した上で，売却対象とする店舗を決める条件・算出式を作成，フランチャイズオー

ナーとなる社員との間で交わすフランチャイズ契約書の作成支援，実際にフランチャイズ店舗としての運営を開始するまでのTo-Doリストの作成とスケジュールへの落とし込み等を行った。

インターナルフランチャイズ制度適用の第一号店は7月からフランチャイズ店舗としてのオペレーションを開始した。当初の狙い通り，オーナーとなった社員はこれまで以上にモチベーションを上げて店舗運営に取り組んでおり，売り上げ増加に向けて自発的にメニューチラシの配布強化や宅配圏内の法人への営業強化に取り組んでいる。その後，すでに10店舗以上がフランチャイズとしてのオペレーションを開始しており，今後も実際にフランチャイズとなった店舗の状況を見つつ，インターナルフランチャイズ対象店舗を増やしていく計画である。また，中長期的にはこういった既存店のフランチャイズオーナーとして力と自信をつけた店長が，今度は新規店舗を新たにオープンさせることで，全社としての店舗数増加にも寄与してくれるよう支援のプログラムを作成している段階である。

③ 新店舗出店調査

上記①②のような現在の店舗のモチベーションを上げることで既存店の業績を良化させていくのと平行して，小売業界で重要なのが新店舗出店による全社売り上げ・利益の増加である。ベインキャピタルでは，これまでどの小売・外食業界[3]における投資においても，成長のための施策としてコスト競争力の強化や既存店舗の最適化を実現しながら，新店舗出店による成長に取り組んできた。ドミノ・ピザ ジャパンに関しても中長期的にはこうした新規出店による成長を加速させることが，会社の目標でもあるし，ベインキャピタルとしての投資テーマでもある。一方で，過去5年ほどに出店してきた新規店舗を見てみると，その大部分が投資回収・黒字化に苦戦し，撤退を余儀なくされてきた。

---

3) 外食業界における投資事例は前述だが，外食以外の小売プレイヤーに関しても，米トイザらス，米最大の音楽機器販売店チェーンであるギターセンター，ニューヨーク周辺の最大ドラッグストアチェーンのDuane Reade，カナダ最大のドラッグストアチェーンShoppers，カナダの1ドルショップDollarama，中国家電量販店の最大手である国美電器，南アフリカ最大のアパレル百貨店であるEdconなど多くの投資を行っている。

その中で，現在，3年以内に投資回収が確実になる新店舗モデル構築を目指し，全社レベルで新店舗開発プロジェクトを行っている。4月にはドミノ・ピザ ジャパンへの社名変更後第一号店として埼玉県に新越谷店をオープンした。このオープンに際して，新店舗の宅配圏内の宅配ピザ消費者にフォーカスして500人規模の消費者調査をベインキャピタルが行った。この目的は新規エリアでの消費者の顧客特性を把握するとともに，最適なオープンマーケティング戦略が何か，設計することにあった。それまでドミノ・ピザでは新店舗出店に際しては顧客ベースをいち早く積み上げるため，大規模なディスカウントキャンペーンを行ってきた。結果として確かにキャンペーン期間中，顧客は大幅に増えるものの，オーダーが集中しすぎて現場のオペレーションが対応しきれず過度に人件費がかかりすぎたり，キャンペーンをやめて価格帯を通常に戻したとたんにオーダーが激減するといった問題を抱えていた。

　新越谷店では，この消費者調査の結果をもとに，ドミノ・ピザの営業部やマーケティング部のメンバーとも議論を重ね，このエリアの消費者特性に合ったものへとオープンキャンペーンの内容を修正した。また，顧客ベースを積み上げることよりもむしろ，一度注文してくれた顧客をどう二回目，三回目オーダーにつなげるか，顧客のロイヤリティー向上に力点を置いたマーケティングを展開するよう方針を変更している。この結果，オープンから2ヶ月目にはこれまでにないペースで業績の黒字化を達成し，3年での投資回収を目標に立てた計画を大幅に前倒しする勢いで投資回収が進んでいる。

　現在はこの新越谷店の状況を継続モニタリングするのと同時に，さらなる新店舗オープンに向けて全社プロジェクトを進めている。ここでも，これまで本社経営陣で行っていた検討・意思決定の仕組みを改め，各エリアで店舗を管轄しており，より現場に近いレベルに位置する営業課長陣に主導権を移管し，彼らに主体的に次の出店候補地域の発掘やマーケティングプランの検討を行ってもらっている。経営陣やベインキャピタルの役目はリーダーである営業課長の報告に対するインプットを加えるとともに，前述のような消費者調査を行う場合に，これまでの経験をベースにアドバイス，スキルのトランスファーを図ることにある。これにより，これまで以上に本社経営陣から現場まで一貫してモチベーションを高く持って新規出店に取り組むことが可能になっている。ドミ

ノ・ピザ日本進出25週年でもある9月30日には,この新プロジェクト体制の下での第一号店となる東大和店が誕生した。

　以上はこれまで半年の間に行ってきたプロジェクトや施策の中でも特に初期3ヶ月に推進したもののごく一部である。ベースにある支援思想は,ドミノ・ピザ ジャパンの外食産業という特性を踏まえた上で,現場レベルの方々にモチベーションをより高く持って会社をよくしてもらうため,ベインキャピタルとしてできることを,単に「株主としての離れた立場」から「言う」だけでなく,「現場と同じレベル」に入り込み,やるべきことを「一緒に考え」,「実際にやる」というものである。

　また,ここでは特にトップラインの成長に向けた施策について三つ紹介したが,こういった成長施策が投資後早いタイミングで可能になったのも,前述のように,投資前から事業計画の策定が進み,早期に最適な経営チームを組成できたことで,すぐに行うべきコスト最適化が極めて早いタイミングで目処がついたためである。実際,投資前に想定していた組織の筋肉質化に関わる施策の大部分は2010年3月末までには細部の設計が終わり,モニタリングの状況に入っている。

　ただし,このように事業の改革が順調に進んでいるのは,当然ではあるが,ベインキャピタルのアプローチだけによるものではない。そもそものドミノ・ピザの事業モデルの優位性,会社の皆様の潜在的能力の高さ,ドミノ・ピザ ジャパンをさらにいい会社にしたいという強い意欲,そして会社をさらに成長させるためにベインキャピタルのメンバー等外部も含めた議論を積極的に受け入れようとする前向きな姿勢によるところが大きい。また,新たな経営体制,並びに新たな株主と経営との関係へと移行したことで,現場レベルではこれまでやりたくてもできなかった施策を従来のしがらみにとらわれずにできるようになったため,会社の皆様のモチベーションが高くなっているのも非常に大きな要因である。多くの社員の方々の夢を実現すべく,またドミノ・ピザが日本の宅配ピザ市場のリーディング・ポジションを再構築すべく,中長期的な成長に向けて今後とも社員の皆様をサポートしていく所存である。

おわりに

　以上，簡単にではあるがドミノ・ピザ ジャパンへの投資を例に，ベインキャピタルの投資アプローチについて説明してきた。単に株主という立場ではなく，会社と同じ視線から成長戦略を考え，実行までハンズオンで支援していくことで両者にとってウィン・ウィンの状況を作ろうとするベインキャピタルのアプローチは，従来のしがらみにとらわれずにゼロベースで会社を再成長させ，フルポテンシャルを発揮していこうとする企業と非常にフィットが高いと考えている。また，ドミノ・ピザ ジャパンは日本国内のドミノ・ピザの総代理店であるため，海外における成長という選択肢はなかったが，米国・欧州・アジアに有する9拠点を活用して，日本企業のグローバルな成長を支援するのもベインキャピタルの特色あるアプローチの一つである。例えば先述した高級音響機器メーカーのディーアンドエムホールディングスにおいては，主要市場が世界各地に広がっているため，米国，中国，ヨーロッパそれぞれのオフィスから対象会社を支援する体制を取っている。

　翻って日本の状況を鑑みると，多くの企業が資金・人両面でのリソースの制約の中，事業の選択と集中について再考すべきタイミングに直面している一方，ドミノ・ピザ ジャパンの事例と同様に，本業とのシナジーが少ないにもかかわらず大企業の傘下にあるがために，あるいは環境が変化しているにもかかわらず従来のやり方にとらわれているために，十分なリソースも回ってこず，本来のフルポテンシャルが発揮できていない事業・子会社も多く存在する。このような状況の中で，今後，日本においても，多くの大企業がコア事業とシナジーのない事業・子会社を切り出して自社ポートフォリオを整理し，コア事業へリソースを集中投入することで再成長を図る一方，切り出された事業・子会社は本社の制約から離れて独立した企業体として成長を目指すという事例が増えていくものと考えている。このような文脈において，今後，ベインキャピタルも本論で紹介したアプローチやグローバルな支援体制を利用しながら，国内外における日本企業のさらなる成長に貢献していければ幸いである。

経営者インタビュー

ベインキャピタルと力を合わせ，さらなる成長を実現

株式会社ドミノ・ピザ ジャパン
代表取締役社長
スコット・オルカー氏

株式会社ドミノ・ピザ ジャパン
執行役員営業部長
柿内宏之氏

Q スコット・オルカー様は2010年2月に社長に就任されました。ドミノ・ピザ ジャパンの事業を伸ばせると確信した理由と社長を引き受けた最大のポイントは何でしょうか。

オルカー：日本は，台湾や韓国といったアジア諸国と文化的にも似ていると思うのですが，そういった国の宅配ピザ市場と比較してみても，成長の余地が非常に高い市場だと捉えています。ドミノ・ピザは，韓国では約300店舗，台湾では約130店舗ありますが，人口の違いを考慮に入れて妥当な店舗数を考えると，日本であれば600～700店舗までいくだろうというのが私の見解です。さらに可処分所得は韓国や台湾よりも日本のほうが高いわけで，それをプラスするとさらなる成長が可能だと私は思っています。

また，これらアジア諸国と比べて日本の宅配ピザの歴史は長く，1980年代からずっと食べられてきた食べ物なので，これからは80年代から食べ続けてきた人たちが，親となって子供と一緒に食べることで，子供の世代もピザに慣れ親しむといった風にしてさらに宅配ピザが普及するという形でも市場が拡大しうると考えています。あとは，日本でビジネスをする際には，「便利さ」というのが非常に大きな要素だと思っています。私たちのビジネスは，おいしい商品を直接お客様の家までお届けするという形で便利さを提供できるという意味でも成功を確信しています。

私自身，1988年から長い間ピザ業界で仕事をしていまして，日本のピザ業界，日本のドミノ・ピザとのかかわりもその年からはじまっています。また2000年代前半には当時のヒガ・インダストリーズの取締役もしており，その当時から日本におけるドミノ・ピザビジネスはもっと成長できるだろうと思っていました。ベインキャピタルさんとの関係も彼らが米国でドミノ・ピザに投資した時から続いていまして，このお話をいただいた時に，私ができることもあるだろうと思いましたし，自分が適任だと思いまして引き受けた次第です。

Q グローバル・プライベート・エクイティ・ファームのベインキャピタルは，小売や外食チェーンへの投資実績が豊富にあります。最初にベインキャピタル・ジャパンのメンバーと会った際にどのような印象を持ちましたでしょうか。

オルカー：ベインキャピタルの皆さんに最初に会ったのは彼らが米国ドミノ・ピザに投資をした1990年代後半です。その際にはアメリカのアンドリュー・ボルソンさんやマーク・ナナリーさんに会いました。今回の件も，最初は2009年の夏にアンドリューさんからコンタクトがあり，日本での活動についても自身が積極的に関係しているということで，アンドリューさんと日本で活動しているデイビッド・グロスローさんにボストンで会ったというところからはじまりました。そこで，ピザ業界全般に関しての話や日本においてのピザ事業についての話をしました。

その後，2009年11月に日本に来て，ベインキャピタル・ジャパンのチームにも会いまして，ピザ事業に関して彼らが立てている仮説なども含めて突っ込んだ議論をしました。その中で，このビジネスについての見解とか見方に共通点が多いなと感じました。同時に，彼らが考える事業の方向性に自分が寄与できる部分もあるなと思いました。本当にチームを組むパートナーとして最適だと思いましたし，同じビジョンを共有しつつ日本のドミノ・ピザを一緒に成長させられると思いました。

柿内：正直に言いまして，はじめて会った頃は俗に「ハゲタカ」といわれるようなイメージもありますから，ちょっと恐怖も感じました。しかし，事業の議論をしていく中で，未来に向けて非常にかかわり方が優しいといいますか，例えば会話の中で「ピザをたくさん食べています」と言っていただいたりしてモチベーションを高められたりとか，そういう意味では，これまでも投資ファンドさんとはお付き合いがありましたが，ベインキャピタルさんはちょっと違う集団なのだなと感じるようになりました。一方で，米国企業の再建成功の経験もあり，非常にプロフェッショナル感もありました。経験やノウハウをお持ちですので，かかわり方が非常にソフトではありながら，本質を突いてきて必ずフォローアップがあります。距離があっても，電話でいろいろコミュニケーションをもらうのですけれど，単に投資家というよりも支援者といいますか応援者という感覚を持っています。強烈なインパクトというよりも，すっと入ってこられた感じがありますね。非常に違和感がない形でした。投資から数ヶ月後に行われた全店長を集めた年に一回の会議の際にも，とてもユニークかつみんなのモチベーションを上げるような面白いプレゼンをしていただき，多くの店長にすっと溶け込んでいましたね。

実際に投資が始まった後のキーワードは，やはり「スピード」ですね。具体的にいうと，ベインキャピタルさんが新たにかかわって，今まででではおそらく3ヶ月はかかっていたことを，今は1ヶ月でやっています。だからこのスピード感というのは今までの3倍くらいです。これはマネジメント・チーム以外のスタッフや店舗の皆も感じていると思います。そういったスピード感の違いやかかわり方のストロークそのものが変わってきたというのと，ボスシップではなく常にリーダーシップというのがあります。

　もう一つ印象的なのは，やはりロジカルな考え方です。これは本当に勉強になります。ドミノ・ピザは店舗ビジネスで，お客様と直接かかわりがありますので，ヒューマンであったり，マインドであったり，そういった部分が非常に強いです。ベインキャピタルさんはそれを大事にしつつ，ロジックを加えて事業の方向性を考える手伝いをしてくださり，これが本当に一体となった時はすごいパワーで，事業を大きく展開できたりとか成功できるなと確信しました。

年に一度の全店長ミーティングにおいてプレゼンを行う
ベインキャピタルメンバー（横山，西）

Q 事業会社の傘下に入るのと比較して，バイアウト・ファンドが株主となることの優位性についてはどのようにお考えでしょうか。

　柿内：まず大きな違いは，バイアウト・ファンドが株主の場合，自分たちが作ったノウハウ・経験を修正・再構築しながら自らの手で実現していくということが，マネジメント・チームも現場の最前線も含めて，引き続き継続してできるということです。おそらくこれが事業会社になった場合は，自分たちの夢と目標が，自分たちの頑張りによっ

て手に入れられるということが，極めて難しくなるのだと思います。

　オルカー：バイアウト・ファンドのほうが，やはり経営陣と株主の物事の見方とか見解の方向性を合わせるというところで，事業会社の傘下に入るよりも簡単だというところが一番大きいかと思います。事業会社だと，いろいろと事業運営以外のさまざまな課題・問題等を考えなければいけないのですが，バイアウト・ファンドの場合だと，本当にその事業を拡大するというところにフォーカスができます。

　もちろん，規模が非常に小さい会社の場合は，リソースやインフラ整備の問題で，独自に事業展開するよりも，事業会社の傘下にあったほうが効率的かもしれません。幸い，ドミノ・ピザ ジャパンの場合はそれらを自分で賄うくらいの規模はあるので，新店開店をするにしても既存の店舗を拡大するにしても，制約なく自分たちで事業の方向性を考えられる点でバイアウト・ファンドが株主になることのほうが良かったと思います。

　あとは，特にベインキャピタルさんが株主になってくれたことが，私たちの会社の信頼性を強固なものにしてくれたと思っています。それはマネジメント層の採用に関してもプラスに働いていますし，店舗の不動産を調達するにしても，銀行とのやりとりをするにしても，取引先とのやりとりをするにしても，いろいろ意味で非常に大きな寄与をしていただいているなと思います。

Q バイアウト・ファンドが株主である中で経営改革を推進していく際には，最初の半年は特に重要な期間であると言われています。現在までに特に重視して取り組んできた経営施策は何でしょうか。

　オルカー：実際にベインキャピタルさんと会社がチームとして一丸となって既にいくつもの施策が進んでいます。

　まず，現場のリーダーである店舗マネージャーに，個々の業績に応じて追加ボーナスを支給するインセンティブ・プログラムを構築しました。私たちのビジネスというのは，売上も利益も店舗から来ているわけで，やはり店舗が一番大事です。そこを運営する店舗マネージャーのモチベーションを上げるため，インセンティブ・プログラムを非常に時間をかけて作ってきました。

　簡単そうに聞こえるかもしれませんが，非常にたくさんの議論をしなければならない施策でして，店舗のマネージャーをいかに評価するかといったところも含めて，何が一番ベストな手法なのかという議論を重ねてきました。

あとは，店舗数をいかに増やすかというところが大事で，それに関しては三つのアプローチをとっています。三つとも既に実行段階にまできています。一つ目は，直営店の数を増やすということです。2010年度は上期だけで5店舗以上のオープンの目処が立ちました。二つ目は，インターナルフランチャイズという，長く社内で働いている人にFCオーナーになってもらう制度です。幸いなことに，社員の中には本当に現場の経験が豊富で，かつ起業家精神があって自らビジネスオーナーになりたいというマインドを持つ人が何人もいますので，その人に店舗のオーナーとして活躍してもらうというキャリアパスを提供することにしました。三つ目は，外部の会社にフランチャイズとして店舗を経営していただくということです。こういった三つの方法を取ることによって，店舗数の拡大もできると思いますし，それを既存店舗の売上拡大をする施策と同時並行でできると考えています。

今あげた施策はこの6ヶ月間で既に実施しているほんの一部でして，他にもいろいろ施策が進行しています。コスト削減に関しても，1年で4億円削減をキーワードに全社一丸となって真剣に，また楽しみながら行っています。このあたりの盛り上げ方もベインキャピタルさんは上手いですね。

週末恒例の店舗見学で店長と議論するオルカー社長

Q ベインキャピタル・ジャパンのメンバーは，どのような形で経営に参画していますか。

柿内：ベインキャピタル・ジャパンの参画そのものが本当にプロジェクト・ベースです。プロジェクトですからミッションがあるのですが，それを達成するということなのですけれど，ベインキャピタルさんがかかわることによって人材開発もされていきまして，本当に能力アップにつながっています。今までは，縦割りの中で非効率も当然生まれていたのですが，横断的なプロジェクト・ベースの展開を現実的に体験し，みんながのびのびやっています。

やはり本当にいいものは何かということについて，トップではなくて，常にボトムを大切にしながら生かしていくというかかわり方をされますので非常にいいですよ。執行役員会にも出席されますが，会社のデスクに座って仕事をするのではなくて，24時間いろんな場面で，自分のライフスタイルの中でコミュニケーションをされている感じです。何か気になったらすぐメールして，「これどうなんですか」と聞くこともそうですし，今までは縦割りでボスとか部下に関しての縦の動きが中心でしたけれど，今は横断的ですべて巻き込んでいくような体験をしているという感じです。

Q バイアウトの成功の鍵の一つとして，社員を含め全社一体となり取り組むということがあげられます。社内の活性化や社員のモチベーションの向上策で特に重視している点は何でしょうか。

柿内：先ほどオルカー社長も話していた店舗マネージャーへのインセンティブ・プログラムは計画利益を超えた場合に，それを超えた部分の一部を店舗マネージャーにも個々人の業績に応じて還元しましょうというもので，一丸となって会社に貢献したいということになります。この企画が4月からスタートしまして，ちょうど今日が4，5月分のインセンティブの支給日なんです。マネージャーが全員集まり，社長から直接現金で個々人の業績に応じたボーナスが支給されるということで，非常に盛り上がっていますよ。

それから，これもオルカー社長も話していましたが，インターナルフランチャイズ制度もすでにスタートし，10人以上のフランチャイズオーナーが社員から誕生しています。これもやはり，この飲食業に従事する人というのは，「独立して一国一城の主になりたい」というもう一つの夢がありますから，それを実現する機会を提供するというものです。その他には，この下半期からスタートする全社的な人事制度に着手していま

す。これも成果に関する報酬をもっとドラスチックにもっとアグレッシブにということで推進していきます。

ドミノ・ピザ ジャパン経営陣とベインキャピタルメンバー

Q 今後，事業を拡大していく上で，ベインキャピタル・ジャパンのメンバーとはどのような連携をしていきたいと思いますでしょうか。

柿内：今まさしく事業規模の拡大をどうするのかという議論をしています。300店舗を達成するためには，どういった人材力で，どういったノウハウと収益性がないと駄目なのかというような議論を具体的にしています。そして500店舗の場合はどうか，さらにその上の可能性を模索するには，どの時期に何を準備しないと駄目なのかという議論を行い，実行に移すため，ベインキャピタルさんからの継続的な支援がやはり必要となってくると思います。

また，米国ドミノ・ピザとは，やはりフランチャイザーとフランチャイジーの関係でありますから，いろいろな折衝ごとがあります。例えば，米国ドミノ・ピザのスタンダードではアルコール販売は禁止などの制約事項がいろいろあるのですが，それができるようにならないのかというような問題に関しても，特殊事情は国々でありますから，米国のスタンダードを尊重しつつも日本の宅配ビジネスに最適なビジネスモデルになるよう例外条項も設けるなど，ベインキャピタルさんに上手く間に入っていただいて交渉ができればと思っています。

さらに，ベインキャピタルさんは，グローバ企業の成長支援のノウハウもお持ちですので，そういったノウハウを伝授いただいて，ドミノ・ピザ ジャパン，の人材育成や人材開発をしていってもらうというようなことの期待もすごく大きいです。

オルカー：やはりベインキャピタルさんには，戦略策定やさまざまな分析など，われわれの内部でははしえないことを実行できるノウハウや経験やスキルがあると思いますので，そこに関して最大限お力を借りていきたいと思います。本当に個人レベルでベインキャピタルのメンバーは，私たち経営陣に非常に大きな影響を与えています。

私たち経営陣のほとんどは現場上がりで，この業界の中でずっと育ってきましたので，ベインキャピタルの皆さんのようなプロフェッショナルなバックグラウンドの方と日々議論をともにしたりして刺激を受けるという機会は今までなかったのです。そういう意味で，大きな刺激を得ているし，学びを得ているということが非常に大きいと思います。

ベインキャピタルさんのチームメンバーは，私たちへのアプローチの仕方ということに非常に気を遣っていただいていまして，私たちのビジネスを学ぼうとして下さっていますし，すごく上手く機能しているといえるかと思います。そういったアプローチを取って下さったからこそ，関係している全員にとって，一緒に協業していくという意識が非常にポジティブに働いています。株主と会社というところで考えても，その立場に関係なく，何が会社のために良いのかについて熱い議論になったりします。本当に白熱する場面もありますが，議論が終わると何事もなかったように，また和やかになります。非常に建設的な議論ができているし，健全な関係が築けているなと思っています。

スコット・オルカー氏略歴

1959年生まれ，米国ミシガン州出身。19歳モルモン教の宣教師として2年間台湾で布教活動。ミネソタ大学卒業。サンダーバード大学大学院MBA取得。1988年，ドミノ・ピザ本社入社。アジア太平洋地域のドミノ・ピザのオペレーション責任者を務めた後，1992年から14年間，ドミノ・ピザ台湾の社長，その後取締役に。2010年2月ドミノ・ピザ 社長に就任。

柿内宏之氏略歴

1960年生まれ，岡山出身。ダイエーのファーストフードチェーンの入社をきっかけに，外食事業のピープルビジネスに惚れ込み，ドミノ・ピザに出会う。外食産業従事暦30年，常に現場感を大切にし，熱い男と評され，叩き上げの一人者である。ドミノ・ピザ店長から営業部長を歴任し，現在執行役員営業部長として最前線の指揮を執る。SDA（全日本デリバリー業安全運転協議会）理事。

第7章 業界再編に向けたコミュニティワンの挑戦
―― マンション管理業界における業界インフラの構築を目指して ――

アドバンテッジパートナーズLLP
パートナー 喜多慎一郎

はじめに

　弊社アドバンテッジパートナーズ（以下「AP」という）がサービスを提供するファンドが，旧ダイア建設の子会社でマンション管理業を営むダイア管理とその関連会社（現コミュニティワン株式会社）に投資して3年近くが経過した。投資以来，グループとして4社のマンション管理会社を追加買収し，グループ全体の管理戸数規模は投資当初の約1.5倍の15万戸程度まで拡大している。

　「これまで安定的な成長が続いてきたマンション管理業界ではあるが，業界全体として大きな曲がり角に来ているのではないか」というのが投資時点におけるわれわれの仮説であった。そのような業界において再編に取り組み，何らかの新しい価値を創出したいという思いで，本件投資に取り組んできた。

　本稿ではまず，バイアウト・ファンドを運営するAPのこれまでの業界再編への取り組みや，マンション管理業界の一般的な特性をご説明した上で，これまでAPがコミュニティワンの経営陣・従業員と一体となって進めてきた経営改革のアプローチとその成果，ロールアップ戦略（同一業界の複数企業への投資によって全体の価値を高める投資戦略）のコンセプトと現状，今後の方向性等について，お示しさせていただければと考えている。

1　APの業界再編への取り組み

(1) 業界再編と投資機会

　ロールアップ戦略とは，バイアウト・ファンドとして保有する経営資源，ノウハウやネットワークを活用し，投資成果につなげることが可能な投資戦略の一つである。業界再編への取り組みにより，投資先企業自体の業績や業界内での地位が変化するとともに，業界全体として効率化が進み収益性も改善される。また，さらなるM&Aの成功による成長期待も生まれる。

　われわれAPはこれまで複数の業界において業界の再編に深くかかわってきた経験を持つ。一例として，APファンドが以前実行した国内製塩業への投資の事例につき，簡単にご紹介させていただきたい。

　2003年に投資を実行した時点において，国内の製塩業界は，市場が緩やかに縮小する中で業界全体が設備過剰に陥っていた。さらに輸入塩の自由化などの規制緩和が競争環境を大きく変化させつつあった。市場を取り巻く環境が厳しさを増す中，APとしてはロールアップ戦略の実行により規模拡大を図り，同時に営業マーケティング戦略の再構築により収益体制強化を行うことが可能ではないかという仮説のもとに本業界への投資を実行した。最終的には，国内に存在していた6社のうちの3社をファンドが買収し，国内シェアの半分程度を獲得した上で合理化を推進，収益性の改善に成功した（現在の株式会社日本海水）。

　APは，業界の各プレイヤーに対し成熟市場における業界再編の重要性を説明し，他の業界・投資先での経験をもとに当該業界の常識にチャレンジしていった。投資先各社の経営陣と一体となり，追加買収の事業評価，投資実行，買収後の統合支援，財務戦略と事業戦略との統合をリードした。特に事業統合プロセスにおいては中立的・客観的な推進力となり統合の成功に貢献したと自負している。

(2) ターゲット業界の選定

　それでは，いつ，どのような業界で再編が起こるのだろうか。理論的にはす

べての業界で再編が起こる可能性が存在するはずだが，歴史を紐解くと，特に市場の縮小や規制緩和を含む競争環境の変化等，業界を取り巻く環境が何らかの変曲点を迎える時に業界再編が加速化される傾向が見られる。1990年代の日本の金融業界や医薬品卸業界の再編などはその典型的な例であり，前述の製塩業界も当時，そのような条件を満たしていた。現在の日本企業を取り巻く市場の縮小や技術の変化，グローバルな競争環境等を考えると，今後，業界再編が加速化しそうな市場は数多い。

このような視点でさまざまな業界を研究していた中で，マンション管理業界はまさに，われわれが業界再編を仕掛けるにふさわしい条件を満たしているように思われた。

2 マンション管理業界の動向

(1) マンション管理業の業界特性

マンション管理会社は，マンションの所有者によって構成されるマンション管理組合に対し，管理組合の業務遂行に必要な各種サポートを行うのが基本的な業務内容である。例えば，マンションの管理員の配置，清掃や修繕の実施，管理組合の会計業務の支援などのサービスを提供している。さらに大手の管理会社では，共有部の大規模修繕工事業務，マンションに関する保険商品を販売する保険代理業務，専有戸の居室内のリフォーム業務やマンションの賃貸・売買仲介などの流通業務等々，快適なマンション生活を支えるさまざまな付加価値サービスの提供を行っていることが多い。

マンション管理業界には，業界団体である社団法人高層住宅管理業協会の正会員企業だけで400社程度存在する。このうち300社以上の企業が管理戸数1万戸以下の中小規模の管理会社であり，極めて分散化された市場構造になっている。マンション管理業界の企業は，マンションデベロッパー系と独立系の企業群に二分される。デベロッパー系の企業は，親会社のブランドを社名の一部に冠し，親会社が分譲した物件を管理することが多い。一貫したブランド価値を維持するために手厚いサービスが提供されることが多いが，コストも相対的に

高いのが特徴である。一方，独立系のマンション管理会社は，マンション管理会社をグループに保有しないデベロッパーからの受注や他の管理会社の管理物件のリプレイスにより受託物件を獲得することが多い。

(2) マンション管理業を取り巻く環境の変化

　昭和40年代後半から日本では分譲マンションが本格的に供給され，新規供給に関しては何度かの浮沈のサイクルを経たが，マンションストックは一貫して増加し，平成21年末現在のストックは562万戸を超える状態にまで達し，約1,300万人の人々が居住していると言われる。マンション居住者のマンションへの永住意識も過去一貫して上昇傾向にあり，最近の調査では，約半数の区分所有者がマンションを終の棲家と考えていることが明らかになっている。

　マンションストックとその居住者の増大を背景として，行政当局も政策方針

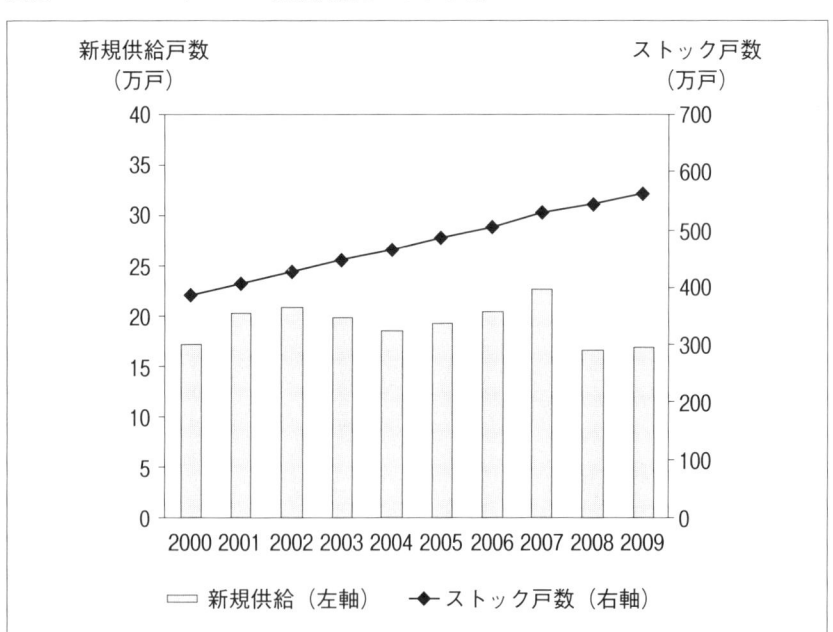

図表 7 - 1　マンションの新規供給とストック数

(出所)　国土交通省

を住宅の供給量から良質な住宅ストックの維持・管理の向上へとシフトしており，近年，各種法律・制度の整備を進めてきている。具体的には，平成13年8月に施行された「マンションの管理の適正化の推進に関する法律」を皮切りに，マンション管理組合とマンション管理会社間のマンション管理業務の委託に関する標準管理委託契約や長期修繕計画作成ガイドライン，大規模修繕工事に関するマニュアルを作成して業務の標準化を進めている。「マンションの管理の適正化の推進に関する法律」については，平成22年5月に施行規則の改正が行われ，特に収納口座と保管口座の分別管理方式等が明確に規定された。

これらの規制強化の背景には，相次ぐマンション管理会社の従業員による不正事件の発生や，消費者保護気運の高まりが存在する。規制の強化に対応するため，マンション管理会社は，業務フローの適正化，コンプライアンス対応のためのシステム投資などのインフラを整備する必要があり，結果として事業運営コストが近年上昇する傾向にあるが，この傾向は今後も継続すると考えられている。

自宅のマンションを終の棲家とするのであれば，その居住空間を快適なものに維持し，時にはリフォーム等も行ってさらに改善したい，というニーズが増加するのは当然である。中古マンションの取引事例が増加し，マンションの資産価値の維持・向上への関心も高まってきている。結果として，マンション管理業界に対するニーズは高度化・多様化しており，管理費についてのコスト意識全般が高まると同時に，マンションの資産価値を高めるようなサービス，例えば24時間対応可能なコールセンターの設置やセキュリティサービス，適切な大規模修繕工事の実施，居室内のリフォームや売買の仲介等，幅広いサービスの提供が管理会社に求められるようになってきている。

(3) マンション管理業界の再編

マンション管理会社は，基本的には安定的なビジネスである。少なくともこれまではそうであった。顧客である管理組合の意識も受身の立場であり，よほどのことがない限り，当該マンションを開発したデベロッパーの関係会社に任せきりにする時代が長く続いた。また，大きな資本力を要しないこともあり，中小の管理会社が数多く存在する状況になっている。

しかしながら，マンション管理業界を取り巻く環境は徐々に変化を始めている。前述のように，マンション管理会社に対する行政当局の規制は強化されており，万全のコンプライアンス体制を築くための継続的なシステム投資をはじめとする事業コストは増大している。本来必要なシステム投資ができていないような中小規模の管理会社も存在すると言われる。また，顧客の意識も向上しており，「マンションの資産価値を高めることができる管理会社」，「個々の所有者のニーズに対応できる管理会社」がより強く求められてきている。こうしたコンプライアンスの徹底，コスト競争力の保持，多様なサービス提供の実現のためには，管理戸数を一定以上の規模にすることが極めて重要になってくる。

そうした中，M&Aの事例は少しずつ出始めてはいるが，そのペースは他業界と比べて緩やかである。会社や株主によって状況は異なるが，主な理由として考えられるものは以下の三つである。

① 比較的安定したキャッシュフローがあり，中小の管理会社でもすぐに破綻するなどの懸念は少なく，会社を売却しなければならない明確な理由が存在しないこと
② デベロッパーの子会社のマンション管理会社が多く存在する業界構造であり，本当は統合のメリットがあったとしても，ブランドの統合など，さまざまな障害が出てしまうこと
③ 顧客保護の観点に基づく行政当局や業界団体の指導等により，マンション管理会社の統合の際には顧客である管理組合一つひとつからの承諾を取ることが必要とされるケースも存在するため，企業統合に相当の時間と手間が必要であること

われわれがマンション管理業界での業界再編を仕掛ける上で，上記の課題については解を用意する必要があった。

3 ダイア管理からコミュニティワンへ

(1) ダイア管理への投資

2008年2月，マンションデベロッパーのダイア建設が子会社のマンション管

理会社であるダイア管理およびその関連会社二社の売却を検討しているという情報をAPは入手し,交渉を開始した。先方の資金繰りニーズもあり,翌3月に株式譲渡契約書の締結が必要という極めて厳しいスケジュールではあったものの,自社による事業デューデリジェンス（DD）および外部専門家による会計・法務DDを短期に実行し,銀行から買収資金の融資も受けた上で,検討開始から約2ヶ月で案件のクローズを実現した。

　ダイア管理は,「ダイアパレス」ブランドを中心に,全国に10万戸弱の管理物件を受託している業界大手のマンション管理会社であった。デベロッパー系管理会社としてのサービスの質の高さには定評があり,規模の大きさもあって相応のコスト優位性を持つ。北海道から九州まで全国に支店を持ち,あらゆる環境下において大中小さまざまなタイプの物件を扱うノウハウを社内に有していた。マンション管理員育成のための教育も重視しており,職業訓練校認定を受けた教育機関である「マンション管理アカデミー」を全国8都道府県にて展開している。

　一方,デベロッパーであるダイア建設の子会社であったことから,その経営は親会社の分譲実績に依存し,独自の経営計画を保有していないなど今後の戦略方向性が不透明であった。グループ内には大規模修繕工事やリフォームを行う別会社も存在したが,マンション管理事業との連携は必ずしも十分でないように見受けられた。親会社のダイア建設の経営状況の悪化によって今後の管理物件の受託の見通しが立っておらず,このままでは事業の成長が困難になるような展開も予想された。

(2) コミュニティワンの誕生

　業界再編を仕掛ける側の企業である条件は,その企業自身が競合他社よりも質の高い経営力を持っていることである。他社を買収する際に「自社が経営すれば,どこまで経営の改善が見込まれるか」を見極め,買収後速やかに必要な経営改善施策を実行することによってシナジーという名の果実を手にすることができる。今後のロールアップ戦略を遂行していく上で何よりもまず,自社の経営基盤を強化することは必須の条件であった。

　経営体制としては,銀行ご出身で業界を熟知した西島会長,河野社長にご就

任いただき，またAPから五名のメンバーが経営のサポートをさせていただくこととなった。独立会社として成長を図るためには経営企画部門の強化が不可欠と判断し，新たに経営企画担当として高村執行役員（現常務執行役員）にご参加いただいた。

新経営陣として真っ先に手掛けたのはグループの組織再編（関連会社三社の合併）である。前述のようにグループ内に大規模修繕工事やリフォーム事業，あるいはマンション管理員業務の請負事業を行う別会社が存在していたが，グループ内の連携が不十分であった。こうして新会社「ダイアコミュニティサービス株式会社」が誕生，社名変更を経て現在の「コミュニティワン株式会社」となっていく。

図表7-2　会社概要

会社名	コミュニティワン株式会社
本社	〒160-0021　東京都新宿区歌舞伎町2丁目4番10号 KDX東新宿ビル4階
設立	1975年5月2日
資本金	2億8,567万5,000円
代表者	代表取締役会長　西島康二 代表取締役社長　河野由紀
売上高	182億円（2010年3月期）
従業員数	従業員2,811名（内管理員数2,306名，2010年3月現在）
事業内容	マンション管理，大規模修繕，賃貸管理・売買仲介，リフォーム，保険代理店

(出所)　コミュニティワン

新会社は，その誕生にあたり，新たに経営理念・価値観・ビジョンを明文化することから始めた。経営理念は「すべてのお客様に生活感動を創造し続ける」と定めた。「生活感動」とは河野社長の造語で，「私たちが素晴らしい自然や芸術に触れたときなどに得られる非日常的な体験による感動ではなく，日々の暮らしにおいて心地よいと感じる心の輝きのようなもの。例えば気持の良い挨拶をされたとき，行き届いた清掃がなされている時，誠心誠意な対応をしてもらった時，思った以上に素早い対応をしてもらった時などに感じる『小さな感動』の積み重ねのこと」と定義している。マンション管理の事業を通じてこ

うした感動をお客様に届けたいという思いが，その後，社内で経営方針を議論する常に立ち戻るべき拠り所，事業の原点として社内に根付いている。

(3) 中期事業計画とアクションプラン

　同時に中期事業計画の策定に着手した。コア事業であるマンション管理事業部門に加え，新規の営業開拓を担う営業開発部門，大規模修繕を受け持つリニューアル事業部門，専有部分へのサービス提供（不動産仲介や賃貸管理，リフォーム事業など）を行うリビング事業部門，保険部門等，それぞれの事業部門の担当責任者とAPの担当者がチームを組み，事業環境や自社の強み，改善すべき点などを徹底的に議論しながら，互いに納得できる事業計画を作り上げていった。旧ダイア管理には独自の経営計画と呼べるものがなく，ほとんどのスタッフにとって事業計画の立案ははじめての経験であったのだが，独立の3ヶ月後に行われた戦略発表会においては，事業戦略およびそれを達成するために必要な打ち手（「アクションプラン」），目標指標（KPI：key performance indicator），事業計画数値などにつき，それぞれの事業部長が自らの言葉で力強くプレゼンテーションを行い，全社的に目標が共有されることとなった。

　この時に設定した「アクションプラン」は，その後も事業部門ごとの改革の進捗管理に用いる有効なツールとなっている。経営陣と各事業部長は3ヶ月おきに具体的な課題についての取り組み状況をレビューし，次の3ヶ月間の目標をセットする。その目標は他部門にも共有されるため，全社の戦略目標と各部門の行動のベクトルが一致してくる。また，毎月「KPI」指標の数値を経営会議で追うことを継続しており，問題点の早期把握と改善への取り組みができる経営管理体制も確立されている。

　こうした活動を通じ社員の動き方が変わり，それが売上や利益といった数値に表れるのに，それほど時間はかからなかった。組織の戦略が明確になると，一人ひとりの行動も明確になる。目標が数値で具体的に示されると，達成しようという意気込みも違ってくる。「理屈＋気合」のバランスである。大企業の子会社ではなく，独立した会社になったという，社員一人ひとりの意識の変化も大きかったと思われる。実際，独立後2年目の決算において，当時5年後の目標としていた経営計画数値をすべての事業部門が達成する，という結果につ

ながっている。

(4) 社員の変化

　コミュニティワンの社員の方と接していて，この数年間で社員一人ひとりの方の能力は見違えるほど向上したと感じている。自ら立案した戦略が実行され，その結果が目に見える数字となって出てくる。経営会議などでの説明も以前とは比較にならないほど自信にあふれている。社内の雰囲気も変化してきた。以前は昼間でも社内が静まり返っていることが多かったが，現在は社内全体のコミュニケーションが増え，社内が活気づいているように感じられる。社員の変化について，具体的な事例を二つ，ご紹介させていただきたい。

① 新規顧客開拓活動

　一つは，新規顧客開拓に向けた活動強化の例である。ダイア建設の子会社時代，新規顧客のほとんどは親会社の分譲物件のお客様であり，それ以外の営業活動はほとんど行われていなかった。独立後，「自分の飯のタネは自分で」を合言葉に，自前の営業体制を徹底的に強化していった。

　一言で「営業強化」と言っても，もともと営業マインドの乏しかった組織を変革するのは簡単ではない。経営トップの西島会長自らが営業の最前線に立ち，他業界の営業経験者とプロパー社員との混成チームで，社内に「営業カルチャー」を作り出していった。新規の顧客を獲得させるための必要な「アクション」が定義され，チラシの配布枚数といった細かい「KPI」をフォローする中で支店間の競争意識も芽生え，成功体験が積み重ねられていった。そのような意識改革に加え，顧客へのプレゼンテーションツールの開発，営業トークのトレーニング，全国レベルでの成功・失敗体験の共有，情報チャネルの開発等々，さまざまな仕組みが整備されていった。これらの一つひとつが実際の営業活動の成果につながってきている。その結果，マンション管理業務の新規獲得戸数は，以前は数百戸程度であったものが，現時点では年間で8,000戸を超えるまでに拡大している。

② リフォーム部門

　もう一つは，専有戸向けにリフォームや修繕などのサービスを提供するリフォーム部門の例である。リフォーム部門は長年，赤字が続いていた。社内では「リフォームはお客様への付加的サービスメニューに過ぎない」，「だから赤字はやむをえない」，「専門業者には勝てない」というのが半ば常識となっていた。われわれは明らかにおかしいと思った。マンション管理会社はお客様の一番近くにいる存在である。当該マンションの構造について熟知し，管理員を派遣，マンションの管理組合へのアクセスも持っている。外部の業者に負けるはずがない。

　ここではむしろ「気合＋理屈」であった。まず，事業部長との話合いで「赤字の事業部門はやはりおかしい。2年以内に黒字化が見えなければ，部門の大幅縮小や撤退も考える」という目標に合意した。その上で，営業・マーケティング機能の育成・強化にフォーカスした事業の立て直しに着手した。とはいっても特別なことをしたわけではない。まず，支店別の損益を明確にすることで営業担当者に収益意識を持ってもらうところからはじめた。管理するマンションの築年数や間取り情報などの属性に基づいて，お客様のニーズに合った商品を特定していく。その上で，担当者ごとに営業活動のターゲット・リストを作成し，日々の営業活動内容を現場と本部で共有するようにした。マンションの管理員から必要な情報を収集し，管理組合単位でのさまざまな提案にも注力した。支店ごとで蓄積されていた成功・失敗事例を全社で共有させ，必要な営業ツールを整備していった。

　結果は思ったより早く出始めている。取り組みをはじめた年度の終わりには単月黒字を記録，2年目の今期は，恐らく部門設立以来初となる半期での黒字を達成した。スタッフの構成は以前と変わらないが，売上は1.5倍程度に増加している。この事業部長とAPの担当者は，通期黒字化を達成したらささやかな祝杯をあげる約束をしている，らしい。

4 コミュニティワンの目指す戦略

　図表7-3は，コミュニティワンのロゴと社名に込められた「想い」を表している。ここにあげた三つの「想い」，すなわち(1)一人ひとりのお客様とのふれあいを大切にし，(2)マンション生活を支える一つひとつのサービスをワンストップで提供し，(3)心豊かなマンション生活サポートのナンバーワン企業を目指しお客様にとってのオンリーワン企業となる，はコミュニティワンの基本戦略を表現している。すなわち，これらを経営戦略風に言い換えれば，(1)顧客満足の徹底的な追求，(2)マンション管理会社としての総合力の活用，(3)ロールアップ戦略の実行による規模の拡大，ということになる。(3)は次の第5節で詳しく述べるとして，本節ではまず，(1)と(2)について説明させていただきたい。

図表7-3　コミュニティワンのロゴと社名にこめられた想い

CommunityOne
コミュニティワン株式会社

（新社名にこめられた想い）

1. 私たちは，<u>一人ひとりのお客様</u>とのふれあいを大切にし，皆さまとともに<u>ひとつのコミュニティ</u>を育ててまいります

2. 私たちは，皆様のマンション生活を支える一つ一つのサービスを<u>ワンストップ</u>で迅速に提供いたします

3. 私たちは，心豊かなマンション生活サポートの<u>ナンバーワン企業</u>を目指し，お客様にとっての<u>オンリーワン企業</u>となります

(出所)　コミュニティワン

(1) 顧客満足の徹底的な追求

　当然のことではあるが，マンション管理業はサービス業であり，お客様の満足がなければ長期的には成り立ちえない。とりわけ，コミュニティワンは企業理念として「生活感動の創造」を掲げる会社である。掛け声だけでなく，実体として真に顧客満足を重視した経営を目指している。

　具体的には，マンションの決算期ごとに管理組合の理事長様に対して「お客様満足度アンケート」を実施し，その中身を業務の改善活動に活用している。単にアンケートを実施するだけではなく，その結果である顧客満足度をコミュニティワンの経営の最重要の経営指標と位置付けて毎月モニタリングし，いかにお客様にご満足いただくかを徹底的に議論する。一口に「顧客」といってもその「満足」の意味するところは多様であり簡単な答えはないが，「質の高いサービスを適正価格で提供すること」，「お客様のお問い合わせには迅速に対応すること」，「最前線にいる管理員の教育を徹底すること」，「サービスメニューを広げていくこと」といった一見当たり前のテーマに愚直に取り組んでいる。

　こうした活動の結果，顧客満足度の数値は年々改善を続けている。2009年度の調査では，「管理全体について」のアンケートに対するご回答として，「大変満足」と「満足」を合わせると81％に達している。今後，競争が厳しくなるものと予想されるマンション管理業界において，いかにお客様に満足していただくかは，引き続き最重要の経営課題であると考えている。

(2) マンション管理会社としての総合力の活用

　よく「マンション管理会社は逃げられない」と言われる。これはマンション管理会社と顧客との長期の関係性を表している。マンション管理会社が提供する大規模修繕工事やリフォーム工事において，仮にお客様が工事に不満を持たれた場合，後で一番苦労をするのはマンション管理会社自身なので，絶対に手が抜けない。逆に言えば，お客様との強い信頼関係があれば，そのような工事を発注いただける可能性は高いし，それがお客様のためにもなるはずである。まさに「ワンストップサービスの提供」である。

　ただし，先のリフォーム部門で説明した通り，ダイア建設の子会社時代は会社組織が分かれていたこともあり，本来あるべき「総合力」が正しく活かされ

てこなかったのが実情であった。マンション管理以外の大規模修繕工事や専有戸向けのサービスは本業とみなされず，その提供自体に及び腰であったともいえる。

　独立後に会社組織を一体化させ，こういったサービス提供がお客様のためであることを確認し，社員，特にお客様への窓口である「フロント」と呼ばれる営業社員の役割を再定義するとともに，マンション管理会社としての総合力を高める施策を実行していった。

　まず，マンションの管理員（コミュニティワンでは「マンションパートナー」と呼ぶ）との間での情報共有を活性化させ，顧客のニーズに即時に応えることができる仕組みを作り上げていった。「マンションパートナー」は日々，マンション住民の方と接しており，実際にお客様からいろいろな相談を受けることも多い。こうしたコミュニケーションの中でお客様のニーズを汲み取り，必要に応じてコミュニティワンの持つリフォームや売買仲介のサービス提供につなげることができれば，お客様のマンション管理への満足度を高め，コミュニティワンにとっても収益のチャンスが生まれる。

　もう一つの施策の例として，全管理住戸に無料配布される季刊誌「マンションスタイル」の創刊をあげたい。もともと，「ダイアメイト」という季刊誌があったのだが，制作は外部に丸投げされており，「旅行」や「グルメ」などのどこにでもあるコンテンツが中心で，ほとんど「そのままゴミ箱行き」となっていた。この抜本的な刷新を目指し，APメンバーを含むチームが組成された。マンション生活者の読みたい情報は何か，逆にマンション管理会社としてお伝えしたい内容は何かを徹底的に議論しながら，マンション生活者のための情報誌「マンションスタイル」を作り上げていった。「収納」や「プチ・リフォーム」など，マンション生活に役立つ情報を満載し，その中でコミュニティワンの提供するサービスの紹介も分かりやすく展開しており，お客様からご好評をいただいている。

　こうした結果，この2年間で，リフォームや売買仲介などのサービスに際し，管理員（マンションパートナー）経由，季刊誌（マンションスタイル）経由で情報を入手されるお客様の割合が目に見えて増加しており，これがサービス売上全体の伸びを牽引している。

5 ロールアップ戦略の実行

(1) ユナイテッドコミュニティーズ（UC）コンセプトの確立

　コミュニティワンへの投資当初にAPが考えていたロールアップ戦略のコンセプトは比較的シンプルなものであった。業界には大小さまざまなマンションデベロッパーの子会社のマンション管理会社が存在する。ただし，不動産市況の影響を大きく受けるマンションデベロッパー事業と，長期的に安心できるサービスの提供をするマンション管理業では，事業の本質的な性質が異なる。ファイナンス理論的にいえば，それぞれの資本コストが異なるべきであり，会社の組織風土などを取ってみても，マンションデベロッパーがグループ内にマンション管理会社を保有しなければならない必然性は乏しい。また，マンション管理の業務には集約化によってコストの効率化が見込めるものも存在し，規模の拡大により顧客への多様なサービスの提供も可能になる。ゆえにマンション管理業を集約化する意義は大きい，と考えた。

　一方，実際にマンションデベロッパーの経営者の方々と議論をすると，いろいろと異なる事情も見えてきた。確かに，マンション管理会社を手放すことによって，本業であるマンション開発に資源を集約することが経済的に合理的なのは理解できる。マンションを買われたお客様は，コンプライアンス体制やコスト競争力に優れ，多様なサービスを提供する管理会社を求めており，中小規模の管理会社ではそのニーズを完全に満たすことは難しい。ただし，マンションデベロッパーとしては，今後，自社が開発するマンションの管理を任せる会社は必要であるし，開発からその後のサポートまでのアピールをするためにも自社ブランドのついたマンション管理会社を保有していたい，と。

　そこで生まれたのが「ユナイテッドコミュニティーズ」のコンセプトである。コミュニティワンが他社を買収・統合していくのではなく，持株会社を設立し，傘下のマンション管理会社の機能の中で共通業務を集約しながらサービスを提供していく，というものである。マンション管理会社には「XXコミュニティ」という社名がついた会社が多い。本件の持株会社には，「マンション管理会社の共有インフラになる」という願いをこめて，「ユナイテッドコミュニティー

ズ株式会社(以下「UC」という)」という社名を付けた。

　具体的には,持株会社のUCが傘下の事業会社に対し,経営戦略立案,財務経理,情報システムといったバックオフィス機能を提供するようにした。傘下の各社はもとのブランドを維持した上で,顧客への営業活動やサービス提供を継続的に維持していく。また,旧親会社であるマンションデベロッパーとは業務提携契約を締結し,開発したマンションへの管理提案を行う。さらにグループ同士で各種の経営ノウハウを共有し業務の仕組みそのものを改善することができるし,お客様へ提供するサービスの質を高め,幅を広げていくことも可能になる。マンション管理会社自体はそのままのブランドで残るので,お客様である管理組合との契約関係等は変わらないが,実際にUCが買収した会社のお客様には,サービスの向上等を具体的なメリットとして感じていただいているものと考えている。

図表7-4　ユナイテッドコミュニティーズの組織・戦略概要

階層	組織	提供する主な機能
ファンド	アドバンテッジパートナーズの関連ファンド	・資金提供 ・M&A/経営サポート機能
持株会社	UNITED COMMUNITIES ユナイテッドコミュニティーズ株式会社	・持株機能 ・集約業務機能 　―経営戦略立案 　―財務/経理 　―調達 　―システム
マンション管理事業会社	CommunityOne コミュニティワン株式会社(含,藤澤建設マンション管理事業部) / marimo community / ㈱陽光ビルシステム / ㈱ライフ・キーパーズ・ジャパン	・管理実務機能(管理/修繕工事/専有部リフォーム等) ・安定したブランド価値 ・顧客サービスの向上 ・全国規模のスケールメリットの享受
旧親会社企業(マンションデベロッパー)	marimo ㈱マリモ / 陽光都市開発	(業務提携契約)

(出所)　アドバンテッジパートナーズ

このUCコンセプトによって，第2節の最後にあげた「マンション管理業界において再編が進まない理由」の②と③には，有効な解決策を用意できたと感じている。①の「会社売却の明確な理由が存在しない」点については簡単な答えは存在しないが，UCコンセプトが親会社（のマンションデベロッパー会社）にとっても顧客にとってもメリットが大きいこと，UC／コミュニティワンとして買収後の経営改善によるシナジーを見込むことができるために株主・親会社が売却を決断するに充分な買収価格の提示が可能であること，を継続的に説明していくことで解決に向けて前に進むことが可能であると考えている。

(2) 藤澤建設マンション管理事業部の買収

最初に実行したのが2009年1月の藤澤建設株式会社のマンション管理事業の買収である。コミュニティワンへの投資実行から1年近くが経過し，コミュニティワンの経営が安定してきたタイミングでの追加買収の実行であった。藤澤建設は，マンション管理事業を子会社ではなく事業部として行っており，また折からの不動産不況もあってマンションデベロッパー事業自体の清算を考えられていたため，上記のUCコンセプトではなくコミュニティワンによる事業譲受のスキームを採用することになった。藤澤建設が事業部門売却についての入札プロセスを実行し，コミュニティワンが譲渡先に選定された。

本買収にあたっては，APがデューデリジェンス（DD）の実行，売り手との交渉，実際の取引実行，ファイナンスなどのM&A実務を主にリードした。事業DDにあたっては，コミュニティワンのスタッフとチームを組み，事業内容の検証，コミュニティワンとのシナジー効果の検証，買収後の統合方針等について，同業の立場から査定を行った。本案件も入札から買収実行まで1ヶ月程度の慌ただしいスケジュールであったが，ダイア管理の買収によって業界への知見は高まっており，過不足なく迅速な投資評価，実行のプロセスを遂行できたものと考えている。

本件は事業譲受のスキームを採用したため，お客様である管理組合の一つひとつから管理組合の総会にて承諾をいただく必要があった。せっかく事業買収をしても，もしお客様から拒絶されれば買収の価値は半減してしまう。投資時点における主要な懸念点であったが，結果的には杞憂に終わった。部門の担当

者とコミュニティワンの幹部スタッフがチームを組み，お客様の管理組合に対し買収の背景や今後の経営方針等を丁寧に説明，ご納得をいただくことができたため，顧客の離反は全くと言っていいほど起らなかった。むしろ経営的に安定し，質の高いサービスが提供可能なコミュニティワンによる承継を管理組合の皆様に喜んでいただいている。

　買収のシナジー効果も順調に発現している。買収前に比べ，現在の事業部門の収益性は大きく改善している。一つ目は，コミュニティワンのバックオフィス機能を共有化することでコスト削減が図れたことである。二つ目は，各種の外注コストにつき，規模の利益を活用することで引き下げが可能であったこと。こうしたメリットの一部は値下げという形でお客様に還元させていただいている。三つ目は，これまで外部の業者が請け負っていたサービスの一部（設備の管理点検等）をコミュニティワンが提供することにしたことである。顧客である管理組合にとっては業者を管理する手間を減らすことになり，これもメリットと感じていただいている。

(3) その後の追加買収

　2010年には，ライフ・キーパーズ・ジャパン，陽光ビルシステム，マリモコミュニティという三社のマンション管理会社の追加買収を実行した。ライフ・キーパーズ・ジャパンは渋谷に本社のある老舗の独立系管理会社であり，陽光ビルシステムは横浜を本拠とするマンションデベロッパーである陽光都市開発の子会社，マリモコミュニティは全国に展開するマンションデベロッパーであるマリモのグループ会社であった。陽光ビルシステムとマリモコミュニティについては，それぞれ旧親会社と業務提携契約を締結し，Win－Winの関係構築を目指している。

　個別の案件の買収の詳細は割愛するが，前年の藤澤建設マンション管理事業部の買収と比べて大きく変わったのがAPの役割である。藤澤の案件ではDDプロセス全体の管理や交渉についてAPがリードしていたが，2010年の3件の買収においては，APはUC／コミュニティワンのサポート役に徹することにした。UC／コミュニティワンのスタッフは前回の事業買収やその後の経営統合を通じM&Aの実務能力を急速に身につけており，弁護士や会計士などのプ

ロフェッショナルを指揮し，買収のデューデリジェンスや交渉の前面で活躍していただいた。今後，大小さまざまな会社の追加買収を実行する際に，UC／コミュニティワン社内に蓄積されたM&Aの各種ノウハウは大きな力になるものと考えている。

(4) 今後のUCの戦略

　現在は，2010年中に追加買収した三社の経営統合を進めている最中である。同業のマンション管理会社とはいえ，三社とも業務の進め方や組織についてはさまざまな個性がある。それぞれの会社の特長を活かしながら，いかに会社・事業間のシナジーを実現しグループとしての効率化を追求していくことができるか，持株会社であるUCが担うべき機能は何か，高度化する顧客ニーズへの対応，コンプライアンスの徹底等々，検討すべき課題は少なくない。絵に描いた「UCコンセプト」を現実の組織の中で開花させるために，UCグループ全体が力を合わせていく必要がある。現在のグループ各社の経営陣は能力・モチベーションとも極めて高く，想定以上のスピードでその具体化に向けた作業が進んでいる。

　さらなる追加買収も検討している。500万戸を超えるマンションストックを考えると，15万戸の管理戸数は必ずしも十分であるとはいえないし，少なくとも「事業再編」と呼べるインパクトは未だ実現できてはいない。規模がすべてとは考えていないが，規模によって実現できる事業の効率化は存在するし，お客様へのサービス提供内容の進化もあるはずと信じている。

　そういう意味で，UCコンセプトはようやく動き出したところに過ぎない。今回の買収によりUCコンセプトは業界でも注目を集めており，各種の提携についての問い合わせを数多く頂戴している。今後も規模の大小を問わず，さまざまなM&Aの機会について積極的に検討していく所存である。過去4件の追加買収も，簡単に実現したわけではない。中には2年近くさまざまな可能性を議論しながら実現したものもある。引き続き，粘り強くUCコンセプトについて業界の皆様の理解・賛同を得ることができるように努力していきたいと考えている。

おわりに

　APの業界再編への取り組みの一例として，コミュニティワンへの投資実行とその後の経営改革の事例，UCコンセプトを中心としたロールアップ戦略の現状と方向性につき，ご説明させていただいた。経営陣，従業員の皆様に努力いただいた結果，コミュニティワンは競争力のある会社へと生まれ変わりつつある。このようなコミュニティワンの強みを業界横断的に活かしていくためのインフラが「UCコンセプト」であると考えており，今後も各種のM&Aの検討を継続していきたい。規模を拡大することで，より多くのマンション管理組合・マンション居住者の皆様に，低コストで高品質なマンション管理サービスを提供していくこと，これこそがUC／コミュニティワンの目標である。

　APとしては今後，日本の産業界が一層大きなチャレンジに直面する中で，他の業界においてもこうした事業再編の必然性が高まってくるものと考えている。これまでAPで培ってきた業界再編に向けたノウハウ，リソース，情熱を活かし，志を同じくする経営者の皆様と力を合わせ，日本企業の活性化に微力ながら貢献していきたいと願っている。

　最後になるが，コミュニティワンの西島会長，河野社長にはこうした企業価値向上の活動を現場でリードいただいていることに加え，日々議論を重ねていく中で，その経営哲学，経営手法に学ぶところが非常に多く，心より感謝している。こうした優れた経営者と企業経営をご一緒させていただくことは，投資ファンド業務に携わるものとしての最大の幸せである。また，経営陣・従業員の皆様と一体となって各事業における経営改善やロールアップ戦略の実行を推進してきたAPのチームメンバー，秋山幸功，佐々木剛，山下明の三氏にも，この場を借りて感謝の言葉を伝えたい。

経営者インタビュー

高品質なマンション管理の実現に向けて

コミュニティワン株式会社
代表取締役会長
西島康二氏

コミュニティワン株式会社
代表取締役社長
河野由紀氏

Q 2008年に親会社より離れて,「独立系の管理会社」なりましたが,株主が変わることによって会社全体として何が変わりましたでしょうか。

西島:もともと当社は,ダイア建設というディベロッパーの子会社でした。上場会社の子会社ということで親会社からの出向者も多くいて,頑張っても頑張らなくても給料は,基本的には親会社が決めるという前提があった中で,「仕事」というよりも「作業」というような意識が社内にあったかと思います。従来は親会社依存の体質だったのですが,独立することによって,「自分たちの会社は自分たちで売上も利益も上げていかなければならない」という意識が社内に出てきました。社長を中心に,それを社員に教えたということもありますけれど,社員それぞれが「自分たちでやらなければならない」ということを考え始めました。

河野:独立系の会社になったということとほぼ時を同じくして,三社が合併をして今のコミュニティワンという一つの会社になりました。そういう意味では,「第二の創業」というような位置付けで新会社がスタートしました。

そして,やはり社員の会社に対する意識というのが大きく変わりました。上場会社の子会社だったという位置付けから,会社の成長も自分たちの働き次第でどうにでもなるし,自分たちの処遇の向上も自らの手で勝ち取っていくというような明確な意識の変化がありました。それを踏まえて,社員の目標とか数字とかに関する意識も格段に変わりました。

どこを目指すのか,どこにチャレンジするのかも明確になり,その達成に対する強い意識も変わったと思います。加えて,意識の変化だけではなく,戦略の立て方,仕事のやり方,管理の仕方も変わり,そのアクションがどの程度達成できているのかをKPI (key performance indicator) を用いて把握するという基本的な枠組みが,社内的に浸透していきました。

Q 出資を受ける前には，"バイアウト・ファンド"という存在に対して，どのような印象を持っていましたでしょうか。また，アドバンテッジパートナーズのメンバーに最初にお会いした際の印象についてお聞かせ下さい。

西島：バイアウト・ファンドについて，私は世の中でいう先入観は少なかったほうで，世間でよく言われるイメージとはちょっと違ったイメージを個人的には持っていましたので，それほど違和感はありませんでした。ただ，最初は，どんな会社になっていくのかという一抹の不安はありました。

アドバンテッジさんに最初にお会いしたときの印象は，「敵対する関係ではない方たちだな」というのが第一印象でした。それから，「いい会社を一緒に創っていきましょう」という情熱が感じられました。私は他のバイアウト・ファンドのことは知りませんが，少なくともアドバンテッジさんの何人かの方々とお話しした中では，一緒にやっていけると思いました。

コミュニティワン本社の社員

河野：バイアウト・ファンドの方とのお付き合いというのはそれまで全くありませんでした。一般的には，ファンドの人が乗り込んでくるようなネガティブなイメージもあります。ただ，結果から言いますと，アドバンテッジの方たちは，非常に紳士的なイメージでありまして，決してギラギラして入り込んできたわけではありません。

具体的に申し上げますと，経営陣だけではなく社員レベルまで含めて，よく理解しよ

コミュニティワンのコールセンター

うというアドバンテッジさんの姿勢がものすごく見えました。幹部社員を集めての会議に直接出てもらったり，アドバンテッジのことを社員に説明してもらったりしました。また，経営的なレベルだけではなくて，実務的なところまで入り込んで事業の理解を深めていただきましたので，コミュニケーションが取れるということもあり，一緒にやれると感じました。

Q M&A活動を進める上で，アドバンテッジパートナーズのメンバーにはどのような形で支援いただいていますでしょうか。

河野：M&Aに関しましては，まずアドバンテッジさんと定期的にコミュニケーションを取るということが一番大事だと思っています。お互いが持っている情報ルートが異なりますので，情報の入り口というのは格段に広がりました。

それから，案件の検討における協業があります。事業そのものに関するデューデリジェンスについては，われわれが中心になって見させていただきますが，総合的な案件の検討の仕方やバリュエーションについては，アドバンテッジさんのほうが得意な部分ですから，そういうところはお力をお借りました。

買収後の対象会社の経営改善については，お互い持っているものを持ち寄って意見を戦わせながら進めました。

Q 2010年10月には，持株会社がマリモコミュニティの株式を取得し，グループとして通算5社目のマンション管理会社の買収となりました。各社の機能を集約していく上でどんな工夫をしていますでしょうか。

河野：通算5社ですが，直近の3社は買収が完了したばかりですので，具体的な機能集約は今後の課題かなと思っております。考え方としては，ユナイテッドコミュニティーズという持株会社があって，そこにグループの経営企画，人事・総務，経理・財務，情報システムなどの機能を，共通のものとして集約化していく方針です。

5社はマンション管理業者であることはみんな共通なのですけれども，実は事業的には，狭い意味でのマンション管理と周辺業務を含んだ少し広めの解釈のマンション管理があります。特に周辺業務のところは5社が揃って同じメニューを持ってやっているわけではありません。そういう意味では，一番幅広く業務をやっているのは，今のところ規模も一番大きいコミュニティワンですので，買収先各社の事業分野で不足している部分については，コミュニティワンでそれを補足してサービスを提供するようにしたいと考えております。そうすれば，5社のすべてのお客様が同等に近いレベルのサービスを受けられるようになります。

Q 今後，バイアウト・ファンドが触媒となって，いろいろな業界で再編が進む可能性があります。日本の産業の再編・効率化に向けて，バイアウト・ファンドが果たし得る役割についてはどのようにお考えでしょうか。

西島：日本経済が停滞してしばらくになりますが，まだ高度成長期に拡大した組織体のままになっている企業が，数多くあります。そのような中で，生き残りをかけて「選択と集中」ということが避けて通れなくなってきています。環境変化の中，企業体として，どうしても何らかの「選択と集中」をしなければいけないというときに，このバイアウト・ファンドが間に入ることによって新たな価値を創出することができます。この閉塞感のある日本の中で，パイが広がり売上が上がるということがない時代になってくると，やはり経営者にとってM&Aやバイアウトは重要になってきます。

これから，バイアウト・ファンドが果たす役割というのは極めて重要になってきます。しかし，その認識をもう少し世の中に対して上手にやらないと，バブル期の「土地転がし」のように「企業転がし」のイメージを持たれてしまいます。ファンド側にも責務がありますが，企業価値を上げるいろいろな手法を導入した成果を，もっと世間にアピー

ルする必要があります。現にわれわれの会社はそういうバイアウト・ファンドにお世話になっている会社で，社員も喜んでいますので，それをもっと世の中の人に分かってもらう必要があると思います。

河野：バイアウト・ファンドには，中長期的な企業価値の向上に資するような経営面の指導というのを期待したいと思います。バイアウト・ファンドの役割や上手くいった事例というのを，もっと世の中に積極的にアピールしていただいて，まずは認知度を高めてもらうということが必要になるのではないかと思います。バイアウト・ファンドという存在があるということと，日本の産業界で大きな役割を担えるものだということを広めていっていただきたいと思います。

過去の歴史を振り返れば，事業再編というのは，企業系列，取引関係，業界内での横のつながり，トップ同士の個人的なつながりなどがトリガーになっていたのですが，これからは新たな選択肢として，バイアウト・ファンドを活用するという道が開けてくるのではないかと考えています。

Q 2010年5月にマンションの管理の適正化の推進に関する法律（通称：マンション管理適正化法）施行規則の一部を改正する省令が施行されましたが，グループではどのようにコンプライアンス態勢の整備を行っていますでしょうか。

河野：まず，この業界では，2001年に「マンションの管理の適正化の推進に関する法律（略称：マンション管理適正化法）」が施行され，今年の5月に施行規則の改正があったのですが，これは結構大きなインパクトがあります。当グループ各社では，当然ながらその法改正に対応すべく必要なシステム対応や業務フローの見直しを行っています。

コミュニティワンでは，現場レベルでの法令順守と今回の法改正を含めて徹底するために，全支店のスタッフに対してきちんと勉強会を実施して対応しています。また，社内に業務監査室という内部監査のための組織を置いており，その部署が毎年全国の16支店をすべて訪問し，コンプライアンスの順守状況というのを厳格にチェックしています。

今後は，コミュニティワンで実施している態勢を，持株会社のユナイテッドコミュニティーズとして，傘下の各社にも展開をしていきたいと考えています。

マンション管理員研修の様子

> **Q** 最後に，今後のマンション管理業界の展望と御社グループが業界内で目指すポジショニングについてお聞かせいただければと思います。

　河野：マンション管理業界には，社団法人高層住宅管理業協会という協会があるのですが，そこに加盟している会社だけでも400社以上あり，トップ企業でもシェアとしては7％くらいだといわれています。ですから，中小の業者が非常にたくさんある業界です。

　法改正にも象徴されるように，コンプライアンスを強化しなさいという要請が格段に高まってきているのと，お客様のニーズもどんどん変化してきています。

　マンション管理会社にとっては区分所有者によって組成される管理組合という組織がお客様ですが，実は，マンション管理をどこに頼んでいるか知らないという個人のお客様もたくさんいたわけです。その辺りが，時代の変化に伴ってだんだん変わってきて，非常に関心が高まってきています。どんなサービスをしてくれているのか，その対価として高いか安いかという意識というのがものすごく高まってきていますので，管理会社に求められるサービスの質が高くなってきます。そして，多数の中小の業者さんには価格競争力やサービスメニューといった観点から厳しい面も出てくると思いますので，業界再編が今後ますます進むという認識をしています。

　ユナイテッドコミュニティーズのグループとしては，独立系のマンション管理会社でありながら顧客満足度を高めて質の高いサービスを提供していくという新しい形の独立系マンション管理会社というのを目指しています。その中核企業として，これからも

M&Aを進めることによって業界再編に寄与して，リーディング・カンパニーになりたいというのが基本的な考えです。

　西島：マンションの管理組合というのは，住民の集合体ということもあり，非常に意思決定がしにくい組織です。現状，サービスと対価が合っていなくても，なかなか管理会社を変えようということにはなりません。そのこともあって管理会社も，変化が遅い業界でもあります。

　しかしながら，デフレが続き，全体では所得が増加しない環境では，マンション管理が本当にこれでいいのかと思う人が少しずつ増えてきています。私達は，マンションの管理において，適正な価格で，さらにより満足度の高いサービスが提供できるのではないか，今やっている管理以外にも住まいに関する提案で居住者の方々にもっと役立つことができるのではないかと思っています。そして業界を変えるための突破口になりたいと考えています。

　マンション管理業界もある程度規模がなければ効率化も進みません。適正価格でより高いサービスを提供するためにも，M&Aや新規営業活動等を通じてシェアを上げ，この業界である程度の確固たる地位を占めたいと思っております。

コミュニティワンの営業会議の様子

西島康二氏略歴

1973年3月関西学院大学経済学部卒業。1973年4月協和銀行（現りそな銀行）入行。2006年6月ダイア管理株式会社（現コミュニティワン株式会社）代表取締役会長。ダイアリビングサービス株式会社（現コミュニティワン株式会社）代表取締役社長。

河野由紀氏略歴

1979年3月早稲田大学政治経済学部卒業。1979年4月協和銀行（現りそな銀行）入行。2002年12月株式会社マタハリー執行役員。2007年4月ダイアリビングサービス株式会社（現コミュニティワン株式会社）代表取締役副社長就任。2008年4月ダイア管理株式会社（現コミュニティワン株式会社）代表取締役社長就任。

第8章 外国資本の子会社に対する投資
―― 日本ドライケミカルの事例 ――

大和証券SMBCプリンシパル・インベストメンツ株式会社
プライベート・エクイティ部　次長　**八塩直之**

はじめに

　当社が行った日本ドライケミカル株式会社への投資案件は，外国資本の子会社になった国内事業会社に対する投資の事例である。当社による株式の取得を契機に，外資のガバナンスで抱えることとなった経営体制のちょっとしたズレを正し，さらには外資時代に得た優れたノウハウに日本的な経営手法の良いところをミックスさせることで，経営改革に取り組んでいるものであり，その一端をご紹介したい。

1　会社・事業の概要

(1) 会社の概要

　日本ドライケミカル株式会社（以下「NDC」という）は，スプリンクラー消火設備などの"水系"消火設備から"泡系"，"ガス系"，"粉末系"に至る各種消火設備，消火器，消防自動車，船舶用消火設備に至るまで，防災の中でも"消火"に関するものはほぼすべてを主体的に手掛けるという，ユニークな業域を持つ防災専門メーカーである。

　1955年の創業後まもなくから旭硝子株式会社の資本参加を受け，同社の子会社として業容を拡大し，1995年には東証一部上場を果たしたが，2000年にニューヨーク証券取引所に上場するタイコインターナショナル（Tyco

International Ltd.) グループ (以下「タイコ」という) が株式公開買付を通じて，NDCの株式を100%取得して，子会社化した。

　タイコは，エレクトロニクス，ヘルスケア，ファイア＆セキュリティなどの分野で事業を展開する世界的コングロマリット企業である。1990年代から2000年代初めにかけての積極的な買収戦略によって，売上4兆円もの巨大企業に成長を遂げたことで知られ，NDCはその中で日本における防災事業の拠点として買収された1社であった。ところが，タイコは，2002年以降，不正会計や経営陣による数億ドルの横領などの相次ぐスキャンダルと経営危機，全世界でのリストラ，会社を3分割する事業再編……といった激動が続き，そうした中で日本における防災事業からの撤退を決意した。こうして大和証券SMBCプリンシパル・インベストメンツ株式会社 (以下「DPI」という) は2008年2月，タイコからNDCの株式を取得するに至った。

図表8－1　会社概要

会社名	日本ドライケミカル株式会社
設立	昭和30年 (1955年)
代表者	遠山榮一
本社所在地	東京都品川区
事業内容	各種消火防災設備の設計・施工・保守点検，消火器および消防自動車の製造・販売，防災用品の仕入販売など
拠点	＜営業拠点＞ 本社，東京・大阪・名古屋・九州・東北・札幌の各支店，および全国7ヶ所の営業所 ＜工場＞ 千葉工場
関係会社	北海道ドライケミカル株式会社 日本ドライメンテナンス株式会社 千葉圧力容器製造株式会社
従業員数	338名 (2010年3月現在)

(出所)　日本ドライケミカル

(2) 事業の概要
① 防災設備事業

　防災設備事業はオフィスビル，ショッピングセンターから発電所，石油コンビナートなど，あらゆる物件に設置される防消火設備を手掛けており，売上の半分以上を占める中核事業である。防災業界の大手企業には火災を検知し通報を鳴らす"自動火災報知設備"の売上が大きい企業が多いが，NDCは"消火"の技術をメインとする企業として，実質的に国内最大手の位置にある。象徴的なものとしては，その物件の特殊性から顧客の要望や消防の要求が厳しく，メーカーが早い段階から個別の設計に対応する必要があるなど，より経験と実績が必要とされるプラント防災設備におけるシェアが高く，特に電力会社の発電プラント用消火設備などで強みを発揮している。NDCはプラント防災設備で鍛えられた施工管理技術を活かして，近時，短工期化が進み，より高度化した施工管理技術が必要となった高層ビル案件や大型再開発案件を次々と受注しており，この分野における国内での受注実績は随一のものである。

　また，新築案件だけでなく，百貨店の改装やオフィスビルのテナント入れ替えなど，あらゆる機会に消火設備の改修工事は付き物であり，そうした改修工事においてもNDCの技術が活かされるため，比較的ビジネスの裾野が広い。扱う物件はスーパーゼネコンが元請となっている施工案件であることが多く，マンション物件も少ないことから，貸倒れも比較的少ない。

　防災設備事業の範疇に入る事業として船舶防災設備事業があるが，国内における船舶用消火設備を手掛ける主要メーカーの一角であり，特にタグボート向けの粉末消火設備においては国内でほぼ独占的に供給を行っているなど，安定した事業基盤を有している。

② メンテナンス事業

　国内の建物などに設置されている消防用設備は，消防法で6ヶ月に1回以上の保守点検が義務付けられ，また，点検の結果，治癒が必要な場合は修繕が行われる。そうした消防点検と，付随する小規模改修工事を主に手掛けるのがメンテナンス事業であり，消火設備において豊富な施工実績を有するNDCは，保守点検事業でも相応の事業基盤を有している。この業務は，一度，不動産の

オーナーから保守点検業者として指名を受けると他の業者への交替が起こりにくい。そのため，長い業歴の中で保守点検の対象物件は徐々に積み上がり，対象物件が増えれば，付随して改修工事も発生するというビジネスモデルで安定的に成長する収益事業と位置付けられている。

③　商品事業

　商品事業は，粉末消火器をその事業の由来とするNDCの発祥の事業である。現在では千葉工場で製造した消火器と，非常用食料や避難器具，消防ホースなどの仕入れ商品である各種防災用品をあわせて，全国各地の防災代理店に販売している。業界では消火器の耐用年数は8年とされているが，この置き換え需要と新築物件用を中心に，消火器の国内生産本数は年間400万本前後で安定して推移しており，さらに，業界各社におけるシェアの変動も小さい。

　商品事業における最大の特徴は，国内ではほぼ独占的に製造しているアルミ容器製消火器である。街で見かける消火器の多くは鉄容器製だが，アルミ容器製は『環境にやさしい』，『錆びにくい』，『軽量』，『デザイン性に優れる』等のセールスポイントがあり，今後の拡大が期待される。

④　車輌事業

　車輌事業は，地方自治体や民間の工場などから消防車輌を受注し，シャーシーを仕入れて工場で艤装を施して納車するというビジネスである。平成の大合併で地方自治体の数が減った数年前まで，国内の消防車輌の製造台数は減少傾向であったが，現在では年間1,000台程度で底を打ったとされている。納入先は官公庁向けがほとんどで，民間の景気サイクルとの関係が薄いため，世の中の景況感に関係なくNDCの売上の底支えになっている。消防車輌は，水源が近い都市部を走り，納車台数の多くを占めるCD-Ⅰ・Ⅱ型と呼ばれるものから，水源がなくても消火活動ができる水槽付き消防自動車，化学薬剤を積んだ化学消防自動車などの付加価値車輌がある。NDCは中堅メーカーとして水槽付き車輌や化学車輌に強みを持つ。

⑤ 事業間の連携

このように，NDCの各事業は，"防災" "消火"というキーワードで共通点を有しているが，さらに各製商品やサービスは，その顧客層や流通ルート，情報筋などにおいて相互に繋がりを有している。

例えば，新築・改修工事などを手掛ける防災設備事業の主な顧客は大手サブコンやゼネコンであるが，その建物が竣工すると，今度はメンテナンス事業によって消防用設備の保守点検が実施されることになる。メンテナンス事業の対象顧客は，不動産のオーナーや管理会社であるため，施工中に，竣工後の消防保守点検に関する情報をつかんで，引き継いでいくことが重要になる。また，防災設備事業における新築・改修工事やメンテナンス事業における保守点検の際には，消火器の需要を目の当たりにすることになる。

図表8－2　各事業の繋がりや連携のイメージ

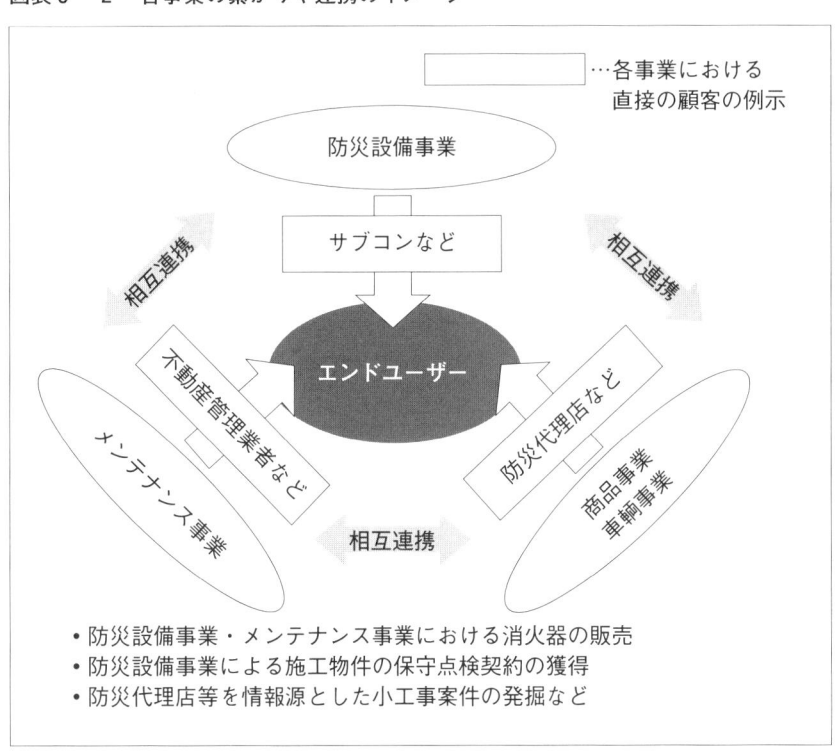

```
                            ┌──────────┐
                            │          │…各事業における
                            └──────────┘  直接の顧客の例示
                     ╱─────────────╲
                    │  防災設備事業  │
                     ╲─────────────╱
                            │
                    ┌──────────────┐
                    │  サブコンなど  │
                    └──────────────┘
          相互連携          ↓           相互連携
   ╱──────────╲   ┌─────────────┐   ╱──────────╲
  │  不動産管理業者など │   │  エンドユーザー │   │  防災代理店など │
  │ メ              │   └─────────────┘   │         商 │
  │ ン              │                      │         品 │
  │ テ              │                      │         事 │
  │ ナ              │                      │         業 │
  │ ン              │                      │         ・ │
  │ ス              │                      │         車 │
  │ 事              │                      │         輌 │
  │ 業              │                      │         事 │
   ╲──────────╱                      │         業 │
                                         ╲──────────╱
                         相互連携
```

- 防災設備事業・メンテナンス事業における消火器の販売
- 防災設備事業による施工物件の保守点検契約の獲得
- 防災代理店等を情報源とした小工事案件の発掘など

（出所）NDCの社内資料をもとにDPI作成

一方，商品事業の主な顧客は地方の防災代理店であるが，そうした防災代理店は，消火器の仕入れと設置から防災用品の販売，消防用設備の小工事や場合によって消防署が実施する消防車輌の入札など，あらゆる防災事業に根を広げている。したがって，車輌事業の顧客と重なっているだけでなく，改修工事など，他事業に繋がり得る情報を持っている……といった具合である。
　各事業の繋がりや連携のイメージは**図表8－2**に記載の通りである。

(3) 防災業界の特徴

　NDCの事業は建設業界に近いイメージを持たれがちだが，その割に，景気変動の大波が企業収益に与える影響が比較的小さいとされる。それは既に述べた事業の特性に加えて，業界における以下の特徴に拠るところも大きいとされている。

①　法規制などによる参入障壁

　消火・防災業界におけるあらゆる製商品・工事・保守点検などは，人命・財産を守る社会的使命から消防法などの厳しい法規制の枠組みを守らなければならない。また，ほとんどの製商品は，日本消防検定協会などの公的な第三者機関における製品型式の取得を行い，さらに，製造ごとの個別検査に合格して初めて流通が認められる仕組みになっている。こうした法規制やプロセスの必要性から，新規業者の参入は現実的には難しいとされており，結果的に各製商品における主要プレーヤーは長い間変わらない状況が続いてきた。

②　法規制ニーズによるビジネス機会の創出

　大災害や特殊な火災事故が発生すると，その度に防災体制の見直しと法令強化が行政主導で行われるが，防災業界はそれによって新たなビジネス機会が創出されるという特徴がある。当然のことながら，こうした災害は景気の良し悪しと関係なく，また新たな法規制などが設けられるたびに，その効果が一定期間続くことが多いため，業界全体として売上の底支えになっている。基本的に規制は強化される一方であり，今後もこの流れは続くものと思われる。

2　タイコ時代の状況

　NDCは日本の大企業の子会社としての業歴が長く，昔ながらの日本的な企業風土であったが，ある日突然タイコの傘下となって，外資によるガバナンスの洗礼を浴び，企業風土はがらりと変わることとなった。結果としてみると，外資ならではのメリハリの利いたガバナンスが，NDCの事業の強さを引き出した部分もあれば，現場感覚と若干ズレが生じていた部分もあるように思われる。この点は，DPIがNDCに対して投資を実行するに際して検討したさまざまな仮説にも関係するので，ここで述べてみたい。

(1) タイコの企業統治が上手くいっていた点
① 防災設備事業などにおけるコスト管理・採算管理の徹底
　防災設備事業は，工事現場における配管作業などが多く，権利関係の入り組んだ工事現場で作業員を使いながらきちんと納期を守りつつ，想定通りの利益を出す施工管理の技術が重要である。NDCはその点で非常に定評のある企業であったが，タイコ傘下では施工における収益管理が透明化され，さらに徹底された。例えば，工事中に予期せぬ原価が発生し，赤字工事となった場合，この業界では「他の施工物件に原価を付け替えて，赤字を表面化させない」といった逸話も多いが，そうした不透明な処理は撲滅された。また，外資的な商慣行の導入により，それまでのように「赤字と黒字の工事を抱き合わせで受注する」ような事案もなくなり，防災設備事業の収益率が向上した。受注にあたっては，ハードルレートと称される採算ラインを超えることが基本的な条件とされ，さらに受注後の施工管理の技術で利益率をかさ上げした事案なども多かった。

② キャッシュフロー重視の徹底
　キャッシュ回収の意識が向上し，まめに請求書を出してはせっせと回収するという習慣付けが徹底された。例えば，工事の進捗と請求書の発送について一定のルールが設けられ，請求書の発送に遅れがないか，常々チェックがされた。

また，毎月の経営会議では，当初設定された回収期限を過ぎている売掛債権一つひとつについて，たとえ数万円でも回収状況の確認を行う時間が設けられるなど，非常に徹底されていた。こうした施策により，日本の企業であった時代と比べて，キャッシュフロー意識は格段に向上したとされる。

③ 資産のスリム化とクリーンアップ

タイコ傘下においては資産のスリム化とクリーンアップが行われた。対象となった資産には，経営状況が極度に悪化した親密な仕入れ業者を丸抱え支援して，貸付金や不良在庫を有するに至ったものなど，長年の日本的商慣行におけるしがらみから生じたものも多かった。これにより，NDCはスリムな企業体に生まれ変わることとなった。

(2) タイコの企業統治がマッチしていなかった点

タイコはグローバルに展開するコングロマリットであり，グローバルな視点で効率的とされるガバナンス・資源配分を行っていた。当然ながらそれはNDC単体で見た時の効率性と乖離している点があった。

① 事業分野別の縦割り管理

グローバルに事業を展開するタイコは，その組織をいくつかの事業分野に分けて縦割りで統治していたが，それはNDCのガバナンスにおいても適用された。すなわち，NDCにおいては，防災設備事業・メンテナンス事業は「Fire & Security部門」に属する，としてシンガポールが報告ラインとされ，また，商品事業・車輌事業は機器事業として，千葉工場とともに「Safety Products部門」に属する，として米国が報告ラインとされて，異なる会社のように分断管理されていた（**図表 8 - 3**）。

こうした管理手法はNDCにとっては社内に情報の壁ができた点でマイナスが多かったとされる。また，Safety Products部門においては，効率的な生産拠点だった埼玉工場の売却と千葉工場への生産一本化により消火器製造の生産性が悪化し，それを見てさらにリストラを断行する……という悪循環に陥った。結果的にこの時期，業界内のシェア変動が小さいとされる消火器の製造本数で

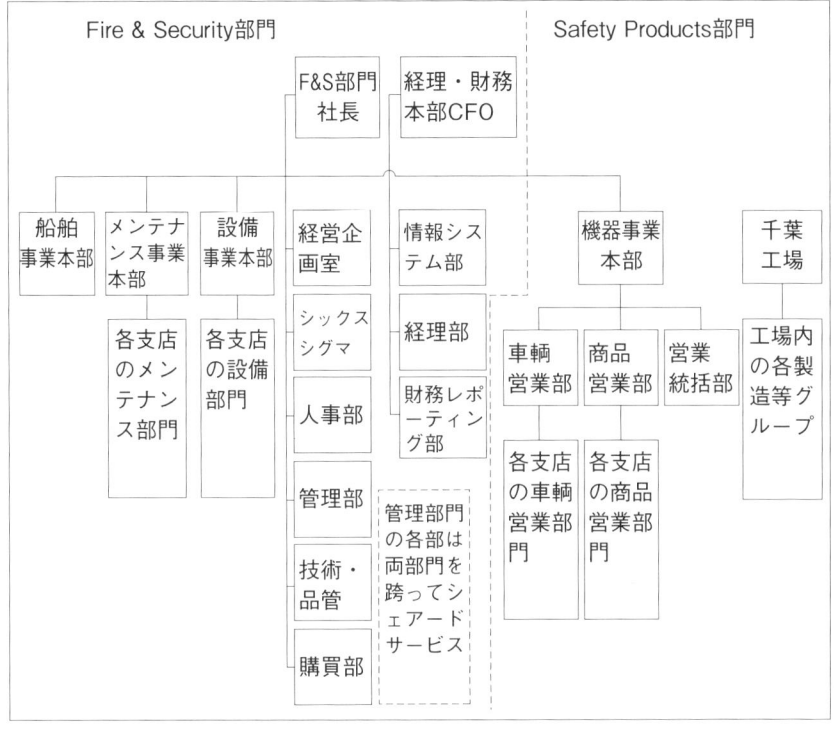

図表 8 - 3　タイコ傘下時の組織図イメージ（2007年7月当時）

[Fire & Security部門]
- F&S部門社長
- 経理・財務本部CFO
- 船舶事業本部
- メンテナンス事業本部
  - 各支店のメンテナンス部門
- 設備事業本部
  - 各支店の設備部門
- 経営企画室
  - シックスシグマ
  - 人事部
  - 管理部
  - 技術・品管
  - 購買部
- 情報システム部
- 経理部
- 財務レポーティング部

[Safety Products部門]
- 機器事業本部
  - 車輌営業部
    - 各支店の車輌営業部門
  - 商品営業部
    - 各支店の商品営業部門
  - 営業統括部
- 千葉工場
  - 工場内の各製造等グループ

管理部門の各部は両部門を跨ってシェアードサービス

（出所）当時の組織図をもとにDPI作成

は，国内シェアで3位から5位に低下することとなった。車輌事業においてもノウハウを持つ営業マンがまとめて引き抜かれるなど，弱体化が進行したとされる。

② 設備投資や研究開発費用の縮減

　研究開発は本国でまとめて実施するから……という理由で，NDCにおいては研究開発費用の予算計上が大幅に削減された。結果的に新製品の上市がなくなり，さらに他社の設計仕様に適合できない事例が出始めるなど，顧客や前線の営業マンからは一部不満の声が聞かれるようになった。設備投資は必要最低限の修繕に限るとされたため，工場などの施設の老朽化が進行した。こうした施策の背景には，短期的に収益を生まないものに対する投資は縮減するという

タイコの方針があった。

③ 人員政策などについて

　タイコではこの頃，全世界でリストラが実施されていたことから，人員政策は抑制策が取られており，それはNDCについても同様であった。タイコ時代の後期，日本においては景気が回復局面にあり，市場が拡大基調であったが，NDCにおいては十分な人員の確保が行われなかった。結果的に，一部の施工管理者は大きな金額の工事を複数案件請け負って，過大な負荷がかかっている状況が散見されるなど，慢性的に人員不足状態であり，ビジネスが頭打ちになっていた。

　NDCの強みである防災設備事業の施工管理ノウハウは，ノウハウを持つ施工管理者の育成がその鍵であるが，一人前の施工管理者になるまでに少なくとも数年かかるため，こうした人員政策は短期的な業績への影響だけでなく，中長期的にNDCの企業体力を弱めていく恐れがあった。

　また，激変した企業風土や本国とのコミュニケーションの問題などから，管理部隊を中心に人員の入れ替わりが激しかった。営業部門ではコミッションと呼ばれる業績連動制の賞与制度が導入されていたが，内向きな個人主義につながり，社員からの評判は概して良くなかった。

3　投資検討時の仮説と実際の投資スキーム

(1) 投資検討時の仮説

　DPIはNDCへの投資を検討するにあたり，NDCがタイコ時代に身に付けた外資流ノウハウの優れた部分を維持強化する一方，タイコの手法がマッチしていない部分を中心に，日本的な企業統治手法の良い部分をミックスさせることで会社組織に活気を取り戻し，NDCがもともと有する安定的な事業基盤を前面に引き出すことが可能になるであろうと考えた（**図表8－4**）。

図表8－4　投資検討時の仮説

項目	タイコ時代の状況	DPIの仮説
収益力の見極め	本国関連費用，赤字の新規事業，リストラ費用などで収支は赤字か，トントン	安定的な事業基盤 現体制に特殊な費用を除けば，一定の安定収益計上は可能
タイコ傘下で培ったメリットの享受	受注から施工に至る採算管理の厳格化，キャッシュフロー重視など	過去の工事案件を調査し，優れた施工管理能力を確認 ⇒ 強みを維持強化する必要性
社内体制の正常化	外資に特有な組織管理や窮屈な組織運営，歪んだ人員政策　など	社内体制の正常化 ・縦割り組織の正常化や事業間コ・ワーク ・設備投資や研究開発の正常化 ・人員政策の正常化　など

（出所）　DPI作成

① 仮説1　～NDCの事業基盤に基づく安定的な収益力を生かすこと～

　NDCは，タイコ傘下においては本国へのマネジメントフィー，本国社員の給与や駐在・渡航およびそれらに付随する諸費用，赤字の新規事業や工場のリストラ費用などが嵩み，最終損益は赤字か，水面スレスレの状況が続いていた。そのため，タイコから離脱した後，NDCが自然体でどの程度の収益を稼いでいけるのか，ベースの収益力を正確に見極める必要があった。デューデリジェンスの結果，NDCが底堅い事業基盤を有しており，一定程度の安定した収益を上げていくことは可能に思われた。

② 仮説2　～強みである採算管理やキャッシュフロー重視の仕組みを生かすこと～

　防災設備事業の過去数年の工事案件をすべて調査した結果，ハードルレートなどの厳格運営によって統制の取れた受注活動が行われており，さらに，概ね受注時に想定した通りの収益を上げることができる優れた施工管理技術を有していることが確認された。実際に，採算管理の向上に伴って，過去数年の粗利益率はゆるやかに改善が図られており，また，過去の赤字工事は件数が極めて限られていた。キャッシュフロー重視やコスト管理なども同様だが，タイコ傘

下で強化されたこうした強みを，投資実行後においても維持強化していく必要が感じられた。

③ 仮説3 〜社内体制の正常化〜

NDCにおいては，タイコのガバナンスに起因する縦割りの組織管理やトップダウン主義，短期的な収益への追求などの影響からか，どこか窮屈な組織運営を垣間見ることができた。また，分社管理で孤立感を深めていた商品事業や車輌事業ではその傾向が顕著であったが，会社が有する日々の営業情報や，業界情報などの経営資源を組織全体として活用し切れていない印象が強かった。DPIが投資を実行した後にはそうした歪みを正常化し，異なる事業同士のコ・ワークや情報共有化など，組織として営業を展開していく施策を協議していくことが必要に思われた。

また，メーカーとして当然行うべき設備投資や研究開発活動の正常化，新卒採用の開始など，会社全体に活気を取り戻す施策が必要に思われた。

管理面では，タイコ管理下では本国向けのレポーティングの必要性から，基本的な数値管理などは米国会計基準に比重が置かれていたが，日本の会社法決算に基づく管理体制を構築し直す必要があった。

(2) 投資スキーム 〜LBO（leveraged buy-out）スキームの活用

既述の通り，NDCは安定的なベースの収益力を有しており，さらに，タイコ傘下で実施された資産のクリーンアップなどによって税務上の繰越欠損金を有していたことから，比較的安定的にキャッシュフローを創出する能力が認められた。そうした点を踏まえた検討の結果，投資手法としてLBO（leveraged buy-out）スキームが適性であろうとの結論に至った。LBOスキームとは，投資実行時の買収資金調達に，銀行借入を導入することで投資実行に必要な資金を極小化するもので，安定的なキャッシュフローを生み出す企業への投資に向いているスキームであり，DPIとしては投資効率を向上させる狙いがあった。

実際の買収にあたっては，特別目的会社（SPC）をセットアップし，DPIによるSPCの第三者割当増資の引き受けとSPCによる銀行借入の組み合わせによって，買収資金を調達した（**図表8－5**）。

図表8－5　LBOスキームを活用した企業買収

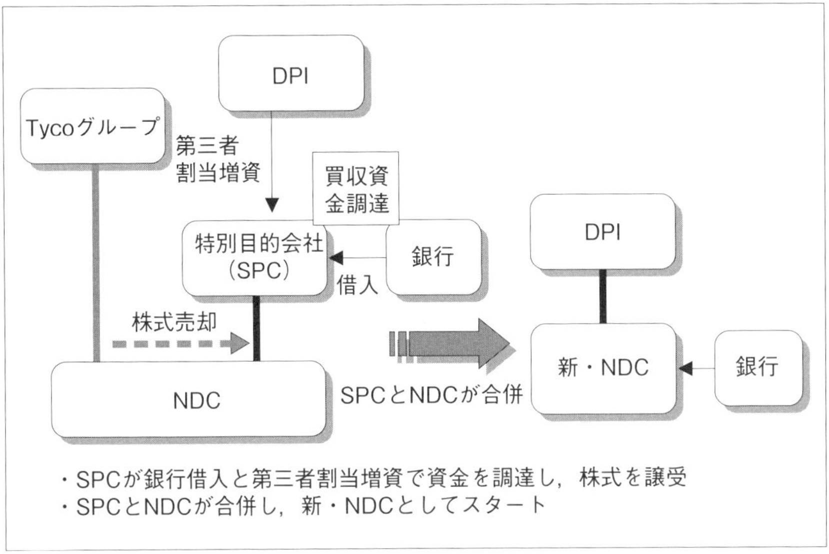
DPI
Tycoグループ
第三者
割当増資
買収資
金調達
特別目的会社
（SPC）
銀行
借入
株式売却
NDC
DPI
新・NDC
銀行
SPCとNDCが合併
・SPCが銀行借入と第三者割当増資で資金を調達し，株式を譲受
・SPCとNDCが合併し，新・NDCとしてスタート

（出所）DPI作成

4　投資実行後の諸施策について

本案件は売却プロセスにおいて入札手続きが取られたことから，買収前においてDPIとNDC経営陣の接触は限定されており，今後の会社運営について互いが議論を尽くす十分な機会は得られなかった。したがって，投資実行後，会社側と今後の方針およびそれに向けての進め方について摺り合わせを行うことが緊急の課題であった。DPIは投資の実行後，非常勤取締役および非常勤監査役を各1名派遣し，投資検討時に置いた仮説などをもとにNDC経営陣と協議を行い，以下の施策が実行に移された。

(1)　中期経営計画“イノベーション2010”の策定

NDC経営陣と，現状の業務環境の認識や今後の方向性を確認しあう趣旨で，真っ先に着手したのが中期経営計画の策定である。

① 「3つの基本方針」

　先に述べたように，NDCは，"防災""消火"にまつわる複数の事業から成り立つ。防災設備事業は，どちらかといえば景気の影響を受けやすく，1件あたりの商売ロットが大きく振れも大きいが，儲けも大きい。一方，メンテナンス事業や商品事業は，小さいものでは数千円や数万円からと商売ロットも小さく，日銭商売的にコツコツと利益を積み上げるスタイルである。NDCの過去を見ると，防災設備事業が好調で全社の利益を引っ張っている時期もあれば，ある時は，メンテナンス事業や商品事業がしっかり稼いで支えた時期もあり，それが一定周期で繰り返されている感じであった。

　以上のことから，真に強い企業としてのNDCのイメージは，経済環境など，NDCがコントロールできない外部要因で，一部の事業の収益に振れが生じることがあっても，常に別の事業が収益を生み出すことで，全体として継続的に安定成長を遂げていく……といったものであった。

　そうした"市場動向の変化に強い企業体"となるためには，まず，各々の事業が各々の事業分野において，成長イメージをしっかり見据えて"強い事業"であり続けることが大前提である。そして，各事業における営業基盤をより強固に，裾野の広いものにするために，各事業が連携し合って，情報を共有し，組織として漏れなく商売を拾える体制を整えること，が求められる。さらには，強い事業を支えることのできるしっかりした経営基盤を整えること，が必要である。NDCの三つの基本方針"コア事業の発展""事業連携によるさらなる成長""経営基盤の強化"はこうした考え方に則って定められた。

② 中期経営計画の策定

　「3つの基本方針」を見据えた上で，具体的な計画策定は，各々の事業が"強い事業"であるためのアクションプラン作りが起点となった。手順としては，各事業の外的・内的を含めた業務環境分析や強み・弱みを書き出す作業から始め，そこから，各々の事業におけるKFS（key factor for success：ビジネスを成功させるためにポイントとなる要因）や成長イメージを想定していった。そして，最終的には各事業における成長へのアクションプログラムとモニタリング機能としてのKPI（key performance indicator：重要業績評価達成指標）

に結論付けた。

また，タイコ時代には議論されることがなかった各事業の連携についても，組織横断的に議論がなされた。例えば，防災設備事業のスタッフが，業務上で消火器が必要な場合，自社製品調達に伴う煩雑な社内手続きのために，他社製品を購入している実態などが浮き彫りにされ，解決策が議論された。他の項目についても同様に議題とされ，各々の事業が，相互に情報を活用することで，さらなるビジネス機会を創出していく方針を確認し合い，数値目標が設定された。

さらに，経営基盤の強化として，新商品開発，設備投資，新卒採用や人材育成の見直しといった各項目が上げられた。また，業績偏重的な個人主義の裏返しで，組織の中で引き取り手がおらず，エアポケットに落ちていた顧客からのクレーム処理についても問題意識が提起された。これも議論の結果，「Quality First」の名のもとに，全社横断的な品質保証体制を構築することとなり，品質保証室が社長直轄の組織として設置された。

図表 8 - 6　中期経営計画"イノベーション2010"の概要

【中期計画のコンセプト】
- 第二の創業と捉え，持続的成長を見据えた強固な経営基盤を構築する。
- 組織内コミュニケーションを双方向にし，活力ある組織・風通しの良い企業風土を作る。

三つの基本方針	将来に向けたコア事業の発展	市場動向の変化に強い企業体となるべく，各事業を継続して強化	施策イメージ	事業別にKFS・成長イメージを想定し，アクションプランとKPIを設定
	事業連携によるさらなる成長	・顧客は双方向ビジネスを展開するパートナー ・各事業が相互に情報を活用，ビジネス機会を創出		事業間の連携につき，数値目標等を設定
	経営基盤の強化	・人事制度の整備と人財育成 ・技術の集中と強化による開発力向上 ・全社横断的な品質保証体制の構築		・人事制度見直し ・設備投資・商品開発計画の具体化 ・品質保証体制の構築

(出所)　NDC 社内資料をもとにDPI 作成

本計画の策定にあたっては企画部を中心に取りまとめチームが編成され，経営陣はもちろん，各事業部長や本社の部長などが入れ替わり議論を行って進められた。そして，策定された経営計画は経営陣が全事業拠点をまわって社員に説明を行い，全社一丸となっての計画達成を呼びかけた（**図表 8 − 6**）。

　DPIとしても，この計画策定は，投資前に立てた仮説や，経営陣との会社運営の方向性の確認という当初の目的だけでなく，NDCのビジネスについて再認識するとともに，理解を深める良い機会となり，有意義なものであった。また，社員の方々の議論に加わる絶好の機会となり，それ以降のコミュニケーション円滑化に寄与した。

(2) ガバナンスの整備

　NDCはグローバル企業であるタイコの中では日本に存在する子会社の一つであった。したがって，意思決定のためのお伺いや業務上の報告は海外の本部向けが強く意識され，日本の会社法における取締役会はどちらかというと形式的な役割に留まっていた。DPIが株式を取得し，それまで強烈なガバナンスを効かせていたタイコが突然いなくなったため，取締役会を中心としたガバナンス体制を急ぎ構築する必要があった。

　また，社内規定などは昔の日本企業の時代のものが改定されずに，そのまま残っている状況で，これも実態に合わせて修正していく必要があった。管理部門のスタッフは，多くが，その昔日本企業であった時から入れ替わっており，日本の企業としてのガバナンスを再構築するには，外部採用なども含めてテコ入れが必要なポストもあった。

　DPIが株式を取得後，すぐに，本国から派遣されていた人間に代わって，タイコ時代に代表取締役でCFOの任にあった遠山氏が代表取締役社長に就任し，指揮命令系統の整備が行われた。現在では，営業部門，管理部門，製造技術部門を管掌する各取締役が設置され，取締役会を中心としたガバナンス体制が確立された。管理部門の整備も徐々に進み，社内規程の見直し手続きなども行われた。

　営業組織では，いく度かにわたる見直しを経て，営業本部を筆頭に各支店を統括する組織となって，全社的に収益を上げていく体制が整えられた（**図表

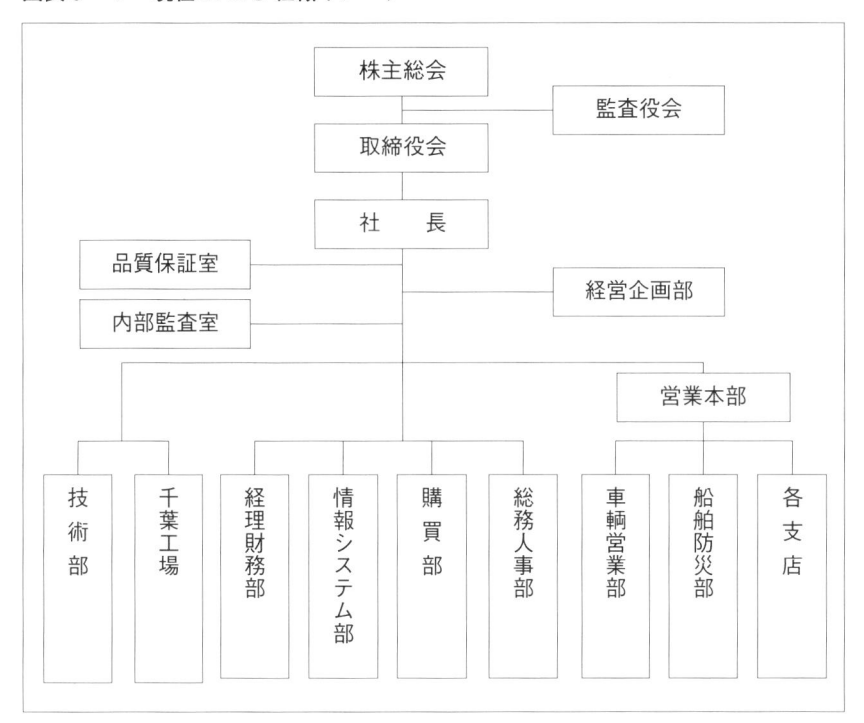

図表 8 − 7 　現在のNDC 組織イメージ

```
                    株主総会 ─── 監査役会
                       │
                    取締役会
                       │
                    社　　長
        ┌──────────┼──────────┐
    品質保証室              経営企画部
    内部監査室
        │                         │
   ┌─┬─┬─┬─┬─┬─┐     営業本部
   技 千 経 情 購 総         ┌──┼──┐
   術 葉 理 報 買 務         車 船 各
   部 工 財 シ 部 人         輌 舶 支
      場 務 ス    事         営 防 店
         部 テ    部         業 災
            ム               部 部
            部
```

（出所）　NDCの組織図をもとにDPI作成

8 − 7 ）。

(3) 上流営業の支援

　NDCはタイコの傘下になった途端に，グループ各社で資金を融通し合うキャッシュマネジメントサービスを導入し，日本の金融機関からの借入はすべて返済した。NDCの業務は建築分野に密接な繋がりがあり，金融機関による顧客紹介は一つの常套的な営業ルートであったが，タイコ時代には借入を返済したため，金融機関との関係は希薄になった。

　DPIは国内大手金融機関系の投資会社であり，NDCが直接働き掛けしづらい施主やゼネコンといった上流に特化した顧客紹介が可能であった。また，買収当初に資金調達を目的に行った借入は，体制が軌道に乗ったところで借り換えを実施し，ほとんどの大手銀行との窓口が開設されたことから，金融機関を

通じた営業ルートが復活した。

　NDCは，タイコ時代には独自の営業力で直接の顧客であるサブコンをグリップして，受注を獲得し，業容を拡大してきたが，さらにDPIや金融機関ルートによる上流での顧客紹介をマッチングさせることで，大型案件の受注確度を高めることができた。

(4) 車輌再生プロジェクト

　タイコ時代に弱体化した車輌事業は建て直しの必要があった。この事業は消防署による消防車輌の購入情報をいち早く入手し，例えば図面協力などを通じて自社仕様の図面を引くことで有利に営業を展開したり，また逆に取り組みが困難な他社仕様の場合には，早期に見極めを行うなど，経験に基づくノウハウを活用した情報戦が大切なビジネスである。NDCはタイコ時代に営業マンが引き抜かれ，そうしたノウハウ自体が希薄化していたが，ベテラン営業マンによる営業ノウハウの共有化と，次年度以降の購入情報を画一整理化することで営業の建て直しを図った。本施策は少しずつ効果を上げており，車輌事業の売上は徐々に回復の動きを見せている。

おわりに

　本事例は，外国資本の子会社という前提であったが，外資か否かに関わらず資本関係の問題で，経営体制に何らかの矛盾やミスマッチを抱えている企業は多いと思われる。そうしたミスマッチについて，本事例は，当社のようなフィナンシャル・インベスターが介在することで，資本関係を刷新し，会社側の自助努力で経営体制の正常化に努めつつ，当該企業が持つ潜在的な能力や強さを引き出す試みがなされている一つの事例であるといえる。

　また，本事例では投資の実行直後に，中期経営計画の策定という名目で，会社の置かれた業務環境や成長イメージを株主・会社で認識し合って，会社のあり方に関する方向性を確認し合う試みを行った。中期経営計画で定めた各項目の遂行についてはまだまだ道半ばの点もあるが，幸いにして，NDCの業績は

相対的に堅調に推移し，経営体制は比較的安定を保っているといえ，こうした初期プロセスが寄与した一面もあるものと考えている。

　投資実行後の初期の段階で（可能なら投資実行前に），こうしたプロセスを踏んでおくことの重要性を改めて認識させられた次第であり，参考になるのでないかと考える。

経営者インタビュー

外資からの独立と企業価値の最大化に向けた取り組み

日本ドライケミカル株式会社
代表取締役社長
遠山榮一氏

Q 2008年2月に，株主がタイコ・インターナショナル（Tyco International, Ltd）から大和証券SMBCプリンシパル・インベストメンツに変わりました。タイコの傘下にあった頃と比較して会社全体として変わったことは何でしょうか。

　もともと，当社は旭硝子さんの子会社ということで，ピュアな日本企業だったわけですが，タイコ・インターナショナルという外資が買収したというその時点で，非常に大きな文化的なショックがありました。外資の特徴というのは，やはりヘッドオフィスからの指針がすべてということで，各ローカルのエンティティに対して，基本的にはあまり自治権を与えません。特にタイコの場合には，そういう色彩が非常に強く，もともと日本企業のネイチャーを持っていた会社が，ある日突然そういう外資の中に入って，社員自身もそれに対する抵抗感というものをものすごく感じたのです。時の経過とともに，少しは和らいできたかもしれないのですが，人のネイチャーそのものは，なかなか変わりませんでした。

　そういう中で，大和証券SMBCプリンシパル・インベストメンツさんが株式を取得するということになったのですけれども，私としてはそのことに対して非常にポジティブに捉えています。一つは，やはり外資の傘下の時に，指揮命令系統がすべて外からの指針で動くということで，この会社そのもののことを考慮した戦略とか意思決定がなかなかできませんでした。会社でありながら会社としての意思決定機関がなく，外からの指示・方針がすべてでありました。われわれ自身のアイデンティティがなかったところが，株主の変更という形で復活してきたということがありますので，そういった点を非常にポジティブに捉えています。

　もう一つ，会社というのは一つの大きな生き物でありますが，「この会社の価値とは何ぞや」ということについては，外資ではよくある話ですが，極めて縦割りの指揮命令系統がありまして，それに従うことがすべてだったというところです。この会社の場合は，いくつかの事業を営んでいるわけですが，その会社の中に，タイコという親会社の

日本ドライケミカルのアルミ容器製消火器

指揮命令が縦割り的にずっと入ってきたということで，本来この会社が持っているバリューが生かされなかったのです。むしろ会社のバリューが押さえ込まれてしまっていました。その縦割りのために，本来持っている会社の戦略的な方向性とか企業価値の具現化などが，タイコ時代にはできていませんでした。そういう呪縛から放たれて，投資会社さんの傘下で，基本的にはわれわれローカルな人間に経営を任せていただいておりますので，われわれ自身が「この会社本来のバリューとは何ぞや」，「どのような方向性が一番この会社の価値を高めるのか」という，会社本来の基本理念について，企業価値を最大化するという視点から物事を考えることができるようになりました。これも大きな違いですね。

　それは社員にとっても同じことです。社員も今までは自分たちの考え方があまり反映されずに，外からいろんな指示が来て，それに従うのみという実態がありました。今の会社はそういうところから，自分たち自身で戦略を作り，社員・経営も一緒になって，会社の経営戦略を練っていけるようになりました。事業戦略，商品戦略を練っていくというところから，社員も大きく参画していますので，そういう意味での企業への帰属意識はものすごく大きく変わっています。

　如実に物語るのは，外資の傘下の時に，当時の日本ドライケミカルの会社に長くいた社員が，そういう肌に合わずに，少なからず辞めたということもありました。人員的にも非常に疲弊してきたところがあったのですが，こういう形で外資の呪縛から放たれましたので，いくつかの点で今ポジティブに捉えているのです。

Q 親会社から独立したからこそ遂行が可能になったことにはどのようなものがありますでしょうか。

　独立により，親会社の全世界的な戦略は今や全く関係なくなりました。つまり，日本の市場の中における日本ドライケミカルがどうあるべきか，戦略的にどのような製品開発をしていくかということについて，地場のローカルの需要をベースに，会社の施策が判断できるようになりました。これが一番大きいところですね。

　つまり，そういう海の向こうの施策というのは，この日本のローカルな市場の状況とか，どのようなお客様がいて，どのようなビジネスをやっているのか，ということへの理解は，多くの外資のヘッドクォーターズはあまり興味を示すことがなく，自分たちの方針がすべてであるということでした。あまりローカルなものについて判断していたら，グローバルの戦略が成り立たないということもあるでしょう。

　そういう形はそれで分かるのだけれども，やはり日本ドライケミカルという会社は，50年以上この日本の中で消火・防災にかかわってビジネスをやってきて，それなりの企業文化があり，お客様を含めたリレーションシップが根強く，長く構築されてきたわけです。外資の時には，そういうものへの配慮が上手く十分にできなかったというところがありますが，今はそういうことへの原点に立ち返って，お客様中心の営業への復帰ができています。

取締役会の様子

お客様の日本ドライケミカルへの期待は何か，どのようなお客様に向かっていけばよいのか，市場がどのようなものを要求しているのか，というところへの配慮について，しっかり対応できるようになりました。または，それを自分たちで判断し，自分たちで決定していくことができるようになったということが，一番大きいですね。

Q　投資会社が株主となり，新たなガバナンスが構築されました。投資会社が株主となることの優位性については，どのようにお考えでしょうか。

投資会社さんは，事業再生，バイアウト，ベンチャーなど，いろいろな投資経験があり，われわれにはない見方や考え方をお持ちです。

非常に感謝しているのは，企業価値の極大化の方向に向かっているということに対し，すごくご理解いただいていることです。また，同じ土俵の上で，投資会社さんが持っているノウハウ，経験，考え方を参考にさせていただいています。われわれはこの業界にずっといますが，業界のことしか知りませんので，いろいろな知見を共有させていただけるのは非常に有り難く思います。

外部から見る目とか，一般的なものの見方に対して疎いところがございます。そういう意味では，取締役会のメンバーでもありますので，ガバナンスの機能にも貢献してもらっていると思っています。

実は，タイコが当社を売却する際には，買手候補として事業会社さんと投資会社さんが競ったのです。両方にコンタクトして進めていましたが，事業会社さんの場合だと，その会社の事業戦略の中に組み込まれてしまいます。そうすると，当然の話ですが，その親会社の中に組み込まれるという話ですから，この会社の本来の価値を創造する機会は非常に少なくなります。ところが，投資会社さんの場合には，会社全体の価値の増殖を狙っていくし，また第三者的な視点でものを見てもらえるので，当社としては，大和証券SMBCプリンシパル・インベストメンツさんが最終バイヤーとして残っていただいて今ここにいるというのは，非常に大きな意味があったと思います。

Q　従業員の皆様のモチベーションに変化はありましたでしょうか。

これは非常に大きなところです。日本ドライケミカルという会社は，もともと旭硝子さんの子会社であったわけです。そして外資になってから10年近い期間があったわけです。常に，社員の中に，「いざとなれば親会社がいるよね」という甘えもあったかと思

います。それから，自分たちで何も決められないし，親会社が決めてしまうということで，その責任を擦り付けるということもあるというのが，タイコ傘下の体制だったのです。それもまた非常に欠点だと思っていました。

外資が親会社の場合のいいところもあるけれども，押しつけ型で来ますから，社員一人ひとりのモチベーションという意味では，間違いなく下がっていたのです。つまり，自分たち自身の発想なりアイデアが活かされずに，押し潰されてしまうのです。日本の市場はこうだと言っても，それはタイコのルールではないよとなってしまっていたのです。

今は，株主さんはいるけれど，株主さんは親会社ではなく，投資会社さんです。そこで，「この日本ドライケミカルという会社は，あなた方自身が作っていくのですよ」ということを社員に言っています。

つまり，もう後ろ盾はなく，自分たちでこの会社を創っていき，自分たちでこの会社を存続させていかなければなりません。また，「価値を増殖させていくのも，あなた方がやるのですよ」ということを，2年前から社員には言っていました。すぐには，そのメンタリティは変わらないですけれど，2年経ってだいぶ変わってきました。その意味では，大きなモチベーションアップにもつながりまして，ポジティブな意識が芽生えてきつつあると思っています。

経営陣と大和証券SMBCプリンシパル・インベストメンツのメンバー

Q 株主が変わってから2年半が経ちました。大和証券SMBCプリンシパル・インベストメンツのメンバーとともに取り組んできて学んだことはありますでしょうか。

　基本的には，大和証券SMBCプリンシパル・インベストメンツさんからは，取締役二名を非常勤の形で参画していただいています。その，二人の取締役は，毎月の取締役会には必ずご出席いただいています。それから，経営会議などの重要会議にも，基本的にはご出席いただいて，常にアップデートしていただいています。そういう中で，その時点その時点での適切なアドバイスなり，あるいは株主さんとしての意見もいただいていますので，そういう意味では，ガバナンスとの兼ね合いもありますが，取締役会の中で非常に有益な形でご参画いただいていると思っています。

　あと，われわれは，ここの狭い世界しか知りませんが，投資会社さんは他の投資先に参画していまして，「他ではこういうような形で物の作り込みとかをやっていますよ」など，アドバイスを適宜いただいていますので，それはそれで意味があったと思います。自分たちは自分たちのことしか知らないから，他の会社がどうやっているかよく分からないのです。取締役会の運営の仕方とか，取締役会の資料の作り方とか，外のことを知らないですから，自分たちはこれで良いと思っていても，「他はこうやっていますよ」と助言いただくことが結構ありましたので，非常に良かったですよ。他社さんのそうい

お客様中心の営業を行うための社員教育風景
（千葉工場の第一研究棟における泡消火設備の放射実験）

うやり方とか，投資会社さんが見るものの見方とか，非常に勉強になったと思います。

Q 最後に，御社の将来展望についてお話しいただければ幸いです。

　まず，消火・防災にかかわるプロフェッショナル集団であり続けるということでございます。したがって，消火・防災にかかわるすべての製品・サービスをお客様にご提供するということを心がけたいと思います。

　お客様を中心に据えて，われわれは設備と言っているのですが，建物の消火設備，商業施設の消火設備，プラント・工場の消火設備，船舶用の消火設備もやっています。それから消火設備の点検，消火器，防災用品，消防車両というすべての製品・サービスを提供しているのは，この業界では弊社だけなのです。

　それを徹底的に強くしていくということを通じて，世の中の安心・安全への志向にマッチしていきたいと考えています。これからより高齢化社会になりますので，より経済が成熟すればするほど，大きなお金を使ってでも質の向上を求める，そういう志向に向かっていくということになると思います。われわれは，そこの立ち位置として有利にいると思うし，それを徹底してやっていき，差別化も図っていきます。中長期的には，さらにそういう製品・サービスの技術を海外にも展開していきたいと考えています。

遠山榮一氏略歴

慶應義塾大学経済学部卒業。1972年三菱商事株式会社入社。2000年日本AT&T株式会社入社。2004年日本ドライケミカル株式会社入社。2005年同社代表取締役就任。2008年同社代表取締役社長。

第9章 住宅設備機器業界
—— ハウステックの再生と成長 ——

ニューホライズンキャピタル株式会社
パートナー　畠山直子
パートナー　中村　肇

はじめに

　株式会社ハウステック（以下「HT」という）への投資は，創業者（投資総責任者兼キーマン）が主要メンバーを伴ってフェニックス・キャピタル株式会社から会社分割し，ニューホライズンキャピタル株式会社（以下「NHC」という）を設立して最初に実行した投資案件であり，NHCのメンバーが三菱自動車工業株式会社，ティアック株式会社，株式会社近商ストア，ゴールドパック株式会社，東急建設株式会社，世紀東急工業株式会社をはじめとする過去に取り組んできた数々の投資案件を通して実践してきた三つのアプローチ，すなわち，

① 現場力（暗黙知）を引き出す帰納的アプローチ
② 業界全体をグローバルに俯瞰する演繹的アプローチ
③ 戦略を実現するための戦略的財務アプローチ

を活用することにより，HTの潜在的価値を顕在化させ，HTの企業価値を向上させることを目的としたものである。

　HTは，住宅設備機器メーカーとして厳しい市場環境に直面し，投資時点では大幅な赤字を計上していたが，ビジネスの枠組みを「グローバル」でかつ「水とエネルギーの環境対応」という軸でビジネスを再構築するとともに，次の四つの施策を着実に実施することで，HTの潜在価値の顕在化による収益性の改善のみならず，新しい価値の創造が可能と確信して投資を行った。

① アライアンスを含めたコスト合理化の徹底

② 顧客志向と流通網の効率化
③ 全国的なサービス・維持管理網の活用
④ 海外展開

その結果，投資直後の徹底的な固定費の削減により投資後1年にして連結経常利益の黒字化を達成でき，組織構造の改革，成果主義の導入により2年目には経常利益は6倍強となり，投資後2年間でEBITDA20数億円の改善を実現した。さらに，今期は，成長戦略へと軸足を移し，2012年度のIPOに向けて着々と準備を進めている。

以下，NHCのHTに対する投資時点から現在に至るまでの取り組みの概略について論じさせていただきたい。

1 会社概要

株式会社ハウステック（2009年4月1日付で旧社名「株式会社日立ハウステック」から社名変更）は，東証一部上場企業である日立化成工業株式会社（以下「日立化成工業」という）の100％子会社であった。創業は1963年。2001年10月に会社分割により日立化成工業より住宅設備・環境設備部門の事業を承継し，日立グループの住宅設備機器の総合メーカーとして事業を開始した。NHC投資後の2009年4月1日にHTは販売子会社であった株式会社日立ハウステック東日本および株式会社日立ハウステック西日本を吸収合併し，製販一体の体制を構築した。

事業内容は，主力であるシステムバス（浴室事業）の他，システムキッチン（厨房事業），浄化槽（環境事業），風呂釜などの熱機器（住機事業）等の製造・販売と維持管理を提供している。システムバスについては，川上の素材製造（SMC）から成形・加工，組み立て，販売まで一貫して手掛けるところに特長がある。

図表 9 - 1　会社概要

会社名	株式会社ハウステック（旧社名株式会社日立ハウステック）
所在地	東京都板橋区板橋三丁目9番7号
売上規模	52,824百万円（連結2010年3月期）
資本金	1,850百万円（2010年3月31日現在）
会社成立日	2001年5月1日
従業員数	連結　計　1,942名（2010年3月現在）
販売先	住友林業株式会社，三井住商建材株式会社，株式会社山善，大和ハウス工業株式会社，タマホーム株式会社，YKKAP株式会社，日立化成商事株式会社，三井ホーム株式会社，株式会社ノーリツ，株式会社小泉，積水ホームテクノ株式会社，日立コンシューマ・マーケティング株式会社
生産拠点	結城工場，富山工場，宇都宮工場
営業拠点	7支社53営業所，4出張所
仕入先	日立化成商事株式会社，日立アプライアンス株式会社，日立コンシューマ・マーケティング株式会社，株式会社KVK，三洋電機株式会社，岡谷鋼機株式会社，三協立山アルミ株式会社，株式会社精和工業所，有限会社大創，リムテック株式会社
連結子会社	日化メンテナンス株式会社 中部日化サービス株式会社 近畿日化サービス株式会社

（出所）　ハウステック

2　沿　革

　1963年，株式会社日立製作所が化学製品部門を分社独立させて日立化成工業を設立。日立化成工業は強みを生かした業界初のFRP[1]製浴槽の製造・販売を開始した。翌年の1964年は東京オリンピックが開催された年であり，日本は高度経済成長の時期であったため，設置・管理が容易なプラスチックのバスユニットとそれに付随したユニットキッチンの需要は飛躍的に伸びた。HTもユニットキッチンを1966年から製造・販売を開始した。

　同1966年は，建設大臣認定第一号を取得したFRP製浄化槽「ハイバッキー」の製造・販売を開始。浄化槽は，下水道整備が遅れている地域において，従来

1）FRP：Fiber Reinforced Plastics，繊維強化プラスチック。ガラス繊維などの繊維をプラスチックの中に入れて強度を向上させた複合材料

の川への垂れ流しから各家庭別での汚水浄化を可能とした画期的な機能商品であり，HTはその技術革新を牽引してきた。1995年後半から小規模浄化槽は材料をFRPからDCPD[2)]に変更し，小ロット生産への対応を強化。

　1969年から，バランス型風呂釜の製造・販売を開始。特に1983年に製造を開始した壁貫通設置型ガス給湯器「カベピタ」は，給湯器部分を壁に完全に収めることによって，従来よりも一回り大きな浴槽スペースの確保を可能としたリフォーム商材であり高い評価を受けている。

　2001年に，日立化成工業は消費者向けの市場の特質をより的確に把握して経営するために，住宅機器・環境設備部門の事業を分社化し，株式会社日立ハウステックとして営業を開始した。2007年日立化成工業では，産業向けコア事業への経営資源の集中を図るため，HT株式の売却を決断，2008年1月にHT投資事業組合が株式を譲り受けた。なお，HT投資事業組合は，NHCが無限責任組合員であるニューホライズン1号投資事業有限責任組合が業務執行組合員を務めるファンドである。

　2009年3月，HTは，子会社であった株式会社ハウステックサービスから全事業の譲受を実施，2009年4月，HTは，販売子会社であった株式会社日立ハウステック東日本および株式会社日立ハウステック西日本と合併，製販一体の体制を構築した。

3　経営環境

　HT投資事業組合がHT株式を譲り受ける前年の2007年6月における建築基準法の改正（耐震偽造問題への対応）やその後のリーマン・ショックの影響で新設住宅着工件数が激しく落ち込み，2006年度に128万5,000戸あった新設住宅着工件数は2009年度に80万戸割れが起きた。政府の住宅産業をめぐる行政施策（長期優良住宅の普及促進，住宅版エコポイント制度，住宅取得優遇制度他）

2）DCPD：DCPD樹脂とは石油の留分であるジシクロペンタジエン（dicyclopentadiene）を主原料とした，オレフィン系架橋タイプの熱硬化性樹脂

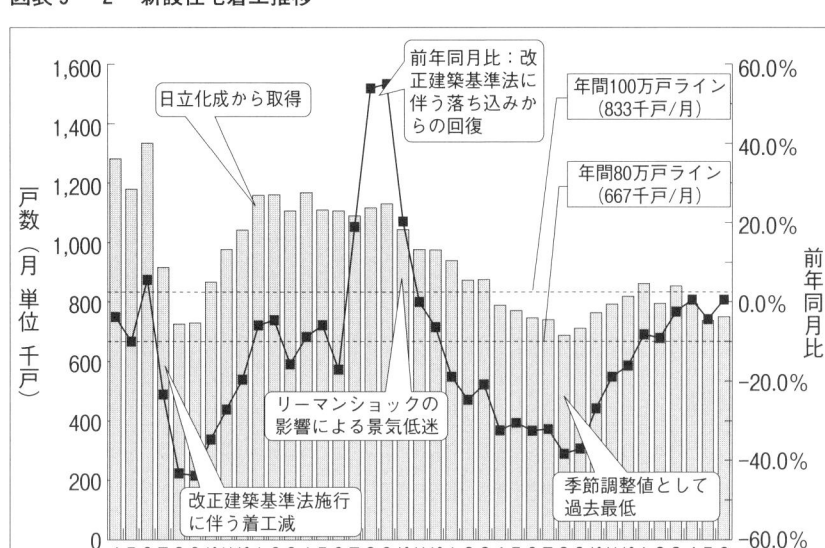

図表 9-2　新設住宅着工推移

(出所) 国土交通省

が効果を出し始めたのは2010年 4 月に入ってからである。

このような経営環境で，競合他社が赤字に転落する中，HTは着実に固定費の削減を行い，売上の大幅な下落にも関わらず利益を計上することができた。

4 ｜ 2008年以降のハウステックの主な活動結果

投資後のHTの主な活動結果は以下の通りである。

① 08年度経常利益の黒字化達成
② 09年度の当期利益の黒字化の達成
③ 固定費削減の徹底
  ➢ 富山工場の効率性向上のため，余剰生産ラインの除却，余剰賃借倉庫の返却等実施（～2008年 3 月）
  ➢ 生産効率の改善に向けて，2008年 4 月に福山工場を閉鎖

- ➤ 東京ショールーム，横浜ショールーム他，計10箇所のショールームを閉鎖
- ➤ HTグループ全体で約200人規模の人員削減

④ 新製品の投入
- ➤ 新製品「フェリテ」の発売開始（2009年4月），デザインおよびコスト競争力向上による収益力の回復
- ➤ ニッチ新製品「井戸水対応型エコキュート」の本格販売開始による収益性の改善（2009年11月）
- ➤ ニッチ製品「バランス釜取替え対応カベピタ」の公営住宅向けに拡販開始（2009年12月）
- ➤ 普及価格新製品システムキッチン「EXCELIA Lovee（エクセリアラヴィー）」の販売開始によるシェアの挽回（2010年4月）
- ➤ 新規事業として，太陽光発電システムおよびオーダー収納家具「Furniture Maker」の販売を開始（2010年4月）
- ➤ 新製品，超コンパクト型合併処理浄化槽「ハイバッキーKTG型」の販売開始（2010年6月）

⑤ 新社名を「㈱ハウステック」とし，新企業理念"「かしこく住まう」をつくる"の基，経営の効率化を徹底

⑥ 経営効率の向上を目指して，HTによるハウステックサービス（100％子会社）のすべての事業の譲受（2009年3月）。

⑦ HTと両販社（株式会社ハウステック東日本，株式会社ハウステック西日本）を統合（2009年4月）

⑧ 執行役員制度の実施と事業部プロフィットを徹底

⑨ サービス事業の強化を目指して，サービス系子会社3社を再編。中部日化サービス株式会社，近畿日化サービス株式会社を日化メンテナンス株式会社の100％子会社にすることで，3社による連携の一層の強化（2008年12月）

⑩ サービス会社の全国的・効率的運営の徹底などによる連結経営の推進

⑪ IPO準備開始（2012年度上場予定）

5 ニューホライズンキャピタルの支援活動内容

　NHCの投資活動の特色は，現場の声を重要視することにある。本件投資の基本合意に至るまでには，財務・税務および法務デューデリジェンスに加えて，ビジネス・デューデリジェンスの一環として100人を超える管理職に対してインタビューを実施し，会社を取り巻く環境，会社の課題等HTの状況把握を徹底して行った。当該インタビューの結果を基に，従業員全員を対象としたアンケートを実施し，把握した現状認識の確認，従業員の意見，提案を収集した。

　当該結果から，HTの再生のための課題抽出および当該課題解決に向けて，2008年1月に若手中間管理職を中心に組織横断型のタスクフォース（CFT＝クロスファンクショナルチーム）を立ち上げ，現場を巻き込んだ再生の土台を構築した。

　また，ガバナンス確保のためNHCよりHTに常勤取締役，社外取締役と監査役，さらにHTの連結子会社である日化メンテナンス株式会社にも社外取締役を派遣し，経営課題解決の支援と意思決定における客観性の確保を図った。

(1) 戦略の骨格構築：組織横断型のタスクフォース
　　（2008年1月～2008年12月）

　投資前のHTは，ショールームの設置，TVコマーシャル等を実施することにより，高級品の売上比率を高める戦略を展開した。しかし，当該戦略は，普及価格帯商品の市場シェアを落とすだけではなく，販売管理費の急激な増加をもたらすこととなり，収益性を悪化させる結果となった。さらに，建築基準法の改正の影響もあり，売上の減少，工場稼働率の低下等収益性の低下が顕著であった。

　この状況を打破し，HTの再生を果たすためには，連結経営の徹底によるコスト競争力の回復が最も重要な課題であり，かつ，低採算顧客との取引について見直しが必要であることも明らかになった。

　そこで，CFT（クロスファンクショナルチーム）では今まで対応できていなかったコスト競争力強化を目的とした連結ベースでの中・長期的な方向性の

設定,そのために必要なコスト削減の徹底・管理体制の整備,組織見直し等を行うことを目的とした。

HTにおけるCFT活動の主な項目は以下の通りである。

図表9－3　クロスファンクショナルチーム活動の主要項目

経営戦略	新企業理念・行動指針の構築,価格競争力の再強化としての経営方針・事業戦略の見直し,新ブランド「ハウステック」の構築と推進
ガバナンス＆オペレーション改革	連結経営強化のための組織・体制の整備,経営管理の抜本的見直し,製販統合方針の決定,それに伴う評価制度の修正方針の策定,商社を含めた既存ルール・慣習の見直し
コスト構造改革（物流費,施工費の削減他）	製造のコストダウン,調達のコストダウン,物流のコストダウン,施工のコストダウンおよび管理費削減
営業力強化	ショールームの削減を含む営業体制の再構築,販売拠点の見直し・整備方針の決定,広告宣伝費の見直し

（出所）　ニューホライズンキャピタル

CFT活動を通じて策定されたアクションプランと進捗状況は,週次の経営陣とNHCとのレビューミーティングを通じてフォローされた。また,アクションプラン推進に向けた対策は,必要に応じて協議推進体制を構築し,速やかに対応できるよう支援した（2008年4月～2008年12月）。

この結果として,従来それぞれ独立企業としてHTと並列で管理されていた子会社に対して,HTを頂点とした連結経営管理の仕組みを構築・徹底させると同時に,重複業務の削減やコミュニケーション不足を解消することによって連結ベースでのコスト削減を実現させた。さらに,HTとその子会社であった株式会社ハウステック東日本,株式会社ハウステック西日本との合併による製販統合,HTによる株式会社ハウステックサービスの全事業の譲受についての意思決定を行い,よりグループ一丸となった経営の強化を図った。また,全国的なサービス・維持管理の活用の重要性を再認識し,HTのサービス・維持管理の全国的なサービス網である日化サービス網との協力関係を強固にする努力が払われた。

なお,CFT活動の成果の一つとして,人材の発掘があげられる。CFTは,

図表 9 - 4　企業再生委員会における重点経営テーマと成果

重点経営テーマ	成果
アライアンス（国内）	他社との共同開発による浴室新製品フェリテを2009年4月に上市し、市場シェアの奪還に成功。
アライアンス（海外）	製品の輸出という実績はあったが、海外でのビジネス経験およびノウハウが少ないため消極的であった海外戦略を積極的に推進。システムバス等の住設機器に加え、浄化槽等の可能性を模索。特に、浄化槽は製品から維持管理までのトータルな支援が可能なので、水資源問題を抱える中国、ベトナム、中東などへ積極的にアプローチし、協議開始。
生産拠点再編	工場をコストセンターとし、競争力強化に向けて、3工場の役割の徹底化、効率化を図る。
サービス事業戦略	製造・販売のビジネスモデルから、サービスネットワークを武器にしたビジネスモデルへの転換。サービス会社の再編として、中部日化サービス株式会社と近畿日化サービス株式会社を大規模水処理施設の維持管理を全国で展開している日化メンテナンス株式会社の子会社とし、本社にあるカスタマーサービス部門と全国の日化サービス網との連携の強化を図る。一つの事例として、全国ナショナルチェーンの店舗展開へ浄化槽製品のみでなく、維持管理まで含めた一貫したサービスを提供し、その優位性が認められつつある。
商品開発力強化	商品開発力の強化に向けて全社レベルでの総合開発会議の開催。商品開発のベースとなる顧客情報収集、共有のための仕組みを、商品開発・IT・CS・営業の各部門を交え、構築。
コスト競争力強化（製造・物流）	材料費低減、不良損縮減、工数低減、在庫圧縮、物流費低減のテーマについて、それぞれ目標値を定め、活動を推進。
コスト競争力強化（営業）	ショールーム費用の削減、カタログ費・車両費・通信費などの経費削減、リベートなどの販売直接費の適正化への取り組みに着手、コスト削減を実現。
営業力強化	有力ハウスビルダー、地場工務店攻略を最重点テーマに取り組む。重点ターゲット企業を明確化し、新商品フェリテ、新商品3点パック（浴室、厨房、洗面化粧台など）を切り口に集中的にアプローチ。リフォーム事業の拡大を目指し、モデル営業所でのノウハウ体系化への取り組みにも2008年度下期より着手。
管理業務高度化	財務・資産管理を強化するとともに、迅速で的確な経営判断を行うための連結管理会計の整備、投資効果、債権保全に関する業務フローの改善を推進。新たな組織業績評価指標(KPI)の運用も2009年4月より開始。
人事制度改革	従業員の能力をより引き出せる人事制度への転換を目指し、新たな人事制度の設計を推進。

（出所）　ニューホライズンキャピタル

社長直下の組織であり，将来の管理職候補の問題意識を高めるとともに，CFTの活動を通じて，各々の人材の持ち味，集団の中での位置付け，各々の持っている戦略的方向性を把握できる。さらには，彼らが持つネットワークの存在も見える化できる。それらは，その後のフェーズにおいて，多角的な視点で状況を判断するための重要な資産になる。

(2) 戦略の導入の徹底：企業再生委員会（2009年1月～2009年3月）

2008年におけるCFT活動を基に，さらに厳しい市場環境下でも確実に利益が出るコスト構造を確固たるものにするために，企業再生委員会を立ち上げ，最重点経営テーマについて選定・検討を行った。企業再生委員会の委員長には，NHC会長兼社長の安東が就き，その他に常駐の担当者を派遣し，プロジェクトの進捗管理を行った。

2009年はリーマン・ショックの影響で，想定以上の急激な市場の落ち込みがあった年であるが，HTは，競合他社より1年早く抜本的なコスト削減に向けて取り組みを開始していたため，市場環境の急激な悪化にもかかわらず業績を改善させることができた。

企業再生委員会における重点経営テーマおよび成果は**図表9－4**の通りである。

(3) 戦略導入の継続性の確保：黒字化プロジェクト（2009年5月～12月）

2008年度に連結経常利益の黒字化を達成し，3期連続赤字という危機的状況から脱した。さらに，中期的な収益基盤を強固にするため，既述の企業再生委員会での検討結果を踏襲し，4事業（浴室・厨房・住機・環境）の枠組みで整理・具体化し，市場が低成長であっても確実に利益が出る体質への転換に向けたコスト構造改革を推進した。

(4) 上場に向けた成長戦略の構築：エコ・スマート計画構築支援（2010年2月～5月）

HTは，NHCの指導の下，成長戦略「エコ・スマート計画」を構築し，2012年度における上場を想定して，準備段階に入った。

なお，エコ・スマート計画は，以下の三つの戦略から構成されている。
① 既存事業の体質強化
② グループ連携による成長戦略（新規事業）
③ 構造改革による機能の強化

① **既存事業の体質強化**
- 生産部門におけるさらなるコスト力強化：①購買関係，②生産関係，③物流関係に関して，コスト削減を徹底する。
- 販売部門におけるコスト力強化：営業においては，商品視点から顧客視点の事業区分の見直しを図る。顧客視点に必要な製販システム統合に併せて販売情報をデータベース化する仕組みを構築し（2012年度に運用を開始），管理業務の合理化を図る。

中国の上海において，浄化槽の性能調査を開始

② 新規事業
　a　環境を機軸とした価値創造：水処理を中心としたB2B

　経営の機軸に環境配慮を置き，既存商品自体の環境適合性を高めるための業界基準や法令に準拠した商品開発を進めるとともに，再生可能エネルギー利用商品や省エネ性の高い新規商品開発に注力する。さらに，永年培ってきた環境保全のための水処理技術と，その維持管理サービスのノウハウを活かし，国内外の水環境改善に貢献できる事業展開を計画している。特に，中国，サウジアラビア，インド，フランスにおいては，NHCの指導の下，現在パートナー候補企業とのパイロットスタディを含め，製造・販売・維持管理のビジネスの構築を検討中である。

　b　住まうサポートビジネス：住宅機器を中心としたB2B4C

　HTのバリューチェーンは，商品開発・製造・販売に加えて，サービス・メ

図表9-5　ハウステックが提供する環境共生住宅のイメージ

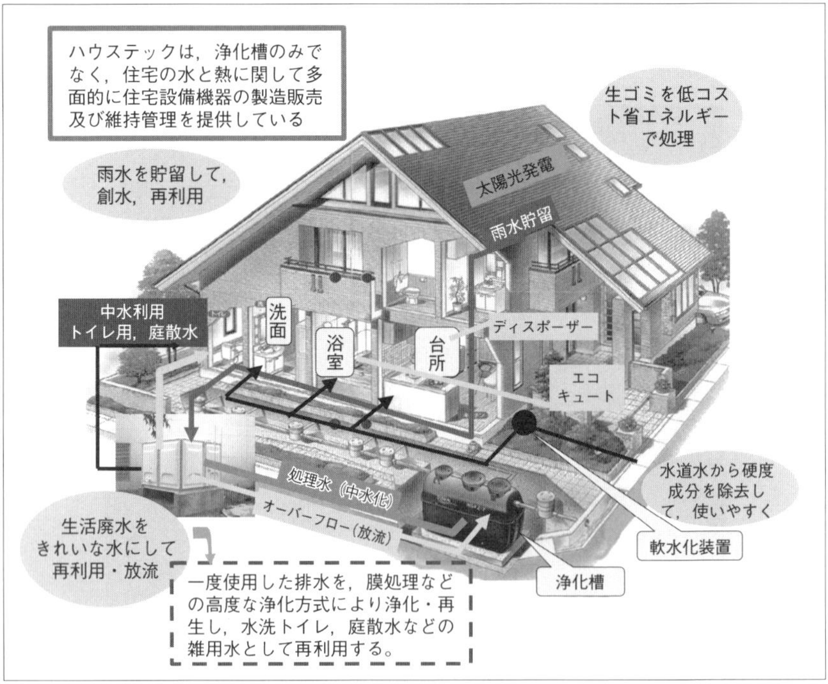

(出所)　国土交通省

ンテナンスに重点を置き，お客様に提供する価値向上に取り組む活動を強化する。主なビジネスは，下記を想定している。

- 住宅に関するサポート・サービス（諸診断，ハウスケアメンテナンス，水周り機器を中心とした即時修理など）
- 中小工務店，地域家電店等と連携の推進によるサポート・サービスから生じる製品交換，リフォームへの対応の推進
- サポート・サービスとして既存25万件の維持管理顧客の有効利用
- リフォーム商材の拡大として，太陽光発電システムとオーダーメイド収納家具の販売

③ 構造改革

上記戦略達成のための構造改革として，以下を行う。

a 開発技術力強化

自社内の強みとなる技術の選択・集中・選択することで主力商品の全社的開発力強化を図る。

b 販売力強化

商品軸から顧客軸に戦略構築をシフトし，それに伴う直需系（全国住建・パワービルダー等）・事業系（浄化槽・エコキュート等）・ルート系（中小工務店等）セグメントに対応した営業拠点の統廃合・人員の最適化を図ることにより，人員を新規事業・リフォームへシフトする。また，これに必要な営業関連システムへの投資を行い，利益・売上の貢献度を反映できるよう人事評価制度等の見直しを行う。

c サービス・メンテナンス体制強化

全国の均質なサービス体制の構築を図り，超コンパクト型家庭用合併浄化槽

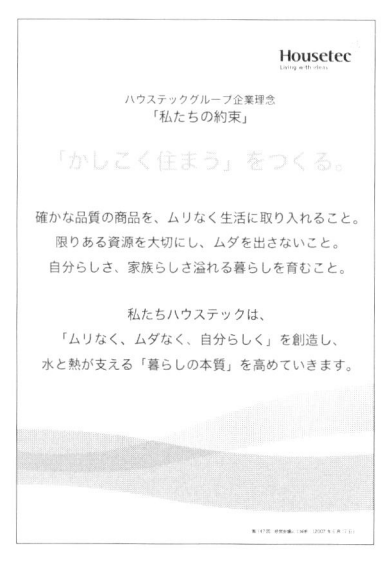

新グループ企業理念「私たちの約束」

「KTG」や太陽光発電システムの販売を通じて，日化サービス網との関係強化を図る。

d　ブランド育成

エコ・スマート計画に則り，インターネットの有効利用も含め，効果的にハウステック・ブランド"「かしこく住まう」をつくる"に関して，統合的に消費者認知を高める。

e　経営管理強化

旧組織間で運用している原価構成の変革と，予算制度と利益管理制度・会計システムを抜本的に改革することで，予算統制が有効に機能する体制を整備し，PDCAサイクルの正常化を図る。また，旧組織間での仕切制に代表される社内取引の廃止や新会社の決算・業績管理システムの刷新により業務効率の改善を図る。さらには，株式上場を想定した情報開示システムを構築する。

(5) IPOおよびエコ・スマート計画推進支援（2010年5月～）

2010年6月に中期計画推進およびIPO推進委員会を設置した。NHCは，当委員会と協調し，エコ・スマート計画の推進支援および上場に向けた教育・指導を行う。再生フェーズに比較して，成長フェーズは，より創造的に，幅広いネットワークを利用してフットワークよく支援していく必要がある。これからの上場に向けて，NHCはHTと一丸になってスピード感を持って挑む必要がある。

おわりに

HTが住宅設備機器という市場環境の厳しい業界で今後勝ち残るためには，急激な市場環境の変化への迅速な対応力とグローバル社会における環境への意識の高まりというニーズを追求する成長戦略に挑むことが求められている。

そのためには，大企業グループという意識から脱却し，独立企業としての意識へと変革する必要があった。従来の仕事の延長ではなく，非効率なものは意識して是正し，有効なものは意識して活用し，HTが持つ潜在力を具現化する

ことが必須だったともいえる。

　2009年3月期の連結経常利益の黒字化は，相当数の人員削減等従業員の痛みを伴う努力とともに達成された。再生フェーズから成長フェーズへの移行期に当たる2010年度，HTは，「エコ・スマート」をキーワードに，地球温暖化対策に資する水とエネルギーの環境技術を軸とした製造・販売・サービス・維持管理を総合的に提供する環境提案型企業として，業界の再編やグローバル市場の展開を視野に入れた活動を開始した。国内では，業界再編の核となるべく随所で協議を進めている。

　市場環境は決して楽観視できないが，システムバスを中心にコスト競争力は着実に回復しており，2009年度以降に上市した新商品群で収益の改善を図っている。2010年春の普及価格帯のシステムキッチンや新規制に対応した超コンパクト型合併浄化槽も高い評価を得ている。海外にも視野を広げ，中国，インド，中東，欧州での浄化槽を利用した分散型下水処理や水の再利用の拡大に向けて，アライアンスを協議中である。

　厳しい経営環境の中でも，着実に黒字化を確保した。これからは，さらにグループ一体経営の徹底，サービス・維持管理の強化を進め，必要に応じた合従連衡・アライアンス等を通して，国内における利益体制を強固にするとともに，グローバル社会の下，環境ビジネスの一翼として，海外での成長を実現させたい。そのためには，NHCはHT役職員と一丸となって，「価値あるものを，より価値あるものに」のNHCの企業理念の基に，広い視野から「埋もれた価値」を発掘する等，企業価値の向上に継続努力する所存である。

経営者インタビュー

新たなパートナーと連携した経営改革活動

株式会社ハウステック
代表取締役社長
星田慎太郎氏

Q 2008年1月に日立化成グループを離れましたが，ニューホライズンキャピタルのメンバーも含めた新経営チームはどのように組成されましたでしょうか。また会社全体の組織の見直しは，どのように実施されましたでしょうか。

　経営チームということでは，ハウステックから，私と事業統括担当，管理部門担当の三名が取締役として参加し，ニューホライズンキャピタルは安東会長をはじめとして当初は四名が経営に参画する形でスタート致しました。

　2008年1月には，経営課題の抽出を目的とし，クロスファンクショナルチーム（CFT）を立ち上げました。CFTには，チームが全部で五つくらいあって，コアメンバーが各チーム四名，合計20名程度のプロジェクトチームでした。これに各チームとも実務メンバーを加え，課題を抽出し，課題解決に向けた流れの骨子を作り上げました。その後，2009年1月には，ニューホライズンキャピタルの安東会長を委員長とする「企業再生委員会」を立ち上げ，CFTでの方向性を加速していくこととなり，現在チームは中期計画の分科会まで進化しているところです。

　再生のために最初に実行したのは，固定費の削減です。具体的には，福山の工場の閉鎖をしました。また，希望退職，ショールームの閉鎖，営業所の統廃合なども進めました。さらに，過去不良をも一気に特損処理することにしました。会社運営の面では，今まで日立化成工業の子会社ということもあり連結意識が薄かったのですが，サービス会社3社と販売会社2社の子会社を，販売会社は本社と統合，サービス会社2社は，日化メンテの子会社として統合し，連結経営の効率を高めることを意識して運営して参りました。

現場の意見を反映したファンクショナルチームからの
提案活動の一環として実現した
第一回ショールームアドバイザーコンテスト

Q ニューホライズンキャピタルのメンバーは，どのような形で経営に参画していますでしょうか。

　経営会議を月2回，役員会を月1回定期開催しています。その他に定例的に，業績会議を月に1回開催しています。月初の経営会議を業績会議とセットで行い，月末の経営会議を役員会と同日に行っています。すべての会議にニューホライズンキャピタルのメンバーも出席し，経営課題や業績数値について，日常的に全部共有しています。前に述べたCFTの報告や，その進化形の「企業再生委員会」の報告も経営会議のときに実施していました。

　今年は今まで実行できなかった中期計画の策定に取り組みました。2007年度〜2009年度は激動の3年間で，耐震偽装問題に端を発した建築基準法の改正による急激な住宅不況の影響や2008年度の資材の暴騰，2009年度のリーマン・ショックといった予想外の影響が大きく，2009年の日本の新設住宅着工件数は45年ぶりに80万戸を割り込みました。このように非常に外部環境の変化が激しく，まっとうな中期計画を立てられる状況ではありませんでした。今年に入り，売上は大きく減じたものの，ここがボトムと判断し，積極的に打って出る中期計画の策定に取り組みました。グループの新しい企業理念『「かしこく住まう」をつくる』という価値を創造し，市場に提供するために，「エコ」で「スマート」な暮らしを実現することをキーワードとして，「エコ・スマート計画」と称

してスタートさせています。

Q 新たな体制で経営改革を行ってきましたが，日立化成工業の子会社であった頃と比較して，会社全体として変わったことはありますでしょうか。

　ファンドへの売却が実行されてから2年半が過ぎましたが，親会社への依存体質が薄れてきたということがあります。やはり固定観念や古い意識が薄れるまでに2年くらいはかかります。大会社の子会社は往々にして依存体質が強くなると思われますが，それがここのところ少し変わってきたかなという気がします。

　社名変更をして，新しいブランドロゴを導入したということも変わるきっかけになったと思います。日立という冠が取れるというのは象徴的なことなのです。最初はやはり社員ばかりでなく，お客様にとっても不安だったと思います。しかし，現実になってみると，不安はごく一部しか聞こえてこなくて，致命的な影響はありませんでした。結局のところ良い商品やサービス，そしてしっかりお客様を見る姿勢さえあれば，市場やお客様はちゃんとそこのところを見て下さるということで，社員も大きな自信を持つことができたと思います。

Q 2009年3月期の業績は三期ぶりの経常黒字化を達成し，再生成功と成長戦略路線への進出を果たしました。ファンドが株主になったからこそ遂行が可能となった経営施策はありますでしょうか。また，最初の1年間で，ここまで経営効率を高めることができた成功要因は何でしょうか。

　ファンドが新たに株主として替わって入ったからこそ可能になったということで一番大きいのは，固定費削減を特損を含めて一気に進めることができたということです。これは日立化成グループの中にいて，ファンドへ売却するということがなかったら非常にやりづらかったと思います。前々から福山の工場をどうするかという話はあったのですが，親会社としてもそれぞれのステークホルダーとの関係もあり，覚悟しなければいけない話でした。数十億の話にもなりますから，それを一気に処理するという話になってくると慎重にならざるをえない面があったと思います。

　黒字化の要因で一番大きいのは，やはり固定費の削減です。固定費の落とし方には，テクニカルな部分もあるのですが，落とす覚悟というのがないとなかなかできません。人員削減なども行いますから，どうしても痛みの少ない対策を優先に考えます。子会社を含め希望退職を募ることまでやるというのは，その甘さを断ち切って確実な対策を判

断することですから，やはりファンドからのアドバイスがないと意思決定は難しかったと思います。

2009年11月，中国国際工業博覧会に出展，水処理技術の専門家として
Web-TV出演

Q 成長戦略の方向性について，中国を含む海外進出を含めてお話し願います。

　住宅機器事業は新設着工の影響を大きく受けますが，日本国内の着工件数がそれほど簡単には戻らないと考えると，売上拡大には二つしか方法はありません。一つは伸びている市場へどう参入するかという話で，もう一つは物販に限らず新ビジネスの強化です。

　伸びている市場というのは当然海外で，中国，東アジア，中東地区などの地域に対してどのように進出して行くかという話です。住宅会社も同じように，中国やタイ，オーストラリアなどへ進出しています。

　こういった新興市場において，私どもの特長が活かせるのは環境事業だと思っています。単純に製品の輸出，現地生産というばかりでなく，合弁事業を立ち上げるのか，あるいはノウハウだけを提供するのか，ロイヤリティーにするのかなど，いくつかのパターンがあると思いますけれど，いずれにしても環境事業というのが頭にあります。

　その中で特に力を入れている商品として浄化槽があります。浄化槽は，過去の日本の高度成長のときの下水道のインフラ整備が追いつかないときに生まれた技術商品です。ということは，中国や東アジア，中東諸国でもまったく同じことがこれから起きることが，予想されるわけです。それら諸国のインフラ整備は，おそらく暮らしの進化スピードに追いついていかないでしょうから，必ず浄化槽の需要は出てくると思います。しか

も，そのスピードというのはかつての日本の高度成長時代よりもっと速いと考えられます。したがって，この分野は成長と需要の拡大が期待できるという判断をし，重点を入れて取り組もうと思っています。

それからもう一つの方向性としてはサービスの強化です。当社は，国内で住宅機器のビジネスを提供していますので，サービス会社を各地に持っています。ただ，他のメーカーさんとちょっと違うのは，浄化槽を手掛けていますので，浄化槽の維持管理契約をしている世帯数が25万世帯あるのです。25万世帯とはどういう数字かというと，大手のマンション管理会社の契約世帯数は30万世帯くらいですし，大手のセキュリティ会社が個人宅と契約されているのが45万世帯くらいですので，そこそこの契約世帯数ということになります。

今までは，そのサービス会社というのをいわゆるアフターサービスの会社ということで位置付けていたのですが，そうではなくて，幅広くサービス事業を行う会社として強化していきたいと考えております。新設住宅は減ることがあっても住むことに関わる困りごとやサービスは増えることはあっても減ることはないはずです。特に，これからの若い方の暮らし方や，高齢化に伴う新しいサービスのニーズが高まるので，そこにビジネスチャンスがあると思います。

こういった考え方から，浄化槽ビジネスの海外展開とサービス会社を活用した新たな「住まうサポート」ビジネスの二つを中期計画に折り込みました。

2010年6月の発売開始の合併処理浄化槽「ハイバッキー」と
組織横断のハイバッキー推進チーム

Q ニューホライズンキャピタルが運営するファンドが株主となってから2年半が経ちました。経験豊富なファンドのメンバーから学んだことはありますでしょうか。御社にとってニューホライズンキャピタルはどんな存在でしょうか。

　われわれの弱いところは、子会社だったこともあって経理・財務戦略の領域です。子会社だった頃は、親会社に財務の機能があり、そこから子会社へ人材も提供する形になっていましたので、独自に対応するには人材と経験が不足していました。

　また無借金でしたから資金繰りの話を一つとっても銀行さんとの関係構築は、今までほとんど必要がありませんでしたし、今後の上場といった場合の財務的な戦略や課題についてはニューホライズンキャピタルのメンバーから新たに学んだところだろうと思います。

　ファンドの存在は、どこかでエグジットされるということですので、いかにして企業価値を高めていくのかということを一緒に考えていくパートナーだと思っています。結局のところ、企業価値を高めることが一つの同じ目標だということです。アライアンスのような話は事業同士できることはできるのですが、やはりその先の上場の話も含めてという話になってくると、われわれだけではできません。当然エグジットのパターンはいろいろとあるのですが、企業価値を高めて上場するというのが一番素直だし、収益力や成長性を認めてもらうという根幹なので、そこをニューホライズンキャピタルの皆さんと一緒に目指していくというのが基本だと思っています。

星田社長とニューホライズンキャピタルの安東会長

ニューホライズンキャピタルの安東さんはずっとブログも書かれていますけれど，私はその志そのものが信頼に繋がると思っています。あとは国内系PEファンドであるがゆえの安心感も当然ありました。

Q 最後に，御社の今後の中長期的な方向性についてお話し願います。

ちょうど中期計画を2010年度スタートで立てているのですが，売上をこの2年間で200億円くらい縮小させていますから，100億円くらい戻そうということが基本です。それをいつまでに何でどう実現するかという中味の計画の問題です。それを1年でやるというのは，現状を考えたらそう簡単ではありませんので，2年半〜3年でやるというのがイメージです。何をやって達成するかということについては，既存事業と新たな成長という二つでやっていく計画です。

イメージ的には，100億円の中の6割から7割は既存事業を拡大し，新分野で3割程度強化したいと思っています。

まず，既存事業については，コストを下げる，それから新商品を必ず継続的に投入する，それを武器にさらに販売部門の強みを磨く，この三つをきちんとやろうというのが，中期計画のまず一つの基盤のところです。

成長のところは，海外展開とサービス事業の強化の二つです。2010年〜2012年という前半の3年間は，どちらかというと既存事業のところに力を入れます。そして，2013年〜2014年の2年間で成長のほうに力を入れるという具合に考えています。それで，最終的には，利益の40％程度はその新しい成長のところで出していけるような計画を立てています。

あとは，上場の目標なのですが，これは当然いろんな環境や状況にもよるわけですが，基本的に考えているのは，時間をかけるべきではなく，可能な限り早くやるという考えです。今の状況からすると2012年度というのが上場までの最短ということになります。その間にいろいろなことがあると思いますが，その都度また手を打つなり何なり考えればいいということで，とにかく最短を目指すということで今やっています。

星田慎太郎氏略歴

1972年慶應義塾大学工学部卒業。1972年日立化成工業株式会社入社。2001年株式会社日立ハウステック取締役。2007年6月代表取締役社長就任。社団法人浄化槽システム協会会長。

第10章 「日本のものづくり」の長所を承継しつつ，アジア成長市場での事業拡大を推進
——LADVIKの事例——

ベアリング・プライベート・エクイティ・アジア株式会社

ヴァイス・プレジデント　安立欣司

アナリスト　榎　祐作

はじめに

　工業製品が可動部を持つとき，そこにはほぼ必ずばね部品が存在する。そして，自動車やデジタルカメラなど複雑な機能を有する製品には，同じばね部品の中でも精密ばねと呼ばれる特殊な部品が使用される。

　株式会社LADVIK（以下「LADVIK」という）は，埼玉県蓮田市に本社を持ち，精密ばねやプレス製品などの企画・製造・販売を行う総合精密部品メーカーである。LADVIKは，2007年12月，当時LADVIKの100%親会社であった株式会社倉元製作所（以下「倉元製作所」という）から，MBO（management buy-out）という事業再編手法により資本的に独立した。代わって，香港を本拠地とし約25億米ドルを運用するアジア最大級のプライベート・エクイティ・ファンド[1]であるベアリング・プライベート・エクイティ・アジア（Baring Private Equity Asia）（ベアリング・プライベート・エクイティ・アジア株式会社と合わせて，以下「BPEA」という）が新たな親会社となった。

　自社の技術に誇りを持ち，顧客企業からの技術・コスト・納期要求に粘り強く応えることで業績を伸ばしてきた日本伝統のものづくり企業であるLADVIKと，金融・M&Aの専門知識・経験に加えて，これまでにアジア市場にて数多くの企業に投資し，それらの企業の経営を通じて事業運営の経験を豊

1）北村元哉（2010）「アジア太平洋地域のプライベート・エクイティ」杉浦慶一・越純一郎編『プライベート・エクイティ―勝者の条件―』日本経済新聞出版社，141頁に掲載の図表6-6を参照

富に積んできた投資ファンドであるBPEAは，グローバル競争下での日本の中小製造業の未来というテーマの中で，MBOによる親会社からの独立から現在に至るまで，お互いの長所を活かしながら二人三脚となって，経営効率の改善や海外進出などさらなる企業価値向上に向けた数々の活動を行っている。

1 事業内容

　LADVIKは，線ばねや板ばねなどのばね製品，プレス製品およびホースクランプなどといった精密部品の製造・販売ならびに金型設計製作を行っている。取り扱う製品の仕様は極めて幅広い。各々の顧客からの個別の仕様要求に応える形でのオーダーメイド製造に加え，LADVIKからの付加価値の高い仕様の製品の新規提案および製造コンサルティングなどの提案型営業も行っている。LADVIKが製造する部品が組み込まれる最終商品としては，ハイブリッドカーなどの自動車，モーターなどの産業機器，ノート型パソコンなどの民生用電子機器，コネクタなどの端子機器類，デジタルカメラなどの光学機器および携帯電話などがあげられる。

　LADVIKの前身である栗原スプリング工業株式会社は，精密ばねの製造販売を行う部品メーカーとして1960年2月に設立された。その後1996年12月に倉元製作所の子会社となり，さらに2000年1月には，同じく倉元製作所の子会社であった株式会社ナンパックス（精密板ばねの製造販売，1998年3月に倉元製作所が子会社化）と合併，株式会社クラモトハイテックへと商号変更を行った。そして2004年11月に，松新精密株式会社（精密プレス品の製造販売，2000年5月に倉元製作所が子会社化），株式会社カネサン製作所（ホースクランプなどの製造販売，2004年3月に倉元製作所が子会社化）およびクラモトハイテックの3社が合併することにより，現在のLADVIKとなった。

図表10－1　会社概要（2010年10月現在）

商号	株式会社LADVIK
設立	1960年2月12日（株式会社LADVIKへの商号変更は2004年11月）
代表者	代表取締役社長　古賀慎一郎
本社	〒349-0111　埼玉県蓮田市東四丁目5番23号
従業員数	273名
事業内容	総合精密部品の開発，製造および販売 ・タップ同時加工プレス品，精密線ばね，精密プレス品の製造 ・複合製品（プレス，線ばねに樹脂成型のコンビネーション）の製造 ・金型設計製作，組立加工 ・ホースクランプおよびホースバンド（自動車用重要保安部品，住宅関連部品，省エネ部品）の製造
拠点	＜事業所・工場＞ 本社・蓮田工場，諏訪工場，飯田工場 ＜営業部＞ 関東営業部（長野営業所を含む），関西営業部，九州営業部
経営陣	取締役会長：　　　　吉成彪 代表取締役社長：古賀慎一郎 取締役：　　　　　　丸岡正 取締役：　　　　　　ケネス・アルボローテ（Kenneth Albolote） 取締役：　　　　　　シェーン・プリディーク（Shane Predeek） 監査役：　　　　　　芳井誠 監査役：　　　　　　宇梶正人

(出所)　LADVIK

2　案件の背景

　MBOという事業再編手法は，一般的に，その案件に関わるすべての当事者が，MBOの実行に強く前向きな意義を見出す場合に初めて成立する。ここでは，今回のMBOの当事者であるLADVIKの経営陣，倉元製作所およびBPEAの三者それぞれの視点から，MBOの背景について解説する。

(1) LADVIKの経営陣の視点：親会社からの独立により独自の成長路線を選択

　国内のばね業界には極めて多くの競合企業が乱立しており，いわゆる「三

ちゃん企業」に代表される中小零細企業を含めると，2005年時点において国内だけで1,199もの事業所が存在するとされる。特に，LADVIKが取り扱う精密ばねは，標準品や規格品が存在しない代わりに，顧客企業からの個別の仕様要求品であることが多く，結果としてばね業界は，多数の中小企業がそれぞれに多品種・少量生産を行う構図となっている。そのような環境下でLADVIKは，国内の同業プレーヤーとの業務提携やM&Aなどのロールアップ戦略を通じた事業拡大に同社の成長の可能性を感じており，国内ばね業界における自社のプレゼンスを高めようと考えていた。

また，LADVIKが同社製品を納める先である最終製品メーカーは，次第にその部品調達先を海外へとシフトしはじめていた。最終製品メーカーのそのような動向に合わせ，LADVIKにとっても，今すぐにではないにせよ中長期的観点からは，海外生産拠点の確保が避けられないであろうと考えられた。実際にも，顧客からは海外に拠点があると良いという話しも出ていた。

そうだとすれば，"ファンド"だからといってよく調べもせず話も聞かず拒否するのではなく，ファンドを自社の成長のために積極的に活用すればよい。BPEAが株主となれば，LADVIKの事業拡大に向けた成長戦略を実行するための資金の提供をBPEAから受けることもできる。海外進出に際しては，BPEAは香港，上海，北京，シンガポールおよびムンバイに拠点を有しており，その"チャイナ・プラットフォーム"，"アジア・プラットフォーム"を活用することもできる。結果，顧客も従業員も喜んでくれる。

そこで，LADVIKの経営陣は，さらなる成長を実現するために倉元製作所からの独立を自ら決意し，その際の戦略的・資金的パートナーとして，LADVIKの経営陣が描く成長戦略を共有し，同社と二人三脚でその成長戦略を実現していくというコミットメントを示したBPEAとの協業を選択した。

(2) 倉元製作所の視点：本業回帰

親会社の倉元製作所としても，外部の事業環境が日々劇的に変化していく中，コア事業に経営資源を集中していく必要性があった。

(3) BPEAの視点：ファンドの視点から見たLADVIKの経営改善余地と成長可能性

　LADVIKは，近年一貫して順調に売上げおよび利益を拡大してきており，特殊な仕様・設計にも対応しうる多様な製品化技術・ノウハウおよび提案型営業力により，顧客の信頼を獲得し，強固で安定した顧客基盤を築き上げてきた。

　また，LADVIKは当時，蓮田，中洲，赤沼，飯田の4事業所にそれぞれ工場を有していた。これは，LADVIKがメーカー4社の統合により設立されたことに起因するが，生産拠点統合による生産体制の効率化・合理化の余地があった。そのほかにもBPEAは，原価管理システムや生産管理システムを含む経営管理の面において，金融分野・事業分野の専門知識・経験を有する投資ファンドという視点から，LADVIKの今後の経営改善に大きく貢献できる点を複数見出した。

　さらに，国内の同業プレーヤーとの業務提携やM&Aなどのロールアップ戦略を通じた事業拡大についても，M&Aに精通し資本市場に幅広いネットワークを有するBPEAの強みが発揮できる領域であると考えた。

3　投資ストラクチャー

　今回のMBOは，BPEAの設立した買収目的会社がLADVIKの全発行済み株式を，当時LADVIKの100％親会社であった倉元製作所から現金により取得する，という形で実行された。取得資金は，BPEAとLADVIKの経営陣による出資[2]に加え，株式会社日本政策投資銀行および株式会社八十二銀行の2行による買収ファイナンスにより調達された。いわゆる，レバレッジド・バイアウト（leveraged buy-out）である。株式取得の後，最終的に，買収目的会社とLADVIKが合併することで，現在のLADVIKとなった。

---

[2] 実際の手続きとしては，株式取得完了の後に，BPEAからLADVIKの経営陣に株式の一部を譲渡する形で，LADVIKの経営陣による出資が実行された。

図表10-2 投資ストラクチャー図

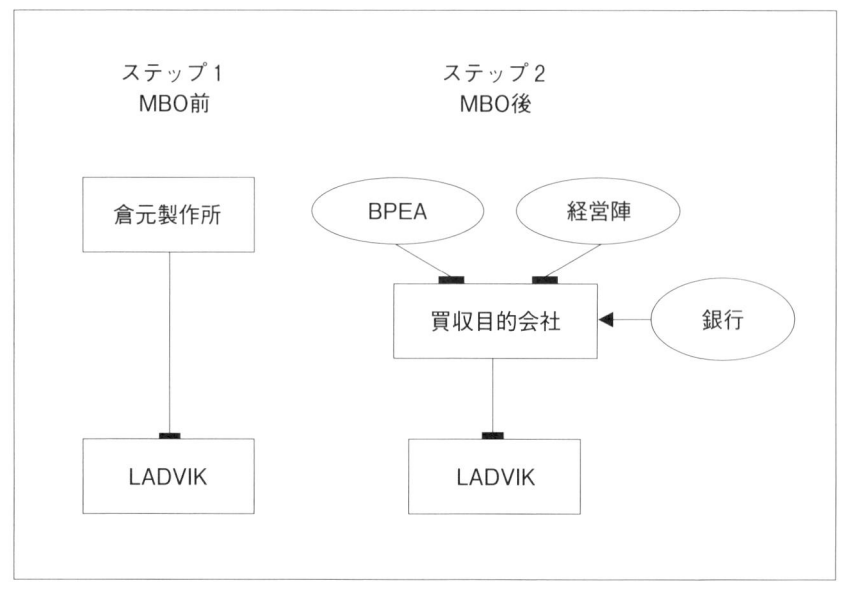

```
ステップ1              ステップ2
MBO前                  MBO後

                    ┌─BPEA─┐  ┌─経営陣─┐
┌─倉元製作所─┐            │          │
│             │          └─買収目的会社─┐◄──┌─銀行─┐
│             │                    │
└─LADVIK─────┘              └─LADVIK─────┘
```

(注) ステップ2の後に，買収目的会社とLADVIKが合併。
(出所) BPEA

4 投資後の経営改善支援

(1) 投資直後からリーマン・ショックまで

　LADVIKの経営陣は，BPEAが株主となったことを機にBPEAと二人三脚で，LADVIKを支える人材・技術・ノウハウを活かし，お客様から必要とされる企業として，さらなる中長期的な成長を目指すこととなった。両者が，「同じ船」に乗り「パートナー」として，LADVIKの業績を拡大するという共通の目標に向かって協業することとなったのである。

　もっとも，中長期的成長を実現するためには，LADVIKが直面する課題と対策および成長の方向性を明確にして共有する必要がある。BPEAは，投資実行前のデューデリジェンスによってLADVIKの幾つかの成長機会とそれに対応する課題を理解していたが，それをそのまま実行しましょうでは単なる押し付けでしかない。経営陣・従業員の全社を巻き込み，その想いを吸い上げてい

く過程を通じ，会社のそして一人ひとりの問題としての意識付けや主体性の発揮を促すことで，実行の原動力に変えていくことができる。また，投資実行前のデューデリジェンスは，時間的な制約の中で行われるものであって自ずと限界があり，改めてLADVIKの本質的な競争力と課題とに迫る必要もある。以上を目的とし，戦略コンサルタントによる第三者的視点も借りながら，期間6週間の「中長期成長戦略プロジェクト」が立ち上がった。

図表10－3　「中長期成長戦略プロジェクト」のスケジュール

スケジュール	Week 0 (5/19-)	Week 1 (5/26-)	Week 2 (6/2-)	Week 3 (6/9-)	Week 4 (6/16-)	Week 5 (6/23-)	Week 6 (6/30-)
現状の棚卸し ・市場環境の整理 ・自社の強みと課題の把握 ・社内の"想い"の抽出	■	■ ■ ■	■ ■ ■				LADVIKにて中長期成長戦略の詳細化（必要に応じてRBによるフォローを実施）
目指すべき姿（成長の方向性）の明確化 ・目指すべき姿（成長の方向性）の定義 ・成長に向けての戦略骨子の立案				■	■ ■		
中期的目標の取りまとめと実行策の検討 ・成長目標の具体化 ・具体的実行計画の検討						■ ■	
報告会／ワークショップ等		▲ キックオフ		▲	▲	▲	▲ 最終報告

定例会・ワークショップ

「現状の棚卸し」にはRBも入り込んだ上で整理

(出所）ローランド・ベルガー

プロジェクトの成果として，市場環境，競合状況やLADVIKの強みについての現状整理，中長期成長戦略，中長期的成長に向けた営業，生産・技術，組

織風土の各分野において抱える課題が明確化された。LADVIKの強みとしては，高い技術，品質に対する顧客の信頼，顧客対応力，幅広い製品ラインナップなどがあげられた。他方，課題としては，営業面では組織的営業の推進と地域拡販などが，生産・技術面では工程管理の強化や技術力の継続的な向上などが，組織風土面ではマネジメント層と現場との意識の隔たりや事業所間の一体感の不足などが浮き彫りとなった。次の段階として，分科会を設置して各課題に対するアクションプランの策定と早期の実行に着手することとなった。

以上のプロジェクトと平行して，いくつかのキー・イニシヤティブの実行にも迅速に着手した。一つは，在庫管理である。LADVIKの製品のほとんどは受注生産品である。特に線ばね事業は多品種少量生産という特色を持つが，受注があった分だけその都度製造をしていたのでは，段取り時間を考慮すると生産効率が悪く，急な納期に間に合わせることもできない。このため，受注の前にある程度まとまった量を一度に製造する方法がとられ，他方でその負の面として滞留在庫を生む原因にもなっていた。そのほか，実地棚卸方法の改善や原価管理などにも取り組む必要がある。

以上の在庫管理は，ファンドが経営参画したから特別なことをやろうということではない。むしろ製造業としてやるべき当たり前のことを行おうということに他ならない。これまで経営陣も在庫管理の問題を認識しつつも手がついていなかったが，BPEAの参加を活性剤としその経験値を利用して，在庫管理プロジェクトを強力に推進していくこととなった。

月次の財務報告についても，様式を見直し，財務報告の正確性と透明性をより高めた。また，財務数値の中でもより注視すべき重要な業績指標（Key Performance Indicator，略してKPIという）として，売上総利益率，営業利益率，在庫回転率なども確定して折込み，足元の業績の管理と原因分析を行う財務モニタリング体制を構築した。

今一つはロールアップ戦略による価値創造である。前述の通り，線ばね・プレス産業は多数の地元中堅企業に細分化されたマーケットゆえM&Aによる成長や事業再編の可能性が高い（**図表10－4**参照。特に線ばね市場は上位10社のシェアが相対的に低い）。そこで，投資実行後直ちに，外部のM&Aアドバイザリー会社を登用し，ロールアップ対象企業の選定を進めた。

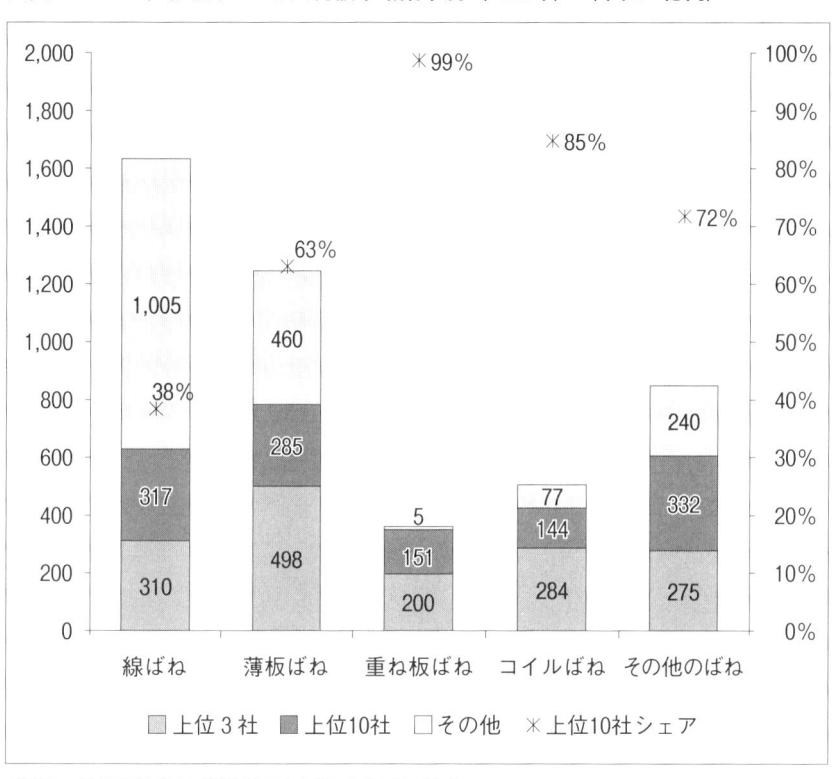

図表10-4　市場動向：ばね出荷額市場集中度（2006年）（単位：億円）

種類	上位3社	上位10社	その他	上位10社シェア
線ばね	310	317	1,005	38%
薄板ばね	498	285	460	63%
重ね板ばね	200	151	5	99%
コイルばね	284	144	77	85%
その他のばね	275	332	240	72%

（出所）　経済産業省「工業統計表」を基にLADVIK作成

(2) 景気後退期

　BPEAの投資後も，LADVIKの業績は，安定した顧客基盤および最終製品市場の好景気を背景として順調に推移した。ところが2008年夏を境に様相が様変わりし，売上が下降線を示し始めた。直接的には顧客がリーマン・ショックに端を発した景気後退に伴い急激な在庫調整に入った結果であるが，LADVIKも金融危機による実体経済の悪化を例外なく受けることとなった。

　LADVIKとしても以前には経験したことがない売上の激減であり，会社の存続を揺るがしかねない危機状態を前に，迅速な経営判断とリストラクチャリングの実行力が問われることとなった。具体的にはまず，第一優先順位の危機対応として，BPEAから，LADVIKを含むすべてのポートフォリオ企業に対し，

①現金の最大維持，②不要不急の設備投資の中止，③固定費の削減，をお願いした。

その上で，2009年1月の休日に経営幹部が参集し，聖域を設けることなく生き残りの策が議論された。その中で浮上した施策が諏訪地区に2箇所ある事業所（中洲事業所と赤沼事業所）の統合である。結論から述べると，2009年8月に最終的に事業所統合を成し遂げ，生産設備を一箇所に集約して固定費を削減することで経営体質を強化することができたし，経営幹部も目標達成により自信を深めることにつながった。

しかし，そこに至るまでの過程はたやすい道ではなかった。当初経営幹部も総論では危機意識を共有し事業所統合をやり遂げる自発的意欲に満ちていたが，いざ各論の話になると現場の従業員からの反対意見があって統合の内容が後退したり，なぜ一部の事業所だけが事業所統合という負担を受けなければならないのかという事業所間の縄張り意識が表面化したり，4M変更申請についての顧客との折衝が難航するなど，LADVIKの組織としての対応力・実行力が問われることとなった。

BPEAとしても，この経済危機をいち早く乗り切った企業こそが景気回復時に業績を飛躍させることができるというリストラクチャリングの前向きの意義を改めて強調し，情にとらわれない果敢な経営判断とその迅速な実行を強く求め，また後押しした。BPEAからは取締役一名が常務取締役に就任し，リストラクチャリングをリードし，コミットした。各事業所の責任者や部長とも個別に面談をし，どのような改善・改革が具体的に必要かについて現場の声を吸い上げていった。

また，2009年2月には，外部環境の急速な悪化に対応して迅速な経営判断を行うことができる体制を作るため，経営陣が交代し，それまで長年旧栗原スプリング時代から経営を担い事業拡大に多大な貢献をした代表取締役堀口文弥氏および取締役大野敏明氏と取締役木村忠氏が代表職や取締役をそれぞれ辞した。新代表取締役には取締役吉成彪氏が選任された。BPEAとしてもガバナンスを機能させ必要ならば果断に勇気を持って経営陣を刷新する経営監視機能を発揮したが，旧経営陣もLADVIKの将来を案じてわれわれに未来を託し，潔く身を引いたその決断力には頭が下がる思いであった。彼らの下で築き上げられて

きた顧客の要求に粘り強く応える技術力やLADVIKの社員の勤勉さはLADVIKのDNAとして生き続ける貴重な財産となっている。経営陣の交代に合わせ，中堅若手の登用も積極的に行い，次世代を担う若手経営幹部の経営参加意識が一段高まった。

　実行継続中であった在庫管理プロジェクトも，工数が増えるのだからしばらくは中断してはという内部抵抗や，在庫管理プロジェクトの実行を担う各事業所の当事者意識の希薄という問題にも直面しつつ，むしろ経営危機だからこそ経営体力を強化する絶好の機会と捉え，粛々と進めた。

(3) 古賀慎一郎氏の参画

　このように経営改善・リストラクチャリングを推進・支援する一方，LADVIKの業績も2009年2月・3月を底に，マクロ経済の回復と連動して少しずつ回復の兆しを示しはじめた。

　そのような折り，東証一部上場製造企業の社長などを歴任し，海外での経験と実績も豊富な現代表取締役社長の古賀慎一郎氏にLADVIKの経営に参画していただく千載一遇の機会を得た。古賀氏とは以前から面識があったが，LADVIKの事業に魅力と将来性を感じ取っていただき，最初は顧問としてLADVIKの工場のオペレーション，技術，生産設備，従業員，顧客関係などあらゆる点をつぶさに見ていただいて忌憚のない意見・アドバイスをいただくとともに，経営幹部を含む全従業員との間でコミュニケーションを通じて徐々に信頼関係を深めていただいた。

　LADVIKは規模としては中小企業ながら強固で安定した顧客基盤を有し競争優位のある製品ポジションを築き上げてきたが，リーマン・ショック後は欧米市場が後退するとともに中国を主とするアジアが一大生産地・消費地として急速に力強さを増し，日本製造業の先行きの競争力も視界が不透明になった。これまで日本製造業の高度経済成長を支えた末端の部品産業，特に資金力が乏しかったり大企業の後ろ楯のなかったりする中小企業が一体どのようにしてその持続的・中長期的な成長を維持していくことができるのかが大きな課題となっていった。

　LADVIKの主要顧客には自動車産業に属する顧客も多く，LADVIKもその

サプライヤーチェーンの中で自動車産業の裾野を支える部品業者として，安全面上の高度な品質，技術，納期要求に応える形で，顧客と一緒になって現場の競争力に磨きをかけてきた。このような企業内部あるいは企業の垣根を越えた高度かつ緻密な連携と擦り合わせの中で培われた日本の製造業の長所を承継しつつ，グローバル競争の中で中小企業がどのようなポジショニングの下で持続的競争優位を確保していくのか。

　古賀氏の経営力およびBPEAの資本力とアジアでのネットワークとが融合し合えば，日本の中小製造業への一つの道しるべたりうるのではないか。古賀氏とBPEAとの間で日本の中小製造業の進むべき方向性についての想いが一つとなり，LADVIKの経営を古賀氏に託することとなった。従前からの経営幹部や従業員の間でも，古賀氏の熱い思い，幅広い経験値と実力，戦略眼，人のやる気を引き出すリーダーシップなど，古賀氏を自分達のリーダーとして仰いでいきたいという気分も高まっていった。古賀氏の経営参画とともに，古賀氏を通じ営業部門・経営管理部門で新たに優秀な仲間を招聘することもでき，皆で中長期的な成長を目指すこととなった。

　なお，このようにして，外部から招聘された古賀氏への経営体制の移行が，従前からの社員に迎え入れられて新旧の対立を生むことなく，極めてスムーズに行われたことは，大きな成果であった。

(4) 組織改革・人材招聘

　古賀氏のリーダーシップの下，新事業年度（2010年10月期）に向けて，組織改革が迅速に実行された。

　第一は，三本部制の導入である。それ以前の組織は四つの会社が一緒になったという経緯からそれぞれ四つの事業所を存続させた組織形態がとられ，手をつけられずにそのまま維持されていた。それを，生産・営業・管理の機能別に分けて三本部に統括し，各本部の責任と権限を明確にし，各本部の連携を強化する仕組みを導入した。

　またその結果，それまでは各事業所の下に事実上属する形となっていた営業部を各事業所・生産拠点から独立させた。特定の事業所に属していると，その特定の事業所が製造している製品しか分からない，関心がないという弊害も生

じる。顧客と直に接する営業は何より外向きの，顧客目線でなければならない。営業は売上予算を有し，顧客との窓口となって営業活動を行い，生産は営業が受注した製品を製造し，品質・コスト・納期の向上に取り組む。前工程の営業と後工程の生産とが車の両輪のように有機的に連携する組織力の向上を期した。

その上で，営業本部長と管理本部長には，古賀氏のネットワークを通じて，経験豊富で優秀な人材を外部から招聘した。

第二は，営業部の組織体制の強化である。2009年の春先以降，自動車部門・民生部門が少しずつではあるが着実な生産回復の兆候を示し，この機を捉えていかに数多くの新規製品の試作を受注して量産に結び付けていくかが営業上重要な戦略と位置付けられた。そこで，営業本部の中に，市場調査，競業状況，重点顧客や製品戦略などの営業戦略を立案する営業企画部を設置した。

また，受注から出荷・検収までの一連の工程管理，見積り提出，生産フォーキャストの獲得，予実管理や不良品対応などの管理を行い，生産本部や管理本部との緊密な連携の責任を担う部門として，営業管理部も設置した。

図表10－5　新組織体制

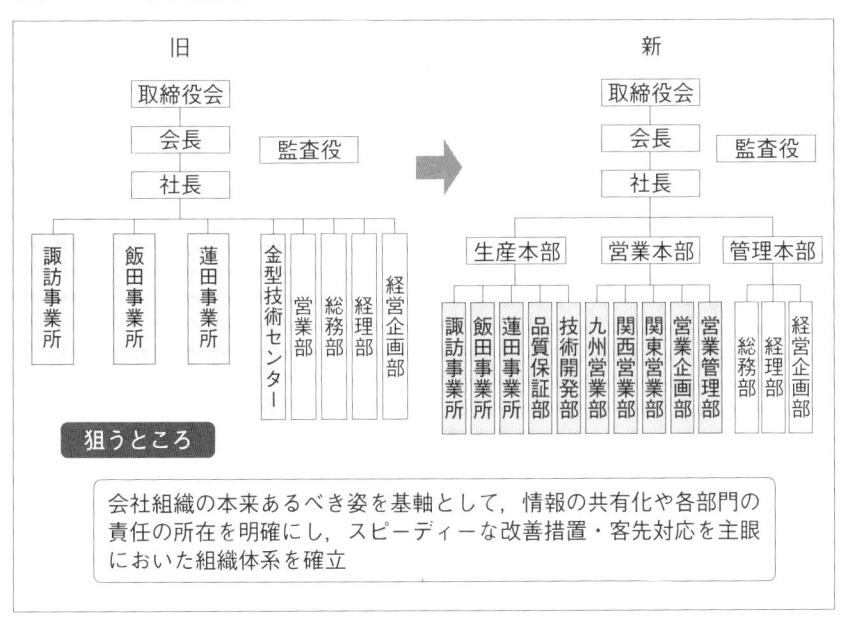

狙うところ：会社組織の本来あるべき姿を基軸として，情報の共有化や各部門の責任の所在を明確にし，スピーディーな改善措置・客先対応を主眼においた組織体系を確立

（出所）　LADVIK

さらには，日本全国を3ブロックに分けて各ブロックに営業所を置き，地域密着・顧客密着できめ細かくカバーするブロック制を敷いた。

　第三は，九州営業所の設立である。精密ばね産業は地域密着の色合いが濃い。九州地域にはLADVIKの大口の顧客も存在する。しかも九州には製造業者の工場が集積しており，新規顧客開拓・地域拡販の可能性も大きい。九州地域における既存顧客との関係維持・強化，選択と集中した営業活動による新規顧客の開拓を目指し，短期間の情報収集と検討を経て，九州営業所の設立が決定された。

(5) 新事業年度（2010年10月期）の開始

　2009年11月1日付けで古賀氏が代表取締役社長に就任し，新中期経営計画の下，新しい経営体制がスタートした。

　一つの取り組みは，受注から生産，出荷までの一連の工程，設備管理，在庫管理などあらゆる業務フローを可視化し，各業務における責任と権限を明確化することである。いったいどの部門がどのようなルールの下で当該業務を遂行するのかをできる限り可視化することで，業務の無駄の排除・改善や問題が発生した時の組織対応力を強化する。受注業務一つをとっても，仕様決め，原価の見積もり，試作，生産体制，納期対応，不良防止対策など営業，生産，管理の各部門間の相互の情報のインプットと密なコミュニケーションが欠かせないし，業務標準も必要となる。これが，日々の改善活動や問題発生時の対応能力の差として現れる。以上も，製造業として当たり前になすべきことを行おうということに他ならない。

　また，嬉しい変化としては，事業所間の縄張り意識が徐々に解消に向かっていったという点である。前述の通りLADVIKはもともと四つの会社が統合して成立した会社であるが，4年以上が経過しても，組織や業務フローの点でも旧事業所のやり方が残存し，従業員の意識の点でも旧事業所への帰属意識が抜け切らなかった。自分の事業所を優先して考えるという部分最適が垣間見られ，せっかくの統合によるシナジーが十分に発揮されているとはいえない状況にあった。しかしながら，中洲事業所と赤沼事業所との統合，三本部制による組織改革，従前の事業所には属しない新しい人材の招聘を通じ，一人ひとりが会

社全体の利益を考える「One LADVIK」へと自然に意識が向かっていった。

古賀社長のマネジメント力，リーダーシップにより，個々の社員のやる気や能力もより引き出されている。マネジメントの役割とは，共通の目標に向かって社員のベクトルを一つにし，社員が共同の成果をあげられるようにすることである。そして，古賀社長が繰り返し社員に言い聞かせていることは，顧客目線という軸である。その企業の存在価値を決めるのは顧客であって，自分達が決めるのではない。顧客に必要とされてこそのLADVIKなのである。

同時に，生産革新プロジェクトも進行中である。東証一部上場企業の元生産技術責任者を顧問に迎え，購買管理，外注管理，工程管理などシステマティックなモノづくりの一面の指導を受けながらLADVIKスタイルの生産管理を進化させている。また，顧客から信頼される一貫した品質保証体制も強化している。業務フローの可視化とも連動させながら，現場レベルでのボトムアップの継続的な改善意識を徹底し，ものづくりの競争力を強化させていきたい。

(6) 経営陣とBPEAとの協業体制一般

BPEAは，株主の立場から所有と経営を一致させて，中長期的な視点から経営改善に取り組むものである。大局的な戦略議論，問題の早期発見と解決，企業価値を向上させる重要なイニシャティブの選定・策定とその実行について，人材ネットワーク，経験・知見および資金など必要なリソースを提供し，その実行を加速させるお手伝いをする。また，BPEAは世界各国の機関投資家から資金の提供を受けており，投資家に対する信任義務の履行の責任を果たす上でも，投資先企業の企業統治やコンプライアンス体制の確立および財務報告の透明性向上にも寄与する。他方で，日々の業務については，経営陣との信頼関係の下に経営を付託する以上，細々とした事項にまで干渉するものではない。

経営戦略，重大なリスク，予算計画などについて経営陣と十分に議論して共通の認識に立っておくことも肝要である。その上で，経営陣が思う存分に経営力を発揮していただけるよう全面的な支援をする。

(7) BPEAチームの特色

BPEAは，"多国籍の人材が一体化"したチームである。

なぜ"グローバル"または"国際的な"チームと簡単に表現せず回りくどい言い方をするか，理由がある。BPEAのメンバーは個人のアイデンティティーがはっきりしており，国籍，学歴，職歴はさまざまであるが，自分の主体性を保ちつつ，他のメンバーの個性を受容できる素養を十分に有している。10カ国以上の国籍と60名強のメンバーから構成されるチームゆえ，"グローバル"と言えば簡単であるが，本質は個性の集合体なので"グローバル"では抽象的すぎて括り切れない。また，個性，主体性を持ちつつもチームの目標に向かって議論，考察を進める訓練を受けており，それを推進するBPEAの会長兼創立者であるジョーン・エリック・サラタ（Jean Eric Salata）を頂点とする強いリーダーシップが十分に発揮されており，その意味で"一体化"したチームである。

この特徴は，東京オフィスのメンバーについても言える。米国人と日本人の混成チームであるが，お互いの長所を出しつつ，健康的な牽制が効いているチームである。その結果，何事にも高い透明性や公正性が担保されており，それがポートフォリオ企業との関係にも反映されている。LADVIKのケースでも，旧経営陣が見事な潔さで自ら退任を選択したことも決して偶然ではない。

(8) グローバルなものづくりと海外進出

2010年末を目処にタイ工場を設置し，LADVIKの歴史上初の海外進出を果たすこととなった。グローバルなものづくりへの第一歩である。

LADVIKは主要顧客の海外工場向けに部品を供給していることもあり，BPEAの投資実行時点から，アジア展開の可能性は成長戦略上の重要なテーマの一つであった。BPEAの有するアジアでの豊富なネットワークと事業経験も活用できる。そこへ，リーマン・ショック以降中国を初めとするアジア経済圏がいよいよ巨大な消費市場として立ち上がり始め，日本の製造業者も海外生産が必須となった。海外に生産拠点を持ち海外での対応力を備えているか否かは，受注獲得競争に打ち勝つ上でますます欠かせない要素となってきている。

他方で，真似されない競争力のある製品を持ち込まなければ，アジアで現地企業との苛烈な競争に巻き込まれて自社製品がその中で埋もれてしまい，早々撤退を余儀なくされる事態となりかねない。この点でもLADVIKには精密ば

ね・プレス分野で40年以上にわたり蓄積した匠の要素技術による製品群がある。

また，海外展開においては，進出地域の選定，移管製品の検討，顧客との折衝，工場長や現地人員の確保，事業計画の立案など多岐の項目にわたる検討を行わなければならず，人・物・資金のリソースが不足する中小企業では，非常に負荷のかかる作業となる。しかし，海外工場経験の豊富な古賀社長を含む経営陣の経験値と総合力により，検討を開始してからわずか約半年という短期間で情報収集と計画立案を終え，機関決定に至ることができた。

タイ工場の完成により，国内3工場，海外1工場という生産体制が整う。LADVIKの社員が長年培ってきたチームワークによる日本型ものづくりを核として，その国々が得意とする生産モデルないし労働供給モデル，顧客の要望する品質，コスト，納期を勘案したグローバルなものづくりの形を極めていきたい。今後はまず，タイ工場のオペレーションを確実に立ち上げて軌道にのせることを主眼に，またアジア地域で海外工場を展開する日系企業への拡販を目標としたい。

図表10-6　進出地域（タイ，アマタナコーン工業団地）

（出所）　BPEA

おわりに

　LADVIKは，リーマン・ショック後の外部経済環境の悪化を例外なく受けて業績が一時悪化したが，マネジメント力および変化への迅速な対応力により確実に業績を回復し，2010年以降の目標達成に向けて自信を深めている。海外展開やロールアップ戦略など積極的な業務拡大のための施策にも確実に取り組んでいく予定である。また，ものづくりが体に染み込んだシニアの現場指導層にまだまだ力を発揮していただき，高度経済成長期に鍛え上げられた日本の現場の技術力を次世代に承継する取り組みができたらと思う。

　最後に，もはや日本の中小製造業者にとって，競争相手は日本の同業者ではなく海外である。BPEAとしては，日本のものづくり競争力にBPEAチームのアジアでの豊富な事業経験とネットワークとを掛け合わせて，日本の中小製造業者の皆様に対しグローバル競争下での中長期的な展望となる一例を示すことができたらと思う。

経営者インタビュー

「ものづくり企業」のファンド活用とグローバル展開

株式会社LADVIK
代表取締役社長
古賀慎一郎氏

Q まず，ベアリング・プライベート・エクイティ・アジア（以下，BPEA）のファンド傘下の企業の社長に就任した経緯についてお教え願います。

BPEAの丸岡正代表取締役社長とは以前から面識がありました。私は，いわゆる機構部品業界でずっと今までお世話になってきましたが，上場企業2社ほどでトップ経営者として経験させていただいた中で，BPEAが日本の製造業をファンドという形で支援する中の1社にLADVIK社がありますよというお話をいただいたのが，最初のきっかけでございます。

前々から日本の製造業，特に機構部品の業界においては，これからグローバルの中での生き残りをかけた業界の再編というのが一つの大きなテーマであるというところで取り組んだ経緯もございましたものですから，BPEAの投資先企業の再生というところでの目線が，非常に私も心打つものがございました。LADVIKは金属加工業者でございますけれども，そういうこともありまして，そこで一つの日本のものづくりの企業の連合体を将来にわたって創っていこうということで，まずは2009年5月に顧問として就任させていただきました。

Q 2009年は市場環境が激変した年でした。当時のLADVIKの状況についてお教え願います。また，社長に就任して最初に取り組んだことは何でしょうか。

2009年は，日本の製造業はLADVIKを含めて相当な事業の打撃を受けた状況でございました。その中でもLADVIKは，BPEAとともに資本の支援を受けながらなんとか生き延びたというのが実際のところだったのです。

そうは言っても市場自体が冷え切っていたというところなので，まずは私が考えたLADVIK社の再生として，しかるべき組織体で企業のそれぞれのミッションを明確にしていき，組織作りをまずやっていこうということがありました。これが最初に取り組んだ一つ目の項目でございます。

それから二つ目と致しましては，ステークホルダーももちろんそうなのですが，働いていただいております従業員さんが，これからの自分たちのゴールや企業の中での働き感をどのように一つの目線としてできるかというところで，会社としての方向性を明確にするということをしました。

三つ目と致しましては，LADVIK社は金属加工業を中心としてお客様に商品を提供しているのですが，経済の好不況とは関係なく，お客様に認めていただいて，お客様に愛される会社にするために，どういう改善が必要かということも含めて，みんなで考える体制を作りました。

リーマン・ショック後の非常に厳しい時期でありましたけれども，この三つの大きなテーマをまず指針として，みんなで知恵を出し合ってという，社内へのメッセージを出したというところでございます。

Q バイアウト・ファンドの投資先のマネジメントとして入ることに特別な意識などはありましたでしょうか。

まず，私の基本的な経営の指針として，資本と経営は全く別個のものであるという経営者としての一つの考え方がございます。そうは言っても，資本イコール経営の支配というのがどうしても日本の中で，いわゆる会社の組み立てというところで，概念的に定義されているというところにいくのです。

古賀社長（中央左）と溝口管理本部長（中央右）と
ベアリング・プライベート・エクイティ・アジアのメンバー

私は，自分の経営人生活として，海外がほぼ半分くらい，アメリカ，東南アジアを含めて勤務していた関係があるものですから，その時にいわゆる海外のグローバル企業を含めた経営というのはどういうものかというところで，いろいろな見聞き・目利きをしてきたところがあるので，私自身としては，ファンドからお金が入るということであっても，それと実際に経営の支配というのは違うという理解がございました。

Q　BPEAのメンバーはどのような形で経営に参画していますでしょうか。

会社として当たり前の経営会議，取締役会の中には，それぞれの経営幹部，それからBPEAの方々に出席していただきまして，それぞれの決議事項も含めまして，できる限り情報の共用・共有をしています。これは以前よりも明確にスピードを出して取り組むようにしています。

基本的に，私がLADVIKの社長に就任する以前から，財務・経理を中心としたファイナンシャルの部分は，BPEAとともに非常に可視化されておりました。われわれ製造業でございますので，いわゆる業務フローの改善やシステムの構築をし，それから最終的にはお客様によりよい商品を適正な価格でお客様の必要な時にどうやって届けるか，をみんなと考えました。

本社・蓮田事業所の設備

> **Q** 昨今，日本の製造業にグローバルな競争力が求められています。その意味では，香港を拠点とし，アジアの製造業への投資実績もあるBPEAの海外のネットワークが活用できるということは，今後の事業展開の上で大きなポイントになりますでしょうか。

今，日本の製造業のアジアを中心とした事業展開が不可欠だというところが実際にはあるのですけれども，ものづくりということでは，やはり日本の中での必要な製品提供と海外で実際にマーケットを意識した製品提供の二つのバランス化をしないと，海外へ行けば売上と利益が上がるということにはなりません。

業種によっては要素技術を中心として差異化的に利益を上げるものもありますし，コモディティ化して競争に巻き込まれ全く利益が上がらないものもあります。これは，会社としてはより慎重に，どういうステップを海外で踏むかというところは認識としてありますが，そうは言ってもBPEAは香港，中国を中心として大きな投資のスクラムを組まれていますので，そのネットワークやリソースに関してはわれわれも非常に魅力を感じているというところでございます。

LADVIKが今供給させていただいている製品の大まかなカテゴリ別のシェアは，「3・3・3の方式」といいまして，30％が自動車関連，30％がいわゆるコンシューマーといわれるエレクトロニクス関連，30％がインフラその他の機械・医療といった特殊業種です。このバランスを保っていくのですが，そうはいってもお客様のサプライヤー

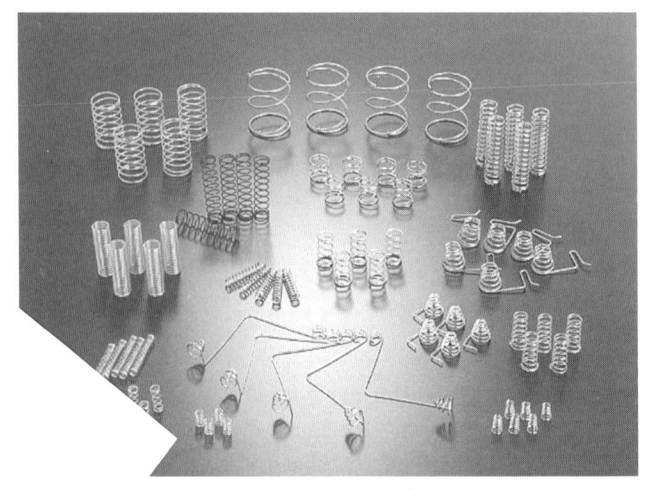

LADVIKの単機能製品

チェーン，これがエレクトロニクス関連，自動車関連，それ以外の業種というところになると，当然生産される地域が変わってきております。中国とはいっても，中国で最終組み立てをするのか，中間のいわゆる素材の組み立てをするのか，これによっても全然違います。その辺は，どちらかというと，東アジアと中国というこの二つの大きな市場に大別して，ここでのそれぞれの展開をどうするかというテーマを持って，これからグローバル供給ということに取り組んでいきたいと考えております。

Q 2000年代半ば頃より，金型や精密部品などの中小製造業で何件かのバイアウト案件が登場しています。日本の「ものづくり企業」がファンドを活用する場面は増えてくると思いますが，ファンドにはどのような役割を期待しますでしょうか。

まず，企業の成長の中での資金需要には，銀行からお金を借りることと，銀行でどうしてもお金が出ない場合はそれ以外の調達があります。大きく分けてこの二つですが，今までは製品だけを提供すれば満足するようなお客様の要求度から，品質・価格・リードタイム，これ以外にサプライヤーチェーンとしてどういう貢献ができるかというところも含め，お客様の要求がだんだん変わってきています。そういう意味では，ただ単にファンドからお金を調達するだけではなく，どのようにアジアの中での展開をするかという視点が重要になります。これからのLADVIK社としても，BPEAの存在が大きな成長のエンジンになると考えております。

諏訪事業所の外観

Q 1年間BPEAのメンバーと取り組んできた中で学んだことはありますでしょうか。

　私の今までの経歴の中で，純日本的な体育会系といわれるところをずっと歩んできたので，やはり最終的には事業というのは人と人の気持ちと目線が一緒にならない限り，いろいろな協業というのはありえないと思いました。ただし，そうは言っても，ファイナンスの方々が，冷静に客観的にいろいろな手法や計算式を用いて，数字の裏に隠されているものを想像されるというところは，非常に私も勉強になっています。

Q BPEAのメンバーといろいろな施策に一緒に取り組んできた中で，特に真剣に議論したことなどはありますでしょうか。

　一番思い出にあるのは在庫に関する議論です。ものづくりでずっときた人間としては，在庫というのは悪ではなく，在庫というのはいろいろな意味での手法の最終的な形なのです。あるときは在庫を喜ぶお客様がいます。その在庫によって次の注文が取れたりします。ただし，在庫というのはお金を生みませんので，これはある意味では管理部から見ると，在庫をいかに減らすかという，いわゆる在庫というところの表と裏に隠されたその意味合い，定義をいつもベアリングの中で，LADVIKの中で話をさせていただいています。ものづくりの会社にとっては，これが一番，利益をこれからどう生むかという大きなテーマなので，これはいつも真剣に議論させていただいております。

Q 最後に，御社の今後の展望についてお話しいただければ幸いです。

　ファンドのエグジットの場面というのも間違いなく来ると思います。ただし，これから，日本が特殊な国であるかどうかは別としても，やはり多民族国家というものを，当然企業の中にもどうバランス化するかというのは，日本国をあげての大きなテーマだと〔思〕っております。そういう意味では，決してLADVIKが特殊なことをBPEAとやって〔いるの〕ではございません。あくまでも，働く人々，お取引先様全体，お客様を含めて，〔よ〕ろ〔しいパー〕トナーをエグジットの中できちんと選定をし，そして企業が継続〔で〕きることを目指しながら，この限られた期間で，よいパートナー〔えらび〕が，私の一番の思いです。

　〔日本で〕の製販業全部完結型でやっておりました。少なくともこれと同〔じファクトリ〕ー　イグザクトリー（copy exactly）という形で，東南アジアや中国

大陸で展開していきたいと思います。ただし，その際に，われわれが単独ではなく，できれば同じ思いを持たれる仲間の方々にぜひとも賛同していただいて，パートナーシップ的な経営集合体を創っていければということを今考えております。

古賀慎一郎氏略歴

1990年山一電機株式会社入社。ヤマイチエレクトロニクスU.S.A.,INC.取締役社長を経て，1996年4月営業本部海外営業部長就任。1998年6月取締役就任。2003年6月代表取締役社長就任。2009年5月株式会社LADVIK顧問就任。2009年11月同代表取締役社長就任。

第11章 ポラリスとのMBOにより成長を遂げる駅探
―― "Polaris 9 methods" を実践しIPOへ ――

ポラリス・キャピタル・グループ株式会社
プリンシパル 梶村 徹

はじめに

　大手電機メーカーである株式会社東芝（以下「東芝」という）グループから独立し，2007年10月に，ポラリス・キャピタル・グループ株式会社（以下「ポラリス」という）の運営するファンド（ポラリス第一号投資事業有限責任組合）と経営陣がパートナーシップを組む形でMBOに踏み切った株式会社駅探（以下「駅探」という）。それから約3年が経過した今，駅探は前期（2010年3月期）に過去最高の売上を大幅に更新，経常利益や当期利益は前年比約80％増という結果を示し，今期（2011年3月期）も業績拡大を持続，東証マザーズ市場での上場承認を果たした。

　本稿では，ポラリスが駅探にどのような魅力・潜在性を見出しMBOの支援を決断したのか，MBO後ポラリスからの経営支援ノウハウがどのような形で駅探の成長実現に活かされてきたのか，さらには，駅探の今後の成長性をポラリスがどのように捉えているかをご紹介したい。

1　駅探の会社概要

(1) 会社概要および沿革

　駅探の乗換案内サービスは，東芝製の携帯通信端末およびPCにおける，ビジネスマン向けのコンテンツとして1997年に産声をあげた。その後NTTドコ

モによるiモード開始（1999年）と同時にコンテンツ提供を開始，それがきっかけとなって業容が大きく拡大，2003年に東芝から子会社として分社され会社が発足した。

図表11-1　会社概要

会社名	株式会社駅探
設立	2003年1月15日
事業内容	インターネットを通じた交通情報（乗換案内・徒歩ナビゲーション）サービス
従業員数	70名（2010年6月末日現在）
代表者	代表取締役社長　中村太郎
資本金	138,500千円

（出所）　駅探

図表11-2　沿革

1997年	東芝社内でPCおよび携帯端末向けサービスとして「駅前探険倶楽部」スタート
1999年	株式会社NTTドコモ「iモード」発表と同時に，「駅前探険倶楽部」のサービス開始
2001年	乗換案内ASPサービスの提供開始 Ezweb版，J-SKY（現Yahoo!ケータイ）版「駅前探険倶楽部」のサービス開始
2003年	東芝より分社独立
2007年	乗換・地図統合ナビゲーションサービス（まるごとナビ）開始 ポラリスとのパートナーシップによりMBO インクリメントP株式会社と資本・業務提携
2008年	株式会社駅探に社名変更 「iモード」版デラックスコース（210円／月）大幅リニューアル Ezweb版，Yahoo!ケータイ版デラックスコース（210円／月）提供開始 iPhone版「駅探エクスプレス」提供開始
2009年	株式会社NTTドコモ「iコンシェル」に，運行情報・終電アラーム情報配信開始
2010年	株式会社フジ・メディア・ホールディングスからの出資受入

（出所）　駅探

(2) 事業概要

駅探のサービスにおいては，東芝による研究技術を由来とする鉄道乗換ルートの検索エンジンが核となっている。これは何時何分の列車にどの駅を出発し，

どの駅で列車を乗り継ぎ，何時何分に目的駅に到着するか，その最適な経路と発着時刻・所要時間を検索するもので，駅探では時刻表や路線情報等のデータを独自に収集し常に最新・正確な内容に更新しながら，継続的に検索アルゴリズムの改良や付加機能拡充に取り組み，鉄道利用者の利便性を高める情報を提供し続けてきた。

駅探ではこの独自のエンジン・データをもとにして，携帯電話サイトでのB to C有料課金サービス事業（以下，モバイル事業），並びに他社媒体・機器への技術提供や駅探のPCサイト（無料媒体として運営）内の広告枠販売を行うB to B事業（ASP・ライセンス事業）を運営している。

売上の約6割を占めるモバイル事業においては，「乗換・時刻表・終電案内」「運行情報」等，鉄道利用を便利にする各種情報を提供している。さらには，鉄道および徒歩移動による任意のスポット間の最適経路および発着時刻・所要時間を探索するナビゲーションサービスをはじめとした地図・道路関連の情報，バス時刻表，初詣や温泉等の季節特集等，総合的な外出サポート情報にサービスを拡張している。

一方のASP・ライセンス事業においては，NTTドコモの「iコンシェル」や地図会社等が運営するモバイル位置情報系サービスに対し鉄道関連の各種情報を提供しており，サービス利用規模の好調な拡大に貢献している。また，データ・エンジンの品質が評価され，多くの鉄道会社のWebサイトに対し乗換機能を提供できているのも他社にない特色である。

(3) 成長著しいモバイル事業

駅探はMBO後，主力サービスであるモバイル事業の拡大にターゲットを据えることとし，新たな成長戦略の立案・遂行に取り組んだ。そこで，MBO初年度の2007年度後半，100日余りをかけた「100日プラン」にてモバイル事業戦略の骨子を立案，2008年度において，前半は新戦略に基づくサービス開発・プロモーション施策準備に取り組み，2008年度後半より新戦略に基づく会員獲得を本格化させた。

従来主力サービスとして位置付けてきた月額105円の「ベーシックコース」に替わり，より高単価である月額210円「デラックスコース」の機能強化・入

会促進に力を注いだ結果として，デラックスコースの会員数は一本調子の増加傾向をたどり，2010年9月には新戦略展開が本格始動した2年前の4倍，40万人を突破した。

図表11-3　駅探「デラックスコース」の会員数増加

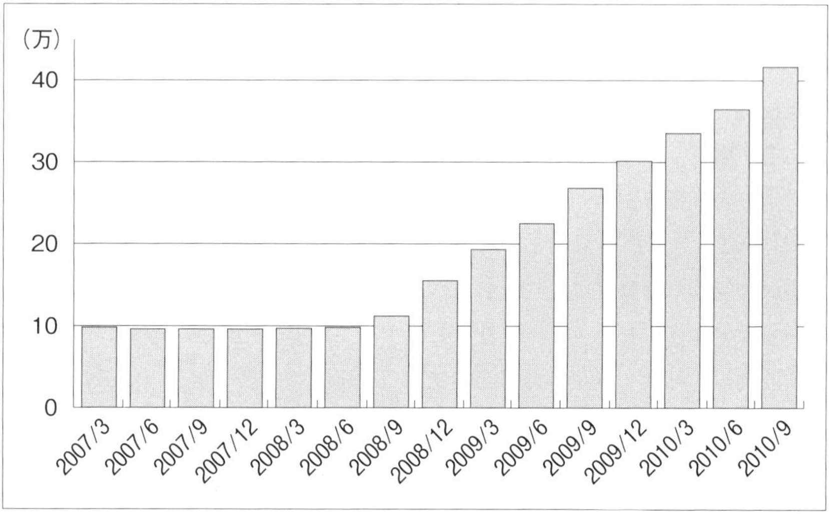

（出所）　駅探

2　ポラリスの投資テーマ

(1) MBOの経緯

本件は，MBOの1年弱前に駅探の中村社長から相談を受け，ポラリスとしての検討を開始した。

駅探は東芝からの分社以来IPOを目指した準備を進展させてきたが，MBO直前の駅探の業績は伸び悩み感が強まっていた。さらに，ライブドア・ショック直後の新興株式市場の停滞が著しく，親会社の東芝としては，中核事業を担う子会社とは言えない駅探の株式を円滑に処分する手段として，IPOを通じた緩やかな出資比率引き下げに代わり，大手ネット企業等の事業会社への駅探株

式の一括売却を前向きに検討し始めていた。

　一方，中村社長をはじめとする駅探の経営陣は，大手ネット企業の傘下に入ることが必ずしも駅探の発展に最適ではなく，独立経営のもと明確な中期ビジョン・戦略を持ち事業強化に腰を据えて取り組むことで，まだまだ成長できるとの認識を持っていた。経営陣と経営戦略協議を重ねた結果，ポラリスとしても駅探の強みや成長機会を認識し，ポラリスによるバリューアップへの貢献可能性が十分にあると判断したことから，東芝に対して経営陣との共同でのMBOを提案，それが東芝に受け入れられたものである。

(2) ポラリスの投資決断のポイント
① 日常生活に密着した必需性と安定的な収益構造

　駅探の提供するサービスは，鉄道の乗換および徒歩ナビゲーションという，日本人の日常生活に密着した公共性の高いサービスであり，必需性に根ざした底堅い利用が見込める。また，顧客（投資先企業）の発展を促進することで，「我が国の経済・社会への貢献」を目指すポラリスの経営理念にも合致する。

　こうした必需性から，駅探のモバイル有料会員には平均で1年以上の期間，月額利用料を継続的にお支払いいただいており，ASP・ライセンス事業においても顧客から月額運用費を継続的に頂戴できている。したがって，毎月の売上の大半が，前月の売上実績を引き継ぐ形でほぼ決まるという，非常に安定性の高い収益構造になっている。

　ただ，こうした収益構造は強みである一方で実は弱点にもなりかねない。毎月の新規会員獲得やアップセル等の寄与は毎月の売上の中では小さく，施策効果の追求が鈍る可能性があるからである。そこで後述の通り，施策の狙い・効果の「見える化」の徹底を，MBO以降の駅探の経営実行プロセスの改善にあたっては大きなテーマに据えた。

② 技術・ノウハウに基づく参入障壁の存在と限定的な競合プレイヤー

　乗換・地図の経路検索エンジンには経路最適化のための数理ロジックが必要になる。また，路線・駅名・時刻表・位置情報等の最新データを絶えず収集・更新し，エンジンにチューニングを加える運用体制が欠かせない。こうした開

発・運用体制を敷くには相応の技術人員の規模とノウハウを要することから，現状，乗換・地図両方の経路検索エンジンを自社開発・運用する会社は駅探以外1社しかなく，乗換エンジンあるいは地図エンジンいずれかのみでも各々数社しか存在しない。

③ 市場の成長性

近年，携帯電話インターネットは幅広い年代に受け入れられ，乗換・ナビゲーションの検索需要は家庭・職場のパソコン経由から携帯電話経由に移っている。それに伴い，外出前の経路検索のみならず，移動中の現在位置および現在時刻等のシチュエーションに合わせた最適経路検索が行われるなど，利用形態の高度化が進んできた。

その結果，下表に示すように，モバイルコンテンツ市場全体（2009年実績で5,525億円）の中で，駅探の属する交通情報市場は241億円を占めるまでに拡大，この数年間一貫して市場全体を上回る成長率を示している。

ところが，MBO当時の駅探はこうした流れに乗り遅れていた。「市場機会は明確に存在する中でなぜ駅探が成長できていないのか」，「何を変えれば成長するのか」－これが，駅探のMBO後の成長戦略構築に当たっての最大のテーマとなる。

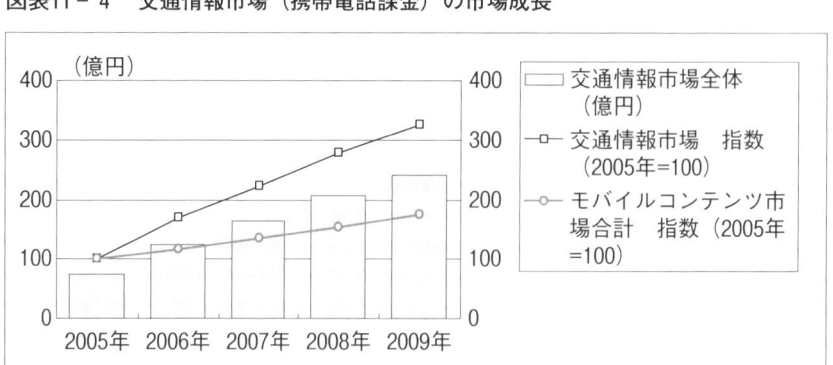

図表11－4　交通情報市場（携帯電話課金）の市場成長

（出所）　モバイル・コンテンツ・フォーラム資料より筆者作成

④ 意欲と能力のある経営陣との信頼関係

　MBOへの支援を最終決断するにあたっては，経営陣の資質と意欲を確認し，経営陣とファンド（ポラリス）との間に信頼関係を構築することが重要になる。

　MBO前の度重なる経営戦略協議で議論を戦わせたことで，ポラリスとしては駅探の強みや成長機会，経営課題等をあらかじめ詳細に把握することができ，さらに，中村社長をはじめとする経営陣の力量や意欲を体感することで，投資後の駅探の舵取りを委ねる判断を下すことができた。同時に，中村社長他経営陣にもポラリスの投資コンセプトやMBO支援に対する考え方をよく認識いただき，MBOのパートナーとしてポラリスが一番という実感を持っていただけたものと思う。

⑤ 東芝からのMBOへの理解・協力

　もともと東芝本体の事業であり中村社長をはじめ数多くの東芝出身者が所属する駅探が，「MBOを通じてより立派な企業に育って欲しい」という東芝の駅探への配慮は，MBOの交渉を進める途中で随所に感じられた。MBO後も20％の出資を続け，駅探を継続的に支援いただく姿勢を示していただいたことは，駅探のみならず，ポラリスにとっても投資判断における安心感につながった。またMBO後も陰に陽に駅探をご支援いただいたことに対しては，この場を借り改めて深く感謝の意を表したい。

(3) "Polaris 9 methods" を活用したバリューアップ・シナリオ

　ポラリスは投資先企業に対して，その成長ステージ・経営課題・企業文化を勘案し，経営陣と協議の上，ニーズに合致したバリューアップ促進プログラムを提供してきた。そこで培ったノウハウは下表の支援メニュー "Polaris 9 methods" にまとめられる。

　ファンドの一部にはM&Aや資産売却，販売管理費削減等の財務視点での成果追求と，株式を「割安に買い高く売却する」いわゆるアービトラージ（鞘抜き）手法に頼る傾向が見受けられるが，ポラリスはこうした考え方からは一線を画し，事業支援やコーポレートガバナンスの強化を通じた組織力強化など，総合的かつ骨太なハンズオン型の経営支援を行うことを旨としている。

図表11-5 ポラリスのMBO支援メニュー（9 methods）

ガバナンス強化	資本政策推進	事業戦略構築支援
✓ 常勤経営陣の支援/補完 ✓ ガバナンス体制の整備 ✓ 社外取締役/監査役の派遣	✓ IPOに向けた株式ストーリーの構築 ✓ IPO前の資本政策支援	✓ 基本事業戦略および経営目標の明確化 ✓ 中期経営計画の策定支援 ✓ 主要事業戦略の具体的施策の策定および推進支援，推進に必要な外部リソースの導入
モニタリング	財務・資金面の支援	事業支援
✓ 予実管理メカニズムの構築 ✓ タイムリーかつ正確な財務状況の把握とアクションプラン策定の促進 ✓ 財務報告フォーマットの制定	✓ 負債のリファイナンス支援 ✓ 成長資金の調達支援 ✓ キャッシュフロー管理支援 ✓ 投資プロジェクトの採算性管理支援	✓ 顧客基盤の拡大支援（候補会社紹介） ✓ 業務提携先候補の紹介 ✓ ポラリスのポートフォリオ会社との事業シナジー検討
組織人事政策	資産効率化	オペレーション改善
✓ 組織体制の見直しによる業務効率化，指揮命令系統の明確化 ✓ インセンティブプランの導入支援	✓ 不稼動資産の流動化 ✓ 遊休資産売却 ✓ 在庫水準の適正管理 ✓ 子会社の整理，オフバランス化	✓ 業務プロセス改善支援

（出所）ポラリス・キャピタル・グループ

　駅探の場合，会社の「ミッション」の再定義から入り，それを梃子にMBO直後の「100日プラン」を通じ「マーケティング戦略」「組織戦略」を再設計，さらにはそれら戦略の「実行管理」を徹底して行うことで成長を実現し，その果実（リターン）を役職員とファンド（ポラリス）で分け合うという次頁のプロセスを，ポラリスと経営陣が協力してスピード感を高めて取り組んできた。

　こうしたハンズオン支援が功を奏し，月を追うごとに駅探社内が成長への自信を深めていく姿を目の当たりにできたことは，ポラリスにとって冥利に尽きることであった。

図表11-6　駅探MBOのバリューアップ・シナリオ

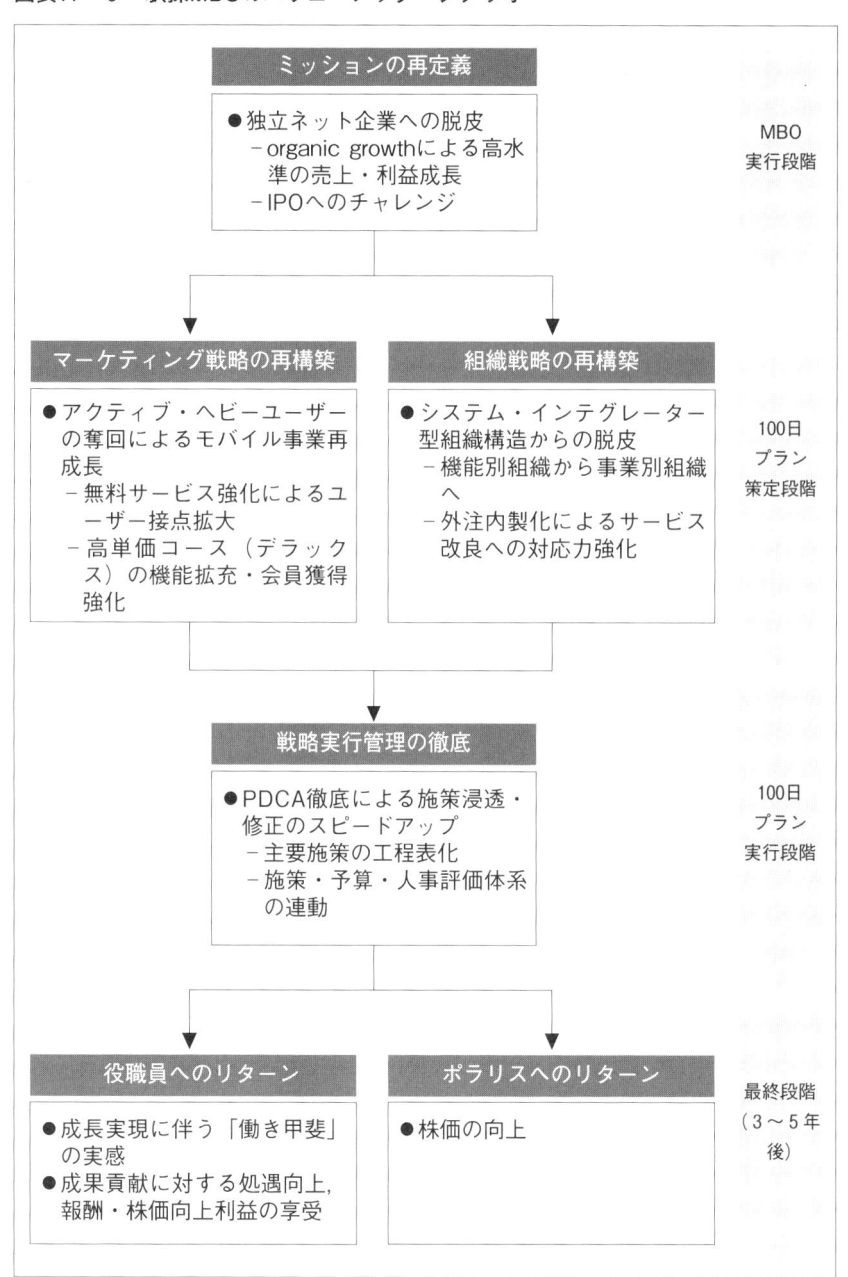

```
┌─────────────────────────────────────────────────────────┐
│                    ミッションの再定義                        │
│  ● 独立ネット企業への脱皮                                    │
│    - organic growthによる高水準の売上・利益成長              │    MBO
│    - IPOへのチャレンジ                                       │   実行段階
└──────────────┬──────────────────────┬───────────────────┘
               │                      │
               ▼                      ▼
┌──────────────────────────┐  ┌──────────────────────────┐
│  マーケティング戦略の再構築    │  │   組織戦略の再構築          │
│ ● アクティブ・ヘビーユーザー   │  │ ● システム・インテグレーター │
│   の奪回によるモバイル事業再  │  │   型組織構造からの脱皮      │  100日
│   成長                    │  │   - 機能別組織から事業別組織  │  プラン
│   - 無料サービス強化によるユ  │  │     へ                    │  策定段階
│     ーザー接点拡大          │  │   - 外注内製化によるサービス  │
│   - 高単価コース（デラック   │  │     改良への対応力強化       │
│     ス）の機能拡充・会員獲得  │  │                          │
│     強化                  │  │                          │
└──────────────┬───────────┘  └──────────────────────────┘
               │
               ▼
┌──────────────────────────────────┐
│        戦略実行管理の徹底              │
│ ● PDCA徹底による施策浸透・           │
│   修正のスピードアップ                │   100日
│   - 主要施策の工程表化               │   プラン
│   - 施策・予算・人事評価体系         │   実行段階
│     の連動                         │
└──────────┬───────────────┬────────┘
           │               │
           ▼               ▼
┌──────────────────┐  ┌──────────────────┐
│  役職員へのリターン    │  │  ポラリスへのリターン  │
│ ● 成長実現に伴う「働き甲斐」│ ● 株価の向上         │  最終段階
│   の実感              │  │                  │ （3～5年
│ ● 成果貢献に対する処遇向上,│  │                  │   後）
│   報酬・株価向上利益の享受  │  │                  │
└──────────────────┘  └──────────────────┘
```

（出所）ポラリス・キャピタル・グループ

3 「100日プラン」に基づくバリューアップの実際

(1) マーケティング戦略の再構築
① 「駅探はヘビーユーザーに強い」との思い込み

　MBOを機に，駅探のミッションは大手電機メーカーの子会社としての「安定的な売上・利益の維持」から，独立系インターネット企業としての「高成長」へと明確に切り替わった。このミッションを実行するため，駅探経営陣とポラリスは，主力事業であるモバイル事業の再拡大をMBO後の成長戦略の中心に据えることにした。

　そのためには，競合が力強く成長している中で，駅探がなぜ伸び悩んでいるかを明確にする必要があった。そこでモバイルマーケティングの専門家をポラリスとして起用し，その視点に基づき駅探の課題について仮説設定を行った上で，駅探会員以外を含む一般人を対象とするユーザーリサーチを通じそれを検証していった。

　こうした外部視点による市場・競合・自社の「見える化」を行った結果，当時の駅探が初期の成功体験を引きずり，「駅探は乗換案内のヘビーユーザーには支持されている」という思い込みに陥っていることが浮かび上がってきた。

　駅探はiモード開始以来のモバイル乗換案内のパイオニア企業として，大都市圏のビジネスマンをはじめとする，乗換案内の使用頻度が高くかつモバイルの新サービスへの感度の高い「イノベーター層」の獲得で他社に先行していた。その体験から駅探はヘビーユーザーからの強固な支持を自認し，それを前提に競合の展開する積極的なマスユーザーの新規獲得攻勢とは一線を画した，ヘビーユーザー向けの高付加価値機能の拡充を中心とした守備的戦略に最注力してきた。

　しかし，新規ユーザーとの接触量で他社に比べ著しく劣る状態が続いた結果，市場の本格成長期以降にモバイル乗換案内を頻繁に使うようになった，いわゆる「アーリーアダプター」層から「アーリーマジョリティ」層に属するヘビーユーザーの多くを取り逃がし，いつの間にかヘビーユーザーの比率で他社に劣後していたことが判明したのである。

② ヘビーユーザーをターゲットとした新マーケティング戦略

そこで駅探は，多忙で外出の多い，すなわちモバイル乗換案内の使用機会の多い「アクティブ・ヘビーユーザー」の奪回に動くべく，マーケティング戦略全般（Product・Price・Place・Promotion）の再設計に乗り出した。

ユーザーリサーチの結果，ヘビーユーザーはライトユーザーに比べサービスを能動的に選択し，利用サービスを変更する流動性が比較的高いことが分かったことから，他社のヘビーユーザーを強引に奪うのではなく，流動するヘビーユーザーを確実に取り込む手法を志向することとした。

新規ユーザーとの接触量を飛躍的に拡大するために，無料サービスの強化に注力し，まずは多くのユーザーに駅探のサービスを試してもらうこととした。また，無料サービスの使いやすさを高めることでユーザーを駅探サービスへと定着させ，その上で有料付加機能の利便性を告知することで，それに反応するヘビーユーザーを高単価（210円）のデラックスコースに誘導する，高単価コースの拡充と会員獲得強化に乗り出した。こうしたコンセプトのもと，諸施策に一貫して取り組み続けたことが，先述したデラックスコースの会員の継続的増加の原動力となったのである。

図表11－7　100日プランに基づく駅探のマーケティング戦略

集客	接触拡大(無料サービス)	有料会員化(210円デラックス)	維持(退会防止)
キャリアメニュー 携帯検索サイト キャリア検索機能 広告	機能提供 情報提供(特集・スポット)	高機能 情報量 付加情報 利便性	キャンペーン カスタマイズ

（出所）　駅探

(2) 組織戦略の再構築

成長戦略の成果を上げるためには，マーケティング戦略の再構築とともに，

新戦略に基づく施策をスピーディーかつタイムリーに展開する，実行力に優れた組織作りが重要になる。

そこで駅探が打ち出した組織戦略が，「技術」「企画・営業」に大別される機能（職務）別の組織から事業別（モバイル，ASP・ライセンス）の組織への転換，および技術部門における開発・運用の実作業を外注から内部人員に切り替える人材増強である。

以前の体制は，大規模なシステム開発を請け負うシステムインテグレーターとしてはスタンダードな構造であったが，個々のサービス単位での迅速かつきめ細かいサービス運用が重要なインターネットサービスにおいては，部門間ないし外注先との調整に手間を擁するため，身軽さに欠ける点があった。事業単位・サービス単位でエンジニアと企画・営業メンバーが協力し迅速にサービス開発・改良に取り組める仕組みへの転換は，前述のマーケティング戦略遂行の

図表11-8　MBO前後での駅探の組織構成の変化

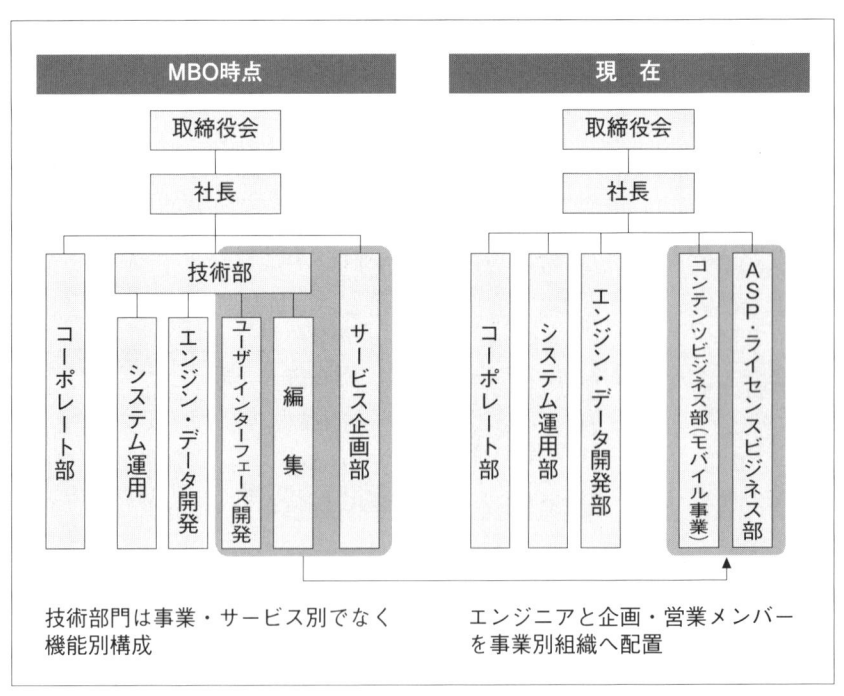

【MBO時点】
取締役会 → 社長
- コーポレート部
- 技術部
  - システム運用
  - エンジン・データ開発
  - ユーザーインターフェース開発
  - 編集
- サービス企画部

技術部門は事業・サービス別でなく機能別構成

【現在】
取締役会 → 社長
- コーポレート部
- システム運用部
- エンジン・データ開発部
- コンテンツビジネス部（モバイル事業）
- ASP・ライセンスビジネス部

エンジニアと企画・営業メンバーを事業別組織へ配置

（出所）　駅探／ポラリス・キャピタル・グループ

必須条件であった。

(3) 戦略のアクションプラン化と実行管理の徹底

前述のとおり100日プランを通じてマーケティング戦略と組織戦略を再構築した後は，その実行段階に入る。そこでは，ポラリス流の工程管理手法を取り入れたことが功を奏した。

すなわち，予算と部門・個人ごとの施策（アクション）との関係を，明確なスケジュールと定量的・客観的な中間KPI（key performance indicator）のもと紐付けた，半期（もしくは四半期）単位の詳細事業計画（アクションプラン）を策定する。その上で，施策展開上の遅延・障害がないかを，経営陣・幹部社員が参集する会議において週単位できめ細かくチェックをかけ，問題がある場合には速やかに改善策・リカバリー策を検討・指示するという仕組みである。

さらには人事評価にあたっても，単純に売上・利益の達成度だけを見るのではなく，アクションプランの達成度の視点を取り入れることとした。

アクションプランを中核に，PDCA（plan-do-check-action）プロセスを徹底・反復する経営へと移行することで，現場にとっては自分たちのアクションが現在そして将来の売上・利益にどうつながるかが明確化され，目標達成に対する意識が高まった。また経営陣・幹部社員においても，週次会議を通じ経営状況・経営課題に対して定量的・客観的な指標に基づく共通理解が進んだ結果，部門任せに終わらない当事者意識が生まれ，施策の追加・軌道修正がタイムリーにできるようになった。

さらにポラリス社長の木村や筆者が，社外取締役としての立場から施策実行プロセスをタイムリーに進捗確認し，適宜アドバイスを続けてきたことで，駅探の経営に適切な緊張感が醸成され，施策の実行力向上に寄与できたと考えている。

駅探はMBO以来，モバイル事業だけでなくASP・ライセンス事業の成長スピードも順調に高まっているが，アクションプラン実行の管理を徹底したことの貢献は極めて高かったものと思われる。

4 ポスト「100日プラン」の成長に向けて

(1) SNS／スマートフォン市場の急拡大

駅探は2009年3月期後半以降，100日プランの施策効果から順調な成長を続けているが，独立系のインターネット企業としてはまだ中堅規模に過ぎない。現在の巡航速度での成長を追い風に，さらなる飛躍的・非連続的な成長を果たしたいというのが駅探・ポラリス共通の思いである。

そこで注目しているのが，SNS（Social Networking Service）やスマートフォンの台頭に伴う，モバイルコンテンツ・アプリケーション市場の構造変化である。

モバイルコンテンツ市場においては，これまでNTTドコモやKDDI等の通信キャリアが技術仕様・集客・課金等の基盤（プラットフォーム）機能を寡占的に提供してきた。しかしここ1～2年，ミクシィ・DeNA（モバゲータウン）・グリー等のSNSや，AppleのiTunes Store/Appstoreに代表されるスマートフォン上のアプリケーションストア等，通信キャリア以外の新興プラットフォーム上での有料課金サービスの立ち上がりが急である。

図表11-9　モバイルコンテンツ・アプリケーション新市場の規模予測

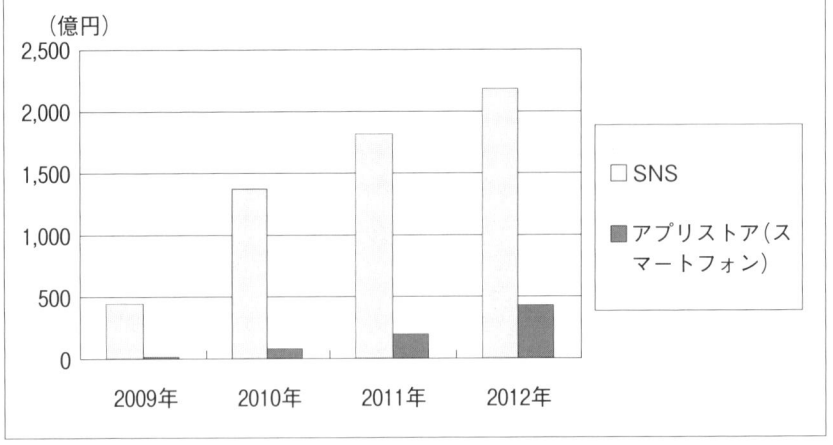

（出所）　情報流通ビジネス研究所

(2) グローバルに注目される「移動支援サービス」分野への挑戦と提携戦略

　駅探としては，こうした市場構造変化を成長機会と捉え，サービスの幅をさらに広げていくことが成長スピード拡大に向け重要である。

　既にスマートフォン（AppleのiPhone）向けの有料アプリケーション「駅探エクスプレス（iPhone版）」は，iPhoneらしい直感的な使いやすさが評価を受け，iPhoneアプリにおいて定番商品化しているが，今後はこうした次世代サービスへの展開により多くの経営資源を投入していく必要があろう。

　例えば，SNSと連動して列車の混雑状態をユーザー同士の情報交換を通じて提供したり，GPS（Global Positioning System）や加速度センサーを搭載したスマートフォンの機能を利用し移動時の状態に即したリアルタイムでの最適経路補正を行ったりするなど，新たなプラットフォームの特徴をフル活用することを通じて，現在の「乗換検索サービス」をより高次元の「移動支援サービス」に進化させる可能性が展望できる。

　幸い，日本市場のみならずグローバル規模で位置情報サービスが次世代のインターネットサービスにおけるキーファクターとして注目されており，FacebookやTwitter・Google等の有力インターネット企業までもが相次ぎ新規参入する活況を呈している。こうした有望領域において駅探がビジネスチャンスをつかむためには，駅探自身の自助努力が何より重要なことは言うまでもないが，加えて他社との提携により経営資源を補完し成長のための時間を買う選択も場合によって必要となってくる。

　2010年5月，駅探はTV局（フジテレビ）を核とする総合メディア・コングロマリット企業である，株式会社フジ・メディア・ホールディングス（以下「FMH」という）からの出資を受け入れたが，単なる資本政策的意味合いにとどまらず，FMHグループの有するメディア・コンテンツと相乗効果を生むような独自性あるサービスの開発・提供につながることが期待される。

　ポラリスとしてはこうした提携の検討・実現に際し必要な協力・支援を行ってきたが，今後もポラリス独自さらにはみずほフィナンシャルグループをはじめとするポラリス関係者のネットワークを活かし，国内外の提携候補先の紹介を積極的に行うことで，非連続的な成長を支援していきたい。

おわりに

　駅探のMBOそしてその後の100日プランに参画したことを通じ，ポラリス・筆者としては，大企業子会社ならではの技術・ノウハウのポテンシャルの高さを実感した。

　MBO後の駅探が行ってきたことは，今振り返れば実に単純で当たり前のことに過ぎない。しかし，過去からのしがらみや慣習が仇となり，企業のマーケティング戦略・組織戦略に対する会社内の課題認識が株主・会社内で共有されず，結果としてせっかく潜在的な成長力を秘めながら，「実行力」が十分に発揮されていないケースは，駅探に限らず，決して珍しくないのではないだろうか。

　ポラリスとしては，引き続き駅探の大株主として駅探の成長を支援していくことはもちろん，駅探をはじめとする投資先企業へのバリューアップ参画を通じて培った先述の「9 methods」ノウハウを通じ，今後も潜在力を秘める大企業の事業部門・子会社に対するMBO支援を積極的に行っていく。

（追記）

　拙稿を執筆後，駅探は2011年1月27日に東証マザーズ市場から上場の承認を受けるに至り，3月3日を予定日とした上場準備の最終局面にある。上場を機に，世の多くの投資家・関係者に対し，成長性を取り戻した駅探の元気な姿をアピールできることは，感慨ひとしおである。ポラリス・筆者としては，上場後の駅探の一層の飛躍に向け必要な支援を行うべく，決意を新たにしている。

経営者インタビュー

「100日プラン」の実践と有料会員数の伸長

株式会社駅探
代表取締役社長
中村 太郎 氏

Q 2007年10月にMBOを実施しましたが，背景と動機についてお教え下さい。

　ちょうどMBOをする1年くらい前が，今後，駅探としてどのような成長をしていけばいいかというようなことを考えるタイミングでした。

　当時，親会社であった東芝も，ちょうどネット系のサービス会社をポートフォリオに入れておくのかどうかという議論をしていたところでした。駅探としても，いったん東芝の子会社という立場から離れて，もう一度，制約条件を外した成長戦略を考え直してみるということをやってみたいと思っていました。

　もともと，この乗換案内のサービスは，東芝の研究開発センターで開発したものを事業化するというところから生まれましたので，それがどんな形であれ，事業として成立して継続していくことができれば，メーカーの基礎研究のあり方の一つとして，カーブアウトみたいなことができるのでは，と思っていました。メーカーの中で，事業として展開するということだけで基礎研究をやろうとすると，いろいろ限界があると思うのですが，オプションとして，このようなMBOの手法で外に出していくということで基礎研究のフィールドの活性化に少しでもつながれば，と私個人としては思っています。そういう意味で，東芝には恩返しをしたいと思っています。

Q 新たなパートナーとしてポラリスを選択した理由をお教え願います。

　われわれとしては，サービスやブランドを維持したいし，それこそ雇用も維持したいですし，会社としてのエンティティも維持したいという思いは強くありましたので，「事業会社への売却よりもMBOというスタイルを取らせて欲しい」ということを強く思っていました。サービスですとか雇用を残して，今のビジネスモデルをきっちりやっていけば，まだ成長の余地は残っているな，と感じていたところが一番大きいです。

個人的には，「やりきった感がない」ということがありました。このままどこかに売却されてバラバラにされたり，ある部分だけ吸収されて余ったビジネスだけが駅探に残ったりするというような形で終わるよりも，やり残している部分をしっかりやり抜くところまでできる方法はないだろうかと探した結果，ファンドを活用することになったというところが一番大きくて，唯一の理由かもしれません。

　実は，MBOのためのパートナーを探す中で，ポラリス以外のファンドさんとお話をさせていただく機会もあったのですが，駅探の企業価値を伸ばす意欲とサービスに対する愛情を最も強く感じたということが，ポラリスをパートナーに選んだ最大の理由です。木村社長や梶村さんなどのポラリスのメンバーとお話していると，単に投資をしたいというのではなく，ビジネスの特性を理解し，駅探をともに成長させていこうとする姿勢を感じる部分が多々ありました。東芝サイドは，経済合理性も踏まえて判断したのだとは思いますが，われわれの意向も聞いてくれたのではないかと思っています。

中村社長とポラリス・キャピタル・グループの梶村徹プリンシパル

　しっかりした方針に基づいてちゃんとリソースを注入すれば，まだこのビジネスは大きくなるだろうし，また，自由に大きくしていきたいという意向はとても強くありました。東芝は事業会社に売却してもよかったのだと思います。いくつかの事業会社とお話をさせていただいて，各社さんそれなりに関心を持っていただいたのですが，どうも話していると，私どものビジネスのお金を生んでいる会員が欲しいだけみたいな雰囲気や，

あるいは乗換というテクノロジーだけが欲しいという雰囲気があり，議論していくとなんとなくそれが透けて見えるようなことがありました。

Q ポラリス・キャピタル・グループのメンバーは，どのような形で経営に参画していますでしょうか。

　時期によってポラリスさんの関わり方は変わってきています。2007年10月にMBOをしましたが，そのあと半年くらいの期間の中では，どのような形で成長戦略を描いていけばよいか，あるいはそれを実現するためにどのようなマネジメント・スタイルを採ればいいのかいうことを，ポラリスさんと相当突っ込んで議論しました。

　具体的には，「100日プラン」という名前で，ポラリスからご紹介を受けた外部のコンサルタントの方だけでなく，木村社長や梶村さんなどポラリスのメンバーにも議論に入っていただいて，駅探の強み・弱みや何が課題かみたいなところまで，相当突っ込んだ事業戦略検討を行いました。コンサルタントの方が社内の人間にプレゼンするのに，「ここまで言って，どういう反応があるか心配です」と感じるくらい，相当ガリガリした議論をさせていただきました。そうした過程を踏んで，基本的には，その時の戦略に則り，その後の3年間の運営を行ってきました。

　戦略立案後，いろいろな施策を具体的に打っていくところから先は，判断を当社に任せていただき，ポラリスからは定点的に進捗確認の上，アドバイスをいただいていました。さらに現在では，駅探の経営の独立性を尊重いただきつつ，大株主としての立場から当社の成長を温かく見守り，適宜助言・支援をいただく関係になっています。

Q 親会社から独立することによって，会社全体として何が変わりましたでしょうか。

　まず，採用をかけて，応募してくる人が全く変わりました。MBOを体験して如実に変わったと最初に感じたのはそれです。今まで「東芝の子会社」と言って採用をかけると，メーカー出身の方とかシステム・インテグレーター出身の方など，大企業志向の方が多かったのですが，MBOをしてから，競合他社から人が来るようになったのです。競合や直接はバッティングしないにしても，モバイルのコンテンツ・ビジネスをやっている方とかがどんどん来るようになってきました。そういう意味では，やっとその業界の中のプレーヤーだという認知をしてもらえたのだなという思いがあります。

　それによって，もともと東芝出身あるいは東芝グループ出身でやっていた人たちと，

それから外の視点の人たちが入ってきて、そこの融合なり化学反応なりということがいろいろ進みました。後から入社してきた人たちは、最初のうちは周りに取り囲まれる形になりますから、いろいろ苦労はあったのだろうとは思いますが、いい意味で双方が変わっていく部分が相当あったなと思います。

　それからもう一つは、東芝グループにいた時ですと、ある利益率で利益が出てればそれでいいだろうという感覚があったのですが、これはMBOをしたからなのか、時間軸で成長していかないといけない、という意識が出てきて、あるいは現状にとどまっていてはいけないという意識を持つことで、じわじわとは会社全体が変わりだしてきていると思います。

経営会議の様子

第11章　ポラリスとのＭＢＯにより成長を遂げる駅探　*315*

駅探エクスプレスiPhone／iPod touch

Q 業績は順調に伸長し，2010年3月期においては過去最高益を達成したとのことですが，飛躍を遂げることができた要因は何でしょうか。

　しっかりPDCA（plan-do-check-act）を回すようにしたというのが最大の理由だと思います。いろいろな機能やサービスがある中で，「これをやったらきっとユーザーに受けるよね」，あるいは「これをやったらきっと便利になるよね」という議論して，とにかくやってみて，上手くいかなかったら次をやる，というようなことの繰り返しを絶えずやっていたのですが，逆に，これをやったらどのような成果が生まれるかを予測して，それに向けて進んだかどうかを測れるようにして，それをきっちりすべての施策に対してやらせるようにした，ということが最大のポイントだと思います。それから，上手くいかなかったら，どうやったら上手くいくかを考えるようにする，という本当に当たり前のことなのですが，それを上から下まで徹底してやったというところが，一番の成功要因かなと思います。

　ビジネス的にいうと，「100日プラン」の中で考えたことが上手く的中したというか，仮説通りになったというところも，もう一つの側面としてあります。そのような「当たり外れ」はいろいろありますし，その時の状況によっても変わると思うのです。PDCAをきっちり回す体制に切り替えられたというところは，どんな状況になってもそれは効く話だと思っていますので，会社全体の体制強化という意味では，そちらのほうがより

意味合いは大きいのかなと思います。

　ポラリスさんとのリレーションという意味でいうと，PDCAをきっちり回していかないと駄目なのだ，というところをガリガリと徹底するため，最初の半年とか1年の間はポラリスの木村社長や梶村さんには悪者のロールを積極的に引き受けていただいたことが非常に大きく効いたと思っています。

　「100日プラン」を実施する前の駅探というのは，基本的には毎月月額105円のコースが主流で，そこにありとあらゆる機能を思いつくままに突っ込んでいったのです。そうすると初心者も，ものすごくよく使う人も，いろいろな機能が入っている同じメニューを使うことから，初心者にとっては非常に分かりづらいということになっていました。どこに何が入っているかわからない，どこに何が入っているかわからないから何か足してもそこにたどり着かないという悪循環がありました。負のループができていたと思っているのです。

　それを，ある部分無料にしましょうということで，無料でシンプルに使えるものと，より高機能なメニューのあるものは高いお金を払って利用していただくということで，新しい機能は210円のコースを作って，そっちに便利な機能を全部寄せる仕掛けにしたのです。無料から210円への流入というのをメインにして，105円の流入はもう蛇口を止めてしまったのです。

　社内的にはいろいろな議論がありましたが，結果的には，無料のユーザーも，210円のユーザーも大きく伸ばすことができ，毎月の携帯課金収入の成長角度を変える結果になりました。ただ，重要な変化は，ポラリスからの支援をいただき，仮説に基づき施策を打って，その結果を可視化して共有できるようにしたことで，関係するメンバーが一つのことを見るようになったこと，それに向けて，機能とか価格ということ以外の多面的な打ち手を考えられるようになったことだと思います。それにより，やることの優先順位が合理的・システム的に決められるようになり，例えば，私が「こんなの駄目だろう」と感覚で言っていた手段が，「案外効いてるんです」というような，ある意味，まともな会話ができるようになってきています。

　MBOを選んだ理由として，「やり切った感がない」ということを先ほど申し上げましたが，普通の会社であれば，当たり前にできているこういったPDCAをまわすというような基本的なことを，真っ当にやれば，個々人の努力を組織としての成果に結びつけて，まだまだ成長余力はあるはずという思いがあったということかもしれません。

Q バイアウト・ファームはM&Aのノウハウも有しています。**資本業務提携の候補先選定や実行プロセスもポラリス・キャピタル・グループの助力を得て実施されたのでしょうか。**

　ポラリスは木村社長や梶村さんをはじめとしたファームとしてのネットワークに加え，みずほフィナンシャルグループをはじめとする関係者との協力体制をお持ちなので，事業パートナーさんや提携候補のご紹介などについては，ビジネス・ディスカッションを通じて，より外部を広く見るような形でどんどんご紹介いただいています。

　MBO当初の駅探は，やはり大手電機メーカーの中で閉じたビジネスをやっていて，いろんな意味でまったく外に出て行かないので，業界の中での交流もほとんどないのが実情としてありました。また，ものの見方もこういう業界とは全然違った見方をしていたりしていて，視野がすごく狭かったり偏っていたりしていた部分がたくさんありましたので，ポラリスにさまざまな提携先候補を紹介いただくことで，駅探にとっての常識が必ずしも外部の常識ではない事実について自覚を持つことができました。また，実際に業務提携的なところはいくつか行われていますので，そういった局面でもサポートしていただきました。

　インクリメント・ピーやフジ・メディア・ホールディングスとの資本提携に際しては，駅探として独立した意思決定を行い，駅探にとってベストなパートナーを選定してきたのは言うまでもないことですが，資本提携を実現する上での触媒の役割をポラリスには果たしていただいたと思います。

Q **インクリメント・ピーとフジ・メディア・ホールディングスとは具体的にどのような協業を行っていきますでしょうか。**

　インクリメント・ピーさんとは，カーナビの世界で，私どもの乗換の機能をどのように使っていただけるかというところを開拓し続けているという状況です。車とカーナビと携帯をどう上手くつないでユーザーをサポートしていくか，というサービスを一緒にやっていこうということで，そのために必要なデータを揃えていくことは今後も続けさせていただきたいと思っています。

　それから，フジ・メディア・ホールディングスさんとは，まだ具体的なところはディスカッション途中なのですが，やはり彼らが持っているメディアの力を使って，より大きなプロモーションをかけられるようなビジネスを創っていきたいと思っています。特に，まだまだテレビが人を動かすとか人の関心を引き起こすというパワーは非常に強い

ものがありますので，その辺を上手く私どものサービスと組み立てて，一緒にやっていければいいなと思っている状況です。

Q 最後に，御社の今後の事業展開についてお話し下さい。

今，私どもは携帯の課金を中心に，移動する人をサポートするというビジネスをやっています。移動する人をサポートするという部分は基本的には変えずに，そこをどれだけ拡張していけるか，ということを今考えているところです。

従来の携帯だけではなくスマートフォンなども含めて広げていけばいいかなと思っています。それから，ユーザーの乗換や地図などを使うスタイルも，検索をして情報を取りにいくというよりも，ユーザーの状況に応じてサービス側から情報をご提供することで，ちゃんと案内をするというようなところまでサービスのレベルを上げていきたいと思います。それによってより多くの方に使っていただいて，より多くの方にお金を払っていただけるようなモデルにしていければいいかなと思っています。

中村太郎氏略歴

東京大学文学部卒業。1985年株式会社東芝入社。2006年株式会社駅前探険倶楽部（現株式会社駅探）代表取締役社長就任。

第12章 業界リーダーのさらなる成長への挑戦
―― 弥生の事例 ――

MBKパートナーズ株式会社
ヴァイス プレジデント　福本太郎

はじめに

本ケースは，事業会社の子会社をプライベート・エクイティがバイアウトするディールの事例である。独立系のプライベート・エクイティであるMBKパートナーズが弥生を2007年9月にバイアウトした際には，当時の売り手であったライブドアが，世間の注目を集めている企業であったこともあり，中型サイズのディールではあったが「小さなビッグディール」として関係者からは非常に注目を集めたディールであった。

1　弥生について

(1) 会社概要・事業内容

弥生は，会計を中心とする業務ソフトウェアの開発・販売会社である。ソフトの販売後のアフターサービスも充実しており，非常に高い評価を顧客から得ている企業である。

主要顧客は中小・零細企業であり，ある意味，弥生は，そのような顧客のインフラ的な存在として業界のトップを走り続けている企業である。

製品ラインは，「会計」，「給与」，「販売」，「顧客」の4ラインである。これらの製品ラインは顧客の事業規模に応じて，「エントリー版」（例えば，「青色申告」）や「スタンダード版」，「プロフェッショナル版」，「ネットワーク版」

が用意されている。

図表12−1　会社概要

社　名	弥生株式会社（Yayoi Co., Ltd.）
創　業	1978年（設立年月日：2007年1月15日）
代表者	代表取締役社長　岡本浩一郎
本社所在地	東京都千代田区神田紺屋町17番地 SIA 神田スクエア
事業内容	業務ソフトウェアおよび関連サービスの開発・販売・サポート
拠　点	カスタマーセンター：大阪，札幌 営業所：大阪支店，名古屋営業所，福岡営業所
従業員数	438名（派遣・契約社員含む，2010年4月1日現在）

（出所）　弥生のホームページから抜粋

(2) 業種特性

弥生は，磐石な市場シェアを有していることと，ビジネスモデルの競争優位性を確保していることが強さの源泉である。弥生製品の市場シェアは金額ベースで60％以上と圧倒的No.1である。また，市場調査会社のGfkとBCNからシェアNo.1の表彰を長年にわたって受けている。さらに，弥生は，ソフト

図表12−2　顧客の事業規模と弥生の製品ライン

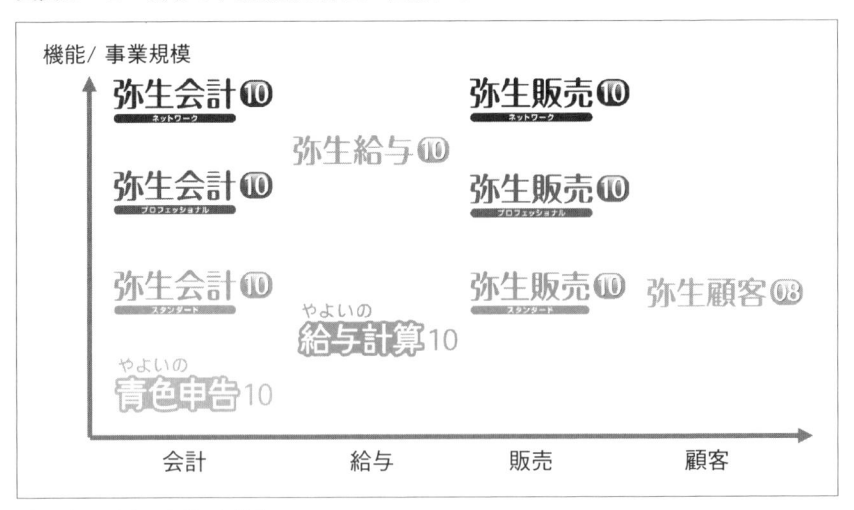

（出所）　弥生の資料より抜粋

ウェアのパッケージを販売して，その顧客へのアフターサービスを会員制の形式で提供する（サポート＆サービス）という，「フローとストックのビジネスを併せ持っている」ことが特徴である。サポート＆サービスは，リカーリングで強力なキャッシュ・フローの源泉であり弥生の強さの一つでもある。

2 案件の概要

(1) 案件の背景：ライブドアについて

2007年8月に証券取引法違反で有罪となったライブドアホールディングス（旧ライブドア）は，「会計ソフト販売子会社の弥生を独立系投資ファンドのMBKパートナーズに710億円で売却する」と発表した。当時のライブドアはネット事業を核として再建を目指す方針で，本業との関連性の薄い事業については売却を進めていた。

弥生の前身は米会計ソフト会社，インテュイットの日本法人で，2003年にプライベート・エクイティの支援を受けてMBOで独立した経緯があり，今回のMBKパートナーズによるバイアウトは二度目のMBOとなった。

(2) オークション・ディール

ライブドアホールディングス（旧ライブドア）が当時傘下であった弥生を売却する件は，M&A関係者の注目を集めた案件であった。当時，買い手候補として名乗りをあげたのは50を超える国内外の買収ファンドと事業会社であった。そのため，オークション・ディール（買い手候補に価格を競わせることで，より高い価格での売却が可能となる売却方法）となり，デューデリジェンス（買収監査）は非常に限られた時間と情報の中で実施されることとなった。

相対（あいたい）取引であれば，投資実行の前のデューデリジェンスや経営陣とのディスカッションによって事業計画を立案するため，かなり精度の高い事業計画が立案できる。しかし，オークション形式で買収される事業は，時間的制約や情報の制限が大きいため，事業計画の立案は相対取引と比較すると難しくなる傾向がある。

(3) 投資テーマ

弥生に対する投資のテーマは、一言で言えば「さらなる成長」である。弥生の魅力は、①圧倒的な市場シェア（業界ポジション）、②強いキャッシュ創出力、③フロー（新規顧客の獲得）とストック（会員制のサポートビジネス）のビジネスモデル、④業界一位であるリーディング・カンパニーとしての優秀な人材である。

弥生は、MBKパートナーズが投資を実行する前から、増収増益を重ねてきた優良企業である。そのような優良企業をさらに成長させるというのが、投資のテーマであり、経営陣・従業員、そして新たな株主となるMBKパートナーズの挑戦であった。

(4) バイアウト・スキーム

MBKパートナーズが弥生をバイアウトした際には、LBO（leveraged buy-out）と言われる買収先企業のキャッシュ・フローを担保とする手法を活用した。

MBKパートナーズは買収のための特別目的会社（SPC: specific purpose company）を設立した。そのSPCに銀行団が協調融資するほか、メザニン・ファイナンスを活用して買収資金を賄った。

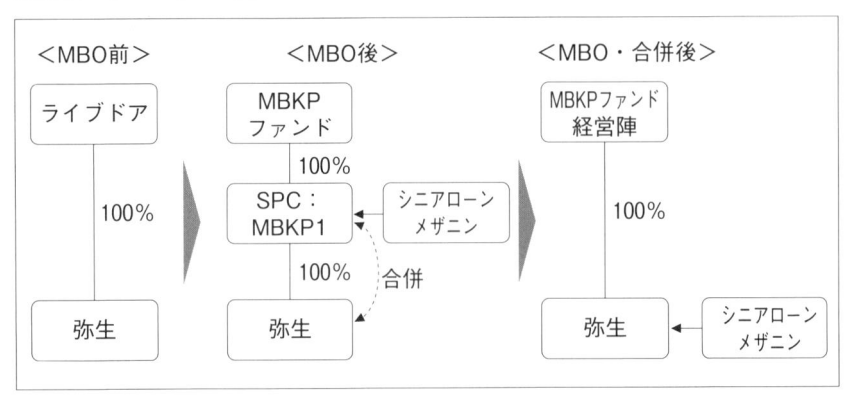

図表12-3　スキーム図

```
<MBO前>              <MBO後>                    <MBO・合併後>

ライブドア           MBKP                       MBKPファンド
                     ファンド                   経営陣
   │100%              │100%                       │100%
                     SPC:      ←  シニアローン
                     MBKP1        メザニン
                      │100%   合併
  弥生                弥生                        弥生  ← シニアローン
                                                        メザニン
```

（出所）筆者作成

MBKパートナーズが全株を取得したのち，弥生の経営陣も一部出資するMBO（経営陣が参加する買収）の形式を採用している。これにより，経営陣とプライベート・エクイティは経済的にも同じベクトルとなる。経営陣も自分自身の資金を投下することで，事業に対するコミットメントは高くなる。プライベート・エクイティの担当者も同様で，自己資金を投じているため，事業に対するコミットメントは，経営陣と同様に非常に高いものとなる。

3 投資実行時の弥生の抱えていた課題

　リーディング・カンパニーとして急速に成長してきた弥生。しかし，これまでの急成長が会社に歪みをもたらしていた。

　これまでは，法令改正などの追い風が吹くことで市場が拡大してきたため，弥生も毎年大きく成長を続けていた。そのため，どの製品が収益貢献しているのかといったことにはあまり興味がなく，厳しい言葉で言えば「どんぶり勘定の経営」がまかり通っている部分があった。投資を実行してからの弥生は，追い風は止まり，成長の踊り場にいるというのが実態であった。

　一方で，投資実行直後にMBKパートナーズが実施した社員インタビューなどからは，次のような外からはわからない課題が浮き彫りとなった。

　そのため，MBKパートナーズは，変革を起こすべくプロジェクトを立ち上げ，その後の経営改革を実施するに至った。当時の大きな課題としては，①ビジョン・社風の課題，②経営陣の課題，③マーケティング・営業の課題，④製品・開発体制の課題とあり，早期に経営改革が必要な状態であった。

(1) ビジョン・社風

　「会社としてのビジョン・中長期的な目標がない」点については多くの社員が指摘していた。会社として，どこに向かって行けばいいのかが不明確であり，せっかくの優秀な人材がその力を発揮しやすい状況ではなかった。

(2) 経営陣

「旧経営陣のリーダーシップに疑問がある，現場との乖離がある」ことについて多くの社員が指摘していた。それは，「無責任体質」や「属人的な業務システム」という具体的な課題への指摘からも推察されるように，組織全体の問題でもあった。

(3) マーケティング・営業

「戦略に一貫性がなく，特にチャネルに関して会社としての方向性が明確になっていない」という指摘があり，製品戦略とチャネル戦略が整合しているとはいい難い状況であった。それは，コア事業であるソフトウェア・パッケージ市場でのシェアを競合他社に奪われるリスクも内包していた。

(4) 製品・開発体制

「SA（スタンド・アローン：PC 1 台で利用する製品）は実績はあるが，品質が安定しない」，「NW（ネットワーク対応の製品）はまだまだ発展途上」，「製品開発のブラックボックス化がある」，「開発力の低下」，「エンジニアの疲弊」など，製品に対する指摘，さらにはエンジニアからの辛い現場の訴えもあった。特に，製品開発プロセスの課題などは，ソフトウェアの開発企業として，早急に対策が必要であった。

4 投資後の経営改革について

MBK パートナーズは，投資直後から，弥生の抱える課題に対しての挑戦を余儀なくされた。そのため，MBK パートナーズは，まず新経営体制を早期に築いた。そして，新経営体制の下で，経営陣・従業員とともに推進した経営改革では，製品別の収益管理の体制を構築し，KPI（key performance indicator）を設定することなどを行い「経営の見える化」を推進した。正確な KPI を確立することで，弥生の舵取りのスピードと精度は格段に向上した。

投資テーマである「さらなる成長」を実現するには，①ビジョン・社風の課

題，②経営陣の課題，③マーケティング・営業の課題，④製品・開発体制の課題というすべてを，全社一丸となって解決し，筋肉質な企業体質を作り上げるしか道はなかった。

(1) 経営体制の刷新

　MBKパートナーズは，インタビューなどからも明らかになった課題を改善するため，最初に経営体制を刷新した。岡本社長は，最初はコンサルタントとして弥生の製品や開発体制を中心に課題の明確化と解決策立案を担当していた。当時の弥生は，変革が必要であったため，MBKパートナーズは，既に会社の内情にも詳しい岡本氏に社長就任を依頼した。そして，岡本社長を中心メンバーとして，課題解決のためのプロジェクトはスタートした。

(2) 戦略の見直し

　ビジョンを定め，戦略を明確化した。戦略は，一言で言えば「本業回帰」である。SA製品を，量販店を中心にしっかり販売する。そして，製品を購入したお客様にサポート＆サービスに入っていただき，継続的に弥生のサポートを受けていただくというものであった。それまでは，「弥生の卒業生を狙うべき」ということで，現状の顧客ターゲットである中小・零細企業から中堅企業にターゲットをシフトしていたため，コア製品であるSA製品の市場シェアが，徐々に競合に侵食されつつあった。

　そのため，量販店との関係の再強化も迅速に行い，「ラウンダー」と呼ばれる量販店を細かく回って売り場を確保する人員の増強など，打ち手を矢継ぎ早に打った。

　さらに，弥生の強みの一つに，中小・零細企業を中心とした全国の顧客基盤（なお，本稿執筆時点では既に80万社を超える）がある。この中の20万社近い顧客が，会員となりサポート＆サービスを受けている。このソフトの契約更新率を上げて継続的に収入を得るモデルをさらに進化させるプロジェクトも始動した。そして，現在では，より顧客のニーズに適したサポートを提供できるようにサービスが「階層化」されている。サポート＆サービスの顧客は，フルサポートから簡易なサポートまでの複数のサービスから選択して加入することが

できるようになり，顧客のニーズやスキルに応じたサポートを受けることが可能となった。

当時の戦略変更に伴う，個別製品に関する具体的な動きとしては，弥生は2008年1月に予定していた営業支援ソフトの発売を当面見合わせると発表した。弥生はMBKパートナーズと戦略を見直し，新事業の立ち上げよりも既存事業の強化に経営資源を割くべきだと判断したことによるものである。発売を見合わせたのは，顧客情報管理などの機能を持つ営業支援ソフト「弥生ワークス」であった。開発の遅れなどから販売を延期していた製品である。弥生の主力事業は家電量販店などを通じた会計ソフトのパッケージ販売である。弥生ワークスについては，残念ながら，コア事業とのシナジーも薄く，ビジネスのやりかた自体が異なると判断したためであった。

(3) 組織の見直し

投資直後の組織は細分化しすぎていた。その結果，権限と責任の所在は明らかになっていなかった。一例としては，営業体制がチャネルと地域と混在しており，効率的な営業推進を行える体制ではなかった上に，当時の営業本部長に物が言える人がいなかったことによる販売の伸び悩みの問題もあった。さらには，仲良し倶楽部的な雰囲気の中で，新規ビジネスなどを現実的な検証が不十分なまま立ち上げて，それが失敗したとしても，その責任は誰もとらない体質も存在した。

そこで，MBKパートナーズは，新経営陣とともに，組織のフラット化とスリム化を推進するため，本部体制の構築を実施した。本部は，「顧客サービス本部」，「マーケティング本部」，「製品本部」，「管理本部」の四つの本部体制とし，それぞれの本部に権限と責任が課された。一方で，横の連携も密となるような工夫も図られた。

(4) マーケティングと営業の強化

マーケティング・営業の課題に対しては，「顧客はどんな人か，顧客のニーズは何か」という，顧客本位に立ち返った。

そして，量販店との関係を再構築し，市場シェアに見合った売り場面積（い

図表12-4　弥生の店頭イメージ

（出所）　弥生の資料より抜粋

わゆる棚割の確保）・店頭露出を確保した。また，「菊川怜」氏を製品パッケージのイメージ・キャラクターに採用することで，中小・零細企業向けに「かんたん・やさしい」というブランドの再強化を図った。

これらの施策の結果，市場シェアは他社の追随を許すことのない成長路線へ再び戻り，さらなる成長への布石を打つことができた。さらには，経営体制強化の一環として，マーケティング担当の本部長を外部から招聘した。

(5) 開発の強化

弥生は，東京と中国の大連でソフトの開発を行っていた。大連進出は，「開発の人件費の削減につながるだろう」という安易な発想からであった。しかし，大連では，言葉と文化の壁が非常に厚く，日本からの開発指示も正確に伝わらないことなどに起因して，効率的な開発体制となっていなかった。そこで，新経営陣とMBKパートナーズは，投資後に大連閉鎖を意思決定し実行した。現在の開発は東京に一元化され，一部大連出身者も活躍している。

製品・開発体制の課題に対しては，開発プロセス上の課題，人・組織の課題などがあり，ノウハウの属人化，生産性の低下，品質の不安定さが混在するよ

うな状況であった。

　しかし，製品開発のヘッドも外部から招聘し，その後の絶え間ない弥生開発陣の努力により，製品開発力は大幅に改善された。プロジェクトは計画的に管理され，ドキュメント化とレビューも徹底された。リソース配分も見直し，上流工程により多くのリソースを配分することで，下流工程の「もぐら叩き」を減少させた。

　組織体制も変更し，リーディング・カンパニーにふさわしい開発力を備えるに至った。開発環境も最新となり，2009年12月に発売された製品は，弥生のレイヤーでは，弥生が先頭を切ってマイクロソフトの「Compatible with Windows 7」のロゴを取得することができた。

　2010年3月には，弥生はマイクロソフトとの協業につき共同記者会見を行った。弥生のコアのお客様である小規模法人・個人事業主の市場を拡大・活性化するために，2社でタッグを組むというものである。活動の中心はセミナーの開催など，マーケティング施策となるが，同時に，「弥生SaaS（仮称）」というアプリケーションをマイクロソフトのクラウドプラットフォームであるWindows Azure上で開発し，新たな市場を開拓するということも盛り込まれていた。

　一方で，製品を開発するにあたっては，マーケティングやサポート＆サービスからの顧客の声を活かすような，部署間を越えた連携もより強化された。この横串の連携は，顧客本位の製品作りに役立っており，弥生の製品は，毎年，進化を続けている。

(6) サポート＆サービスのさらなる強化

　弥生は，サポート＆サービスの強化の施策として，当初は大阪にしかなかったコールセンターを札幌にも設立し，現在の大阪と札幌の二つの拠点でのコールセンターの運営体制を確立した。

　弥生のコールセンターは，極めて効率的に運営されており，収益の柱の一つであるが，それでも日々進化を模索している。インバウンド・コールのみならず，アウトバウンド・コールも積極的に展開している。さらには，サポート内容の充実を図るべく，これまでは一つのサポート・プランであったものを複数

のプランに増やすこと（階層化すること）で顧客満足を図っている。これも，社内システムを始め，コールセンターと社内の各部署が緊密な連携を図れてはじめて実現するものであり，弥生の真骨頂とも言える。

コールセンターで収集した顧客からの情報を「見える化」し，さらには，顧客の生の声を「聞ける化」することで，製品開発やサポートの改善に活かすことも常に行っている。

弥生の強みの一つは，開発，マーケティング，サポート＆サービスが三位一体となっていることであろう。さらには，管理本部も会社全体の動きを正確に把握しているため，会社全体として，的確かつスピーディーな意思決定やアクションがとれる体制が構築されているのである。これらの調和が，弥生をより強い企業へと成長させている。

(7) 変革の重要性

一般的には，投資後は「100日プラン」に則り，変革を速やかに実行することが鍵である。当然，投資前に100日プランを立案しておければ理想である。鉄は熱いうちに打つ必要があるため，投資直後の100日は非常に重要である。投資直後は外科治療である合理化に早急に着手するが，組織の壁や反対勢力の抵抗にあうと思いのほか時間がかかり，特に再生案件の場合には事業価値を毀損するリスクもある。プライベート・エクイティの企業価値向上は，金融技術を駆使してリターンを出すだけではなく，本来は，経営陣とともに汗をかきながら，「内科治療的に経営に深く関与し，ビジョンの策定から戦略の立案・実行をし，オペレーションにまで踏み込んだ変革により高収益の体質に企業自体を作り変える」ことまでできて初めて実現する。

弥生のケースでは，前述のようにオークション・ディールであったこともあり，投資後に変革プランを策定して実行に移すことになった。弥生の投資テーマは，「さらなる成長」であったため，外科治療はターンアラウンド案件と比較して軽く，むしろ，内科治療的な変革が必要であった。それだけに，非常に難しい部分からのスタートとなった。

しかし，弥生の経営体制を再構築して，戦略を見直し，組織も戦略に従ったものへと変更した結果，製品開発，マーケティングも相当な強化が図られ，サ

ポート&サービスはより高い次元に移行している。これらは，弥生の新経営陣と従業員の「弥生は社会のインフラになる」という，高い志と情熱があってこそ実現したものである。

図表12-5　投資直後の課題と投資後の施策

投資直後の課題	
①経営資源配分	旧経営陣は新規事業へ積極投資をし，一方でコア事業へは経営資源を適正に配分していなかった
②競争優位性	新規事業は競争優位性に乏しかった 一方で，コア事業でも競合の積極攻勢に市場シェアを奪われるリスクを内包

MBKパートナーズの投資後の施策	
①経営体制・戦略刷新	MBKパートナーズ投資後は経営体制を刷新，本業回帰の戦略を立案し実行
②組織強化	組織変更を実施し，マーケティング，製品開発，サポート&サービス（コールセンター）を強化
③新規事業撤退	新社長号令の下，新規事業からの撤退も遂行
④コア事業集中	コア事業への再フォーカスにより市場シェアを回復させ，全社利益率を改善
⑤さらなる成長	さらなる成長ドライバーとしてSaaS（Software as a Service）を開発中

（出所）　筆者作成

5　弥生の将来像

弥生の変革は止まらない。弥生はリーディング・カンパニーであるがゆえに，業界をリードする使命もある。弥生の将来像を考えるプロジェクトも始動している。

弥生は，長期的にどこに向かって行くべきかを考えるために，「201X」というプロジェクトを2010年の初頭に立ち上げた。次世代の経営陣育成や社内のモチベーション向上という目的もある。

弥生の使命とは，「日本における中小企業，個人事業主，起業家の事業の立上げと発展を支える社会的基盤（インフラ）であること」と定義した。

　弥生のビジョンは，「中小企業，個人事業主，起業家の事業のインフラになるべく，圧倒的なマーケットリーダーとなること」である。

　弥生の価値観・行動指針は，「常にお客様のことを考え，お客様のニーズを全ての行動の原点とすること，お客様のために，全スタッフが自分の意思で自立的に行動すること」と「お客様のニーズに確実にお応えするために，ソフトウェアおよびサービスの品質に徹底にこだわること，永続的にお客様を支援するために，弥生自身が健全に発展を続けること」と定義している。

　弥生は，5年後10年後を考えることで，さらに強い企業へと成長を続けている。そして，弥生が成長することで，顧客の利便性がより向上し，顧客の成長をサポートできるような，顧客と弥生がWin-Winの関係を長期的に持続できるように，日々努力している。

6　プライベート・エクイティと企業

(1) プライベート・エクイティの役割

　プライベート・エクイティが投資先企業へどのような価値貢献をすべきか。それは，投資先企業の状況によっても異なる。ターンアラウンドが必要な企業では，経営に関与する度合いは，非常に大きなものとなる。弥生のケースは成長支援であるため，経営への関与は最初の段階ほど大きく，本稿執筆中の2010年後半では，その関与は一定の範囲となっている。権限と責任は明確化されており，現在の経営陣は経営のプロフェッショナルとして常に結果を出すために，従業員とともに全社一丸となって全力を尽している。

　弥生のケースでは，プライベート・エクイティの仕事として，「経営陣・従業員が仕事に取り組みやすい環境を作ること」，「何か問題が起これば，経営陣・従業員と一緒に汗を流すこと」が最も重視されている。そのため，戦略の立案と事業計画に合意したら，事業運営に関しては，MBKパートナーズは，なるべく口を出さないように黒子に徹している。経営陣と従業員を信頼して任

せるが，責任はMBKパートナーズも取る。困ったことがあれば，プライベート・エクイティも一緒に汗をかいて，問題解決を図ることが，経営陣・従業員とプライベート・エクイティとの間に深い信頼関係を構築する上で極めて重要である。

　プライベート・エクイティが株主である場合には，株主と経営陣との間での適度な緊張感があるため，お互いに真剣勝負となる。プライベート・エクイティも投資家の資金を預かっている以上は，投資のプロフェッショナルとしての責任を果たすように行動する。一方で，経営陣もほどよいプレッシャーを株主（プライベート・エクイティ）から受けることにより，経営のプロフェッショナルとして結果を出すように最善をつくす。ただし，それは，株主と経営陣の間に深い信頼関係があって初めて成り立つことから，日々の緊密なコミュニケーションが鍵を握っていると思う。

(2) 情報共有の重要性

　弥生では，悪い情報ほど早く共有される。それは，状況を早く共有することで，課題解決の打ち手をすばやく打てるからである。その結果，被害は最小限に食い止められる。また，会社の状況をMBKパートナーズと経営陣が共有しておくことで，MBKパートナーズの人間も，経営陣が何かを提案しているときに，その背後にある理由をより深く，より正確に理解できるため，意思決定がスムーズに進む。

　プライベート・エクイティと経営陣がうまく付き合うには，やはりコミュニケーションを緊密に図ることが重要である。結局は，人と人の付き合いである。深い信頼関係が構築できていれば，悪い情報であっても早く共有され，適切なタイミングで適切な打ち手を実施することが可能となる。

　弥生では，定期的な取締役会は3ヶ月に一度開催し，経営計画の進捗や課題と解決策などを議論している。その他に，「経営会議」と呼ばれる，現場のリーダーも交えた会議が毎週実施されており，相当な量の情報が随時共有されている。その情報は，リーダーを通じて，現場の隅々にまで伝達され，弥生としての一体感を醸成している。さらに「本部長会議」では，経営の重要事項を意思決定しており，経営会議での情報共有が前提にあるため，非常に迅速かつ

的確な意思決定が行われている。MBKパートナーズのメンバーも，取締役会だけでなく，毎週開催される経営会議や本部長会議にも参加しており，経営陣とのコミュニケーションは非常に緊密である。

(3) プライベート・エクイティが株主である企業

　プライベート・エクイティが株主になると，企業は制約を受ける。しかし，それは，上場していても，事業会社が親会社であっても同様である。人が親を選べないように，企業も親（株主）を選ぶのは難しい。その企業が存在する条件の中で，最善を尽くすしかない。例えば，弥生は，投資にあたってMBKパートナーズがLBOを活用しているため，レンダーと契約で約束している義務を果たさなければならない。例えば，設備投資などのキャッシュ・フローに関わる部分には，当然に制限がある。その制限の中で，事業を運営することになる。

　一方で，弥生の場合は，ステークホルダーに恵まれている。弥生の顧客，量販店，会員となっている会計事務所，LBOを支えるレンダー，そして，何といっても仕事に対して極めて真摯な経営陣・従業員である。外部のステークホルダーは，応援団として，いつでも弥生のことを心から考えてくれている。

　株主であるMBKパートナーズとしても，弥生というすばらしい企業のステークホルダーからの，この大きな期待に応える責務があると強く実感している。

おわりに

　変革が必要な企業にとって，プライベート・エクイティは有益たりうるはずである。実際に，プライベート・エクイティを活用して，企業の変革を行い，事業価値向上を図っている実例も出てきた。プライベート・エクイティも，企業に対して必要とされている付加価値を提供するために，日々切磋琢磨している。

　日本においては，現状のプライベート・エクイティは変革の担い手の色彩が

強い。日本において，プライベート・エクイティが業界再編や企業の成長のために不可欠となる日はまだ少し先のことであると思うが，視点を若干変えて見ると，「世の中や企業が必要としているものを提供できるかどうか，つまり，世の中にとって必要な機能が揃っているかどうか」がプライベート・エクイティにとって重要であるとの考え方もできる。

　現時点では，ターンアラウンド案件やある一定の成長支援を通じて，企業の「変革の担い手」としての機能は備わりつつあるように思う。次のフェーズとしては，業界内でのポジション・アップや国際競争力の獲得など，企業の「真の成長をグローバルにサポート」できるかどうかが日本のプライベート・エクイティには求められるだろう。そして将来的には，「業界再編の担い手」としての活躍も期待されるところである。

　弥生への投資を通じて，MBKパートナーズ（プライベート・エクイティ）自身も成長する必要がある。そして，この投資から得たものを次の投資へ活かしながら，真に企業から必要とされる存在へと発展していきたいと思う。

図表12－6　プライベート・エクイティの進化

第一フェーズ 変革の担い手	▶	第二フェーズ 真の成長をサポート	▶	第三フェーズ 業界再編の担い手

（出所）　福本太郎（2010）「企業価値向上の鍵〜プライベート・エクイティの役割と実務の現状と課題〜」杉浦慶一・越純一郎編『プライベート・エクイティ―勝者の条件―』日本経済新聞出版社，p83．

参考文献
福本太郎（2010）「企業価値向上の鍵〜プライベート・エクイティの役割と実務の現状と課題〜」杉浦慶一・越純一郎編『プライベート・エクイティ―勝者の条件―』日本経済新聞出版社，pp.63-83．
越純一郎（2003）『事業再生要諦―志と経営力：日本再生の十年に向けて―』商事法務．

経営者インタビュー

現場と一体となった経営改革の実践

弥生株式会社
代表取締役社長
岡本浩一郎氏

Q 岡本様は2008年4月に社長に就任されました。弥生の事業を伸ばせると確信した理由と社長を引き受けた最大のポイントは何でしょうか。

弥生は，弥生会計などを開発・販売している業務ソフトウェアメーカーですが，非常に素晴らしい会社だと思っています。通常のソフトメーカーというのは売ったら終わりのフロー主体のビジネスです。

それに対して弥生の優れたところは，ストックのビジネスというのを開拓したということです。フローで新しくパッケージをお買い上げいただいたお客様に対して，保守のサービスを提供しています。そうすると，お買い上げいただくだけであれば，1本3万5,000円くらいというお客様に，その後定期的に保守費用をお支払いいただくというストックのビジネスというのを成り立たせました。ここが弥生の非常に強い部分であり，同種のソフトウェアメーカーの中でも非常に異色な部分だと思っています。

そういったモデルが確立されたのは，ここ5年くらいですけれども，私が社長に就任した段階でいうと，そのモデルでの成長に陰りが見えてきた時期でした。フローとストックを組み合わせるというのは非常に素晴らしいモデルなのですが，一つの成功パターンで5年あるいは10年と勝ち続けられるかというと，残念ながらそれほど単純な世界ではありません。一度うまくできた仕組みを，いかに改善していくかということをしていかなければなりません。

そういう意味でいうと，ちょうど成功モデルの限界が見えてきて，そこをいかに変えるかによって次の成長にステージに持っていけるかというタイミングでした。難しいタイミングですが，同時に新たな成長をいろいろ描くことができるタイミングでもある。それが，社長をお受けする上で大きなポイントでした。

Q バイアウト・ファンドの投資先企業の社長を引き受けることに対して，特別な意識はありましたでしょうか。また，最初にMBKパートナーズのメンバーに会った際には，どのような印象を持ちましたでしょうか。

　私自身は，前職では自分でコンサルティング会社を経営していましたので，その活動の中でバイアウト・ファンドさんとお付き合いする機会が非常に多くありました。そうした経験からいうと，投資先企業の社長というのはなかなか難しいだろうなとは，正直思っていました。上手く行っている時は同じ船に乗れるというのがありますけれども，上手く行かないときには対立構造になってしまうという非常に不幸なことにもなるので，なかなか大変だろうなと思っていました。

　ただ，MBKパートナーズさんと私あるいは弥生という部分で考えると，非常に目線を合わせることができていると思っています。それは何かというと，弥生というのは非常に素晴らしいビジネスモデルを持っているけれども，その変革期にあり，次のステージに進むために変えていかなければいけない時期であるという問題意識を共有できているのです。

　あまりいい関係ができていないと，成長が鈍ってきたという中で「これまでこれだけ急成長してきたのに，おかしいじゃないですか」ということになってしまいますけれども，なぜそれが起きているのかを経営陣側とファンド側がきちんと共有できています。

　それを乗り越えることによって，企業価値を大きく引き上げることができるという部分が共有できているので，今，目先の業績でやや厳しい部分があったとしても，「お前の責任だ」，「あなたの責任だ」という話になることはなくて，同じ側に立っていられるというのが，結果としてすごくいい関係になっているのではないかと思っています。

　私はいろいろなバイアウト・ファンドさんとお付き合いがあるのですが，非常に面白いなと思うのは，バイアウト・ファンドさんによって距離感が全く違うのです。非常に近い乗り込み型というタイプや非常に遠巻きに遠慮しているタイプなどがあります。それぞれ良し悪しだと思うのですが，私の個人的感触でいうと，MBKパートナーズさんは距離感が非常にいいと思っています。踏み込み過ぎでもないし，きちんと見ていてくれるという距離感が，私としては非常にやりやすいと考えています。

Q バイアウト・ファンドが株主である中で経営改革を推進していくためには，ファンドのメンバーとの信頼関係の構築が重要になってきます。MBKパートナーズのメンバーも含めた会議はどれくらいの頻度でどのように開催されていますでしょうか。

　今の定例的な部分でいうと，毎週火曜日に経営会議がありますので，そこでMBKパートナーズのメンバーにもご参加いただいています。ただ，バイアウトした当初はもっと密度が濃くて，最初に会社全体としての課題の所在というのを明らかにしていき，それに対して打ち手を考えていくという議論を，より緊密に一緒にやらせていただきました。現在はある程度の目途が立ってきているという中で，通常のオペレーションに移りつつあり，ペースでいうと週1回の経営会議と本部長会議にご参画いただいています。その他には，会社として非常に重要なプロジェクトなのですが，「弥生の10年後を考えるプロジェクト」というのを進めており，そういった会議にもご参加いただくなど，今後の鍵を握るような部分には積極的に関与していただくようにしています。

　議論の主導権自体は，内部のマネジメント・チームが持っており，それに対してMBKパートナーズのメンバーにはアドバイザーとして横にいていただくということになっています。最初は，うまく議論がかみ合わなかった部分もありました。共通理解というか，共通でよって立つ部分がないと，そもそも議論が成り立ちません。例えば，ソフトを販売する上での売上の見方というのは，少しテクニカルな話になるのですが二つあるのです。セルイン，いわゆる出荷基準と，セルスルー，いわゆる実売基準です。

MBKパートナーズのメンバーも参加する本部長会議

そういった部分の認識がかみ合っていないとそもそも議論にならないのです。一方は，セルスルーの議論をしていて，一方はセルインの議論をしていますということになると，相互理解が成り立たないのですが，最初のうちは，やはりそういう局面もありました。そういった部分をかみ合わせ，どういう数字を見てどのように判断すればいいのか，あるいはどこに問題があるのかという共通認識を持つまでに3ヶ月くらいはかかりまして，かなりテンションの高い時期もあったと思います。

Q 事業会社の傘下ではなく，バイアウト・ファンドの支援のもとに事業戦略の見直しを進めることの優位性についてどのようにお考えでしょうか。

　弥生というのは成長の曲がり角にあるという中で，通常の事業会社の傘下であれば，そのまま成長がある程度減速しても「これでも十分だよね」というところで終わっていたのではないかと思っています。バイアウト・ファンドが関与してくると，それなりに高い目標を課されるのですが，変えなければいけない，変えることによってより成長を目指していくという，もちろん物理的にではないですが，お尻を叩かれるというか，現状に満足するのではなくより一層どうやったらできるのかを考えるようになります。ですから，ほかの株主のもとであれば，単純にいい会社，でも大きくは成長していかないというところで終わっていたかもしれない会社に対し，よりポテンシャルを開花させるチャンスをもらったのではないかと考えています。

Q バイアウトの成功の鍵の一つとして，全社一体となり取り組むということがあげられます。社員のモチベーションの向上策で特に重視した点は何でしょうか。

　まず明確にあるのは，会社がどこに向かおうとしているのかをきちんと示すということです。ビジョンという言い方もできると思います。以前は，会社がどこに向かおうとしているのかよく見えないという意見が非常に多かったのです。何となく成長していっているけど，その先に何が待っているのかよく分からないと。それに対し，われわれ経営陣は何のためにどのような成長していくかというのを，ビジョンとして明確に示しました。

　もちろん単純に絵を描いただけではなくて，きちんと社員に伝えていきました。それは，例えば，全社員が集まる場として年一回の社員総会と年二回のHalf Year Meetingがあります。また参加者は限定されますが，四半期ごとにクォータリー・ミー

ティングというのがあります。そういった場所で，同じメッセージをきちんと，コンスタントに発していくということが重要です。さらに，社員総会のようなオフィシャルな場だけではなく，チーム単位で集まってもらって，そこに私が参加していろいろ話をしていくこともあります。

　基本的には，当然仕事というのは収入を得る手段でありますけれども，収入のためだけに働いているということではなくて，自分がやっていることがどういう意味があるのか，社会のためにどう役に立っているのかということは，みんなの働くモチベーションの源だと思いますので，その部分を非常にクリアにしていっています。

　その中で，ビジョンを実現するためにということで，できるだけ私自身が率先して店頭に立つ，お客様に接するということもやっています。会社がこういうことを考えて，このようにしたいと社長も自分でやっているということで，きちんと一体のものとして見えてくるということだと思います。常に社長が社長室にこもって顔を見せないというのはやはり駄目です。現場にどんどん入っていく，範を示すことが重要です。

Q 社長に就任した時点で，会社の従業員がどんなことを考えるかとかを把握することに務めたとか，その辺はいかがでしょうか。全従業員にヒアリングしたとか。

　最初に，50名くらいの社員にインタビューをしました。その中で見えてきたのが，や

弥生会計10の発売日に自ら店頭に立って新製品の説明を行う岡本社長

全社員を集めて年2回開催される Half Year Meeting

はり会社がどこに向かおうとしているのかよく分からないということでした。社員の満足度調査というのも定期的にやっているのですが、バイアウトが成立した直後に実施した際には、かなり状況としては良くなかったのです。それがこの2年間で大幅に改善しました。直近（2009年12月）に行った結果は非常に良くなっていました。

Q 弥生製品の設計・開発を行うエンジニアの方との新たな取り組みはありましたでしょうか。

開発に関して言うと、エンジニアたちもやはり不安を持っていたのです。このまま弥生という会社で開発を続けていて、自分に将来があるのかという不安があったと思います。やはりエンジニアというのはスキル商売ですから、スキルが向上していくという実感がなければ、この先自分はどうなるのだろうと思ってしまいます。そういう部分でいうと、昔の弥生というのは残念ながら、テクノロジーカンパニーでありながら、エンジニアを成長させるという部分へはあまり投資をしてきていなかったのです。

そこの抜本的な見直しをして、エンジニアが成長できるプロジェクトを立ち上げるという形でやってきました。エンジニアにとってもチャレンジであったと思いますけれども、成長しているという実感は非常に強くなったと思います。バイアウトの前の弥生の開発能力というのは正直世間にそんなに自慢できるレベルではなかったのです。しかし、今は本当に自慢できる、日本でも相当なレベルにあると思っています。

札幌カスタマーセンター

Q 最後に，御社が目指している企業風土についてお教え下さい。

　風土というとなかなか難しいのですが，私が社内で常に言っていることというのは，製品を開発するにしてもサービスを開発するにしても，どんなお客様が何を求めていて，それに対してどのように提供していくのかを考えましょうというお客様第一主義です。起点としてお客様があるというのを，いろいろな機会に言っていますし，それを徹底していくしかないと思います。華々しいことをやるというのも，それはそれで楽しいかもしれないのですが，現実には地道な努力しかなくて，常にお客様のことを考えて実践していかなければなりません。空中戦でドンパチやって「うわー。すごいなあの会社」と言われるよりは，地味だけど「あの会社って本当にいい会社だよね」としみじみ言われるような会社にしたいと思っています。

岡本浩一郎氏略歴

1991年東京大学工学部卒業。カリフォルニア大学ロサンゼルス校（UCLA）経営大学院修了（MBA）。1991年株式会社野村総合研究所に入社し，金融を中心としたシステムの企画・開発に従事。ボストンコンサルティンググループを経て，経営コンサルティング会社，株式会社リアルソリューションズを設立。2008年4月弥生株式会社代表取締役社長に就任。

第13章 シティック・ファンドによる鳴海製陶の企業価値向上の取り組み
―― 相互信頼深化を通じた本音での企業改革 ――

シティック・キャピタル・パートナーズ・ジャパン・リミテッド
マネージング・ディレクター　松川力造

はじめに

　鳴海製陶株式会社（以下「鳴海製陶」という）はボーンチャイナで有名なわが国有数の陶磁器メーカーである。しかし，同社がかつて60年以上の長きにわたり，日本の大手鉄鋼メーカーである住友金属工業株式会社（以下「住友金属」という）の100％子会社であったことはあまり知られていない。

　鳴海製陶は2006年9月に，親会社であった住友金属の十分な理解を得て，日本の中堅企業を投資対象とするプライベート・エクイティ・ファンドであるシティック・ファンドのサポートの下に，経営陣が株式を買い取るMBO（management buy out）を円満かつ円滑に実施し，住友金属の傘下から独立を果たした。

　大手鉄鋼メーカーである住友金属の100％子会社であった時代には，鳴海製陶が実質的に企業存続を図る上での有形無形の支援があったのは想像に難くない。MBOによる「第二の創業」ともいうべき独立を果たした結果，鳴海製陶は「親会社の庇護の下」を離れ，名実とも独立した企業体として単独で産業社会という大海原を乗り切っていくべき立場に切り変わったのである。

　本稿では，鳴海製陶のMBOとシティック・ファンドの関わりを紹介し，シティック・ファンドとして鳴海製陶の企業価値向上を目指して取り組んできた経験を踏まえ，広く一般に，事業会社がプライベート・エクイティ・ファンド（特に，マジョリティ投資を方針としているファンド）を上手く活用するためのポイントになると思われる点を筆者の見解としていくつか述べてみたい。

1　会社概要と案件概要

(1) 鳴海製陶の概要

　鳴海製陶は，ボーンチャイナ（骨灰分を含んだ軽くて，薄いながら，丈夫で透光性のある磁器）などの陶磁器やガラス製品などからなるテーブルウェアやIHクッキングヒーター（電磁調理器）関係などの幅広い食・住空間関連の製品を扱っている消費財を中心としたメーカーで，年商規模が約100億円台の中堅企業である。

　企業の系譜は，古くは1938年に現在の本社がある名古屋市緑区の鳴海（なるみ）の地で，名古屋製陶株式会社が陶磁器の生産を開始したところまで遡る。これを太平洋戦争中の1943年に軍需面の要請から住友金属が買収，平和が戻った戦後1946年より鳴海製陶の名前となって住友金属のグループ企業のまま，陶磁器事業を再開して実質的な創業を果たし，以来，60年以上にわたって同社の傘下にあり続けた。

図表13-1　会社概要

会社名	鳴海製陶株式会社
創業・設立	創業：1946年2月1日　設立：1950年12月1日
代表者	代表取締役社長　松川力造　（～2010年6月まで　倉橋鷹輔）
本社所在地	〒458-8530　名古屋市緑区鳴海町字伝治山3番地
事業内容	・食器等テーブルウェアの開発・製造・販売 ・住宅関係等のライフスタイル関係製品の開発・製造・販売 ・電気製品部品等の開発・製造・販売
拠点	＜工場＞ 本社工場 ＜営業拠点＞ 東京，大阪，名古屋，札幌，仙台，福岡
関係会社	三重ナルミ株式会社 P.T. NARUMI INDONESIA（インドネシア） NARUMI SINGAPORE PTE LTD（シンガポール） 鳴海（上海）商貿有限公司（中国）
従業員数	380名（2010年3月末現在）（鳴海製陶単体ベース）

（出所）　鳴海製陶

ところが，2000年代に入り，産業財である鉄鋼の企業グループ群の中にあって消費財という唯一事業特性の異なる鳴海製陶は，親会社である住友金属が「事業の選択と集中」の方針を強めるのに伴いグループ内からいずれ分離される流れにあった。

また，鳴海製陶としても，主要な事業である食器事業について，国内市場の成熟化や少子化の進展などを背景に拡大余地が限られてきつつある中，成長著しいアジアを中心に海外への事業拡張への関心が強まりつつあったものの，住友金属の傘下にあるという資本関係のくびきが自由な事業展開の制約要因になってきているとの思いを強めてきていた。

(2) MBO案件の経緯と概要

そのような流れの中で，鳴海製陶の前社長である倉橋鷹輔氏（2010年6月より会長）が知人を介して中国に強みを有しているプライベート・エクイティ・ファンドであるシティック・ファンドを知るところとなったのがきっかけとなって，鳴海製陶として同ファンドの活用検討を開始し，最終的にシティック・ファンドのサポートを得て，住友金属からの独立をMBOとして実施することとなった。

通常，子会社の売却先を決定するのは，一般的には株主である親会社である。住友金属もそれまで鳴海製陶の親会社として，その売却先をいろいろと思案していたと言われている。しかし，鳴海製陶のMBOにあたって特徴的なのは，子会社であった鳴海製陶の役員の方々が一致団結し「シティック・ファンドのサポートを得て住友金属から独立したい」という決意を固め，その許可申請を住友金属に行い，住友金属がこれを了承して独立に至ったという点である。

親会社としての住友金属は，鳴海製陶の「子会社からの独立の申請」に当初は驚いたと言われているが，シティック・ファンドがいかなる存在かを確認した上で，そこであれば，"かわいいわが娘"である鳴海製陶の株式を売却しても良い，という判断に至ったものと考えられる。

図表13-2　MBO前後の株式保有関係の変化

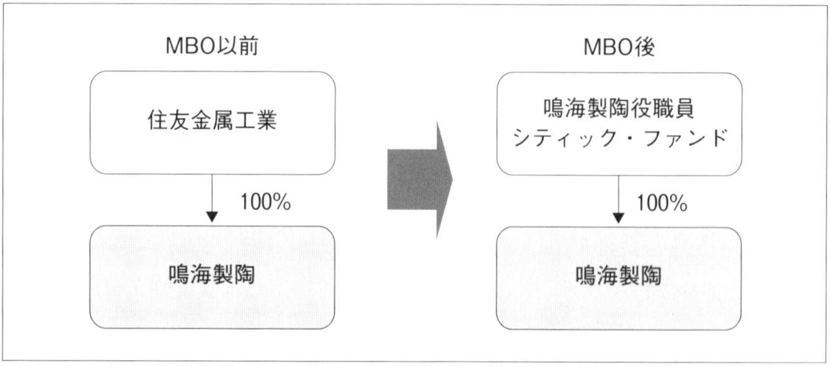

```
         MBO以前                          MBO後
    ┌─────────────┐              ┌─────────────────┐
    │  住友金属工業  │              │  鳴海製陶役職員   │
    │             │    ━━▶         │ シティック・ファンド │
    └─────────────┘              └─────────────────┘
          │ 100%                          │ 100%
          ▼                               ▼
    ┌─────────────┐              ┌─────────────────┐
    │   鳴海製陶   │              │    鳴海製陶      │
    └─────────────┘              └─────────────────┘
```

（出所）　シティック・キャピタル・パートナーズ・ジャパン・リミテッド

2　鳴海製陶へのシティック・ファンドの関わり方

(1) シティック・ファンドとは

　シティック・ファンドは，上述の通り，日本の中堅企業を投資対象とするプライベート・エクイティ・ファンドである。

　同ファンドの運用に関係を有しているシティック・キャピタル・パートナーズ（CITIC Capital Partners）は，香港を本拠としてアセットマネジメント事業を行っているシティック・キャピタル・ホールディングス・リミテッド（CITIC Capital Holdings Limited）のプライベート・エクイティ部門で，日本，中国，米国に立地するそれぞれの国の企業を投資対象にした日本ファンド，中国ファンド，米国ファンドの各ファンド事業を営んでいる。そのシティック・キャピタル・パートナーズが運営に関与する日本ファンドが，鳴海製陶のMBOを支援したシティック・ファンドである。

　シティック・キャピタル・ホールディングス・リミテッドが中国の最大級の産業・金融コングロマリットであるシティック・グループ（CITIC Group）に属し，多様かつ多方面にグループ企業群を有するシティック・グループの経営資源・ネットワークなどをさまざまに活用できること，および強みを有している中国・アジア地域の成長ポテンシャルが高いことから，シティック・ファン

ドは，その投資先である日本企業の中国・アジア地域との関わりを梃子にした企業価値向上を支援しやすいという点が特徴的である。

また，投資先企業の企業価値向上に際しては，日本的な産業・経営風土を踏まえて直接的に経営に協力していくハンズオン的な支援を方針としている。

以下では，運用資金の集合体としてのファンドを特に念頭におく場合に「シティック・ファンド」とし，それ以外を原則として「シティック」と略して述べる。

(2) 十分に時間をかけた事前の対話

鳴海製陶とシティックがコンタクトを持ち始めてから，実際に鳴海製陶がMBOを実施するまでには，1年数ヶ月の時間を要している。当初，関係が始まった段階では，鳴海製陶の方々は，極端に言えば「ファンドって何？」「MBOって何？」という関心段階にあり，勉強会を通して，関係の知見を吸収できれば十分というスタンスであったと言われている。実際には，勉強会を重ねていくに連れて，シティックのサポートを得て住友金属より独立し，中国を初めとした海外関係ビジネスを伸ばしていこうというコンセンサスが鳴海製陶の役員を中心とした上層部の間で形成されていった。

類似案件の中では，1年数ヶ月の長きにわたり準備時間を持ったケースはさほど多くはないと推察される。できるだけ事前に十分な時間をかけて相互に対話を重ねたことが，MBOがスムーズに遂行できた要因の一つであった。

(3) 投資先企業における実質的な主体性の考え方

シティック・ファンドの投資スタンスの基本はマジョリティ投資（投資先企業の株式の過半数を所有する投資）である。その趣旨は，明確な責任をもって投資先企業の企業価値向上にコミットをするという点にある。

プライベート・エクイティ・ファンドのビジネスモデルは，「投資をした企業の企業価値を増大させることを通して，ファンドが投資した株式の価値を上昇させ，それを売却して，ファンドに運用資金を預託する投資家に投資リターンを届ける」というものである。

したがって，マジョリティ投資をスタンスとするシティック・ファンドに

とって，自らの投資後に投資先企業にどのように企業価値を拡大してもらっていくかは，極めて重要な関心事項である。

その際に，シティック・ファンドは，株式の過半数を保有しているからといって，投資先企業が直ちにファンドの持ち物である，というような比較的欧米でよく見受けられると伝えられているような考え方は採らない。

確かに，株式の過半数を有することになったファンドは，株式の保有関係そのものをみた場合には，投資先企業の親会社になり，支配権を有することになる。しかし，実際に，企業で事業活動を行い，それを舞台に付加価値創造を遂行しているのは当該企業の役職員を中心とする企業の利害関係者全体である。利害関係者の一翼を担うこととなった株主としてのファンドは，これら利害関係者全体の関与が，結果としてより上手く，より大きな付加価値創造に至るような枠組み・運営のされ方になるように最大限の関心を払っていく必要がある。株主としては，当該企業の役職員がより成果を発揮し，事業を発展させ，企業が社会により多く貢献できるようになることを通して，その結果として株主としてもリターンを享受することができるようになるのである。すなわち，当該企業の役職員を中心とした企業の利害関係者の当該企業の付加価値創出に関わる活動こそが実質的な企業活動の中核的部分であり，株主としてのファンドは，これを最も重要視しなければならない。

投資先企業とこれに投資をする株主としてのファンドの利害は，ほとんどの場合において方向性が同一であり，内容的にも一致するのである。

(4) 具体的なシティックの関与の在り方の実情
① 役員構成面

上記の姿勢を背景に，シティックはMBOを遂行した鳴海製陶にマジョリティ投資を行っているが，役員陣の構成においては，ファンドに関係する若干名の社外役員を追加しているだけで，事業経営の決定・執行指示は従来からの鳴海製陶の役員の方々に委ねるのを基本にしてきている。もちろん，株主総会における役員の任免権を通じて最終的な影響力は保持しているとは言えるが，事業遂行を担い責任を負うのは，原則として当該事業に通暁した投資先企業の役員の方々である。

MBO実施から約4年近くが経過した2010年6月に，社長在任期間がMBOを挟んで前後各4年の計8年間の長きにわたった倉橋鷹輔氏が会長に移行し，筆者が後任に就いたが，シティック・ファンドとしては，これも本来的な鳴海製陶の社長たりうる人材を据えるための企業変革への支援の一環と考えている。

② 企業変革をサポートする人材の投入と施策の必要性

　プライベート・エクイティ・ファンドの関与が生ずるケースは，何らかの解決すべき大きな経営課題を特に抱えているケースがほとんどである。

　鳴海製陶のMBOのケースでそれを一言で言えば，それは大手企業の庇護の下にあった状態から，十二分に独力で歩んでいける会社に移行することである。取り組むべき個別具体的な課題は幅広い分野にわたり多く，かつ，多様にある。これに対し，ファンドがこれらの経営改革をしっかりと支援していこうとした場合には，ファンドの若干名が社外役員として関与し，取締役会等で発言をする程度では不十分なことが多い。実際に投資先企業に入り込んで，投資先企業の社員と現場での業務面でのやり取りを通じて，多くの課題解決を支援していく人材や施策が必要である。

　実際の施策の一例としては，鳴海製陶社内の情報ネットワーク（社内イントラネット）の中に，シティックのメンバーを社内の人間と全く同じように位置付けてもらっている，という点をあげることができる。鳴海製陶の方々は，ほとんどすべての情報を，担当しているシティックのメンバーに共有化してくれている。これによって，シティックは，社内の業務遂行の在り方などを理解することができ，必要と思われる場合に適切なアドバイスをタイムリーに提供することが可能になっている。

　人材面での支援例では，シティックが推奨した人格・識見面の両面でともに評価の高いコンサルタントの方を社員と同様の存在として社内に受け入れてもらっている。鳴海製陶はこれまで「外部から人材を受け入れる」ということをさほど積極的には行ってこなかった面がある。それは，既存の社員間の連帯感を維持・温存する効果もあったと思われるが，他方で，世間に広く視野を向け，自社のやり方を上回るベストプラクティスを幅広く探し，これらを自ら貪欲に取り入れていくという点においてはやや抑制的に働いてきたものとみている。

実際に，シティックが推奨したコンサルタントの方の加入は社内に大きな影響を与えた。

　具体的な業務面のアウトプットだけでもその成果は多方面にわたるが，その一例として，「NARUMIブランドブック"HEARTS OF NARUMI～いいものとの出逢い～"」という72頁の冊子を編纂作成するプロジェクトをリードし，完成させたことがある。

　このブランドブックは，創業以来のNARUMIの歴史，ミッションやビジョン，お客様に約束すべきこと，ボーンチャイナについての基本的知識，NARUMI製品のデザイングループの分類など，NARUMIブランドに関わる多くの内容を集約整理し，鳴海製陶の日常の業務展開への取り組みを考える上でのバックボーンになるものとして，全く新しく編纂作成されたものである。MBOによって実質的な"第二の創業"を果たし，新たに生まれ変わる移行期にあった鳴海製陶が再出発にあたり，そのビジネスの原点を確認するための大きなステップとなった作業であり，冊子は海外の関係会社を含む鳴海製陶グループの社員ならびに関係者各位に配布されている。

③　**中国ビジネス展開におけるシティック・ファンドの支援例**

　シティック・ファンドの鳴海製陶への支援例は，後述の通り企業グループ活動全般の多くの側面にわたっているが，一つの分野として中国ビジネス展開への支援の例を若干紹介したい。

　鳴海製陶は食器事業において以前より市場の成長可能性の高い中国へのビジネス展開への関心を持っていた。しかし，具体的な進め方については，例えば中国語に堪能な社員はほとんどいないなどのリソース面の制約もあり，希望は以前から持ちながらも，中国での百貨店などでの消費者へのリテール販売については，実際にはやっとMBOの少し前である2005年頃から，上海にテーブルウェア製品の現地販売子会社を設立し，少しずつ始めつつあった状況だった。

　これらを本格的に拡大させるべく，MBOのパートナーとしてシティック・ファンドを選んだ経緯にあるが，実際にMBO以降は，2008年秋のリーマン・ショックで世界経済が停滞した一時期を除きほぼ一貫して，鳴海製陶グループの中国における売上高・事業規模が着実に拡大してきている。

その原動力は鳴海製陶の社員の方々の努力に負うところが大であるが、シティック・ファンドもこれを背後から強く支援している。

シティックは中国・上海に日本ファンドを支援する中国人によるチームを擁している。これらシティック上海チーム（以下「シティック上海」という）は、日本ファンドの投資先企業の中国における事業展開への直接的なハンズオン支援をさまざまに行っている。

鳴海製陶の中国ビジネス展開においても、このシティック上海の存在は陰の強いサポート役となっており、その支援の具体的事例は枚挙に暇がない。その支援のいくつかを項目名として要約してあげれば、次の通りである。

① 中国ビジネス戦略策定支援
② 中国・香港市場への拡販支援（潜在取引先の紹介、販売方式および販売商材面の検討、販売チャネル検討、市場調査、店舗開設支援など）
③ 中国調達先（鳴海製陶が中国国内から調達をする先）の検討支援
④ 中国現地法人等の運営レベルアップ支援（人材採用、在庫管理、売上債権回収・訴訟対応等リーガル面支援、現地国内出張支援など）

これらの具体的な業務面での動きは、主として中国国内で行われているわけであるが、中堅企業クラスである鳴海製陶グループの場合、日本の鳴海製陶本社での中国ビジネスに関する各種の意思決定と現地中国サイドでの業務展開は極めて密接に繋がっている。これらをシティック・ファンドは、鳴海製陶の中国ビジネス展開に掛かる情報フローの密接な交換促進を図るため、下記のようなスキームで支援している。

鳴海製陶は、日本の本社と、上海にある現地法人（鳴海上海）との間で日常的に情報交換をしているが、これに対応して支援するシティックも、日本と上海の自社拠点間で情報をシェアするのみならず、シティックの日本と鳴海製陶の中国現地法人との間、あるいはシティック上海と日本の鳴海製陶本社というクロスの関係でも必要に応じ連絡を取り合い、認識の摺り合わせを図っているのが特徴である。

図表13−3　中国ビジネスに係る鳴海製陶とシティックの情報交換フロー

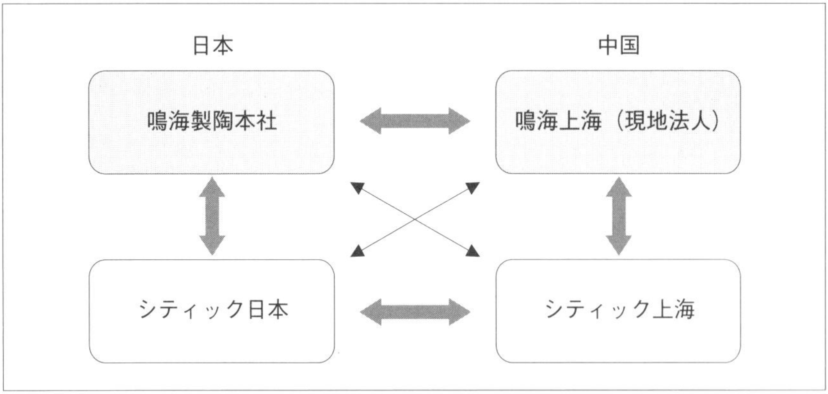

```
         日本                          中国
  ┌─────────────┐          ┌─────────────────┐
  │ 鳴海製陶本社 │ ←──────→ │ 鳴海上海（現地法人）│
  └─────────────┘          └─────────────────┘
         ↕          ✕              ↕
  ┌─────────────┐          ┌─────────────────┐
  │ シティック日本│ ←──────→ │  シティック上海  │
  └─────────────┘          └─────────────────┘
```

（出所）　シティック・キャピタル・パートナーズ・ジャパン・リミテッド

(5) シティックの関与の整理

　企業変革の変革を考えるにあたって，「マッキンゼーの七つのＳ」という理論がある。あげられている要素は，①戦略，②組織構造，③社内の仕組み（意思決定や評価制度の在り方など），④共有された価値観，⑤経営スタイル，⑥スタッフ（人材），⑦スキル（技術等コア・コンピタンス）で，①〜③はハードのＳ，④〜⑦はソフトのＳと呼ばれている。企業にはさまざまな要素が相互依存的に絡み合っており，上記の七つの要素に代表されるそれらをトータルとして考え，整合性あるものとして運営していく必要があるというものである（シャドーの掛かっていない３要素がハードのＳ，掛かっているのがソフトのＳとされる）。

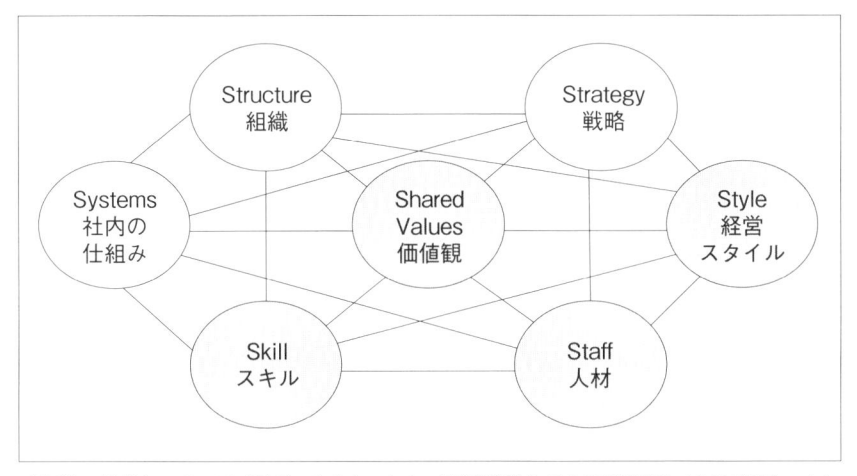

図表13-4　マッキンゼーの七つのS

```
          Structure              Strategy
           組織                    戦略

 Systems            Shared                Style
 社内の              Values                経営
 仕組み              価値観                スタイル

            Skill                Staff
           スキル                 人材
```

（出所）　相葉宏二（2004）『社長になる人のための経営問題集』日本経済新聞社（日経ビジネス人文庫），p.213.

　上図からは多くを学ぶことができるが，筆者が上図についてとりわけ優れていると思うのは，七つの各要素を繋ぎ合わせる中央に「共有される価値観」を位置付けている点である。企業理念・事業哲学ともいうべき基盤的な価値観がすべてに関わっていることをよく示している。

　シティックの鳴海製陶への支援について，若干の事例をこれまでに例示したが，これらを含めてこれまでの幅広い支援事例を考えると，⑤の経営スタイルを除く，①戦略，②組織，③社内の各種仕組み，④価値観，⑥スタッフ（人材），⑦スキルのほとんどすべてにわたってかなりさまざまな支援を行ってきている。また，筆者の社長就任（2010年6月）後は，④についてもこれに含まれてきている。

　その中のいくつかは，上記の七つの内の複数の要素に跨ったものもある。例えば，社内の部署間・階層間の壁をできるだけ低くし，すべての社員が自由な情報フローの在り方に慣れてもらう趣旨で，社内ブログのシステムを立ち上げている。その社内ブログへの投稿を通じた意見交換においては，企業理念について極めて評価が高い米国ジョンソン・アンド・ジョンソン社の「我が信条」（本稿末尾の**図表13-6**参照）が鳴海製陶の企業理念・事業哲学を考える際に

も参考になるとしてしばしば言及されている。ちなみに,鳴海製陶は,上述のコンサルタントのリードの下にMBO後に役員研修会を実施したが,その初回の講師でお迎えしたのがジョンソン・アンド・ジョンソン社に勤務経験のある新将命(あたらし・まさみ)氏であり,新講師から同信条の読み込み方を直接にご教授いただいている。

　これらは,社内の仕組み作り,価値観の浸透,人材の育成強化の複数の要素に跨っている。企業改革の各要素が相互に絡み合って,結果として整合性が取られながら効果発揮を目指している事例である。

　このように,シティックは鳴海製陶の真の自立化について多くの要素につきさまざまな形で支援しているが,ハンズオン支援を標榜しているその実態を正確に述べるためには,さらにもう一点を追加する必要がある。それは,これらの七つの要素が浮かんでいる実際の業務オペレーションの個々の事例におけるハンズオン的なサポートである。

　例えば,シティックは,鳴海製陶が海外資産を買収する際に,その買収プロセスを英文契約書のチェックの指導を含めて支援をし,あるいは納入先の信用不安が発生して売上債権の回収が危ぶまれるようになった際に,対応におけるアドバイスをしたりしている。これらは,実際のビジネス現場における個別業務における現場・現物的な直接的支援である。これらの直接的な業務実務におけるシティックからのアドバイス等の支援は,多くのケースで実際に担当されている鳴海製陶の社員の方々から高い評価を受けている。

　もちろん,これらのオペレーショナルな領域における支援について,時間的,人的リソースの制約やファンドがそれをすべきかどうかという観点からの議論は十分ありうる。しかし,できるだけ可能な範囲でのオペレーショナルなレベルにおける実際の支援が,鳴海製陶とシティックとの間の相互の信頼関係の醸成・深化に大きく貢献してきた,ということは確実に言えるのである。

　シティックによる鳴海製陶への支援の実情を再整理すると**図表13−5**のようになる。

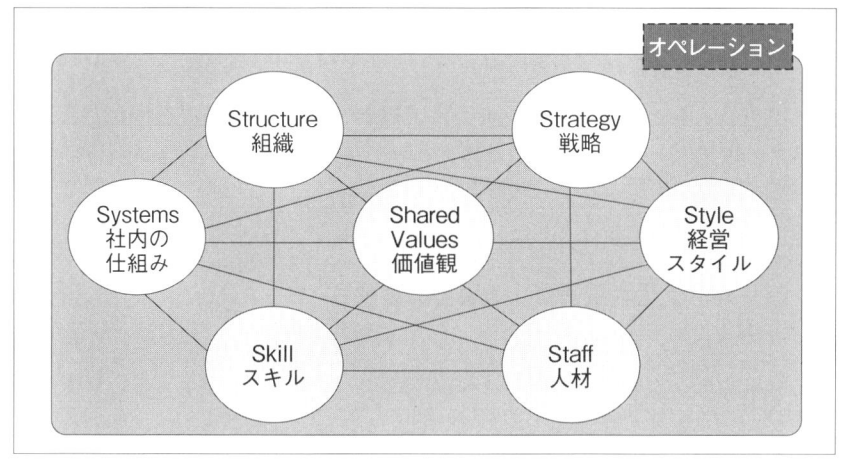

図表13-5　シティックの鳴海製陶への支援領域

```
                                          オペレーション

              Structure          Strategy
              組織                戦略

    Systems         Shared              Style
    社内の           Values              経営
    仕組み          価値観               スタイル

              Skill              Staff
              スキル              人材
```

（出所）　シティック・キャピタル・パートナーズ・ジャパン・リミテッド

3　プライベート・エクイティ・ファンドを活用する際の考え方

　本節では、鳴海製陶とシティックとの経験を踏まえて、事業会社がシティック・ファンドのようなマジョリティ投資を旨とするプライベート・エクイティ・ファンドを活用する際の考え方のポイントについて筆者の考えを述べてみたい。

(1)　企業改革・経営改革の大きな梃子としてのファンド活用

　一般に、事業会社がプライベート・エクイティ・ファンド、特にマジョリティ投資を行うファンドを活用する場合には、上述の通り、事業会社として本腰を入れて正面から立ち向かうべき大きな経営課題に直面していることがほとんどである。鳴海製陶のケースで言えば、繰り返しになるが、それまでの大企業の傘下にあった環境がなくなり、成熟した先進国に立地する陶磁器メーカーとしての難しい環境の中を実質的に自力で持続的に歩み続けられる企業体に移行するというテーマである。

　ケース・バイ・ケースで事業会社が直面する経営課題の中身は異なるものの、

小手先の対策では対処できないくらいの大きな経営課題を背負っているからこそ，プライベート・エクイティ・ファンドの関与に至るのである。そうしたケースに至る場合には，企業の根幹である資本関係を大きく変えることで，これを梃子にして，企業が直面する課題の克服・解決に一気に立ち向かおうとしていると捉えるべきである。言い換えれば，自らが変革をしようという心構えが投資先企業サイドで不可欠になっている状況なのである。

(2) ファンドを最大限活用する姿勢の重要さ

　プライベート・エクイティ・ファンドの関与を得て，大きな経営課題を対処・解決することを求められている場合には，株主となるファンドを最大限活用するという姿勢が事業会社サイドにとって大事であり，かつ事業会社にとってこそ有益である。

　当然ながら，投資先企業の方々とファンドとは，保有しているスキルや知見の種類・範囲・質などが異なる。投資先企業の方々は，社内では比較的手薄となっていて相対的にファンド側が強みをもっている分野を中心に，その知見やネットワーク等の事業会社の経営のレベルアップに参考となるものを大いに活用すべきである。ファンド側もそれを望んでいる。なぜなら，事業会社が少しでもベストプラクティスを参考にしていくことで，その事業価値・企業価値を引き上げてくれることがファンド側にもメリットになるからである。

　特にマジョリティ投資を原則としているファンドと，その投資先企業との関係は，相互に期待し合う良好な信頼関係を構築できるどうかが，マイノリティ投資（持株比率が相対的に小さい投資）のケースに比べて，双方にとって特に大きなポイントである。もし，相互信頼を構築できなければ，お互いの間の情報フローも疎遠になっていき，ともにメリットを享受しえないようになってしまう。逆に，相互信頼がしっかり醸成され，それが深化していくようになれば，相互の理解が深まり，事業会社が直面している本格的な経営課題の解決がより容易になっていくのである。したがって，いかに投資先企業とファンドとの間で素直に相互の信頼関係を構築していけるか，が肝要となる。

(3) 価値観を通じ合わせる必要性

　事業会社とファンドとの相互信頼関係の構築にはいろいろなアプローチが可能であろう。

　一義的には，ファンドは，投資先企業にこれを応援する礼節ある姿勢で臨み，株主として適切な判断・対応・支援ができるように，その企業の長所・短所・特徴や事業内容，業界その他についての理解を深めることに意を用いるべきである。他方で，投資先企業は，ファンドから貴重な資金リソースの供与を受けているという明確な認識の下に，虚心坦懐に自らの主体性ある企業変革の実践を通じてより社会に貢献できる事業体になり，その実現を通じて社員自らがその変革のメリットを直接的に享受するとともに，株主その他の利害関係者に適切なリターンを返していこうと考えることである。

　投資先企業とファンドとが，ともにお互いに対する誠実な姿勢を以て「マッキンゼーの七つのS」の各要素や実際の事業オペレーションの個々の事例に関して議論・検討・協働作業を地道に続けていくことができれば，その蓄積に伴い相互信頼も徐々に培われていくものと考えられる。

　議論・検討・協働作業の際に共通の原点になるのは，「マッキンゼーの七つのS」の図に示された七つの要素の真ん中に位置していた「共通の価値観」についての相互の認識であるように思われる。これは，一見さまざまな選択肢があって複雑な環境下での意思決定を求められる事業運営において判断の適切さを省みる際のバックボーンになるべきものと考えられる。

　「共通の価値観」の中には，もちろん，個別企業に応じて異なっている部分も含まれていよう。他方で，個別企業でそれぞれ特徴的なことを除いてなお残る部分，すなわち一般的に多くの人間が事業を遂行するために参集して運営されている企業という組織体がいかなる価値基準・理念に則して運営されるべきかという部分については，そのかなりの部分は共通的・普遍的な内容を備えているのではないかと考えられる。ジョンソン・アンド・ジョンソン社の「我が信条」も，その普遍性を内包しているがゆえに，長い期間にわたって高く評価されて今日に至っているのではなかろうか。

　これら普遍性を帯びた理念・価値観の理解が，投資先企業とファンドとの相互理解を促し，深化させてくれる共通のプラットフォームとなることは確実で

あり，それ以上に何よりも当該の投資先企業が直面する大きな経営課題の解決策をより手元に引き寄せてくれるものとなる可能性が高いのである。

おわりに

　ファンドはその投資家から預託を受けた資金についてリターン付きの返還期待を負っており，投資先企業との関係ではいずれはエグジットしなければならない時限を持った株主である。

　既述の通り，シティックは鳴海製陶の経営課題への取り組みをさまざまに支援しているが，この支援を限られた時間の中で最大限の効果をあげるように行わなければならない。シティックの支援が最終的にどう評価されるかは，シティック・ファンドが鳴海製陶の株主でなくなった後に，鳴海製陶が少なくとも実質的に，そして理想的には名実ともに，独力で持続的な歩みをしていく企業体になっているかどうかに掛かっている。

　プライベート・エクイティ・ファンド活用に当たっては，マジョリティ投資を行う株主としてのファンドとその投資を受ける投資先企業の両者による二人三脚での「企業改革に向けた決意」が常に問われているのである。

図表13-6　Our Credo「我が信条」(ジョンソン・アンド・ジョンソン社)

　我々の第一の責任は，我々の製品およびサービスを使用してくれる医師，看護師，患者，そして母親，父親をはじめとする，すべての顧客に対するものであると確信する。顧客一人一人のニーズに応えるにあたり，我々の行うすべての活動は質的に高い水準のものでなければならない。適正な価格を維持するため，我々は常に製品原価を引き下げる努力をしなければならない。顧客からの注文には，迅速，かつ正確に応えなければならない。我々の取引先には，適正な利益をあげる機会を提供しなければならない。

　我々の第二の責任は，全社員 ―世界中で共に働く男性も女性も― に対するものである。社員一人一人は個人として尊重され，その尊厳と価値が認められなければならない。社員は安心して仕事に従事できなければならない。待遇は公正かつ適切でなければならず，働く環境は清潔で，整理整頓され，かつ安全でなければならない。社員が家族に対する責任を十分果たすことができるよう，配慮しなければならない。社員の提案，苦情が自由にできる環境でなければならない。能力ある人々には，雇用，能力開発および昇進の機会が，平等に与えられなければならない。我々は有能な管理者を任命しなければならない。そして，その行動は公正，かつ道義にかなったものでなければならない。

　我々の第三の責任は，我々が生活し，働いている地域社会，更には全世界の共同社会に対するものである。我々は良き市民として，有益な社会事業および福祉に貢献し，適切な租税を負担しなければならない。我々は社会の発展，健康の増進，教育の改善に寄与する活動に参画しなければならない。我々が使用する施設を常に良好な状態に保ち，環境と資源の保護に努めなければならない。

　我々の第四の，そして最後の責任は，会社の株主に対するものである。事業は健全な利益を生まなければならない。我々は新しい考えを試みなければならない。研究開発は継続され，革新的な企画は開発され，失敗は償わなければならない。新しい設備を購入し，新しい施設を整備し，新しい製品を市場に導入しなければならない。逆境の時に備えて蓄積をおこなわなければならない。これらすべての原則が実行されてはじめて，株主は正当な報酬を享受することができるものと確信する。

(出所)　新将命 (1988)『自分を高め会社を動かす99の鉄則』PHP研究所 (PHP文庫)，p.162.

経営者インタビュー

シティック・グループのネットワークを活用した中国事業の強化

鳴海製陶株式会社
代表取締役社長
倉橋鷹輔氏
(2010年6月より同社会長)

Q 御社は2006年9月にMBOを実施し，親会社の住友金属工業から独立しました。当時の会社の状況も踏まえて，MBOを決断した最大の理由と契機についてお教え願います。

背景は，大きく分けて二つあると思います。

一つ目ですが，親会社が住友金属工業という鉄鋼メーカーであるということです。住友金属工業は，子会社を150社以上持っている大企業グループですが，住友金属工業を中心にして近い順に同心円を描いていきますと，原料の加工，燃料の供給，製品の加工，製品の販売など鉄の周辺事業が同心円のすぐ近くにあります。そういう会社では人事交流もありますし，鉄鋼事業として完全に一体感をもって仕事をしているということになります。

それに対して，鳴海製陶は，資本を頂戴してから非常に長い歴史がありましたが，残念ながら事業ということに関しては，同心円の一番外側に位置付けられていました。日常業務の中でも，親会社との補完関係が非常に乏しい会社でした。お客様についても，住友金属工業とその周辺企業は，自動車メーカー，電機メーカー，機械メーカーなどですが，鳴海製陶の場合は，百貨店，ホテル，結婚式場，一般消費者ということで全く異なっていました。当然商品作りのイメージも異なります。鳴海製陶が将来発展しようと思っても，残念ながら補完関係がないので，親会社に多くを望めないというところがありました。

当時の時代の流れで，日本企業がコア事業に特化するというキーワードがありました。住友金属工業も，鳴海製陶がMBOをした3年くらい前からコア事業に集中するという方針を打ち出していました。関係会社150社くらいのリストをＡ，Ｂ，Ｃに分けまして，近い順から。Ａグレードは人事交流もするし資本も交流していろいろなことをやっていく位置付けで，最後のＣグレードは，人の支援もあまり行わずに見ているだけで，場合によっては売却するかもしれないというように，荒っぽくＡＢＣに分けてしまって，コ

ア事業に特化する方針を出していました。

　二つ目としては，鳴海製陶の社内の事情がありました。同心円の一番外側に位置付けられていると言いながらも，自らは成長してさらに発展していかなければなりません。当たり前のことですが，一つの独立体としての経営課題があるわけです。そういう中で，自らこの業界で勝てるルールでやっていかなければいけないのですが，ここにネックがありました。日本の大企業の子会社を管理するルールは大体似たような感じだと思うのですが，住友金属工業も，私が人事関係や採用関係などを親会社の人事担当役員や人事部長に相談しに行っても，150社を管理するルールを外れたらいけないという厳しいお言葉がありました。そんな中で，この事業で勝っていく最適なルールで闘っているとはいえないという気持ちをずっと持っていました。

　決断した最大の理由ですけれども，実は社内でいろいろな協議をするときに，プロパーの社員幹部が一致して，全員が独立して鳴海製陶を自分たちの会社として成長発展させたいという決意表明をしました。これが一番大きなポイントになっていたと思います。最後の決断のポイントは，プロパー社員の皆さんがこの鳴海製陶で生きていきたいと決意をされ，これが一番大きな決め手になったのだろうと思います。

Q バイアウト・ファンドを活用してMBOをするという手法があることはご存知でしたでしょうか。また，CITICキャピタルと出会ったきっかけをお教え下さい。

　そもそも「ファンド」とか「MBO」という言葉は，新聞で少し読んだくらいで，自分の身の回りのこととして考えたことはありませんでした。私以外の社内の人間も，社内で一生懸命仕事をしているメンバーばかりで，そもそも「ファンド」って何ですか，「MBO」ってどんなことですか，というところからスタートしています。

　最初のきっかけは銀行の方の紹介で，シティック・ジャパンさんのファンドを立ち上げたブライアン・ドイルさんという方と会談する機会をはじめて得たことです。その時に，私が日頃から経営している悩みを若干申し上げたのです。将来は海外の開拓というところに行きたいけれども，今の自分たちの実力ではかなり苦しいということを率直に申し上げたら，ブライアンさんのほうから，「まさに，そのためにわれわれは存在しているのですよ」と説明がありまして，この瞬間にお互いのニーズがぴったり合ったなと思いました。ブライアンさんからは，ブランドとか技術とか一定の存在価値があって，海外にそれを持ち出せれば将来の成長・発展のきっかけとなる潜在力を持っているよう

食器・洋食器の世界ブランド「ナルミ」の製品

な会社を探しているのだと言われました。さらに，あまり大型ファンドではないので，手頃な規模の会社を探しているのだということで，何だか当社のことを言っているみたいだなと思いました。

Q シティック・キャピタル・パートナーズのメンバーと信頼関係を構築するために，どのようなコミュニケーションを図りましたでしょうか。

　実はブライアンさんと知り合いになって，実際にMBOをするまでにだいぶ時間がありました。私自身は，「MBO」とか「ファンド」という言葉を聞き慣れていなくて勉強していましたが，社内のメンバーは私に輪を掛けて全く訳が分かりませんでした。結局どうしたかというと，社内の役員や幹部クラスの部長とシティック・キャピタルさんも含めての勉強会をやりました。その中には，MBOとかファンドとは何者だという理解を深めるための勉強会もあれば，鳴海製陶の長所とか短所をもう一度分析し直してみよう，足下をもう一度きちんと見直してみようという勉強会もありました。その過程で，当社の長所と弱点はこんなところにあるのかという理解も深まりましたので，勉強会だけでもよかったなと思っていたのですが，その過程の中で皆さんの理解も深まって，MBOも一つの選択肢かなという議論も深まってきたと思います。

　さらに勉強が奥深くなって，例えばストック・オプションのあり方がどうであるとか，もう少し幅を広げた勉強の展開も進んでいきまして，その合間に懇親会などもやりました。シティック・キャピタルさんの音頭で非常に上手にコミュニケーションができて，

2009年11月20日に東京・銀座にオープンした初のコンセプトショップ
『DIECI GINZA（ディエチ・ギンザ）』

さらに人間関係も構築できたのかなと思います。

　そうは言っても，当時は，「ハゲタカ・ファンド」とか，すごく悪いイメージもあり，せっかく大会社の傘下にいるのになぜファンドに，という議論も社内にはありました。そういう中で，何ヶ月間も勉強会を重ねて，だんだんコンセンサスができていって，信頼できるということになりました。最終的な決め手は，「ハゲタカ・ファンド」のイメージではないファンドなのだという安心感でした。ファンドの組成も，日本政策投資銀行さんや住友信託銀行さんなど，日本を代表する会社が中心になって作られているファンドでした。もし，これが全然名前も知らない外資系の名前がずらずらっとあるファンドであれば，おそらく合意には至らなかったと思うのです。話も非常に分かりやすいし，コミュニケーションも取りやすいこともありまして，外資系のファンドというけれど，実態は日本人が運営しているファンドだという信頼感と安心感がこの勉強会の中で培われました。

Q 一般にMBOの優位点として，経営の独立性が高まるという点があげられます。MBOを実行したからこそ実行が可能になった経営施策はありますでしょうか。

　独立してまず10人を超える幹部がわずかな金額の出資とはいえ株主になりました。それは昔の住友金属傘下の時代には考えられないことでした。それから人事制度とか定年制度，報酬制度，この事業に見合った賃金体系など，そういう会社の根幹の部分については，住友金属のルールではなく鳴海製陶の新しいルールでやるということで，この辺は独立した会社としてベストの形を作ろうということになりました。もちろん，一度に

何でもかんでも作るだけの実力もありませんので，一つひとつやっていったのですが，この会社で一番いい形を追求しようということをやってきました。

　それから，この事業に一番見合った人事採用が可能になったということもあると思います。社内と社外を見渡して，必要性に応じて給料体系とそのスペックに合う人材を積極的に自ら採用できるようになりました。昔はどうだと言われれば，やはり給料体系は，親会社の了解を求めずに勝手にやることはなく，親会社のほうも子会社を自分たちの人事の延長線上に考えていました。

　片方で失ったものもあります。親会社に総務関係や法規関係はどっぷり漬かって，親会社の言う通りにやっていれば間違いないだろうという安心感もあったのですけれども，これからは自分たちでやらなければならなくなりました。自分の頭で考えて，自分の身の丈に合った社会的に認められる企業にならなければなりません。この辺がかなり厳しい部分で逆に失った部分かもしれませんので，われわれが自らやらなければいけないという部分です。

　いずれにしても，本来"親方日の丸意識"でやっていた部分が払拭されて，独立して自らが経営していくのだという意識に変わりつつあるというのが，一番大きな点ではないかと思います。もちろん一朝一夕ではなく一歩一歩なのですけれども，経営会議とか取締役会の中にシティック・キャピタルさんにも参画いただいて，あるいは何日かは鳴海製陶に駐在していただいたりして，いろいろな局面で積極的な意見交換させてもらったり，指導を仰いだりという中で，意識や仕事のやり方が変わってきたのではないかと思っています。

Q **シティック・キャピタル・パートナーズの強みは中国を含むアジアのネットワークにあると思いますが，どのような支援が得られましたでしょうか。**

　シティック・キャピタルさんとMBOをする前に，私どもは上海に販売事務所を設立していまして，積極的に打って出ようということをスタートしておりました。ただ，中国語を上手に話せる社員は一人もいないような会社で，中国語どころか英語を話せる人間も海外販売をしている限られた数のメンバーを除いてはほとんどいないという会社でした。そこからのスタートですから，まずは中国にスタッフを一人置きました。そのうち二人に増やしました。そのように，少しずつ慣れていくための作業が必要でした。

　そんな中で，香港と上海に事務所があるシティック・キャピタルさんは，日本企業を積極的に支援する専任のスタッフを現地に用意していて，積極的に支援をしてくれまし

た。例えば，日本では考えられないような商売上のトラブルの問題などに積極的に相談に乗っていただき，アドバイスを頂戴しました。中国のビジネス開拓のアイデアとかマーケティングなどについても助言を受けて，少し消化不良でこなしきれない部分もたくさんありましたけれども，いろいろチャレンジさせてもらって一生懸命やりました。

シティック・キャピタル・パートナーズの松川力造マネージング・ディレクターと倉橋社長

Q MBOを実行してから間もなく4年が経ちます。シティック・キャピタル・パートナーズのメンバーと組んでMBOを実行して学んだことはありますでしょうか。

　大きな会社の傘下にいる時には，何かあれば親会社からいろいろな指導がくるということで，子供みたいな部分があったと思うのです。ところが独立してしまったということは，何から何まで自己責任で，すべて自前で経営して考えなければいけませんので，当然のことながら経営することの厳しさをひしひし感じました。

　ただ，そういう厳しさはどういうものなのだということを，シティック・キャピタルのメンバーから教えていただく部分が非常に多かったと思います。シティック・キャピタルさんと組まずに単に自分たちだけが勝手に独立していたら，不十分なところがいっぱいあったと思います。基本的な経営のあり方，理念の持ち方，ビジョンをしっかり持つこと，中期計画の作り込みのあり方，年度予算の精度の上げ方などのアドバイスなり指導を頂戴できていなければ，今のレベルまでは届いていなかったと思います。

それから，昔から人材採用は，社内自前主義みたいなものでやれる範囲でやっていくという感じだったのですが，今はどうやったら勝てる会社になるのかという観点から人材活用や人材対応を考えられるようになりました。そういう意味では，今となってみれば世間で当たり前の独立した会社の考え方になってきました。住友金属工業の傘下にあった時は，世間で当たり前の感覚の経営ではなかったのだろうと思います。

Q 製造業を中心として，日本の上場企業は多くの子会社を抱えており，ノンコア事業が売却されるケースも増加すると思われます。事業再編型MBOを検討している経営者に対してメッセージをお願いします。

　何よりも，自らが何者になりたいのかという経営者なり経営幹部の合意かなと思うのです。社内の幹部の気持ちが揃わなければ，社長一人ではいろいろ言っても無理があって，上手くいかないのではないかと思います。そのためにどうしたらいいかというと，やっている事業や会社の長所短所というのをまず冷静に分析することです。それから，経営の自由度を上げたときに事業が良くなるというストーリーが要るだろうということを事前にしっかり勉強しておくことです。MBOに限らずそういう議論をきちんとやっておかなければいけないのですが，それを経営幹部の中でしっかり共有化しておくことが，一番大事なことかなという気がします。

倉橋鷹輔氏略歴

1970年東京大学法学部卒業。1970年住友金属工業株式会社に入社。原料部次長，和歌山製鉄所業務部長などを経て，1999年資材部長。2002年6月に鳴海製陶株式会社代表取締役社長に就任。2006年9月に鳴海製陶を100％親会社であった住友金属工業からMBOにより独立させる。2010年6月同社会長。

第14章 ノンコア事業会社から「強い会社」への脱却
―― キンレイへの投資事例 ――

キャス・キャピタル株式会社
ディレクター　永見隆幸

はじめに

　キャス・キャピタル株式会社（以下「CAS」という）の第一号案件が，2005年に投資実行した株式会社キンレイ（以下「キンレイ」という）の案件である。キンレイは食品事業と外食事業を営む会社であるが，当時は大阪瓦斯株式会社（以下「大阪ガス」という）グループの会社であった。業績，財務体質ともに健全であった子会社株式の譲渡は前例が少なく，前向きな「選択と集中」による事業再編の事例と考えている。

　本稿では，キンレイの会社概要，案件の背景等の記述を通じて本案件を事業再編の事例としてご紹介するだけでなく，弊社がどのような投資理念に基づいて活動しているか，これまでにキンレイに対してどのような価値創造策を実行しているかについても，できるだけ具体的にご紹介したいと考えている。

1　キンレイの会社概要

　キンレイは，コンビニエンスストア（以下「CVS」という）向けの冷凍麺の製造販売を中心とする食品事業と，和食レストラン・チェーン「かごの屋」の経営を中心とする外食事業の二つの事業を営む事業会社である。

　キンレイの前身である近畿冷熱株式会社は，天然ガスを断熱膨張する際に発生する気化熱を冷熱源とする冷凍能力を有効活用する目的で，1974年12月に大

阪ガスの全額出資子会社として設立された。当初は冷凍食品事業のみであったが，その後冷凍食品の販路拡大の一環として外食事業にも参入し，1977年9月には「近冷サービスコーナー甲子園店（現かごの屋甲子園店）」を初出店した。両事業はその後成長を続け，2000年9月にはJASDAQ市場に株式公開を果たした。2005年12月にCASの100％子会社が運営するファンドを通じて株式の公開買付けを行い，株式を非公開化，現在に至っている。

　食品事業の最大の強みは，主な販売先であるCVSから商品の質に対して高い評価をいただき，すべてのCVSとの間で良好な取引関係を構築していることである。この結果，主力製品であるアルミ容器入り冷凍調理麺と冷凍袋麺は，CVSセグメントにおいてトップシェアを維持しており，中でも容器入り冷凍調理麺の同シェアは100％である。

　また，外食事業の最大の強みは，特に関西圏で高い知名度を持つ「かごの屋」業態を確立していることである。「かごの屋」は，セントラルキッチンでの調理ではなく，品質にこだわった各店舗での独自の調理体制を採用している。味に厳しい本物志向の顧客層により支持いただいており，和食ファミリーレストラン業態とは一線を画した和食分野における高価格帯ビジネスモデルを確立している。

図表14－1　会社概要

会社名	株式会社キンレイ
創業	1974年12月
代表者	取締役社長　木林靖治
本社所在地	〒541-0047　大阪市中央区淡路町3-1-9　淡路町ダイビル
事業内容	外食店舗の経営，冷凍食品の製造・販売
資本金	3,081百万円（2010年3月末現在）
売上高	19,360百万円（2010年3月末現在）
主要な営業所および工場	【外食事業カンパニー】 大阪本部，東京本部，外食店舗（和食レストラン・チェーン「かごの屋」，「花ほのか」他） 関西（大阪府，兵庫県，奈良県，京都府，和歌山県），関東（東京都，神奈川県，埼玉県）に67店舗を展開（2010年7月末現在） 【食品事業カンパニー】 東京本部，大阪本部，筑波工場，泉北工場
従業員数	464名（2010年3月末現在）　＊臨時雇用者を含まない

（出所）　キンレイの資料よりキャス・キャピタル作成

2 案件の背景

(1) 優れた「ノンコア」事業会社

　投資対象としてのキンレイに着目したのは，CVSのリーチインと呼ばれる冷凍コーナーに置いてあるアルミ容器に入った調理麺が発端であった。「コンロの火にかけるだけの簡単調理で，何回食べてもうまい」。調べてみると，その秘密は，三層構造のアルミ鍋と急速凍結方式というキンレイ独自の高い技術によるもので，これにより麺のコシと風味が保たれていることが分かった。キンレイの主力商品である「鍋焼きうどん」が，1978年にCVSに登場して以来，30年間にわたってロングセラーとなっていることも納得した。

　この「アルミ容器入り調理麺」という商品に強い思い入れを持ち，それを製造するキンレイの事業内容を詳しく調べた。その結果，大阪ガスのグループ会社として成長を続けてきたが，成長の踊り場に差し掛かっていることが分かった。食品事業は成長を続けているものの，新商品開発や納入価格低減等による企業間競争が激化していた。また，外食事業においては，外食消費の低迷や「中食」との競合という外部環境の変化により売上が伸び悩んでおり，関西地区店舗の飽和感と既存店収益の維持・向上が内部の課題となっていることが浮き彫りとなった。

　「調理麺のこの美味しさや「かごの屋」はもっと世間に知られるべきだ」。食品事業の高い技術や優れた定番商品，確立された希少な和食店舗業態を有するキンレイは，親会社の大阪ガスからすると中核となるガス製造・販売事業との親和性に欠けるものの，高い成長ポテンシャルを有するノンコア企業。われわれが探していたまさに投資対象企業と直感した。

(2) 成長戦略の検討

　関係者からのヒヤリングやデューデリジェンスを進めていくと，キンレイは大阪ガスにとってコア事業との親和性・補完性もほとんど見受けられないため，他事業とのシナジー効果等が期待されていないことが判明した。そこで，キンレイの食品事業と外食事業の成長戦略に関しては，次のような仮説を立てた。

【食品事業】

高い技術力（高品質）・商品開発力を有しており，「最終消費者のニーズを先取りするような商品企画力」「CVSのバイヤーを先導するような提案営業力」を中心とした営業・マーケティングを強化すれば成長余力があると思われる。また，商品開発重視が要因の一つと考えられる材料比率の上昇がみられ，収益性が悪化している。

【外食事業】

新規出店の意思決定までに時間を要し（特に関東地域），機会利益の喪失につながっている可能性が高い。また，外食事業の成長がかごの屋の新規出店に依存する傾向にあり，既存店売上の落ち込みが営業利益の減少に直結している。

この仮説をもとに，食品事業においてはより効果的なマーケティングの導入と組織改革を含む効率的経営を推進すること，また，外食事業においては関東圏を中心とした効率的かつ迅速な店舗展開と既存店の収益性向上に取り組むことを成長戦略の骨子とした。

(3) 新経営陣の選定とガバナンス体制

後述するが，弊社の投資基準の一つに，対象会社に優秀な経営陣がいるか，いない場合には外部から招聘できるか，という基準がある。また，弊社の投資の基本は，事業を熟知した優秀な経営陣と実行するMBO（management buy-out）である。しかしながら，本件においては，キンレイが成長を加速させるためには大阪ガスグループからの自主独立が必要不可欠であったため，優秀な人材は若くても積極的に登用し，新しいメンバーで経営陣を構成することとした。

外食事業のCEOには，当時，外食事業部長であった中川氏に就任いただいた。中川氏は，大阪ガスからの出向者ではあるが，「かごの屋」一号店出店当時から外食事業に携わっており，外食事業を熟知し，キンレイ社内での人望も厚かった。弊社の投資を契機に「キンレイに転籍して外食事業に専心したい」という本人の熱意を受け，中川氏が新キンレイの取締役に就任するとともに，外食事業に関しては中川氏と共同出資でのMBOとした。また，食品事業カンパニーに関しては，事業会社でのマネジメント経験が豊富な弊社のパートナー

である木林をCEOとして派遣した。この結果，投資形態としては，外食事業のMBOと食品事業のMBI（management buy-in）の混合という形になった。なお，食品事業の課題であるマーケティング部門を強化するため，消費財事業法人でマーケティングの経験を積んだ人物をマーケティングのプロとして招聘した。

　ガバナンスの観点からは，弊社のパートナーである木林が，キンレイ全体のCEOも兼務することとした。木林，中川氏の二名に加えて，弊社から社外取締役として二名，共同出資者である大阪ガスから取締役一名を派遣し，合計五人の取締役で取締役会を構成した。CASが派遣する取締役が取締役会の過半数を占めることで，経営のコントロールを握るとともに，キンレイの業績に関する責任をすべてCASが負う建付けとした。後述する弊社の投資基準とも重なるが，ファンドの行為とその結果に関する因果関係を明らかにしたいという考えから，議決権の過半数を占めることも弊社の投資基準の一つとしている。

(4) 一歩先を行く「選択と集中」

　キンレイの筆頭株主である大阪ガスに対しては，成長戦略や新経営陣候補，ガバナンス等の投資計画を議論させていただき，CASが株式を譲り受けることによりキンレイの企業価値をより一層高められる旨をご提案申しあげた。最終的にCASの提案を受け入れていただいたものの，キンレイの経営全般が健全であったがために，売手の意思決定としては非常に難しかったのではないかと推察する。

　当時盛んに行われていた通常の「事業の選択と集中」は，「不採算事業から撤退・売却し，成長性の高い事業を選択して，経営資源を集中的に投下すること」という意味で用いられていたと思われる。ところが，キンレイは売上の伸びこそ鈍化していたものの，利益を計上しており，極めて健全で安定的な会社であった。端的にいえば，CASに売却しなければならない理由は存在しなかったのである。この点，大阪ガスは，世間の理解よりも一歩先を行く「事業の選択と集中」を推進されていたと理解している。すなわち，キンレイの企業価値向上の観点からは，筆頭株主として引き続き経営資源を投入し続けるよりも，CASの経営資源を活用して事業改革を進めることがより効果的であると判断

する一方，株式譲渡で得られたキャッシュをグループ内の他の事業に投下することが，大阪ガスグループ全体にとっては最適と判断されたのではないかと考えている。

当時のキンレイのように堅調にキャッシュフローを生み出している子会社の譲渡は前例が少なく，大阪ガスの意思決定は質の高い「選択と集中」として新聞や雑誌等でも取り上げられた。本件は，売手における非常に高度な意思決定が生み出した案件と考えている。

3 キャス・キャピタルの投資理念

(1) CASが考える「強い会社」

ここで少し，CASについて触れさせていただきたい。CASは，日本国内の優良企業を投資対象とする投資会社である。設立の目的は企業価値の持続的向上を支援することであり，日本に「強い会社」が増えることを通じて，日本社会に貢献することである。メンバー全員が真剣にそう思っている。

弊社が考える「強い会社」とは，誤解を恐れずに言えば，利益を生み出す会社であり，雇用を拡大する会社であり，常に成長志向の会社である。日本企業の中には，例えばキンレイのように，コア事業との親和性・補完性に欠けるものの潜在的な成長力を有する企業が多いと考えており，CASがお手伝いさせていただける機会はまだまだ多いと考えている。

(2) CASの投資方針

成長戦略が浸透し，企業価値が持続的に向上できる仕組みが整うには，相応の時間が必要となる。そのため，原則として，投資保有期間を5年程度とする中長期的な視点での投資を想定している。また，有能な経営陣とともに実行するMBOを投資の基本形態としており，利益配分方針の変更を目的とするような企業価値向上に貢献しない投資や，経営陣が賛同せず企業価値向上が難しい敵対的な投資などは行わない。

あくまでも目指すべきはトップラインの成長を伴う企業価値の持続的な向上

図表14-2 投資方針

投資形態	現経営陣とともに実行するMBOが基本。ただし，必要に応じて，外部から経営陣を招聘して投資を実行するMBIも実施。
投資対象	大企業のノンコア事業部門，子会社及び関連会社。中堅・中小企業等。
投資規模	企業価値で50億円～200億円程度（1社あたり）
投資期間	投資以降，企業価値向上期間を5年程度とする

（出所）キャス・キャピタル作成

である。換言すれば，投資対象企業の高い成長ポテンシャルを顕在化することであり，この成果としての株式価値増加を追求する。負債レバレッジ効果の極大化や一過性のコスト削減等，企業価値の向上を伴わない短期的な株式価値の向上を狙うことはしない。LBO（leveraged buy-out）等の金融手法は利用するが，投資を通じて売上をいかに伸ばせるか，雇用を拡大できるか，付加価値をいかに生み出せるかという点を重視する。

(3)「七つの投資基準」

CASは，投資を検討するにあたり，「七つの投資基準」を設けている。過去に5件の投資実績（内，1件はエグジット済み）があるが，すべてこの投資基準を満たしている。投資基準は，「CASが企業価値の持続的向上を支援できるか」という点からの基準であり，逆にいえば，この投資基準を満たさない投資案件は，いかに魅力的に見える投資案件であっても投資を実行しない。

図表14-3 「七つの投資基準」

① 本業で利益を計上し，高い成長ポテンシャルを有しているか
② 議決権の過半数を確保できるか
③ 優秀な経営陣がいるか，いない場合には経営陣を外部から招聘できるか
④ 世の中のために役立つ事業か
⑤ 資金調達は無理の無い可能な範囲か
⑥ 投資先のビジネスが本当に理解できるか
⑦ 投資の出口戦略を具体的にイメージできるか

（出所）キャス・キャピタル作成

投資基準としては目新しい内容ではないが，弊社では案件検討の初期段階からこの基準を厳格に適用する。キンレイを始めとして弊社の投資先の業績は総じて堅調に推移しているが，この投資基準の運用に従って投資案件を吟味したことも大きな要因の一つと考えている。

4 株式取得プロセス

(1) 株式取得のプロセス

話をキンレイに戻し，ここでは，キンレイ株式の取得プロセスについて述べる。筆頭株主である大阪ガスとの間で株式譲受については合意したものの，当時，キンレイはJASDAQ市場に株式を公開していたため，公開買付けによって株式取得を行う必要があった。また，企業価値向上には機動的な意思決定をなしうる体制が必要と考え，完全子会社化を企図していた。

以上を背景に，本件ではキンレイに対する投資を目的に投資事業有限責任組合を組成し，買収ビークルとして同組合の100％子会社を設立した。具体的には，株式を取得するにあたっては，投資事業有限責任組合キャス・キャピタル・ファンド一号（以下，CCF 1という）の100％子会社であるキャス・キャピタル・ホールディングス・ワン株式会社（以下，CCH 1 と略す）が，筆頭株主の大阪ガスと第二位株主である株式会社オージーキャピタルから事前に応募同意を得た上で，TOB（takeover bid）を実施した。買付資金は，CCF 1 の出資と金融機関からのLBOローンにより調達した。

なお，当時は現在の会社法が施行される前であり，現金対価合併等のスクイーズアウト手法は認められていなかった。そのため，産業活力再生特別措置法（当時）に基づく経営資源再活用計画の認可を農林水産省（当時）から取得し，キンレイを完全子会社とする金銭交付株式交換を行った後，買収目的会社とキンレイが合併する方法を採用した。

また，最終的には大阪ガスにも少数株主として資本参加いただいた。合併後の新キンレイ社が大阪ガスと新経営陣に対して第三者割当増資を行い，大阪ガスと新経営陣で新キンレイの発行済み株式総数の約30％を保有することとした。

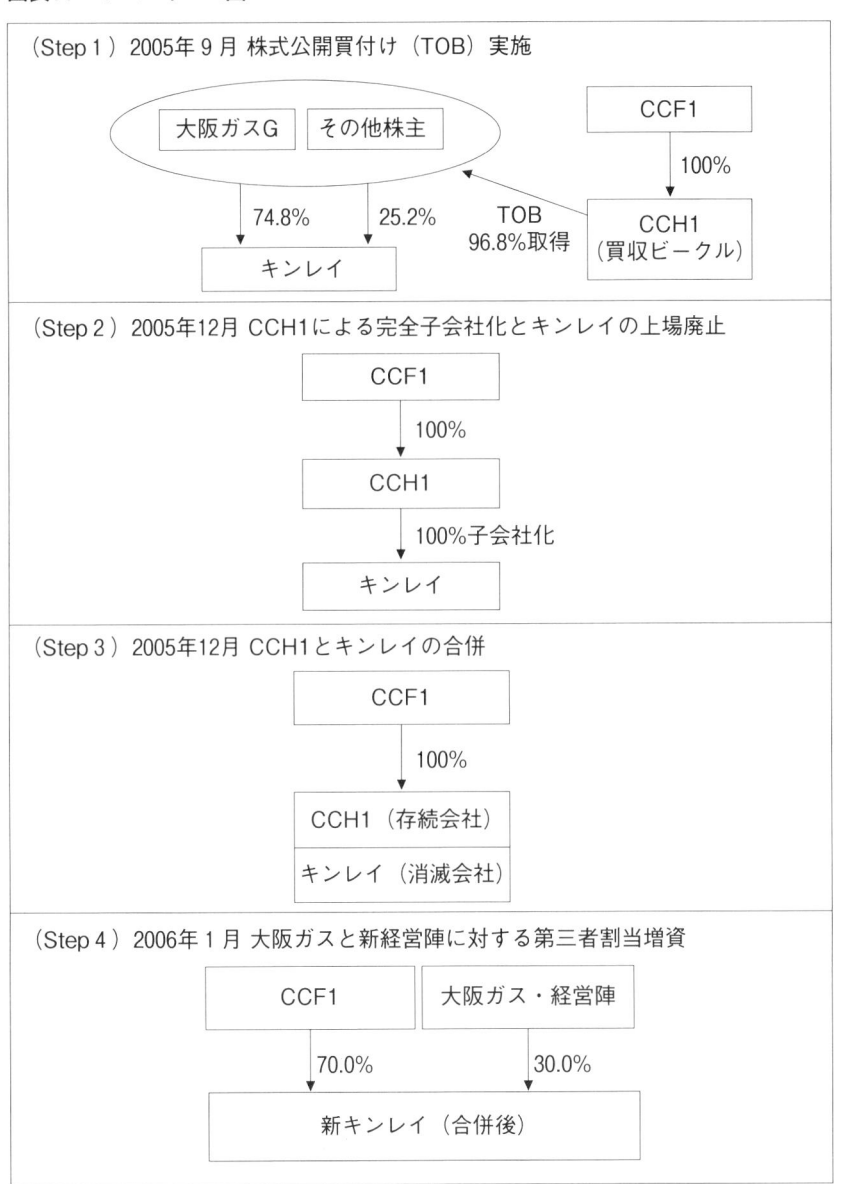

第14章 ノンコア事業会社から「強い会社」への脱却 375

図表14-4 スキーム図

(Step 1) 2005年9月 株式公開買付け（TOB）実施

- 大阪ガスG / その他株主
  - 74.8% → キンレイ
  - 25.2% → キンレイ
- CCF1 ─100%→ CCH1（買収ビークル）
- CCH1 →TOB 96.8%取得→ （その他株主へ）

(Step 2) 2005年12月 CCH1による完全子会社化とキンレイの上場廃止

- CCF1 ─100%→ CCH1 ─100%子会社化→ キンレイ

(Step 3) 2005年12月 CCH1とキンレイの合併

- CCF1 ─100%→ CCH1（存続会社） / キンレイ（消滅会社）

(Step 4) 2006年1月 大阪ガスと新経営陣に対する第三者割当増資

- CCF1 ─70.0%→ 新キンレイ（合併後）
- 大阪ガス・経営陣 ─30.0%→ 新キンレイ（合併後）

（出所）キャス・キャピタル作成

(2) 大阪ガスとの共同保有

　投資時において，大阪ガスグループとの間の業務委託等，キンレイが事業を継続する上で必要不可欠なグループ間取引は特段存在しなかった。ただし，大阪ガスグループという大手優良企業からの離脱を，キンレイ従業員や取引先が不安視することも当然想定された。また，弊社としても，株主交替後，できるだけ速やかにかつ円滑に企業価値向上に対して取り組める環境を作りたいという思いがあった。

　そのため，従業員の安心感や取引先との良好な関係を維持するために，TOBに応募しキンレイに対する投資を回収後，再度，大阪ガスにも共同投資家として資本参加いただいた。現在も大阪ガスからは取締役と監査役を派遣いただいており，キンレイの運営に関して大変貴重なアドバイスをいただいている。

5 価値創造への取り組み

　ここまでは主に投資実行に至るまでの過程をご紹介したが，本節では，投資以降現在までの価値創造への取り組みをご紹介したい。

(1) 独立企業としての組織強化
① 経営ビジョンの策定

　「強い企業になるために，キンレイは何を目指すのか」。CASが取り組んだ最初の課題が親会社から独立した企業の方向付けであり，関係者全員が納得できる経営ビジョンの策定であった。ここで，私たちが考えるビジョンとは，いつか達成することができる目標や目的と異なり，企業が追求し続ける理念のことを指す。

　熟考を重ねた結果，お客様とキンレイのサービスを直結させるものとして，「最高の「ごちそうさま」をお届けする」というビジョンを制定した。以降，経営陣はもとより，従業員全員に対してこのビジョンを浸透させる施策を実行し，関係者全員と企業のあり方を共有することに注力した。例えば，経営理念

や行動方針を記載した携帯カードを作成し，業務に携わる者全員が常にそれを携帯した。朝礼においてもその行動方針を唱和するなどして，策定したビジョンが形骸化することなく「最高のごちそうさま」を常に身近に意識できるように工夫を重ねた。

　事業会社が継続企業として事業を運営する中で，経営ビジョンを改めて考える機会や時間はそれほどないように思われる。しかしながら，会社が設立された背景には当然経営ビジョンがあるはずで，CASの取り組みは，経営陣や従業員の方々と経営ビジョンの議論を通じて改めて会社の存在意義を問うことから始まる。困難を伴う価値創造の取り組みを成功させるためには，この経営ビジョンが共有され，会社に対する価値観を共有されることが非常に重要と考えている。

② **事業カンパニー制度の導入**
　各事業の自主自立経営に向けて意識改革を図るために，それまでの事業本部制に変えて，投資当初より事業カンパニー制度を導入した。この結果，各カンパニーに対する権限委譲は大幅に進み，市場に近いところでの事業判断と迅速な意思決定が可能になった。

　現在，月次の損益管理とあわせ資産管理，キャッシュフロー管理もすべてカンパニー別に行っている。食品事業と外食事業の両事業カンパニーは，社内分社として明確な経営管理責任を担いつつ，「最高のごちそうさま」をお届けするための努力を日々重ねている。

③ **従業員の自主性を尊重する取り組み**
　投資後も，原則として従業員の雇用はそのまま維持した。雇用を拡大し続けることも弊社が考える「強い会社」の要素と考えており，安易なリストラによるコスト削減は行っていない。

　むしろ，公平な評価システムに基づく人事制度の導入や，企業価値創造への貢献を賞与に連動させる仕組みを設け，従業員の士気や個々人の生産性を向上させることに注力してきた。また，親会社出身者主体の経営からプロパー社員中心の経営に移行させる一環で，現場への大幅な権限移譲を推進することを目

的に，執行役員制度も導入した。現在，外食を中心に有能な若手社員の登用も順調に進んでおり，次世代経営陣の育成にも貢献している。

(2) 食品事業での取り組み
① 営業・マーケティング戦略の見直し

われわれが，投資前から改善余地があるのではと仮説を立てていたのが，営業・マーケティング戦略である。食品事業は高い技術力（高品質）・商品開発力を有しており、お客様のニーズを先取りするような「商品企画力」や、CVSのバイヤーをリードするような「提案営業力」等，積極的な営業・マーケティングを強化することでさらなる成長が可能ではないかと考えていた。こうした仮説の下，組織改編に加えて外部からマーケティング専門の人材の登用や増員した内部人材を育成するなど，積極的に経営資源を投入した。

この結果，有名ラーメン店の味を再現した専門店シリーズやタレントを起用した商品の開発など，利益をもたらす人気商品の開発に成功した。直近の一例としては，戦国時代の武将をモチーフにご当地の味を再現した「戦国うどん」シリーズは，お陰様でお客様から高い評価をいただいており，また，同商品の広告は第57回カンヌ国際広告祭で銅賞を受賞することができた。また，CVSマーケットでの圧倒的優位性を維持してきた技術・経験を活かし，大手CVSとのチーム・マーチャンダイジングを通じて商品の共同開発を行うなど，CVSとの関係も単なる仕入先と得意先を超えた関係を構築するに至っている。

② 「超」アルミの商品・市場の開発

食品事業における主力商品は，「鍋焼きうどん」をはじめとするアルミ容器入り調理麺商品である。しかしながら，このアルミ容器入り調理麺は，CVSセグメントにおいてはライフサイクルでいう成熟期に入っており，底堅い収益が確保できる間に新たな成長軸を確立する必要があった。

そのため，これまではガス・グリルでの調理だけを想定した商品設計となっていたが，電子レンジが多くの家庭に普及するなど，消費者の生活様式の変化により適合させる商品開発に取り組んだ。また，今後大きな成長が期待できる既存市場（生協，量販（食品スーパー向け），業務用（ファミリー・レストラ

ン他飲食店向け））にアルミ容器入り調理麺で培った商品力を応用する商品開発も進めた。

　このいわゆる「脱」アルミの取り組みを，従来の思考や慣行にとらわれず新しく創造的な商品開発プロジェクトとするために，カンパニー内では，「「超」アルミ商品・市場の開発」と呼んでいる。この取り組みの結果，電子レンジ調理可能な袋麺やIH調理器対応のアルミ容器入り商品等，新しい商品設計の商品やCVSセグメント以外にもヒット商品を開発することに成功した。

　また，既存市場の深耕に関しては，例えば，電子レンジ対応の袋麺が大手CVSのプライベート・ブランド商品に採用されるなど順調に売上を伸ばしており，例年アルミ容器入り調理麺の売れ行きが伸びない，春から夏の暑い時期を下支えする商品に成長した。家庭用市場では，成長の期待できる生協宅配チャネルで日本生協連採用商品を開発，従来の西日本中心から全国規模で販売を伸ばしている。業務用市場でも調理済み商品として，ネットカフェやカラオケといったサービス産業向けのオンリーワン商品を開発し，市場を開拓している。

③　食の安全・安心への取り組み

　食品提供事業者にとって，食の安全・安心の確保は基本的かつ最大限の責務であると認識している。この点，投資以降追求してきた「「最高のごちそうさま」をお届けする」というビジョンを食の安全・安心という観点から具現化するために，2007年12月に食品安全のマネジメントシステムである国際規格ISO22000を取得した。

　ISO22000取得にあたって策定した基本理念と食品安全方針は全従業員に周知徹底され，この食品安全マネジメントシステムは継続的にレビュー，運営されている。

④　原価管理・原価低減

　当時の食品事業の製造部門には，欠品を恐れて大量生産を志向する行動が散見されたため，操業度と製造原価の関係を明らかにし，作り過ぎによる在庫増を回避するために直接原価計算制度を導入した。この結果，製造部門は操業度

に応じた評価がなされ、また、得意先別の主要な商品群別に限界利益を算出できるようになった。

現在は、営業担当者が製造責任者と連携しながら限界利益を最大化できる仕組みが整っている。また、直接原価計算を導入する過程で同時に製造部門の原価低減も集中的に行い、継続して原価低減の取り組みが行われている。

⑤ **組織と人材の拡充**

執行役員制度の導入等を通じてプロパー社員中心の経営に変えていく一方、将来の経営陣を充実させる観点から、現状、内部育成では難しいと判断したトップの人材は外部から招聘した。具体的には、外部から、食品事業責任者として食品事業カンパニーCEO（2009年11月招聘）を、生産関連責任者として

図表14-5 食品事業における価値創造の取り組み

時期	組織	収益性の向上	生産性/利益性の改善
投資時（05年10月）	ワークショップ開催 問題意識の共有	CVS販路の拡大	原価管理整備・原価低減（製品原価の低減）（販売チャネル別原価計算）
	中期ビジョンと経営目標を策定	商品開発プロセスの見直し	
	マーケティング部設立、人員採用		不採算得意先・外注先管理
06年3月末	事業カンパニー制の導入	マーケティング戦略を強化・実行	継続して取り組む
07年3月末	執行役員制度の導入	タレントとタイアップした商品開発	
08年3月末		家族亭と事業提携（販路開拓、開発）	直接原価計算の開始
		高付加調理めん、素材めんの投入	
09年3月末		消費者ニーズに対応した低価格商品の供給	
10年3月期	新CEOの採用	「超アルミ」商品の開発	限界利益率向上策の実行
現在		海外販売開拓、福祉施設への納入	在庫、棚卸減耗の管理強化

（出所）キャス・キャピタル作成

工場長（2008年10月招聘）を招聘する一方，食品事業各部門（マーケティング，営業，開発）の中堅社員で将来の幹部候補者を部門マネージャーに登用（2006年-2007年）した。

なお，営業，マーケティング，品質保証という強化部門についても新たな外部人材を適宜採用し，融合を図っている（2007年-2010年）。

(3) 外食事業での取り組み
① 出店基準の整備と店舗形態の改善

まず，出店承認手続を，大幅に効率化，迅速化した。具体的には，「かごの屋」の店舗形態を成功ビジネス・モデルとして捉え，CASとの間で事前に合意した一定の基準を満たせば，物件関係者との出店交渉を進められるように社内の意思決定手続きを改めた。

この「一定の基準」には，店舗の営業利益率や投資回転率，リスク・リターン分析に基づくIRR等の定量要因のほか，商圏人口や店舗周辺状況の周辺調査などの定性要因も含まれており，およそキンレイの企業価値を向上する出店が選別される基準となっている。加えて，外部コンサルタントを活用した「かごの屋」の出店に適合した立地評価システムの導入や，出店審査機能を部署として独立させるなど，客観的な投資判断が可能となる組織作りを現在進めている。

また，従来型の「かごの屋」はどちらかというと郊外型の店舗が多いが，駅に近く比較的小さな商圏でも高い利益率が期待できる店舗形態として，従来の「かごの屋」よりもコンパクトな店舗フォーマット（「京だし，炙りかごの屋 川崎店」）を開発した。他にも高速道路のサービスエリアへの出店を計画するなど，コア業態である「かごの屋」を活かした新しい出店の取り組みは絶えず検討，工夫している。

これら出店政策の標準化と機動的なアプローチ，立地条件に即した新しい店舗形態の開発を組み合わせることで，新規出店による機会利益逸失は大幅に低減したと考えている。

② 家族亭との業務提携

キンレイは，CASグループの投資先である株式会社家族亭（（注）CASの

子会社が運営するファンドを通じて発行済み株式の57.1％相当の株式を保有）との間で，2008年より広範な業務提携を行っている。

両社間で設立した分科会が主体となり，和食新業態の開発（「ふうふや」「京麺ぎおん」）や共通食材の仕入・物流統合等の施策を実行し，事業提携の効果は売上，コストの両面で具現化している。中でも，スケールメリットを享受しやすい主要食材（畜産品・水産品・サラダ油）の仕入・物流を統合した結果，年間約1億円のコスト削減効果が確認されている。

③ 生産性／収益性向上プロジェクト

2008年度に，かごの屋の厨房およびホールにおける従業員とお客さまの行動観察を実施した。「行動観察」は，「生活者視点のアプローチに科学的視点を加えることで，サービスとマーケティングをイノベーションする」ことをテーマに，大阪ガスが2001年より研究を進めている手法である。この観察結果を踏まえて，ホールの接客サービスの向上（ホールの環境づくり，接遇），厨房の生産性向上（動線，役割分担）に取り組んだ。

また，2010年3月期の予算を策定する際にリーマン・ショック以降の売上動向を分析した結果，通期での前年比売上増を見込みにくいと判断し，既存店を中心とした収益性の改善に注力することとした。具体的には外食事業カンパニー内で「生産性向上プロジェクト」と称し，外部コンサルタントの協力を仰ぎながら，店長・料理長等を対象としたモーショントレーニング（店舗の作業動作を効率よく行うための訓練）の実施や，生産力増強のための各種機器・備品（精米機・厨房床洗浄機等）の導入等を講じた。この結果，生産性を示す人時売上高は，2009年3月期（年間）の3,919円から，2010年3月期（年間）は4,114円（＋195円，＋5.0％）に大きく改善した。

2010年3月期には，他にもプロジェクトチームを立ち上げた。購買コストの低減や業務改善を通じた運営費等の削減（「コスト削減プロジェクト」）や，予約獲得専属チームが中心となって地域密着型の営業を推し進め，異業種他社との連携を行う（「外商プロジェクト」）等の取り組みが実際に成果を出した。

これらプロジェクトの結果，外食事業カンパニーの収益性は大きく改善し，2010年3月期は減収ではあるが大幅な増益決算となった。足元の業績も堅調に

推移しており，2011年3月期は増収増益を見込んでいる。

④ 組織と人材の拡充

食品事業と同様にプロパー社員を積極的に登用し，有能な社員は若手でも執行役員に登用し，人材の活性化を図った。現在，外食事業には，現場を取り仕切る4名の執行役員がおり，全員プロパー社員からの登用である。

図表14－6　外食事業における価値創造の取り組み

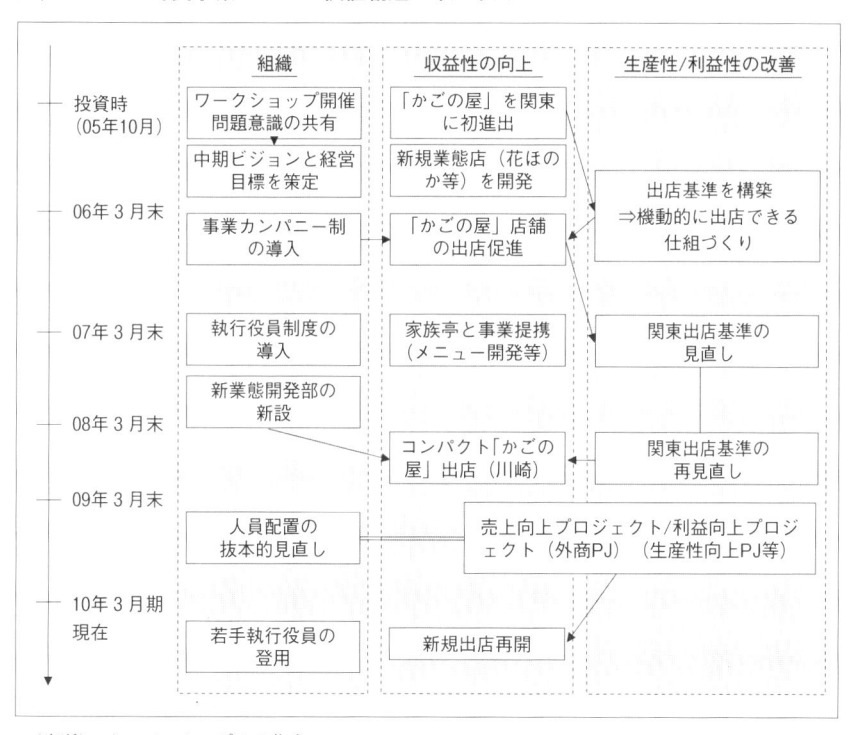

時期	組織	収益性の向上	生産性/利益性の改善
投資時（05年10月）	ワークショップ開催 問題意識の共有	「かごの屋」を関東に初進出	
06年3月末	中期ビジョンと経営目標を策定	新規業態店（花ほのか等）を開発	出店基準を構築 ⇒機動的に出店できる仕組づくり
	事業カンパニー制の導入	「かごの屋」店舗の出店促進	
07年3月末	執行役員制度の導入	家族亭と事業提携（メニュー開発等）	関東出店基準の見直し
08年3月末	新業態開発部の新設		
09年3月末		コンパクト「かごの屋」出店（川崎）	関東出店基準の再見直し
10年3月期現在	人員配置の抜本的見直し	売上向上プロジェクト/利益向上プロジェクト（外商PJ）（生産性向上PJ等）	
	若手執行役員の登用	新規出店再開	

（出所）　キャス・キャピタル作成

おわりに

　2005年にキンレイに投資させていただいて以降，約5年が経過した。この間，直近ではリーマン・ショックを引き金とした個人消費の急激な落ち込みがあり，過去にはノロウィルスや新型インフルエンザの流行，食材に関してもBSE（牛海綿状脳症）や鳥インフルエンザなど，外食産業や食の安全を脅かすような事象が多発した。また，食品事業においては投資時には想定していなかった新たな競合商品が出現するなど，キンレイの外部環境は大きく変化してきた。しかしながら，こういった厳しい外部環境の中，変化の予兆を見据えて対応策を実行してきた結果，お陰様でキンレイの事業は着実に成長し，業績も堅調に推移している。

　これまでにご紹介した企業価値向上への取り組みを通じて，現在もキンレイの企業価値創造は継続中である。しかし，弊社は投資対象先企業の持続的な価値向上を図ることを目的としており，ファンドとして実現できる企業価値の向上には自ずと限界があることを認識している。したがって，いずれは私たちよりもキンレイの企業価値を向上できる方にバトンタッチしたいと考えている。こうしたバトンタッチを通じて，持続的に企業価値を向上できる「強い会社」を作るお手伝いができるものとわれわれは考えている。

経営者インタビュー

親会社依存から脱却した収益マインドの確立

株式会社キンレイ
代表取締役社長
木林靖治氏

Q 2005年12月に社長に就任した経緯とキンレイの事業を伸ばせると判断したポイントについてお話し願います。

　キャス・キャピタル代表取締役パートナーの川村が，大阪ガスさんと2年以上お話をさせていただいて，煮詰まってまいりましたのが2005年の夏くらいでした。そのときにキャス・キャピタルとして正式に第一号案件をやりたいということで，当時，私は別の事業会社にいたわけですが，社長就任の相談がありました。そして，2005年8月に，私はキャス・キャピタルに参画して，10月のTOB終了を待って，11月にキンレイ社の顧問に就任いたしました。その後，12月の株主総会で代表取締役社長に就任したという流れになっております。

　キンレイは食品，冷凍麺というメーカー事業と外食事業の二つをやっていますが，それぞれの事業について注目した点がございます。まず冷凍麺事業ですが，これは基本でありますけれども，非常に商品自身が優れているという評価ができました。それから，今でもそうですけども，コンビニエンスストア市場で圧倒的なシェアを取っているという優位性を持っているということがありました。いくつかこれを足せばいいという要素があったのですが，例えばマーケティング的な切り口をもっと変えていけば，まだまだ伸びる余地がありました。もともとキャス・キャピタルとしても，冷凍麺事業に着目をしていました。

　一方で外食事業につきましては，改めて見たときに，外食の中で私どもが展開している「かごの屋」という総合和食レストランが，他の和食業態と比較した場合に，内容的に差別化できている部分があると見えたということが一つあります。また，関西においては，和食チェーンとして非常に高いマーケットシェアと高い認知を持っているということが分かりまして，少なくとも全国展開の余地を持っているという判断ができました。

　さらに，外食に関しては，人材というのを非常に重要な点だと考えていまして，当時この外食を率いていた責任者で任せられる人材がいました。その人の部下にも有望な中

堅の人材が揃っていまして，経営上の重要な人材という面においては，一から構築する必要性が特にありませんでした。

Q 今まで経験したことのない業種の企業のマネジメントに就任することに対してはどのような思いがありましたでしょうか。また，今までのマネジメント経験を生かすことはできましたでしょうか。

　私は銀行から転職して，異なる業種のマネジメントを二つ経験していますけれども，キンレイではポジションが社長就任ということで，トップ・マネジメントをやれるという機会を選んだわけです。マネジメントというのは，これは一つの仕事として独自のものを持っていると思っていまして，特に業種の問題については，自分が理解できるか理解できないかという差でしかないと考えています。ですので，業種の経験の有無というのは，私には抵抗感もなく障害でもありませんでした。むしろこれまでの数年間でやってきたマネジメントとしての経験値をトップとして生かせる機会として捉えていました。

　マネジメント経験を生かすということでは，事業構造の問題をどう把握するかということが大事だと思っていました。最初は不動産賃貸とかサービス業にいたのですが，その次に専門商社のいわゆる流通業にいまして，その事業構造なり課題なりというのを早い段階で把握するというのが非常に大事なことだと認識しておりまして，そのためにはどうすればいいかということで，過去の経験値を活かせたというのは非常に大きいと思います。

Q 大阪ガスグループを離れて，社員の意識はどのように変わりましたでしょうか。また，社内のモチベーションを高めるためにどのような工夫をしましたでしょうか。

　大阪ガスグループを離れるということについては，私は最初の段階でかなり広範囲の社員に個別にインタビューをしたのですが，良いところと悪いところがありました。良かれ悪しかれ，大企業グループにいたということで言えば，安定志向の方にとっては，非常にショッキングな話だったようです。

　一方で，幹部にとっては，上の重しが外れるというメッセージを受けていますので，非常にやる気が出てきたのです。

　従業員の中でいうと，実は大多数は安定志向が強いので，当初は様子見感が強かっ

コンビニエンスストアの定番商品

和食レストランチェーン「かごの屋」の外観

のですけども，ある程度引っ張り役というのを見つけて，そのメンバーにしっかりやってもらうという環境を作ることで，非常に活性化を図れたかなと思います。

　モチベーションという面で言うと，人材登用と賞与などの運用を弾力的にやりました。期末賞与制度なども作って，収益というものに対してのこだわり感とかともリンクさせて，「やったら報いられる」ということを，人材登用と報酬という面で準備をしました。モチベーションの向上という意味では，それを取り入れたのが良かったと思います。

　ファンドの存在の理解というのは，当初の段階では深いものはありませんでした。ファンドの役割については，時間の経過の中で理解をさせていったのですが，途中で気がついたことは，株主が変わるということも十分あり得るということです。そういう意味では，事業の継続性といったところにおいては，株主依存ではない形でやっていかなければいけないという覚悟を，各事業トップと幹部には持ってもらいました。一種の自己責

任的な感覚を植え付ける効果があったかもしれません。

　親会社への依存が切れたということを，自分としてやれることができるチャンスとして捉えた人がかなり昇進していますので，モチベーションは非常に上がったと思います。その先を誰が作るのだというところでは，この株主はいずれ抜けていくということなので，自分なりにある程度作っていかなければなりません。そうでないと部下も含めての将来もまた他人に依存するということになります。そういう意味では，自己責任を非常に強く持ってやってくれていると思います。

Q 親会社から独立したからこそ遂行が可能となった経営施策にはどのようなものがありましたでしょうか。

　一番にあげられるのは，人事関係の施策です。人材登用もそうですし，冷凍麺事業については，トップは外部から来てもらっているのですが，おそらく以前に比べると今のほうが，事業に合った人材を適材適所に配置できていると思います。執行役員制度を導入し，30代後半の社員を登用したように，人事の柔軟性を持たせていますが，おそらく以前ではなかなか難しかったのではないかなと思います。

　これは事業に直結しますけれども，家庭におけるIH化というのがどんどん進んでいるのですが，これは特に冷凍麺事業で商品的にはやはり，私どもの商品としても何らかの対応をしなければいけないテーマでした。私どもが経営に入ってから本格的に開発ということを方針として掲げて，今年商品をIH対応に全面的に切り替えます。そういったことができたのも，おそらく親会社が抜けたからではないかなと思います。外食の店舗においても，IH調理器への切り替えを順次やっているのですが，IHの普及につながることは元の親会社の事業からいえば，難しかったはずです。

Q キャス・キャピタルが深く関与して取り組んだプロジェクトや施策にはどのようなものがありますでしょうか。

　いろいろな施策の変更という意味では，通常のものの見方を変えましたということでいくつかありますという部分と，キャス・キャピタルとして大枠を変えていくときに関与させた部分と二つあるのです。

　キャス・キャピタルが大きく関与した部分は，二つあげられます。一つは，家族亭との業務提携があります。これはキャス・キャピタルのまったく別の案件として，家族亭という案件がちょうど2年くらい後にありまして，それは独自で考えて取り上げたわけ

ですけども，キンレイとの間で何らかの事業シナジーがあるのではないかということを考えました。これは，トップ判断として先方の社長との間でいろいろ議論をした結果，十分シナジーというのは見込めるという判断をし，家族亭のTOBとほぼ同時に業務提携にも入りました。これは一つの大きなテーマで，実際にコストダウンも含めて双方に非常に大きなシナジー効果をもたらしています。

　もう一つは，経営判断としてやった部分ですが，株主が従業員に対して関与したという事例として，「生産性改善プロジェクト」ということをやりました。これは何かというと，外食事業で「かごの屋」という和食業態をやっているのですが，基本的な収益構造を変えようということで行いました。リーマン・ショックで外食事業が冷え込んで，2009年というのは前年比で減収状況に入りまして，その中でも収益を残せる状態を長期化していけるようにするというテーマを，全社的にやらなければならないといったところで，株主のサポートという切り口も入れて，外部コンサル等を全面的に導入したということなのです。

　キンレイの場合は，外部の力を借りるというやり方を取ったことが従来あまりなかったのです。その辺で少し抵抗感があったかもしれませんが，ある意味では強引にぶち破るという手法として株主の意向を使ったという事例なのです。お陰様で，損益分岐点の見直しとか人件費の効率化などの成果を出すことができました。

木林社長とキャス・キャピタルのメンバー

Q 5年前と比較して，会社全体で最も改善された点は何でしょうか。

　自分なりにレビューして，大きくは三つくらいあげていいのではないかと思います。
　一つ目は，何よりも収益マインドを持つようになったということです。もともとジャスダックに上場していましたので，利益という意味ではある程度生まなければいけなかったのですが，その意識をどの階層までしっかり持っていたかというと，ごく一部だったのではないかと推測される部分があって，それを幹部の中でしっかり共有できるようになりました。
　それから，二つ目は，食に関わる事業の存続上で，ここ数年間，食の安全に関しては大きな事件が起こっています。それと平行して，その食の安全・安心ということに関して関心が高まりました。私どもの経営理念として，食の安全・安心というのを掲げているのですが，この意識が非常に高くなったと思います。これは，私どもが入ったからということと，時代の流れからかということと，両方の掛け合わせではないかと思います。
　三つ目は，どちらかというと「ものづくり」ということを重視している会社だったのですが，外食のメニューもそうですが，非常にレベルが高く，業界の中でもそれなりの評価をもらっていると思っているのです。実は，お客様の視点でものを作っていくという考え方に転換させなければいけないというのが，キャス・キャピタルが投資した時点で非常に重視していたところなのです。そして，冷凍麺事業部門にマーケティング部を新設し，外食事業部門にも経験者を外部から入れてようやく社員レベルでお客様の視点で話ができるようになりました。そういう意味でも，マーケティング・マインドが付いてきたと思います。

Q ここ数年，外食産業などB to Cのビジネスのバイアウト案件が増加しました。B to Cのビジネスの難しさや伸ばす秘訣についてはどのようにお考えでしょうか。

　B to Cの中で私が経験したのは外食ですので，いわゆる多店舗展開の難しさということを非常に痛感しました。それは何かと言うと，各店舗の営業力のばらつきです。これが非常に事業に左右するということです。おそらく5店舗から10店舗くらいであれば，お店の営業水準のばらつきを抑えるということは，そんなに難しくありません。それが，当社では50店舗くらいあるわけですけども，これくらいの範囲のサービスの違いやばら

つきに抑えるのは非常に難しいと思います。

　これを100店舗，200店舗にするには，どうすればいいんだというところに，おそらく事業の成長の壁があり，内部的にも仕組みをしっかり持っていない限りは増やせないということです。

　物販との違いというのは，物販は最終的には物の評価で決まりますけども，外食の場合はそれぞれの店舗におけるメニューの出来具合とか応接レベルの出来具合によってきまりますので，個々の店舗における表現力の差が非常に大きいのです。これが，物販の小売とも，違うところだと思います。物販では，最後は商品力で勝てるというのがありますけども，外食はそうはいかないということがあります。

　例えば，マクドナルドさんが成功しているのは，間違いなくそこのばらつきを最小化させるというノウハウを持っているからだと思います。松下幸之助さんはよく「ダム経営」とおっしゃっていましたが，やはり人のレベルを常に一定レベルにするという仕組みを作り，経験値を短期間で上げていくという仕組みをしっかり持つということに，成功の秘訣が潜んでいるのではないかと思います。

Q 日本の大企業グループは数多くの子会社を抱えています。最後に，日本企業の事業再編におけるバイアウト・ファンド活用の余地についてお話しいただければと思います。

　「事業再編」や「選択と集中」におけるバイアウト・ファンドの良さというのは，私なりに解釈すると三つくらいあるのではないかと思うのです。

　一つは，コンタクトしやすい売却候補先ということがあります。これは，いわゆる同業の事業会社等とやりとりをするということは一般的に非常に手間のかかる話であるのに対して，ファンドは事業そのものにしがらみがなく，また意思決定も早いという意味です。

　二つ目は，ヒューマンリソースに関係するのですが，異なる事業の経営に携わった浅い経験からしても長く事業をやっている会社であれば，おそらくポテンシャルとして，将来その会社の幹部をやれる人というのが何人かいるはずなのです。集中と選択をやるとしたら，人の問題はどうしても関わるわけですが，いろいろな人の組み合わせや再配置というのを考えて実行に導くことができるのがファンドであり，既存の枠組みではネックがあって難しいという際の解決手法というのを提示できるのではないかと思います。

三つ目は，やはりどうしても身内だと甘くなるということで言うと，その事業にとって問題点はここにあるのだけれど，なかなかやりきれないといったときに，外科治療的な手法を導入できるのではないかと思います。

　経営陣からしてみると，自ら独立したいという話もあると思うのですが，そういった視点は，気概のある人がいれば，親会社としては，それを梃子にするということができるはずです。だから，そのヒューマンリソースの問題の解決手法としてやる気があった場合もファンドを使えるし，そういう人はいないのだけれど，これを何とかしたいと思ったときにファンドに相談して組み立てるということもできるのではないかと思います。

木林靖治氏略歴

1980年株式会社東京銀行（現株式会社三菱東京UFJ銀行）入行。株式会社日本リロケーション（現株式会社リロ・ホールディング）の管理部門取締役として1999年同社株式公開を担当。2011年1月同社子会社株式会社イーテレサービスの代表取締役に就任し，経営全般に携わる。その後，自動車部品卸のSPK株式会社の執行役員東京支店長として，関東・甲信越の営業を統括。2005年8月キャス・キャピタル株式会社取締役。2005年12月より株式会社キンレイ代表取締役社長。

第15章 資本と経営の調和を目指して
―― シーズメンのMBOから株式上場まで ――

日本プライベートエクイティ株式会社
代表取締役社長　法田真一

はじめに

　日本プライベートエクイティ株式会社は，2000年10月に日本アジア投資株式会社（JAIC）と株式会社日本M&Aセンターを株主として設立され，企業価値で5～50億円の中堅・中小企業のMBO（management buy-out）投資に特化，いわゆる"Small-Cap"（スモールキャップ）と呼ばれる未上場企業を対象としたMBOファンドの運営会社である。

　2001年11月，あおぞら銀行とJAICを主たる出資者として，株式会社ジェイボックと共同運用する「ジェイジェイ・プライベートエクイティ壱号投資事業有限責任組合（JJ・PE1号ファンド）」を第1号ファンドとして組成，以降，中堅・中小製造業に業種特化した「TAKUMI1号／2号投資事業有限責任組合（TAKUMIファンド）」，日本政策投資銀行を主たる出資者とする「JPE・プライベートエクイティ3号投資事業有限責任組合」，福岡銀行をはじめとした九州の地域金融機関を主たる出資者とする地域特化型の事業承継ファンド「九州・リレーションシップ1号投資事業有限責任組合」を組成するなど，小規模ながらもユニークなMBOファンドを運営し，6社の事業再編案件，12社の事業承継案件への投資を実行，累計18社への投資実績を有している（2010年8月時点）。

　本稿で採り上げる「株式会社シーズメン」は，上場企業子会社の事業再編によるMBO案件として，2002年3月29日にJJ・PE1号ファンドより投資を実行，約5年4ヶ月の年月を経て，2007年8月7日に大証ヘラクレス市場に株式上場

を果たした。

　2002年当時，日本のMBOの歴史もまだ浅く，中堅・中小企業のMBOの実例もほとんどないに等しい中，で取り組んだ案件である。同社が株式上場を実現し，ファンドとしても完全EXIT（エグジット）したというまさにMBOを完遂した「事業再編型MBO」の一つの事例としてご紹介させていただくことで，オーナーや親会社からの自立を目指す経営陣の決断への後押しや事業再編に関わる方々のMBOファンドへの理解の一助となれば幸いである。

1　会社概要

　株式会社シーズメン（以下「シーズメン」という）は，1989年3月に株式会社キャビンの紳士服事業部を分離する形で設立され，主力業態である"METHOD"をはじめとしたカジュアル衣料の小売店舗をチェーン展開している。

　シーズメンは，製造小売（SPA）ではなく，あえて"小売"に特化し，シャツやニット，ブルゾンといったトップスを中心としたトータルウェアから雑貨やインナーまでメンズを基本としながら幅広いファッションニーズに対応するカジュアル衣料専門店65店舗（2010年8月時点）を全国のショッピングセンターや駅ビル等に展開している。主力業態である"METHOD"は平均的な店舗面積が70～80坪で44店舗，和柄ブランドを集めた業態"流儀圧搾"は店舗面積20～30坪で17店舗，その他業態で4店舗を出店している。

　衣料品小売のマーケットにおけるメンズ衣料の市場規模は約2.8兆円とレディス衣料の約6.5兆円の4割程度ともいわれており，その中でもカジュアル衣料は，"UNIQLO"（株式会社ファーストリテイリング）が圧倒的なシェアを占め，その他をライトオンやジーンズメイトといった数百億円規模の企業が争っているという状況である。こうした大規模展開，低価格競争が激しい業界において，売上規模や店舗数といった"量"ではなく，少量多品種や小売業としての接客サービスといった"質"を重視した展開で中長期的な成長を着実に実現していることがシーズメンの特徴である。

図表15-1　会社概要

会社名	株式会社シーズメン（C's MEN Co., LTD.）
本社所在地	東京都中央区日本橋小伝馬町13-4 共同ビル5F
URL	http://www.csmen.co.jp/
設　立	1989年3月1日
資本金	2億4,500万円
代表者	椛島正司（かばしま まさし）
従業員数	160名（平成22年2月末現在）
事業内容	カジュアル衣料品および服飾雑貨の販売
取引銀行	りそな銀行，三井住友銀行，三菱東京UFJ銀行，あおぞら銀行，西日本シティ銀行，商工組合中央金庫
会計監査法人	有限責任監査法人トーマツ
主要仕入先	株式会社大野衣料，株式会社上野商会，株式会社水甚，豊島株式会社，その他

(出所)　シーズメン

図表15-2　沿革

1989年3月	株式会社キャビンの全額出資により，紳士服事業部から分離独立して，株式会社シーズメンを設立。（設立時17店舗）
1996年7月	初の100坪を超える店舗，池袋アルパ店を開店。店舗の大型化を図る。
1998年10月	神戸，京都，大阪に4店舗開店。関西地区に10店舗展開。同地区の基盤強化。
1998年11月	会計及び人事システムを自社開発，親会社から管理部門を分離独立。
1999年11月	ファミリー対応の大型店舗の本格展開を図り，港品川ジャスコ店（194坪）を開店。
2002年3月	親会社である株式会社キャビン保有の当社株式3,000株をジェイジェイ・プライベートエクイティ壱号投資事業有限責任組合に譲渡。MBOにて親会社から独立。
2007年3月	和柄ブランドの新業態「流儀圧搾」の本格展開をスタート。
2007年8月	大証ヘラクレス市場に株式公開。
2009年4月	ジェイジェイ・プライベートエクイティ壱号投資事業有限責任組合の保有する当社株式全株を自己株にて買取。
2010年3月	新業態のバイカーテイストのセレクトショップ「AGIT POINT」1号店がオープン。

(出所)　シーズメン

2　MBOのプロセス

(1) MBOの経緯

　シーズメンは，東証一部上場企業（当時）でレディス衣料専門店を展開する，株式会社キャビンの紳士服事業部としてスタートし，1989年に別会社化されたものの業績が振るわず，現社長の椛島氏を迎え入れて事業の立て直しが図られた。椛島社長（1947年生まれ）は，1971年に株式会社高久（現・株式会社タカキュー）に入社，その後，1991年キャビンに入社，同時にシーズメンの取締役営業本部長に就任，1992年5月より同社の代表取締役社長を務めている。椛島社長は，社長就任後，紳士服も扱っていた同社事業をカジュアル主体へと転換，あわせてレディス衣料と同じ手法で運営されていた社内の仕組みを見直すことで親会社に依存しない経営へと舵を切った。

　キャビンは，1971年に平明暘氏が代表として設立，1984年に株式を店頭公開，1988年には東証一部市場に上場する等，レディスカジュアル業界では一世風靡した企業であったが，2001年当時は約350億円の売上で最終損益は約20億円の赤字と業績低迷が続いており，メンズカジュアル主体のシーズメンは子会社として本体事業との相乗効果が見込まれないと判断，シーズメン株式を売却して本業のレディスカジュアルに経営資源を集中させたいという意向であった。

　一方で，椛島社長は，親会社から自立した経営を当初より実践し，一時は株式公開まで視野に入れていたものの親会社の業績不振からその実現が叶わないどころか，いよいよ親会社がシーズメンの売却を具体化しはじめたことから，もしM&Aによって事業会社の傘下に入ればシーズメンの企業文化が維持できないことを懸念して，椛島社長自らが証券会社を通じて投資ファンド等10数社の候補と面談，"MBO"という手段を模索した。その結果，弊社をMBOにあたってのパートナーとして親会社に推薦し，キャビンの平明会長，須田社長（いずれも当時）も売却条件やMBO後の運営方針等に加え，椛島社長の意向も尊重したうえで，弊社が運営するJJ・PE1号ファンドへの株式売却を決定した。

　椛島社長は，株式上場当時のインタビューで「パートナーとなるファンドの

選定にあたっての一番の決め手は"相性"だった」と答えておられるが，シーズメンの経営スタンスを理解し共有して一緒にやっていける相手と思えたかどうかがMBOのパートナー選定の大きなポイントになったようである。

(2) 投資実行

アパレル業界は，景気や天候に左右されやすく浮き沈みの激しい業界であり，特にカジュアル衣料分野は競合が激化していたが，そうした中でも，シーズメンの業績は1993年以降の10年で売上が倍増，MBO直前5期をみても比較的安定した業績で堅実な経営がなされていた。例えば，1997年2月期以降の5年間をみると，店舗数は5店舗しか増えていないにもかかわらず，売場総面積は約

図表15－3　MBO前の業績推移

(単位：百万円)

	1993/2	1994/2	1995/2	1996/2	1997/2	1998/2	1999/2	2000/2	2001/2	2002/2
売上高	3,723	3,927	4,273	5,118	6,233	6,817	6,696	6,680	7,356	7,777
営業利益	144	216	224	351	443	282	278	144	240	461
経常利益	67	164	182	327	427	270	259	122	216	433
期末店舗数	n.a	n.a	n.a	n.a	36	42	44	45	43	41
売場総面積（坪）	n.a	n.a	n.a	n.a	1,593	2,415	2,617	3,042	3,586	3,735

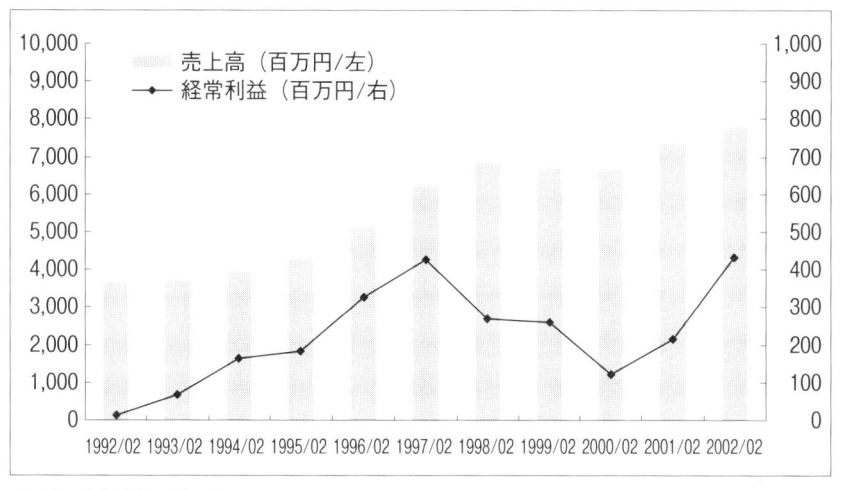

(出所)　各種資料に基づき日本プライベートエクイティ作成

2.5倍になる等, 新規出店に依存しない堅実な売上成長を実現していた。

　弊社が, シーズメンへの投資を決断した理由には, 上記のような安定性に加え, ①業務改革を着実に実現し, 親会社に依存しない企業基盤を築き上げてきた「経営トップのマネジメント能力」, ②自社に商品企画や調達を抱え込まず, メーカーと共存共栄を図りながら価格決定権を持つという「小売に特化した独自のポジショニング」, ③発注の多元化により, 時流や地域にあった柔軟なマーチャンダイジング（MD）を可能とする「変化対応力」, といった点があげられる。この他にも, シーズメンの優位性や差別化を表すキーワードとしては「ミドルプライス中心の商品展開」,「レザーをはじめとした戦略品の展開」,「顧客ニーズに対応した接客の徹底」,「親会社から自立したオープンな経営」などがあげられるが, 何よりも椛島社長をはじめとした社員一人ひとりの仕事に対する真摯な姿勢やオープンな社風は魅力的であり, 株式上場という目標に向けてぜひ一緒に取り組んでみたいと思わせる雰囲気が感じられた。

　また, 投資にあたっては, シーズメン経営陣の意向, 取引銀行との関係, 株主構成等を総合的に勘案して, 受皿会社（SPC）が銀行から買収資金を調達してレバレッジを効かせて株式を譲り受けるという一般的なMBOのスキームではなく, JJ・PE1号ファンドが直接, 親会社のキャビンから株式を譲り受けるというスキームを採用した。あわせて, 株式上場を前提に「金庫株」を導入し, 自社株消却や第三者への譲渡等も可能とすることで, 資本政策に柔軟性を

図表15−4　投資スキーム

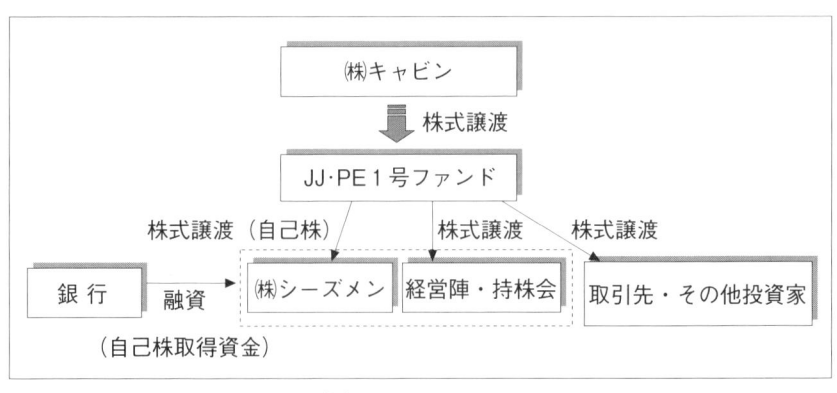

```
                    ㈱キャビン
                       │
                    株式譲渡
                       ↓
                 JJ・PE1号ファンド
       株式譲渡（自己株）│    株式譲渡    株式譲渡
                    ↓         ↓         ↓
  銀行  →融資→ ㈱シーズメン  経営陣・持株会  取引先・その他投資家
    （自己株取得資金）
```

（出所）　日本プライベートエクイティ作成

持たせ，間接的なレバレッジ効果による投資リターンの向上を図ることとした。

3 企業価値向上（Value-Add）への取り組み

(1) 基本スタンス

　シーズメンは，"現場力"のある，真面目で非常にコミュニケーションのいい会社である一方，現場第一であったがゆえに経営陣の層が薄く，まだ本当に"経営"を意識している人材が少ないのが一つの課題であった。

　また，"ファッション"には天候は関係ないとはいえ，やはり冷夏暖冬や台風等の季節的要因で短期的には業績に影響を受けてしまうことから，足元の業績を固めながら，いかに中長期の成長戦略を描くかも大きな課題であった。特に，これまで"数字ありき"の出店ではなく自然体での成長を実践してきたシーズメンにとって，「株式上場」という目標に向けて数字が先行する計画を自ら策定し実現するというプロセスは過去に経験したことのない取り組みであり，さらにそうした中で同社の特徴やユニークさをより顕在化させ，投資家にどのようにアピールしていくかも課題としてあげられた。

　シーズメンの場合には「３年後に株式上場」という明確な目標があったことから，MBO時のデューデリジェンスで把握された改善事項を中心に短期・中長期でやるべきことを整理し，中長期的な成長戦略の中に株式上場を位置付けて「業績面」，「組織面」，「資本政策面」，「社内体制面」，「人材面」という観点からの改善策や取り組みを実施していくことからはじまった。

　同社に投資した当時の弊社メンバーは，ベンチャーキャピタル出身者中心に構成されていたこともあり，コンサルティング的なアプローチではなく，株式上場という一つの目標に到達するために"変えるべきところと変えないでおくべきところを見極め，変えるべきところを変え，足りないものを補っていく"という基本スタンスで，主に，以下の六つの観点から現場とともにValue-Add活動に取り組んだ。

　①「経営全般」：中期経営計画の策定，利益重視・目標達成に向けての意識　　　　　　　改革

②「財務・経理」：CFO人材の派遣，新規資金調達の支援，予算策定
③「人事・組織」：インセンティブプランや報酬制度の策定・提言，人事研修・労務関連コンサルティングの支援
④「営業支援」：出店候補物件の紹介，新規仕入先，取引先の紹介
⑤「業務管理」：業務システム導入支援，経費削減に関するコンサルティング支援
⑥「M&A・資本政策」：安定株主作り，M&A案件の紹介

　また，基本スタンスとして，現場でのコミュニケーションを通じて，常に現場と課題や改善策を共有し，実行に導いていくということも重視した。企業は，その業種やステージ，社風によって経営関与や支援のアプローチも異なってくることから，業界のセオリーやファンドの考え方を押し付けるのではなく，相手の考え方を理解し尊重することからはじまる。

　特に，同社の場合，現場経験豊富な若い社員が中心で，非常に堅実な経営姿勢が浸透，各人が既に現場における課題は認識していた。よって，企業価値の向上，つまりよりよい会社にしていこうという目的は同じであることを理解，共有してもらった上で，"社外"であるという立場を活かし，むしろ"社外"だからこそ話せることや聞けることを経営や現場から吸い上げて，"社内"という立場で具体的な解決策を経営や現場に還元していくことがファンドとしての役割であり，経営として果たす役割であるとの認識の下で日々の経営にともに取り組んだ。

　また，その他，現場のことは現場が一番よくわかっているとはいえ，業界の常識や既成概念にとらわれている部分や社内では当たり前になって見えなくなっている課題を，顧客の立場からの素朴な疑問や意見として日々のコミュニケーションの中で現場に投げかけることで"気付き"を促しながら，お互いに答えや改善策を見出していくというやりとりを繰り返し，ファンドと現場の信頼関係が構築されていった。

(2) 業績低迷からV字回復実現まで

　2003年2月期以降，売上は「客単価の低下」を「既存店の客数増」と「新規出店」で補い微増していたものの，既存店ベースでは前年比マイナスが続き，

粗利率は低迷，販売管理費も人件費総額は抑えられていたが店舗関連費用が大きく増加したことで3期連続の減益となった。特に，MBO前後の時期は，カジュアル業界の出店競争が激しく，同社も「大型化」や「ファミリー対応」といった出店戦略を積極的に進めたことで店舗数と売場面積は増えたものの，坪売上が低下，特に，新しい店舗が収益貢献できないという状況に陥った。

まさにMBO実施直後の業績が伸び悩んでしまったわけであるが，その原因としては，"質"を重視していたはずの経営が，他社との競合や株式上場に向けての業績達成といった背景から"量"を優先した経営になってしまったことがあげられる。あわせて，MBO前の業績が絶好調であったことから，このままの勢いで株式上場まで実現できるであろうという慢心がファンドや経営陣に少なからずあったことも否めない。こうして，ファンドと経営陣が危機感を共有しはじめたのは，2003年の年末商戦を終え，2004年2月期の業績が見えてきた頃であった。

図表15-5　MBO（2002年3月）以降の業績推移

(単位：百万円)

	2002/2	2003/2	2004/2	2005/2	2006/2	2007/2
売上高	7,777	7,622	7,856	7,978	8,667	8,793
売上総利益	3,288	3,307	3,399	3,407	4,111	4,345
営業利益	461	414	249	68	689	748
経常利益	433	377	214	35	562	702
当期利益	216	197	59	-23	270	359
純資産	1,421	1,390	1,422	1,375	1,632	1,960
有利子負債	1,270	1,147	1,125	1,571	1,195	1,293
売上高成長率（前年比）	105.7%	98.0%	103.1%	101.6%	108.6%	101.5%
売上総利益率	42.3%	43.4%	43.3%	42.7%	47.4%	49.4%
期末店舗数	41	42	44	49	54	56
売場総面積（坪）	3,735	4,074	4,465	4,757	4,827	4,669

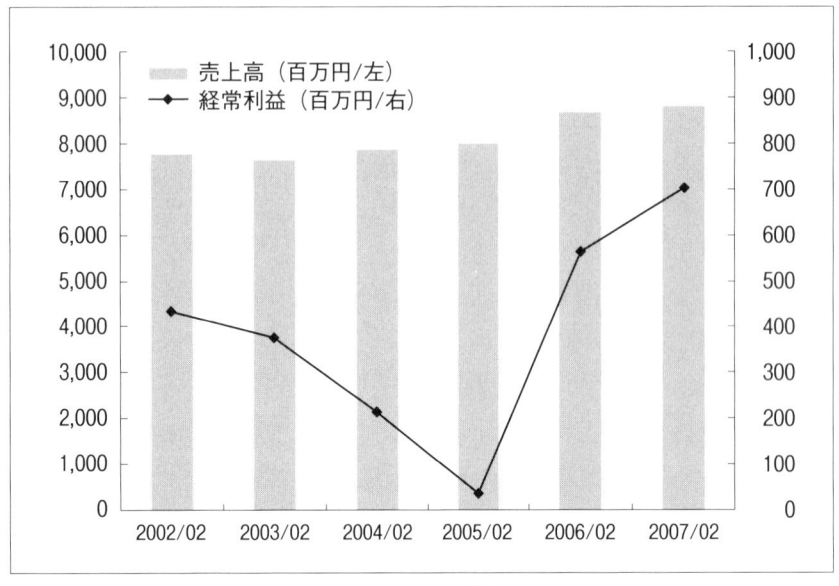

```
10,000                                                    1,000
 9,000   ■ 売上高（百万円/左）                              900
         ◆ 経常利益（百万円/右）
 8,000                                                      800
 7,000                                                      700
 6,000                                                      600
 5,000                                                      500
 4,000                                                      400
 3,000                                                      300
 2,000                                                      200
 1,000                                                      100
     0                                                        0
      2002/02 2003/02 2004/02 2005/02 2006/02 2007/02
```

（出所）　各種資料に基づき日本プライベートエクイティ作成

　MBO直後からの業績低迷の原因の一つとして，実質的な意識改革が遅れたことがあげられる。「MBOして会社は変わった，変わらないといけない」という意識付けをMBO直後に社内でもっと徹底するべきであった。当時，MBOを支援してくれた取引先の多くが「会社の経営姿勢や基本方針を変えないでほしい」と望んでいたとはいえ，「会社を変えない，変わらない」という意識が先行しすぎてしまった反省はある。また，ファンドとしても業績が好調であるがゆえに経営戦略の転換や意識改革に踏み込むのを躊躇してしまったという面もあり，業界の中でのシーズメンの位置付けや株式上場に向けてのシーズメンのあり方など，激しく変わる環境の中で自分たちの立つべき位置やあるべき姿を見失っていたともいえる。

　また，事業面では，これまで自然体での成長を主眼としてきたシーズメンにとって，やはり株式上場という目標を目の前に掲げるということは大きなプレッシャーであったのか，少し背伸びをしてしまった時期であった。店舗が大型化し，ユニクロやライトオンと同じ土俵で戦わざるを得なくなる中で商品やサービスが追いつかず，さらに，売上や利益数値の伸びや予算達成を各部門や

現場が各々で一生懸命に追い求めすぎてしまった結果，社内のセクショナリズムの顕在化や商品政策が曖昧になり，現場とのギャップが生じ，同社の本来の強みや特徴が薄れてしまう結果となっていた。

こうした反省を踏まえて，2006年2月期でのV字回復実現を目標として，本格的な意識改革と目標の再設定を図り，経営全般としては「粗利率50％の達成」，「効果的な報酬・インセンティブ制度の導入」，「縦割り意識の排除」，「次世代経営陣の育成」の4点が課題として改めて共有された。

また，事業面においては，他社とは一線を画した"質"の経営を目指して「適正な規模での店舗の展開（中・小型化）」，「独占的に販売できる商品の展開」，「本来のコンサルティングセールスの展開」の三点を軸として他店との差別化を徹底的に追求し，改めて，自分たちの立つべき位置とあるべき姿を明確にした。

さらに，現場においては，これまでの延長線上で戦略や目標予算を考えるのではなく，常識を排除した数字や力仕事を超えた目標数字を設定することで，今までと"質"の違う数字を残すように意識変革が促され，徹底されていった。やはり業績好調で自信にあふれている時よりも業績不振で苦しい時のほうが他人の意見に素直に耳を傾けられるものであり，経営も現場も各部門も，組織の縦横が一体となって目標達成のための具体策を策定し，全社で共有して現場に落としこんでいったことで，自分達で変えよう，変わらないといけないという空気が社内に醸成され，具体的な実行モードへと移行していった。

(3) 人に始まり，人に終わる

こうしたプロセスの中で改めて実感したことは，現場を成り立たせているのは"人"に尽きるということであった。例えば，現場においては，店長が交代すると，その日，その人が売り場に立った瞬間から店の空気が変わり，売上が変わる。ある店長が「前年対比は自分自身との戦いである」と語ってくれたが，極論すれば数字にあまり意味はなく，誰がやるか次第で売上は青天井であり，限りない可能性が現場にはあることを実感した。また，会社全体では業績が振るわなくても，すべての店舗が一様に売れていないわけではないので，好調な店舗から学ぶことのできる素直さや実行力が一人ひとりにあれば，会社として

の大きな流れも変わってくるものである。特に、同社の場合、セルフ販売ではなく"コンサルティングセールス"を一つの特徴として、他社では扱いにくい高額商品等も付加価値の高い商品として、顧客とコミュニケーションをとりながら販売していることから、"人"が現場の要であり、まさに人をどう活かすかが企業経営であることを再認識した。

また、経営として組織全体を見渡した時に、例えば、リストラや大胆な人事異動といった"外科的療法"が効果的な場合もあれば、ある程度、時間をかけながらモチベーションを維持し、人を動かしていくという"(心療)内科的療法"が必要とされていることもある。例えば、シーズメンの役員構成は、MBO実施時と株式上場時とでは大きく顔ぶれが変わっており、MBO当時のプロパー役員四名のうち、上場時に役員で残っていたのは、社長一人だけであった。これは、役員解任といった"外科的療法"がなされたわけではなく、この間に取締役を退任した方々は全員任期を全うした上で改めて幹部社員として社内で重要な職責を果たしていた。一方、株式上場までの5年で、プロパーを含む四人のマネジメント人材が新たに創出されており、多少余計に時間がかかったとしても、シーズメンが上場企業としての真の経営陣を創出するため、また、"日本型MBO"を実践するためにも、MBOから株式上場までの5年間は必要な時間とプロセスであったと確信している。

こうして、人の意識が変わり、行動が変わり、日々の現場で当たり前のことを当たり前にできるようになれば、数字も変わってくる。流行を追った"ファッション"ではなく、特定の顧客から支持されるブランドや商品を的確に提供することで売上は伸び、"ファッション"にこだわって少量多品種を適正な価格できちんと売り切る、そんな当たり前のことが当たり前にできるようになることで粗利率は向上する。

2006年2月、こうした地道な"商売"の実践と意識改革の結果、V字回復は実現した。業績の回復が見通せた時点で、株式上場に向けて再加速を図るため、2005年9月には上場準備をはじめとした社内体制強化を目的として、ファンドよりCFO人材を推薦し派遣した。ファンドの考えを理解してガバナンスを効かせると同時に、会社にも溶け込んで、新たな刺激を与えてくれるという素晴らしい人材が最も効果的なタイミングで経営に参画し、上場準備は強力に推進

された。

　以降，2007年8月の株式上場までは，まさにギアチェンジしてアクセルを踏み込むような勢いで，間断なく押し寄せてくる大小さまざまな難問を乗り越えながら株式上場に向けて邁進した，あっという間の2年であった。

4　株式上場の実現

　同社は，2007年8月7日に新光証券（当時）を主幹事として，大証ヘラクレス市場（当時）に上場した。ヘラクレス市場の上場企業では初の「小売業」となることや流動性等を総合的に勘案し，上場市場として選択した。

図表15－6　株主構成の変化

株主名	投資実行前		MBO直後		上場申請時 (*)	
	株数	シェア	株数	シェア	株数	シェア
㈱キャビン	3,000	92.3%				
椛島社長	23	0.7%	23	0.7%	423	4.0%
役員・社員	15	0.5%	15	0.5%	699	6.6%
従業員持株会	101	3.1%	101	3.1%	834	7.9%
金融機関	100	3.1%	100	3.1%	360	3.4%
取引先他	11	0.3%	11	0.3%	1,803	17.0%
JJ・PEファンド			3,000	92.3%	2,961	28.0%
VCその他					1,863	17.6%
㈱シーズメン（自己株）					1,638	15.5%
合計	3,250	100.0%	3,250	100.0%	10,581	100.0%

（出所）　各種資料に基づき日本プライベートエクイティ作成　　　（* 株式分割1→3／含潜在株）

　MBO実行直後，ファンドは90％超の株式を保有していたが，上場に向けてのファンドの持株比率の引き下げと投下資金の回収を目的として，順次，経営陣や取引先等に株式譲渡を実行した。また，幹部社員向けにストックオプションも発行，上場申請時にはファンドの持株比率を3分の1以下に引き下げた。

　シーズメンが上場した時期は株式市況低迷の兆しが見えはじめた頃であり，上場時の初値は残念ながら公募価格から9.5％の下落と少し苦い船出となったが，翌年のリーマン・ショック以降，株式市場やIPO（新規公開）が完全に凍

結してしまったことを思うと，シーズメンにとっては上場実現の最初で最後のタイミングであったともいえる。

図表15-7　上場データ

上場日	2007年8月7日	発行済株式数	9,750株
上場市場	大証ヘラクレス	公募株数	0株
主幹事	新光証券	売出株数	3,000株
公募価格	420,000円 （公募価格PER：9.8倍）	公開株式数	3,000株

（単位：百万円，EPSは円）

	2006年2月期	2007年2月期	2008年2月期
売上高	8,668	8,794	8,795
経常利益	562	702	462
当期利益	270	360	226
EPS	¥95,704	¥44,327	¥26,126
純資産	1,632	1,960	2,556

（出所）　目論見書等に基づき日本プライベートエクイティ作成

　昨今，株式上場のハードルはさらに高くなり，その意義やメリットが問われているが，MBOファンドの投資対象となる企業は，成熟産業や安定企業というケースが多く，"成長性"や"新規性"だけを求められると，なかなか株式上場にはそぐわない。よって，ファンドが対象会社の潜在的な成長力をいかに顕在化させて，会社とともにどのような"エクイティストーリー"を描くかが，上場をEXITとするMBO案件の大きな課題である。あわせて，上場がゴールではなく，上場後も右上がりの業績を維持して，さらに次を目指していくような企業体質や事業構造にするためには，ファンドは自らのEXITまでに芽が出なくとも，将来に向けての"種"を蒔き，そのための先行投資を行うことも必要であろう。

　また，ファンドの持株比率をどのように考えるかも課題である。もちろん，上場後の流動性を考えるとファンドの持株比率は極力引き下げたほうが望ましいものの，ファンドとしてはEXITが上場かM&Aかを見極められる，最後の最後のタイミングまで経営権を掌握していたいというのが本音である。一般的に，新規公開時には，ファンドの持株比率が高いだけで投資家には敬遠されがちであるが，上場直後に短期での市場売却を志向するマイナー株主のVC（ベ

ンチャーキャピタル）ファンドと，上場後も一定比率を有しているMBOファンドとは必ずしも同一視できるものではない。対象会社を上場前から支援しているMBOファンドは，上場後も変わらず"友好的なアクティビスト・ファンド"という存在であり，対象会社にとっても，ファンドにとっても，株式上場は通過点に過ぎず，その後のさらに大きな果実を新たな一般株主とともに享受することを目指している存在であると認識すべきであろう。

　ただ，2008年のリーマン・ショック以降のマーケットにおいては，残念ながら，"友好的なアクティビスト・ファンド"がその機能を正常に果たすことは困難を極めた。景況感の悪化とあいまって同社株価も下降線をたどる中，JJ・PE1号ファンドは，同社が2009年4月に実施した自社株買い付けに応じて全保有株式を売却したことで完全EXITを遂げた。2002年3月のMBO直後に，シーズメンの社員の方々とファンドとして初めて向き合った際に「ファンドはあくまでも自立までの橋渡しである」とお話させていただいてから7年が経過していたが，最終的にファンドの完全EXITが自社株買いという形で完結したのは，会社とファンドとの双方の信頼関係が変わらず維持できていたからであり，両者にとってお互いにメリットのある，前向きな到達点であったと考える。

5　資本と経営の調和

　MBOから株式上場まで実現できたポイントは，ファンドと経営者，そして社員の間で"今，何をすべきか"という目的が相互の信頼関係の下で常に共有できていたことだと考える。業績が落ち込んだ時期においても，お互いを信頼して各々の立場で果たすべき役割や目指すところを常に共有できていたからこそ，確執も仲違いもなく速やかにV字型回復を実現できたといえる。

　ベンチャー投資の場合，投資判断の基本は"経営者"であることから，あらゆる面において経営者への依存度が高いが，MBOの場合は，経営者も含めた社員全員の"人"とファンドとの信頼関係が不可欠である。また，ベンチャー投資の場合，経営者とコミュニケーションがとれていれば，あとは会社の勢いや経営者のリーダーシップで会社は前進していくケースが多いが，MBOの場

合は，会社全体がどう感じてどのように動いているかについてもファンドとして把握する必要があり，株主として，あるいは社外取締役としての会社全体とのコミュニケーションが不可欠である。例えば，シーズメンの場合は社員やアルバイトといった立場に関係なく現場の意識が高く，店舗を訪ねると必ず「何か気付いた点はないか？」や「改善点がないか？」と容赦なく問いかけられたし，現場のまだ若い20代の店長が「上場するために自分が果たすべき役割をどう考えているか」を熱く語ってくれるなど，シーズメンのこうしたコミュニケーション能力や仕事に対する真摯な姿勢が株式上場への大きな原動力となったことは間違いない。

　ファンドも社員の思いと熱意に応えたい一心で支援をしてきた5年4ヶ月であり，株式上場を実現したことで，キャビンの須田社長（当時）からMBO実施直後に頂戴した「今日の決断が"本当に良かった"と言える日が早く来ることを期待している」という言葉にようやく応えることができた思いであった。ただ一方で，キャビンは2004年9月に大和証券SMBCプリンシパル・インベストメンツ株式会社（当時）の資本参加を受け，さらに，その後の2006年4月には株式会社ファーストリテイリングへと株式が譲渡されたことでユニクロクループの傘下入りをした。そして，奇しくもシーズメンが株式上場した2007年8月にファーストリテイリングがキャビンの完全子会社化を図るTOBを発表し，キャビンが上場廃止となり1984年の店頭公開以来の上場企業としての歴史に幕を下ろしたことには何かしらの運命を感じ得ない。また，その後，2010年7月にはファーストリテイリングがキャビンの展開するレディスカジュアル事業からの撤退を決定したことで，1971年以降，キャビンという企業の下で約40年にわたり展開されてきた企業文化とブランドは消えてしまった。

　シーズメンにとって，かつての"親"であったキャビンは，オーナー会社から東証一部上場企業にまで上りつめたものの，「創業オーナー」から「投資会社」，そして「事業会社」へと株主が変わった末に上場廃止に至り，最後には，その名前も形も失くしてしまうという運命をたどった。一方で，親から離れて自立した"子"は，MBOファンドを活用して上場企業となり，そこで働く人や企業文化，ブランドを残すことができた。こうして親子であったキャビンとシーズメンの両社の歩みを振り返ると，"所有"と"経営"のあり方について，

改めて考えさせられるものがある。上場・未上場に関係なく，"所有と経営が一致"している場合も"所有と経営が乖離"している場合も，そのいずれにおいても功罪はあるといえるが，MBOファンドの存在は，そのいずれでもない"所有と経営の調和"を実現し，理想の経営のあり方を具現化させる可能性があると考える。

おわりに

　以上，企業として，またファンドとしての一つのMBOストーリーは終わった。が，実は，ファンドとして完全EXITしてから1年2ヶ月後の2010年6月，弊社は，自己資金にてシーズメンの株式を取得し，再び同社の株主となった。これは，株主として，そして"併走者"として，親から自立した子の存続と発展の新たな歴史を改めてともに走りたいという思いからである。MBOファンドを運営する立場にある限り，そして"資本と経営の調和"という理念を掲げる以上，自らの責務として，そして永遠の課題として「株主と経営との望ましいあり方」を追求していきたいと考えている。

　本来の"Management Buy-Out"と言える事例は日本ではまだ稀であるが，企業を取り巻く経営環境が大きく変わる中，大企業も中小企業もこれまでと同じように存続できないことは明らかであり，親会社と子会社という資本関係がいつまで意味を持ち続けるのかも疑問である。日本の経済構造や企業のあり方を変えていくためには，経営者が変わらないといけないが，日本には"経営者"そのものと"自立心"なるものが足りないと感じている。MBOファンドを運営する立場としては，勇気を持って決断し立ち上がる"企業家"が一人でも多く"経営者"となることを願い，そうした経営者や会社の"自立"を支える資本でありたい。

　弊社は，2010年には会社設立10周年という節目を迎え，短いながらも10年の歴史の中で，「MBOファンドとしてのビジネスと社会的意義の両立は可能である」ことが実証できたと自負している。よって，これからも「志を継いで 夢をカタチに。夢を継いで 新たなる時代へ。」という投資理念を堅持し，"買収

ファンド"ではなく「継承ファンド」であり続けながら「資本と経営の調和」を追求していくことで,「日本型MBO」の理想の形を見出し,多くの可能性を秘めた中堅・中小企業を日本の未来に向けて継承し続けていきたい。

経営者インタビュー

会社全体のモチベーション向上と株式公開

株式会社シーズメン
代表取締役社長
椛島正司氏

Q 2002年当時は，まだMBOの手法の認知度は低かった時代だと思います。ファンドを活用してMBOをするという手法があるということはどのように知ったのでしょうか。

　当時M&Aは知っていましたが，MBOという手法はまったく知りませんでした。当社の親会社であったキャビンが当社の株式を手放すという情報が入ってきた時に，一応ここに売るぞという話はあったのです。それまで私がこの会社で社長を約10年続けてきましたが，素晴らしい社員が多いのです。一緒にこの会社を伸ばして株式上場まで持って行こうという話を常にしていたものですから，きちんと社員を定年まで雇いきれるような会社を創りたいと思っていました。売却するという話を聞いた時に，変な先に売却されたのでは困ると思いましたし，自分のことはともかく，社員が頑張っていける体制でなければ社員に対して嘘をついたことになると考えました。

　売却先の候補があったのですが，その話が不調に終わり，次の候補を探すという時に，キャビンの当時の会長だった方に，「こちらでも売却先を探していいですか」と聞くと，「いいですよ」ということでしたので，当時取引のあった証券会社や金融機関に相談に行ったのです。そこで，いろいろな先を紹介してくれまして，その過程でMBOという手法があるということを知りました。

　当時の日本プライベートエクイティは，全然知らない会社でしたが，最初に会った印象としては誠実な人たちだと思いました。やはり最後のところはそこが決め手になりました。メンバーの人柄も良く，当社の企業文化をしっかり尊重してくれるだろうという期待を持つことができました。他にも熱心に来てくれたファンドがあり，たくさんいろいろなところと会ったので比較をすることができました。これは大きかったですね。

> **Q** 親会社から独立することで，会社全体として何が変わりましたでしょうか。また，MBOしたからこそ実行が可能になった経営施策はありますでしょうか。

　私の社長としての自由度が非常に高くなりました。自由度が高くなったのと，社員と株主に対しての責任感が増しました。これはMBOを実行した以上は仕方がないのですが，きちんと最後まで責任を持たなければいけないなということがありました。ファンドのほうから「このようにして下さい」ということはありませんでした。ただ，もちろん非常勤取締役と監査役で三名入っていただきましたので，毎月の役員会そのものは，それまでの役員会よりは緊張感がありました。外から見られたときに耐えられるような中身をやっていかなければならないということで，間違いなくプレッシャーにはなりました。

主力業態である「METHOD」の店内

　会社全体のモチベーションはやはり上がりました。最初から参画していただいた日本プライベートエクイティの法田社長も，ちっとも偉そうな人ではなかったです。社員の中に気軽に入って来られるのです。MBOの直後に新店のオープンがありましたが，商品を入れるときに自分から進んでダンボールを運んでくれました。日本プライベートエクイティとしても最初の案件であったし，一緒にやっていこうという姿勢をどんどん示されました。

　それから，品揃えを豊富にしました。SPA（製造小売）もいいのだろうけど，日本にはたくさんのメーカーさんや問屋さんがあるので，そこをしっかり活用しようと思っ

独創的な和装の店構えの新業態「流儀圧搾」

ていたのです。製造から小売りまでの全部を自力でやるだけの力を持っていないし，SPAはどうしても量販指向で価格指向ですから，自力でやって成功したら見返りは大きいけれど，その当時の会社の規模だとリスクが高すぎますので，安全にやっていきたかったのです。

　また，社員の給料を上げるのが自由になりました。以前は，親会社に気兼ねをしながらやっていたのですが，報酬制度や賃金体系をどんどん変えていきました。以前は，親会社に合わせて評価だけをこちらから出すけれど，親会社で決定した昇給やボーナス査定をそのまま採用していました。

　小売業というのは，社員の定着率が非常に悪いのです。新卒で採用しても1年間で約半分が辞めます。MBOをするまでは一括して親会社のほうで採用していたのです。当社としては会社の規模が小さいものですから，リクルート部隊というのは持てません。MBOの時から全員アルバイトからのステップアップでの採用を行い，新卒の採用を止めました。現在の社員の半数以上がアルバイト出身であり，アルバイトでの経験を重視しています。それで，定着率が非常に良くなりました。大体2年くらいアルバイトをした人を社員に登用していくようになりました。

Q 2007年8月に株式公開を達成しましたが，株式公開に向けた準備プロセスにおいては日本プライベートエクイティからはどのような支援を受けましたでしょうか。

　一つには，上場を準備するだけの力を持っていませんでしたので，こういう人材が必要だということで経営管理面に強い人材を紹介してもらいました。実際，株式公開に向けた実務をやる力がなかったのです。ノウハウもそれほどないし，なんとか自力でやろうかとは思っていたのですが，ゴールまで達する力はありませんでした。そんな中で，現在常務取締役管理本部長を務めている青木雅夫という人材を紹介いただきまして，会計や財務の役割を担っていただけました。

　ファンドのエグジットという議論もありますが，株式公開は達成できるものだと思っていましたから，基本的には株式公開しか考えていませんでした。実は，途中でなかなか骨の折れる時に，日本プライベートエクイティさんとの話の中で，株式公開を1年延期したら，利回りから計算した要求株価が高くなりますという議論が出ました。そこはプレッシャーといえばプレッシャーでしたね。ファンドにはファンドの立場があるわけですから仕方ないと思いましたが，ミドルリスク・ミドルリターンを追求する日本プライベートエクイティさんだから，中長期的な視点で一緒に取り組めたということがあると思います。

Q MBOを実施して株式公開を達成できた企業は必ずしも多くはありません。今振り返ってみて，当初の予定通りに株式公開を達成できた成功要因は何だと思いますでしょうか。

　当社のポリシーかもしれませんが，いい事も悪い事も含めて，全部オープンにしました。ですから，隠すエネルギーは必要ありませんでした。いい事も悪い事も含めて全部推進力になりました。そういう会社にしようと思っていたのです。

　もう一つは，ファンドとの信頼関係です。親密なお付き合いしていましたから，何とかファンドの期待に応えたいという意識が強くありました。会議がある時はいつも出席し，店長合宿の時は一緒に泊まったりもしてくれました。全体の店長会議が年二回，取締役会が月一回あるのですが，それ以外にも店舗に出向いていただいて，社員との顔つなぎをしていただいたりもしました。地方に行ったら必ず当社の店に寄って店長と話してきたとか，年に二回の店長会議にも出ていただいて，皆の前で励ましていただいたりもしました。

ファンドにはエグジットのシナリオがあり，しっかり利益を取っていくというところがありますが，私どもは個人の儲けというようなものは，まったく考えませんでした。子会社の時は，キャビンからの預かり物だと思って経営していました。MBO以後は，もちろんファンドにお金を出してもらっているのだけれど，社員からの預かり物だと思って経営していました。いろいろ厳しいことを言うのは社員のためですから，その点について遠慮はありません。社員も理解してくれています。

Q MBOを行う際にどのバイアウト・ファンドと組むかは重要なポイントだと思います。MBOを実施する経営者が一緒に組むパートナーを選定する際のポイントとしては，どんな点があげられますか。

一つは，ファンドの目的を，MBOをする側がきちんと理解をしておかなければなりません。ファンドというのは何なのかということ。また，ファンドの利益と社員の利益は一致することですから上場がベストではありますが，そうでなくてもきちんとエグジットをして利益を出してあげなければいけないということを理解してやらなければなりません。

それとともに，ファンドというのは最大の味方ですから，徹底して味方に引き込もうと思いました。味方に引き込めば，コミュニケーションは活性化し疑心暗鬼の入り込む隙もありません，その中から次の良いアイデアがどんどん出てきます。日本プライベートエクイティさんは，本当に味方として信頼に足るというところがありました。ファンドもこちらの立場を分かってくれたし，私どもも相手の立場を充分に理解して取り組みました。相手の立場もきちんと理解できないと次に進めないですね。あとは，向こうから言われたことをどう善意に受け取るかで，こちらの姿勢で相手の姿勢も全く変わると思うのです。

ファンドのメンバーと時々飲みに行ったりもしました。業績の悪い時もありまして，心配をされたこともありましたが，ファンド側の日本M＆Aセンターの三宅社長（当時副社長）などがちょっとした席に招待をしてくれて，元気付けようといろいろ励ましてくれました。「これからどうしますか」，「今までのやり方を思い切り変えて，パラダイムシフトしますよ」などのやりとりもありましたね。「必ずやりますよ」と言ったら，「もっと思い切って好きにやってくださいよ」と言われてすごく励まされました。「社員に報奨金をもっとたくさん出したらどうか」という提案もいただきまして，モチベーションを上げるために，それまでの報奨金の数倍くらいを社員に提案したら，皆ビック

リしたのです。それが大きなインパクトになりまして，社員の目の色が変わりました。

　エピソードとしてはいろいろありますが，意外だったのはファンドと組んで会社を乗っ取ったと理解された取引先があったことですね。契約が無事完了したあと各方面に挨拶まわりをしたのですが，厳しい質問を受けたり白い眼で見られる相手がありました。当時の世の中の知識からは仕方ないことだったのでしょう。これはエピソードではありませんが，インセンティブ等は本当に自由にやらせていただきました。報奨金で年間200万円以上獲得した店長が数名居ました。そして，次の年は一気にV字回復を達成できました。ですからファンド側が主導権を取ろうという感じは全くありませんでした。社長としてどういうことをやりたいのですか，どのように会社を変えたいのですかなどと聞かれましたが，聞かれたことはきちんと説明しましたし，それに対して全部応援もしてもらえました。

シーズメン本社 商品検討会の様子

Q 最後に，シーズメンのMBOの総括と日本において事業再編型MBOが果たす役割においてお聞かせ願います。

　自分たちがMBOによって独立できるなんていうことは夢にも思っていませんでした。ずっとキャビンの優良子会社であるにはどうしなければいけないのかということしか考えていませんでした。その中で思いもかけぬところでMBOの手法を知って独立をすることができました。従業員持株会もありますので，正確にはMBOというよりも

MEBOですね。今はたまたま世の中の景気が悪いので苦戦はしているのですけれど，MBOを実施したことにより，社員の将来に対して大きな希望を持たせることができました。それがなかったら，子会社ですから，言葉は悪いけど卑屈な集団で終わっていたかもしれません。社員がMBOによってとても明るくなりましたし，一人ひとりの社員の人生にとって，とてもプラスになったと思っています。ですので，当社のMBOは本当にWin-Winだったと思います。

　これから日本でMBOは増えると思います。子会社でも事業部でも，まだたくさんの可能性を持っていると思います。当社も可能性がいっぱいあったと思うのです。キャビンの子会社のままだったら，たぶん「METHOD（メソッド）」ブランドだけで終わっていたと思いますが，今は新しい事業部として「流儀圧搾」事業部もあり，どんどん枝分かれができて，可能性が広がりました。日本企業の子会社や事業部門が持っている潜在的能力が発揮できるように，MBOを活用してしっかりやることは産業界にとっても相当プラスになると思います。そして，新しい雇用機会も出てくるだろうと思います。

椛島正司氏略歴

1947年福岡県柳川市生まれ。1971年6月株式会社高久（現株式会社タカキュー）入社。1991年9月株式会社キャビン入社，同年11月株式会社シーズメン営業本部長就任。1992年5月同社代表取締役社長に就任。

座談会

キトーの事業価値向上と再上場
―事業再編とグローバル戦略の推進―

―― 討論者 ――

株式会社キトー 代表取締役社長　鬼頭芳雄 氏
株式会社キトー 専務取締役 経営管理本部長　野村　博 氏
カーライル・ジャパン・エルエルシー マネージング ディレクター　山田和広 氏

　ホイスト・クレーンメーカーのキトーは，2003年のバイアウト以降に，経営陣とファンドが一体となり経営改革を行い，バイアウト前と比較して営業利益で4倍強に伸長するという急速な成長を遂げ，東京証券取引所第一部への上場を達成した。2010年には，KONECRANES PLCと業務・資本提携契約を締結し，インドの中堅クレーンメーカーの全株式を取得するなど，さらなるグローバル戦略の推進を行っている。

　本座談会では，株式会社キトーの鬼頭芳雄社長と野村博専務，キトーの経営改革を支援してきたカーライル・ジャパン・エルエルシーの山田和広マネージング ディレクターの三名をお迎えし，事業価値向上の取り組みについてお話しいただいて，今後の日本企業の事業再編の展望について議論した。（聞き手＝杉浦）

■ キトーが抱えていた経営課題とMBOの背景

――まず，2003年当時のキトーの状況とMBOの契機についてお話し下さい。

鬼頭：1991年をピークに国内のマーケットが右肩下がりで縮小していく中で，2003年というのはこのトレンドの中で一番のボトムなのです。われわれは1990年から海外で積極的な事業展開をしようと取り組んできたわけですが，国内マーケットの縮小を補完するだけの成長を実現するところにまでは至っていない状況でした。

一方で，海外の成長を実現するための基盤づくりには，先行投資が伴うものがたくさんありました。しかし，バブルまでの拡大路線のツケがかなり重くのしかかっていた状態で，有利子負債も抱えており，海外での思い切った先行投資，あるいは成長資金というものを投下できないジレンマの中で2003年を迎えていました。

当時，改めて会社を成長軌道に乗せるためには，外科的手術を含めて少し思い切った手を打つ必要があるなと感じていました。そして，成長資金を調達して，経営基盤の再編を実現すべきという判断から，MBOを決心したということです。

鬼頭芳雄氏

――今まで"投資ファンド"という存在についてどのようにご覧になっていましたでしょうか。また，最初に，カーライル・グループのメンバーにお会いした際には，どのような印象を持ちましたでしょうか。

野村：当時の私は，大変勉強不足だったのですが，「投資ファンド」について，ほとんど知識がありませんでした。当時は，確かに「ハゲタカ・ファンド」という言葉もありましたが，ほとんど印象はなかったのです。それで，カーライル・グループさんから最初にこの話をお聞きしたときには，私自身は非常に驚きました。

当時，私は物流システム部門の担当をしていました

野村博氏

が，最初にカーライルさんのメンバーの方といろいろお話しさせていただいたのは，当社のユーザーの代表的な事例をご覧いただくというときでした。事業のデューデリジェンスの一環として，事例を見に行くときにご一緒させていただいて，キトーをご担当するメンバーの方にお会いしました。

　まず，非常に若い方ばかりだということを感じました。それから，何事にも旺盛な好奇心を示され，またその吸収力をお持ちで，かついろいろなことに対して非常に柔軟に物事を捉えられるという印象が強く残っています。

　鬼頭：私は，ちょうど2003年の1年前くらいに，ドイツの競合メーカーが米系ファンドの傘下に入る事例を非常に近い位置で見ていました。ファンドが主導するターンアラウンドを間近で見ていましたので，非常に限定的ではあるものの，事例としてファンドによる事業会社のターンアラウンドというものの，ある種の先入観はありました。その先入観は決してポジティブなものではありませんでした。そういった意味では，私自身は少し警戒感を持ってカーライルさんたちにお目にかかったというのが正直なところです。

　しかし，最初にお目にかかって伺った話は，私が固定観念的に描いているイメージとは相当違う印象を受けて，直感的に，「この方たちと組むと面白いことができるかもしれない」と思ったのです。短期的リターンを得るというよりも成長にフォーカスした投資姿勢が，われわれの持っていた長期的な成長ポテンシャルを追求したいという意向と一致し，パートナーシップを組むことに非常に魅力を感じたというのが最終的な決断のポイントです。

——**カーライル・グループとしては，キトーのどのような点に魅力を感じて投資を決定したのでしょうか。いくつかのポイントをお話しいただければ幸いです。**

　山田：私が鬼頭さんにお会いしたのは銀行さんからの紹介がきっかけで，それ以来キトーのことを勉強させていただきました。まず，分かったことは，非常に強い製品力とブランド力をお持ちということです。特に，国内では圧倒的なシェアを持っておられ，海外でも多くの拠

山田和広氏

点をベースに,ビジネス展開が進行しつつありました。この点において,大きなポテンシャルがあると感じました。

実際に,デューデリジェンスをさせていただいて,すごく好印象だったのは,キトーのカルチャーです。非常に真面目なものづくり企業で,何に対しても非常に真摯に対応いただけたという印象が強く残っています。また,経営陣や社員の方々へのインタビューを通じて,何事に対してもすごくクイック・レスポンスであることにも驚きました。われわれのどんな質問に対しても,すごく丁寧に,しかも早く的確に答えていただけ,是非この経営陣と一緒にビジネスを拡大していきたいと強く感じました。しかもそれは,経営陣だけではなく,関わっておられた担当の社員の方々も全く同じ反応でした。

加えて,弊社の海外チームも含めてデューデリジェンスを行ったのですが,国内だけではなくて海外においても同様に,キトーのブランド力の強さを再認識することができました。カスタマー・ヒアリングなどの調査結果からも,キ

図表1　会社概要

会社名	株式会社キトー
設立	1944年7月（創業：1932年11月）
代表者	代表取締役社長　鬼頭芳雄
本社所在地	〒409-3853 山梨県中巨摩郡昭和町築地新居2000
事業内容	巻上機およびクレーンの製造・販売
拠点	＜本社工場＞山梨県中巨摩郡 ＜東京本社＞東京都新宿区
関係会社	HARRINGTON HOISTS, INC.（米国） KITO CANADA INC.（カナダ） KITO EUROPE GmbH（ドイツ） KITO PHILIPPINES, INC.（フィリピン） 江陰凱澄起重機械有限公司（中国） 上海凱道貿易有限公司（中国） SIAM KITO CO., LTD.（タイ） KITO KOREA CO.,LTD.（韓国） ARMSEL MHE Pvt. Ltd.（インド） キトーホイストサービス株式会社（日本）
売上高	＜連結＞239億2,500万円（2010年3月末現在） ＜単独＞146億8,300万円（2010年3月末現在）
従業員数	連結1,555名　単独650名（2010年6月末現在）

(出所)　キトー

図表2 沿革

1932年11月	鬼頭製作所を創業し，チェーンブロック等の製造を開始。
1970年11月	株式会社キトーに商号変更。
1980年10月	株式の店頭登録により株式を公開。
1990年1月	米国に100%出資の子会社HARRINGTON HOISTS, INC.を設立。
1993年1月	カナダに100%出資の子会社KITO CANADA INC.を設立。
1995年5月	中国に江陰凱澄起重機械有限公司を設立。
2003年8月	The Carlyle Groupが100%出資する特別目的会社カーライル・ジャパン・ホールディングス・スリー株式会社による株式の公開買付（TOB）成立。
2003年10月	株式の店頭登録銘柄の登録取消し。
2003年10月	「キトーレバーブロックLX」が財団法人日本産業デザイン振興会主催の2003年度「グッドデザイン賞」においてグッドデザイン特別賞（金賞）を受賞。
2003年12月	中国に100%出資の子会社上海凱道貿易有限公司を設立。
2004年4月	立体自動倉庫を中心とする物流システム事業をダイフクへ譲渡。
2005年5月	東京都渋谷区代々木の東京本社用土地の売却。東京都新宿区西新宿の東京オペラシティビル内に新事務所（東京本社）を開設。
	子会社江陰凱澄起重機械有限公司の工場を同市内（江蘇省江陰市）の工業団地に全面移転。
2006年5月	ドイツに100%出資の子会社KITO EUROPE GmbHを設立。
2007年8月	東京証券取引所市場第一部に上場。
2008年11月	韓国に80%出資の子会社KITO KOREA CO., LTD.を設立。
2010年3月	KONECRANES PLCとの業務・資本提携契約を締結。
2010年6月	江陰凱澄起重機械有限公司の出資比率を90%とする。

（出所）キトー

トーの潜在力が確認でき，投資するという結論に至りました。

■ 事業価値向上に向けた経営施策① 〜日本〜

―― MBO直後には，主にどのような経営施策に取り組みましたでしょうか。

鬼頭：カーライルさんとの協働というのは，基本的には大きく三つに分けられるのではないかと思います。一つ目は，バランスシートに対する手術で，不要な資産を売却し，借り入れを返済し，成長資金をきちんと確保するということです。それから，二つ目は，将来に向け抱えているポテンシャルリスクを整理するということで，厚生年金基金や保険の関係などの整理をしました。さらに，三つ目は，成長基盤に積極的に取り組むということですが，これはどちら

かというと海外のほうの話になります。

　国内ということに限定すれば，前の二つになりますが，その中でも物流システム事業の売却は，大きな施策の一つだったと思います。このような大きな施策は，それを受け止める側の意識変革も含めて，なかなか単独ではやりきれなかったと思っています。日本の商習慣的にも，いろいろと複雑なつながりがある中で，カーライルさんの支援を得なければ，スピーディーにはできなかった可能性があります。

　──MBO後に成功するためには，現場の意識改革や一体感の醸成が重要だと言われていますが，モチベーションの向上のためにどのような工夫をしましたでしょうか。

　野村：カーライルさんには，社外取締役として取締役会に入っていただいたり，その他のメンバーの方にもオペレーションのサポートをしていただきました。

　その中で，カーライルさんのメンバーの方は，私どもの取締役会のメンバーや社員に対して，いろいろな配慮をして下さいました。それがありましたので，比較的早期にカーライルさんとの信頼関係が醸成できたと思います。現場のモチベーションを上げるとか，一体感を意識して醸成するということは，苦労なくできたという気がします。

　そして，カーライルさんが考えているオペレーション上でのポイントやスピード感，社内だけで進めるのではなく外部のプロフェッショナル・サービスを思い切って起用するというところは，かなり刺激を受けました。そういう取り組みのスピードについていくために，経営陣も社員も非常に一生懸命になりました。

　それから，結果的に事業を一部譲渡することになったのですが，一緒に譲渡されて相手側へ行く社員への配慮や，譲渡先に移っていく顧客への配慮があり，いろいろ気を遣って進めた記憶があります。

　鬼頭：現場レベルの意識改革という意味では，カーライルさんと組むことによって，われわれも相当意識して，今まで以上に社員に対してコミットメント

を強く要求しました。

特に、その中でも、数字というものに対してきちんとコミットさせるようにしました。現場の末端にまで意識改革を促し、カーライルさんを一つの新しいステークホルダーという看板でもって、かなり強く社内に浸透させようという努力をしました。

また、カーライルさんの配慮で、その結果に対しての成功報酬をきちんと配慮していただいたことによって、かなり社員のモチベーションも向上し、結果と報酬という組み合わせを上手く機能させられたのではないかと思います。

山田：やはり皆さんの理解・コミットメントがあってはじめて成り立つものですから、カーライル・グループとしても、最初の頃は極力いろいろな場に出させていただきました。例えば、代理店の総会の場に一緒に出席し、スピーチをしたり、お酒を飲んだり、ゴルフをしたりして、われわれがいかに会社をサポートしていく株主であるかということを理解していただけるよう、コミュニケーションを図りました。

——カーライル・グループとしては、日本での成長を実現するための基盤強化のために、どのような支援を行いましたでしょうか。

山田：日本に関しては、コア事業への特化というテーマがありました。キトーは、ホイスト・クレーンのビジネスと物流システムをお持ちで、両方とも日本ではパイオニアとして、非常に高い技術を持っておられました。一方で、両方のビジネスにリソースを投じるべきか否かについて、オープンに議論させていただきました。

既にキトーの中でもこのような議論はあったようですが、既存のお客様のことを考えると、途中で止められないという強い思いやこだわりがあったと思います。事業の現状およびその将来性等について、経営陣の皆さんと何度も議論させていただき、最終的にホイスト・クレーン事業にリソース特化して、物流ビジネスについてはダイフクさんに譲渡するという決断をしました。

その結果として、経営資源をホイスト・クレーン事業のコア事業に集中できたことと、キャッシュフローの改善という観点から、物流ビジネスの切り離し

はかなり大きなインパクトがあったと思います。さらに，遊休資産や本社の売却なども進めていき，有利子負債を返済する一方，新規のビジネスや中国などの海外に展開していく資金を捻出することができました。

また，ものづくりという観点では，工場業務のフローの見直しを実施しました。トヨタ生産方式のコンサルタントに入っていただき，キトーの生産方式をレビューしてもらいました。これだけの歴史があり，高品質の製品を生産している中で，生産方式を少し見直してみませんかという問いかけに対しては，なかなかすぐに受け入れられないという反応が普通だと思うのですが，意外なくらいオープンに議論させていただくことができました。やはり従来から，より効率の良い生産方式への改善を検討し，追求していくという文化があり，変化を受け入れることのできる素地があったということでしょう。最終的には，セル生産方式という新たな生産方式を導入し，生産効率の向上および在庫削減などの大きな効果を生み出しました。

■ 事業価値向上に向けた経営施策② 〜北米〜

——北米の事業強化では，カーライルの米国チームが活躍したとのことですが，米国子会社に対しどのような支援を行ったのでしょうか。

山田：デューデリジェンスを通じて感じたキトーの大きな魅力の一つは，北米のマーケットにおけるポテンシャルの大きさです。

デューデリジェンスを実施する中で，マーケットにおいてキトー製品の信頼度が高いわりに，思うほど売れていないという実態が判明してきました。突き詰めていくと，その原因は米国子会社の経営陣の経営手腕にあったのです。もともとキトーの販売代理店をやっておられた方がそのまま米国キトーの社長になり，それなりに結果を残していましたが，マーケットの成長性およびキトーの潜在力ほど売り上げは成長していませんでした。議論の結果，投資後3ヶ月で米国経営陣の入れ替えを実行し，2004年年明けから新しい体制を確立することができました。その後，新経営陣より米国子会社は4年間で2.5倍を超える成長を実現し，現在キトーのグローバルオペレーションの中核として活躍していますので，米国経営体制の強化は大成功だったと思います。

カーライルの海外でのレピュテーションは非常に高いものがあります。「カーライルの投資先の社長」という形で人材募集をすると,「キトーの北米子会社の社長」というよりもかなり優秀な人材が集まります。これはカーライルの提供できる付加価値の一つと思っています。

――グローバル人材の登用やコーポレート・ガバナンスの強化の観点で,カーライル・グループの支援により学んだ点はありますでしょうか。

鬼頭：人材の登用についてのドライな部分というのは,われわれだけでは遂行は不可能だったと思います。そういう意味で,グローバル・ビジネスのマネジメントの体制を構築する上でのポイントや,人選の重要性などを改めて認識させていただきました。

それと同時に,この米国での成功事例が,各地で展開しているキトーのグループ全体のビジネスをガバナンスする上での一つの成功モデルになっており,北米での施策はいろいろな意味で波及効果が大きかったと思います。現実に,北米で採用した人材は,今キトーグループの執行役員のメンバーにも入っています。そういう意味では,米国事業のみならず,キトーグループ全体に対するコミットメントをしてくれていますので,カーライルさんの米国での支援は,結果的にいろいろな意味での波及があったと思います。

――グローバルに展開しているカーラール・グループだからこそ可能であった支援もいくつかあったかと思います。日本企業によるグローバル・ファンドの活用の意義についてはどのようにお考えでしょうか。

鬼頭：一つは,グローバル・ファンドが持っているネットワークです。実際に,カーライルさんのネットワークの中にあるプロフェッショナル・サービスを,各地域で活用させていただきました。

もう一つ感じたことは,グローバル・ファンドの方たちが持っている体内時計みたいなものが,日本のビジネスサイクルの体内時計と微妙に違うということです。そこはかなり刺激を受けましたし,それに適応するための努力も相当

しました。そういう意味で,さまざまな刺激を受けたことは事実です。

野村：一つ具体的なところで言えば,グローバルなキャッシュフロー・マネジメントという観点について,カーライルさんからかなりご指導いただきました。例えば,子会社との間の移転価格調整という部分など,今まで自分たちだけではやり切れていなかったというところを支援いただきました。

鬼頭：カーライルさんは過去にいろいろな投資事例がありますが,その投資先さんとのネットワークというものも非常に大きかったと思います。必ずしもそれが直接的な売上につながっているものばかりではありませんが,事例を共有し合って,われわれのネットワークに活用させていただいた面も含めて,大きな刺激になったことは事実です。

山田：現在多くの日本の企業が,「どうやって世界の舞台で戦い,勝っていくか」ということが問われており,その一つの手段として,グローバル・ファンドとの協働があるのだと思います。グローバル・ファンドには,世界で戦うために必要なネットワーク,人脈,資金,ノウハウが揃っています。日本企業にとって,この貴重な資源を活用しない手はないと思います。

望むべくは,日本企業の経営者の方々から,能動的にバイアウト・ファンドを活用して世界に打って出ていく事例がたくさん出てくるといいなと思います。

特に海外の事例を見ていますと,企業側がバイアウト・ファンドに積極的に働きかけて,自社よりも規模が大きい企業を買収したり,もしくはリスクヘッジという観点から,必ずしも100％買収する必要がない事業をファンドと共同で買収したり,上手にファンドを活用しています。日本でもそういう柔軟な発想を持つ経営者の方々が増えてくると,このファンド業界もさらに活性化してくるのではないかと思います。

■ 事業価値向上に向けた経営施策③ ～中国～

――成長著しい中国において，御社は早くから拠点を開設し，事業を開始しています。増収を更新していますが，MBO直後から主にどのような施策を実施してきましたでしょうか。

鬼頭：中国におきましては，やはりカーライルさんとのMBOの主目的である成長資金の投下を実現できたことが一番の大きかったと思います。資金を工場増設などに活用できましたし，増資により現地法人である江陰凱澄起重機械の持分を拡大したことによってガバナンスを強化し，今の成長基盤を築くことができました。

野村：具体的な施策としては，物流システム部門の撤退に伴って，中国で立ち上げていた合弁会社を清算するということをやりました。これは，合弁相手が中国政府系の外部機関や大学であったりもしましたので，いかに上手く清算するかというのが非常に重要な課題でした。結果的には，相手からも感謝されるような非常に上手い清算の仕方ができて，その後の残ったビジネスへの悪影響をゼロに抑えられたのが一つの成果だったと思っています。

その他の主な施策としては，中国の子会社として，ホイスト・クレーン事業を営んでいる江陰凱澄起重機械の事業をいかに拡大させて，経営管理体制を強化していくかということに正面から取り組みました。例えば，従来の工場を移転させて，新工場を立ち上げて生産量の増大を図り，経営の透明化やバランスシートの顕在化をして，同時にガバナンスの強化も行いました。それから，合弁会社の持分を徐々に上げていき，最終的には90％にしました。最近では，新たな土地を隣接地に取得して，工場を立ち上げて，さらなる事業の拡大を図っています。

最後にもう一つのテーマですが，日本で生産して世界各国で販売している高級品に該当するジャンルのキトーの製品があるのですが，それを中国市場でいかに浸透させるかという課題がありました。これについては，上海に貿易販売会社を立ち上げて，主にローカルの販売代理店を中心としたネットワークを構築しました。まだまだ途上ですが，かなり市場の獲得ができつつあるという状況です。

鬼頭：米国でのドライなマネジメントの再編とは逆に，中国では全く違うアプローチでした。そういう意味でのグローバルな観点では，もしかしたらカーライルさんとしても，中国のマネジメント体制は入れ替えたほうがいいという判断をなされる可能性はあったかと思います。しかし，そこには中国というビジネス環境の難しさがありましたので，そこを十分咀嚼いただきつつ，非常に難しい部分を共有していただいて，当時の経営体制をこの変化に上手くついてこさせるようにかなりご配慮いただきました。

――カーライル・グループは，香港や上海にも拠点がありますが，キトーの中国事業支援において，アジアチームはどのように関与しましたでしょうか。

山田：デューデリジェンスを実施したときに，中国でのビジネス展開のポテンシャルとそのリスクについて，アジアチームに協力してもらいました。

一つの例ですが，キトーの中国工場があった地域が再開発地域に指定されてしまったので，一定の期間内に工場を移転しなければなりませんでした。このリスクおよび対処について，中国のチームにアドバイスを求めました。このアドバイスは，われわれが投資を決断する上での大きなポイントになりました。

また，中国子会社の経営の視える化を実現するため，中国チームから紹介のあった会計系のコンサルティング会社に協力を依頼し，グローバル会社制度を導入しました。当初中国子会社の経営陣の抵抗もありましたが，キトー，コンサルティング会社，カーライルの協力のもと経営の視える化を実現していきました。

キトーの中国子会社である江陰凱澄起重機械は，投資以来年率20％近い成長を実現しています。この好業績と経営の視える化の実現のキーは，鬼頭社長と黄総経理の強い信頼関係です。グローバル基準の会計制度の導入により，より大きな資金を投下し，中国における事業の積極的な拡大を図れました。

――今後，中国ではどのような需要が見込めますでしょうか。御社の中国における取り組みの中長期的な展望についてお聞かせ願います。

図表 3　カーライル・グループがキトーに提供した主な付加価値

日本

➤ 事業効率向上の専門コンサルタントと協働し，トヨタ生産方式を導入。工場業務フローの抜本的見直しを実施し，在庫水準の大幅な低下と注文から出荷までの時間短縮を実現。投資当時の90日前後あった在庫日数は，2/3程度まで減少

➤ 資本効率の観点から，資産の売却を進め財務体質の強化を推進。東京本社ビルを初め，工場用地の一部，ならびに持ち合いで保有していた有価証券を売却し，借入金の返済に充当

➤ システム事業については，当時損益分岐点まで収益が回復していたが，投資効率・業界における競争環境を考慮して，ダイフクへの譲渡を経営陣とともに決断

北米

➤ 米国子会社の経営体制の見直しを実施：従業員に対するヒアリングを実施し，既存の経営陣の問題点を正確に把握。米国チームのサポートを得ながら，カーライルのネットワークを活用して新しい社長を外部から招聘

➤ グループのキャッシュフローマネジメントとして，米国子会社向け移転価格を調整。米国に滞留していた余剰資金を日本本社に集約することで効率的なキャッシュの運用を実現

➤ 米国チームのサポートを得ながら北米での事業展開を支援

欧州/アジア

➤ 中国事業は，45％のマイノリティー出資を行う合弁会社を通じて行っていたが，成長市場での収益基盤を確立するために，出資比率を段階的に9割にまで引き上げ，合弁会社の子会社化を実現。さらに旺盛な市場需要に対応するために当地に新工場を建設し，事業を拡大

➤ アジアチームのサポートを得ながらアジアでの事業展開を支援

➤ 欧州市場開拓強化に向け，2006年5月にドイツに販売拠点を設け，カーライルのネットワークを活用して現地の役員を外部から招聘

(出所)　カーライル・グループ

野村：中国は，多少の山谷はあっても，当面かなり高い成長を続ける市場ではないかという見方をしています。そこに上手く乗って，中国の子会社を中心にビジネスの拡大をいかに図っていくかが非常に大きなテーマだと思っています。

キトーの経営陣と中国子会社の経営陣
(中国子会社「江陰凱澄起重機械」の正門前にて)

図表4　キトーのグローバルネットワーク

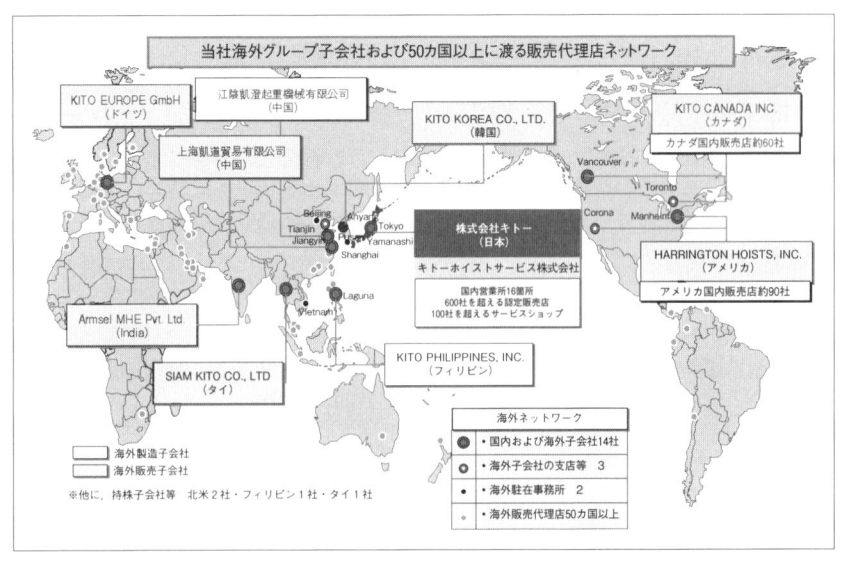

(出所)　キトー

自社の既存の延長線上で事業を拡大していくという方法が一つありますが，カーライルさんのいろいろなネットワークを活用させていただいて，アライアンスなどの新たな事業拡大のチャンスも出てくるのではないかと思っています。既存事業と新事業の両面で，中国という市場で事業の拡大を図っていけたらと思っています。

鬼頭：中国は絶対的な規模とその拡大ペースがあり，少なくとも今後数年間は世界最大で推移し，企業として成長していく上での一番のドライバーになることは間違いありません。

今までは「安かろう悪かろう」の製品に席巻されていた中国のマーケットが，生産性や安全性を武器として，今まさに変質しようとしている状況がありますので，大きなビジネスチャンスが生まれてきます。この流れに上手く乗っていくための最低限の基盤づくりはできていると思いますし，もう一歩踏み込んで上手く捉えたいと思います。

一方では，中国には厳然たる昨今のカントリーリスクを予見させるような難しいところもあります。個人的には，あまり中国一辺倒にならないようなリスク分散を図っていかないといけないと思っています。そういう意味では，中国が伸びれば伸びるほど，他の地域の拡大も急務だということだと思います。

再上場の達成

——2007年8月には，再上場を達成しました。業績も向上して東証第一部に上場しましたが，再上場するということに対してはどのようなお考えをお持ちでしたでしょうか。

鬼頭：やはり再上場という選択肢にたどり着くまでには，いろいろな葛藤や悩みがあったことは事実です。なぜ悩んだかというと，非上場化したことによって生まれた環境は，「仕事に集中しやすい」，「事業に集中しやすい」ということでした。そういう意味では，2003年の途中から2007年の途中まで非常にやりがいのある環境の中で，いわゆる本当の事業拡大というものに集中した時間を費やすことができましたので，その居心地の良さを実感していた部分があります。

上場すれば，不特定多数のステークホルダーに対する時間配分にいろいろな意味で気を遣い，リソースも割かれますので，若干の不安感みたいなものがあったことも事実でした。本当に弊社にとって再上場がベストな選択かと正直悩みましたが，スタンドアローンな会社としてグローバルなマーケットで成長して行くには，最終的には上場という形がベストなのだろうという結論になりました。

　もう一つは，社員あるいはお客様のキトーに対する思いみたいなものもありました。もともとジャスダックに上場していましたので，それなりの経営基盤の再編が整った後には改めて上場し，一つのプロセスを完結させるという形で終わるのが，そういう人たちの思いにも応えることになるのだろうなと思ったのです。結果としては上場して良かったのではないかと思っています。

野村：MBOした後のかなり早い時点から，当然カーライルさんがどこかでエグジットするということは明白でしたから，そこに向かって着実に準備をしていくという意識がありました。ただ，時間的な感覚としては，最初に思ったよりも遅かったなという感覚がありました。しかし，結果的には，反対にかなり早く再上場できたなというのが実感です。上場を目指すと決まってからは，かなり追い込んで再上場に向かって，全社一丸となってやりましたので，結果的には良かったと思っています。

山田：ファンドにとって，実はIPOでのエグジットは結構チャレンジングな試みです。IPO時にすべての持分をすぐに放出することは困難である上，上場後の持ち分がマーケットリスクにもさらされてしまうからです。また，上場後持分の売却をすることは容易ではありません。われわれは，すべての投資案件において，投資時および投資後も対象会社にとってどういうエグジットが望ましいのかということについて，経営陣を含め十分な議論を尽くします。いずれかファンドはエグジットしますので，必ず投資前に対象会社の経営陣とどういうエグジットを前提にするかを合意した上で，投資を行うというのが，われわれの投資プロセスのモットーでもあります。

　キトーに関しては，単独でグローバルに成長し，グローバルな競合相手と戦っていける潜在力がある企業だと判断しましたので，当初より独立した形を維持できる上場が一番いいのではないかと考えたのです。また，迅速なエリア

拡大，製品ラインアップの拡充，グローバル供給体制の確立の実現には，資本市場にアクセスをし，買収等をてこに事業を拡大していくという戦略が重要であり，その点からもIPOがキトーにとってフィットしているという結論に至りました。

当然，日本において，ファンドのエグジットが上場というのが経営陣に受け入れられやすいと思いますが，本質的にはどういう資本構成で，どういう株主がその会社にとってベストかということを考えることのほうがより重要だと思います。決して，すべての会社においてIPOがベストの選択肢とはいえず，事業会社との統合の方が事業拡大，雇用の安定等を考慮すると適しているケースも多いと思います。キトーの場合は，その辺りの議論を十分に尽くした結果，上場が一番だという結論に至ったということです。

■ 世界的不況への対応策と競争力強化 〜さらなるグローバル戦略の推進〜

——リーマン・ショック以降には，市場環境の大きな変化がありました。回復に向けて主にどのような対応策を実施しましたでしょうか。

鬼頭：基本的に，2007年に上場したときの弊社としての成長ストーリーを持っているのですが，リーマン・ショックによって大きく修正を加えているということはありません。カーライルさんと行ってきた協働による経営基盤の強化で，成長余力をきちんと担保するということと同時に，不況下でも強い筋肉質な体質がある程度できていたのではないかと思います。

確かに大変厳しい経営環境に突然さらされ，もう少しいろいろな手を打ってプラスアルファの利益を生むべきではないかとおっしゃられる方も多いかもしれません。しかし，私の中では，そういう小手先の策を取ることによって，将来に向けた成長余力を棄損してしまうような手は打たずに何とか乗り越えられるのではないかという判断から，縮小の施策というのは本当の最小限にとどめたつもりです。そういう意味では，次なる拡大期に向けての布石を着々と，淡々と打ってきています。

──2010年3月には，フィンランド共和国のKONECRANES PLCと業務・資本提携を行いましたが，どのような協業が想定されていますでしょうか。

鬼頭：業務提携の基本は，地域戦略と製品戦略の上で互換関係にある部分をお互い有効活用しましょうということです。ただ，KONECRANESと手を結びましたけれども，KONECRANESの傘下に入ったような提携であるつもりはありません。われわれからすればKONECRANESは今でも最大の競争相手だと思っています。

今回の資本提携の目的は，われわれが今後ともキトーブランドとして独立戦略を採っていくための，ある種環境づくりという意味での資本提携ですし，それをした上で，互換的な関係にある製品，および地域を上手くお互い活用することによって，それぞれの成長戦略をさらに加速させようというのが狙いです。

山田：この資本・業務提携を実行するにあたって，交渉戦略を考えたり，一緒に交渉の場に出させていただきました。もともとKONECRANESと交渉を

図表5　KONECRANES PLCとの業務・資本提携の概要

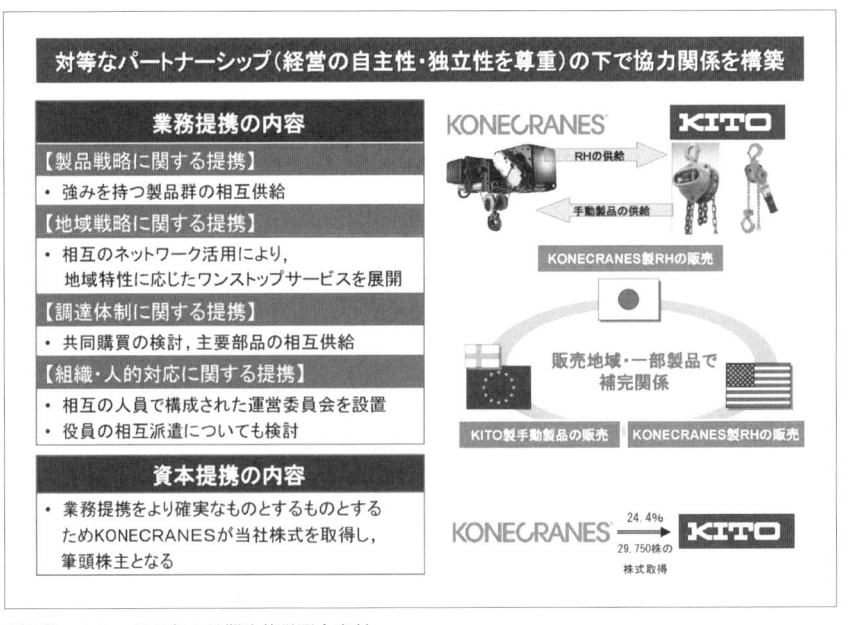

（出所）：キトー2010年3月期決算説明会資料

始める前に，今後のキトーのグローバル展開を考慮し，どこと組むのが良いのかも含めて，キトーの事業戦略を一緒に考えさせていただきました。

鬼頭：これは非常に大きかったと思います。競争相手同士という認識の上でいいとこ取りをしようという極めて都合のいい関係づくりをしようという思いでした。彼らを最終的にパートナー候補に選ぶまでのプロセスもそうですし，最後の議論というのは，やはり極めてデリケートな交渉でした。お互いが納得できる着地点にたどり着けたという意味では，さまざまな交渉場面や作戦を練る場面で，カーライルさんからいただいた支援はかなり大きかったと思います。

——日本・北米・中国以外ではどのような地域にポテンシャルがありますでしょうか。

野村：既に中国が出ていますので，BRICsの中国を除いた残りの三つのマーケット，特にインド，ブラジルは，当面の成長市場と位置付けています。既にインドにおいては，カーライルさんから情報とサポートをいただいて，クレーンメーカーのM&Aを成功させているということもあって，それを足がかりにインド市場の開拓を急いでいこうという考えを持っています。

鬼頭：この日本，北米，アジアの3地域で，われわれのビジネスの85%を占めています。残りの15%ですが，これは無限の可能性があると思っていますし，当然のことながら，これが15%にとどまっていてはいけないわけです。

世界の市場を見れば，この先の成長ポテンシャルという意味でも，魅力的なマーケットはたくさんあります。おそらく，当面数年間はやはり中国がドライバーであることは間違いないのですが，その次なるドライバーはこの15%のところに隠れているという意味で，まだまだ成長ポテンシャルがあると思っています。

——カーライル・グループとしては，キトーのグローバル戦略における将来性はどこにあると分析していますでしょうか。

山田：投資をさせていただいてからやはり感じるのは，キトー製品，キトー

ブランドの強さです。現経営陣のたゆまぬご努力によって日本，北米，中国と大成功しているわけですが，中国のプレミアセグメント，他の新興国マーケット等まだまだ成長ポテンシャルが非常に大きいところがあると思います。

あとはヨーロッパですね。ヨーロッパにおいて，まだまだ大きなシェアを取れる可能性があると思います。既存のビジネスライン以外に，周辺ビジネスというのも考えられますので，M&A活用は重要だと思います。当面円高は続くと思いますので，円高を利用し積極的に投資をしていくことができると思います。

単に買収するだけでは上手くいきませんので，キトーが今までやってきたように，企業を買収して現地の経営陣と信頼関係を築き，そこをプラットホームにしてキトー流を広めていくやり方が，非常に効果的かと思います。

■ 日本企業の事業再編とバイアウト・ファンド活用促進に向けて

──経営環境の変化への対応策として，日本企業の事業再編が進んでいくことが予想されます。事業再編も含め，今後どのような局面でバイアウト・ファンドが活用されるケースが増えてくると思いますでしょうか。

鬼頭：今いろいろな資金調達手段がありますが，リスクを伴う事業再編，あるいは成長資金の源泉として，このバイアウト・ファンドというのは極めて有効なオプションではないかと思っています。

今の世の中では，制約条件ばかりが大きくなっており，実際にリスクを取れる資金という選択肢が理論的にはあっても，なかなか現実的ではないものが増えているような気がします。そういう意味で，バイアウト・ファンドが，リスクを共有して，一緒に事業のターンアラウンドや成長にチャレンジするパートナーとしては，極めて重要なオプションであるということを，実体験からも日本の経営者の方に申し上げたいと思います。

もう一つは，特にその中でもグローバル・ファンドと組むというのは，それに加えてとりわけ日本企業にとっては重要な意味があるのではないかと思っています。これからの日本企業の多くは，その生き残りの方法がグローバル化というところにいかざるをえない環境にあると思います。多くの日本企業のグ

ローバル化というのは，グローバル化と言いつつも実は日本企業の海外展開なのです。つまり，本当の意味で，グローバル化になっていないのです。

本当の意味でのグローバル化というのは，本当にボーダレスにビジネスを展開できる企業体にならなければなりません。昨今，日本企業がグローバル化を進めていかなくてはいけない環境の中では，いろいろな意味での刺激を与えてくれるパートナーになりうるという意味で，バイアウト・ファンド，とりわけグローバル・ファンドが，非常に重要なパートナー候補になりうるという気がします。

野村：私はカーライルさんと実際に組んでやって，新しいビジネスの展開をするというときに非常にスピード感を持って，すごく高い目標に向かって，一緒になって達成しにいくという経験ができたのです。

それは，自社だけでやっていたら，なかなかそういう環境にはならなかっただろうと思います。また，お互いに刺激し合うという面でも，バイアウト・ファンドとの協業は素晴らしいなと感じました。

山田：やはり潜在的な案件の創出という意味では，大企業の子会社のスピンオフが一番多いと思います。大企業がファンドを活用し，ノンコア事業を売却し，その経営資源をコア事業にフォーカスしたり，業界再編を促進することにより，日本企業の競争力や日本全体の経済力が強まっていくのだと思います。

ただ，実際ファンドを活用し，事業の競争力を高めようと思う経営者の方が，残念ながら非常に少ないというのが現状だと思います。われわれは，親会社や当事者である子会社の経営者の方々と議論をする機会が多いのですが，親会社レベルの理解度というのは以前にくらべ格段に進んできたと思います。しかしながら，当事者会社の経営者においては，ファンドとの協働はまだまだハードルが高いようです。

考えてみると，それは当たり前で，大企業において，引退する前の2～4年を子会社で過ごすという経営者の方々が多く，自分でリスクを取って当事者会社のグローバル化を図ろうという経営者が少ないというのは，よく理解できます。しかし，一度ご自分の会社の5年後とか10年後の絵を描いていただきたいのです。たぶんほとんどの企業が現状のままで良いということはないはずです。何らかの形で今の事業を強化し，グローバル化していかないと生き残りは難し

いはずです。グローバルネットワーク，ノウハウを持ち，リスクマネーを供給できるファンドの活用は必ず有力な経営オプションの一つになると思います。海外のように積極的にファンドを活用し，事業を成長させたいというような意識を持った経営者の方々が是非増えて欲しいと願うばかりです。

われわれが日本へ参入した10年前よりは，はるかにバイアウト・ファンドに対する理解度が進んでいる一方，ファンドに対する心理的なハードルはそれほど下がっていないような気がしています。われわれファンドの努力も必要ですが，より広く浸透するために，投資銀行，銀行，証券会社，弁護士，会計士，コンサルティング会社などとの協力が不可欠だと思います。われわれカーライル・グループとしても，日本でバイアウト事業がより拡大するよう，キトーのような成功事例をたくさん出していきたいと思います。

鬼頭芳雄氏略歴

株式会社キトー 代表取締役社長
慶応義塾大学理工学部卒業。ユタ大学経営学科卒業。1988年キトー入社，社長室次長などを歴任し，1992年取締役開発本部長兼情報システム室管掌就任。常務取締役，専務取締役営業統括管掌兼海外本部長，副社長を経て，2006年に代表取締役社長就任。現在，江陰凱澄起重機械有限公司董事長，HARRINGTON HOISTS, INC.取締役会長，KITO CANADA INC.取締役会長を兼任。

野村博氏略歴

株式会社キトー 専務取締役 経営管理本部長
1969年3月キトー入社。2000年7月執行役員就任。常務執行役員を経て，2006年6月に専務取締役専務執行役員企画本部長に就任。その後，営業統括，市場戦略統括などを担当し，2010年4月より現職。2007年11月より上海凱道貿易有限公司董事長を兼任。

山田和広氏略歴

カーライル・ジャパン・エルエルシー マネージング ディレクター
同志社大学経済学部卒業。国際公認投資アナリスト。住友銀行（現三井住友銀行）に16年間勤務，うち12年間はロスアンゼルス支店，情報開発部および大和SBCM（現大和証券キャピタル・マーケッツ）において，ストラクチャードファイナンスおよびM&Aアドバイザリー業務等の投資銀行業務に従事。1995年からは，主に流通小売・アパレル・機械・海外不動産業界にかかるクロスボーダーM&Aアドバイザリー業務担当，主にLazardとの協働で，27件／約3,000億円のディールを成約。現在は投資案件全般をサポート。株式会社アサヒセキュリティ，株式会社キトー，株式会社リズム，株式会社学生援護会，東芝セラミックス株式会社（現コバレントマテリアル株式会社），およびNHテクノグラス株式会社（現AvanStrate株式会社）の投資を主導。

あ と が き

　インタビューを実施させていただいた何社かの企業では，工場，店舗，オフィス内などの現場の見学もさせていただいたが，そこで何よりも嬉しかったのが，いずれの会社も活気があり，「会社を良くしていこう」という雰囲気が溢れていたことである。株主が変わるということは，会社を変えるチャンスでもあり，バイアウトの手法が企業の活性化や経営課題の解決に導く戦略的オプションの一つになりうることを目で見て感じることができた。また，消費者向けの製品やサービスを提供している企業も何社か含まれていたが，バイアウト・ファンドが企業に活力を与えることにより，より良い製品やサービスの開発が進み，最終的には一般の消費者にも利益が還元されることにもなるのだと感じた。今後も，さまざまな経営課題を抱えた企業や成長意欲のある企業により，バイアウト・ファンドの活用が積極的に行われることを期待したい。日本バイアウト研究所としても，正確な情報発信と日本のバイアウト市場の健全な発展に貢献できるような活動を継続的に行っていきたい。

　本書を完成させることができたのは，多くの方々のご支援によるものである。バイアウト・ファンドを中心とするプロフェッショナル・ファームの方には，案件で多忙にもかかわらず，論文・事例紹介を執筆いただいた。論文は，それぞれ独創性のある内容となっており，事例紹介は，具体的なハンズオン支援の詳細が書かれており臨場感溢れる内容となっていた。また，インタビューをお引き受けいただいた経営者の方々および座談会の討論者の方々には，バイアウト・ファンドのメンバーと取り組んで感じたことや今後日本のバイアウト・ファンドに期待したいことなどについて率直な意見を述べていただいた。

　さらに，編集の過程では，インタビューや座談会の日程調整を行っていただいた各社の秘書の方々，写真の提供や資料の作成を担当いただいた企画担当・広報担当の方々にも大変お世話になった。また，残念ながらタイミングの問題などの諸事情により，本企画に参加できなかったファームの方からも，本書の構成を検討する上で数多くのヒントを得た。このように影で支えてくれた方も

含めれば3冊で約1,000名の方が参加した壮大なプロジェクトであったが，無事刊行することができた。本書の刊行に携わったすべての方に感謝の意を表したい。

　最後に，本書の企画から編集に至るまでの随所で的確な助言をいただいた株式会社中央経済社執行役員常務の杉原茂樹氏にも深く御礼を申し上げたい。

　　　　　　　　　　　　　　　　　　　　　株式会社日本バイアウト研究所
　　　　　　　　　　　　　　　　　　　　　　　代表取締役　杉浦慶一

【執筆者略歴】 (執筆順)

第1章

岡田光（おかだ・ひかる）

株式会社 KPMG FAS 執行役員 パートナー

国内外のM&A案件におけるフィナンシャル・アドバイザーとして，案件のオリジネーションからディールマネジメント，企業価値評価，ストラクチャリング，財務デューデリジェンス，PPA等で多くの実績を有する。1991年にKPMGニューヨーク事務所入所。以降，米国企業ならびに日本企業の現地法人の監査業務，M&Aにおける財務デューデリジェンス業務等に従事。その後，1995年よりKPMG東京においてM&Aのフィナンシャル・アドバイザー業務に専任。2004年7月よりKPMG FASにおいて現職。また，2007年以降，慶應義塾大学大学院特別招聘准教授。

第2章

浅妻敬（あさつま・けい）

長島・大野・常松法律事務所 パートナー

1995年東京大学法学部卒業。1997年長島・大野法律事務所入所。2002年シカゴ大学LLM修了。その後Kirkland & Ellis LLP勤務を経て2005年1月から現職。第一東京弁護士会およびニューヨーク州弁護士会登録。M&A取引全般について，取引のスキーム策定の段階から取引実行後の対応に至るまで包括的なリーガルサービスを提供している。

吉村浩一郎（よしむら・こういちろう）

長島・大野・常松法律事務所 アソシエイト

2006年東京大学法学部卒業。2007年長島・大野・常松法律事務所入所。第一東京弁護士会登録。

真野光平（まの・こうへい）

長島・大野・常松法律事務所 アソシエイト

2001年東京大学法学部卒業。2001年～2005年大和証券SMBC株式会社（現大和証券キャピタル・マーケッツ株式会社）にてM&Aアドバイザリー業務に従事。2007年慶應義塾大学法科大学院卒業。2008年長島・大野・常松法律事務所入所。第一東京弁護士会登録。

第3章

関根賢二（せきね・けんじ）

マーサー ジャパン株式会社 グローバルM&Aコンサルティング プリンシパル

　1992年慶応義塾大学大学院卒業（理学修士）。1999年ペンシルバニア大学ウォートンスクール卒業（MBA）。日本興業銀行（現みずほコーポレート銀行），人事系グローバル・コンサルティングファームを経て現職。組織人事デューデリジェンス，人事・年金制度の統合・改革，企業変革コミュニケーションなどのプロジェクトに従事。特に，クロスボーダーおよびバイアウト関連プロジェクトで活躍。日米両国で，年金コンサルティング業務の経験を有する。年金数理人，米国AIMR証券アナリスト（CFA）。

第4章

大畑康寿（おおはた・やすとし）

みずほキャピタルパートナーズ株式会社 代表取締役社長

　東北大学経済学部卒業。富士銀行に入行し，米国にて買収ファイナンスを手掛け，英国にてMBOファイナンス等のヘッドを務める。1996年帰国後，コーポレートアドバイザリー営業部部長などを経て，2001年富士コーポレートアドバイザリー（現みずほコーポレートアドバイザリー株式会社）社長。2006年みずほキャピタルパートナーズ代表取締役。1998年に日本初のMBOファイナンスをアレンジ以来，多数の買収ファイナンス，エクイティ投資をまとめ上げ，MBO関連アドバイザリーも多数手掛ける。事業再生実務家協会理事。

第5章

杉浦慶一（すぎうら・けいいち）

株式会社日本バイアウト研究所 代表取締役

　2002年東洋大学経営学部卒業。東洋大学大学院経営学研究科博士前期課程に進学し，M&A，バイアウト，ベンチャー・キャピタル，事業再生に関する研究に従事。2006年5月株式会社日本バイアウト研究所を設立し，代表取締役就任。2007年3月東洋大学大学院経営学研究科博士後期課程修了（経営学博士）。第1回M&Aフォーラム賞選考委員特別賞『RECOF特別賞』受賞。事業再生実務家協会会員。日本経営財務研究学会会員。東洋大学経営学部非常勤講師。

第6章

横山淳（よこやま・あつし）
ベインキャピタル・アジア・LLC プリンシパル

慶應義塾大学法学部卒業。スタンフォード大学ビジネススクール卒業（MBA）。米国シーベル・システムズ（現オラクル）本社にて提携・買収戦略を担当した後，マッキンゼー・アンド・カンパニーのアソシエイト・プリンシパルを経て現職。マッキンゼーでは東京，ニューヨーク事務所にて，製造業，流通業などの成長戦略・M&A戦略の実施，買収後の事業統合，組織改革などをサポート。ベインキャピタルにおいては投資活動と共に投資先企業の事業サポートを担当。株式会社ドミノ・ピザ ジャパン取締役，サンテレホン株式会社監査役。

中浜俊介（なかはま・しゅんすけ）
ベインキャピタル・アジア・LLC ヴァイス・プレジデント

東京大学工学部社会基盤工学（修士・学士）。マッキンゼー・アンド・カンパニー東京オフィスのアソシエイト・プリンシパルを経てベインキャピタルのポートフォリオグループに参画。マッキンゼーでは，製造業，小売り，交通・運輸産業の企業に従事。ベインキャピタルでは，株式会社ドミノ・ピザ ジャパン，サンテレホン株式会社の投資後の企業価値向上を，ハンズオンでサポート。株式会社ドミノ・ピザ ジャパン監査役。

西直史（にし・なおふみ）
ベインキャピタル・アジア・LLC アソシエイト

東京大学教養学部学士，修士(国際関係論専攻)。マッキンゼー・アンド・カンパニーの東京・フランクフルト事務所にて，主に製造業，小売業を中心とする企業に対してグローバル戦略立案，M&A戦略，新規事業立ち上げ戦略をはじめとするさまざまなテーマでのコンサルティングに従事。ベインキャピタルでは小売・外食に加え，ハイテク，製造業等さまざまな産業に対する投資活動を担当。ドミノ・ピザ ジャパンの案件においては投資前の事業性精査，投資後の成長戦略支援を担当。現在はベインキャピタルを休職し，スタンフォード大学ビジネススクールに留学中。

第7章

喜多慎一郎（きた・しんいちろう）
アドバンテッジパートナーズLLP パートナー

1993年東京大学経済学部卒業。2000年カリフォルニア大学バークレー校経営大学院卒業（MBA）。1993年ベイン・アンド・カンパニー・ジャパン入社。日米のクライアント企業に対する経営戦略コンサルティングのプロジェクトに従事。2003年株式会社アドバンテッジパートナーズ（現アドバンテッジパートナーズLLP）入社。小売り，外食，製造業，教育産業等，幅広い業種の企業への投資の実行と投資後の経営改善サポートを行っている。

第8章

八塩直之（やしお・なおゆき）

大和証券SMBCプリンシパル・インベストメンツ株式会社　プライベート・エクイティ部次長

1991年東京大学経済学部卒業後，株式会社日本長期信用銀行（現株式会社新生銀行）入行。長銀の末期に不良債権処理本部で倒産処理や企業再生，債権償却，強制回収などの業務に従事後，法人部門で投資銀行業務を推進。2005年大和証券SMBC株式会社（現大和証券キャピタル・マーケッツ株式会社）入社，当社出向。2008年日本ドライケミカル株式会社取締役，2009年グランビスタホテル＆リゾート株式会社取締役。

第9章

畠山直子（はたけやま・なおこ）

ニューホライズンキャピタル株式会社　パートナー

米国戦略系のブラクストン・アソシエイツに入社。1989年デロイト　トウシュ　トーマツの傘下に入り，トーマツの一員になる。1991年，トーマツグループの企業戦略コンサルティング部門のパートナー，1995年同代表パートナーとして，戦略グループをリード。2005年フェニックス・キャピタル株式会社の参与に就任。主として，投資先のバリュー・マネジメントを手がける。ハーバード大学のカウンセリング・コンサルティング修士。担当した案件は，東急建設，三菱自動車ほか。

中村肇（なかむら・はじめ）

ニューホライズンキャピタル株式会社　パートナー

中央大学法学部卒業。首都高速道路公団（現首都高速道路株式会社）を経て，朝日監査法人（現あずさ監査法人）に入所，会計監査ならびに金融機関向けコンサルティングを担当。2000年にチューダーキャピタルジャパンリミテッドに入社，ミドルオフィスを担当。2003年フェニックス・キャピタル株式会社に入社，ファンドの経理・財務・運営業務および投資業務を担当し，これらの業務に精通。担当した案件は，世紀東急工業株式会社，ティアック株式会社ほか。公認会計士。

第10章

安立欣司（あだち・きんじ）

ベアリング・プライベート・エクイティ・アジア株式会社　ヴァイス・プレジデント

1999年東京大学法学部卒業。2005年コロンビア大学卒業（LLM）。2007年インシアード卒業（MBA）。弁護士として，広範なM&A，倒産案件，国際取引案件に従事。2008年10月にベアリング・プライベート・エクイティ・アジアに参加。日本国弁護士。

榎祐作（えのき・ゆうさく）

ベアリング・プライベート・エクイティ・アジア株式会社　アナリスト

2006年東京大学工学部卒業。2008年東京大学大学院工学系研究科修士課程修了。東京のゴールドマン・サックス自己勘定投資部門で新規案件の発掘およびポートフォリオ企業の価値向上支援を担当。2009年5月にベアリング・プライベート・エクイティ・アジアに参加。

第11章

梶村徹（かじむら・とおる）

ポラリス・キャピタル・グループ株式会社　プリンシパル

1999年東京大学工学部卒業。2001年東京大学大学院工学系研究科修了。日本興業銀行・みずほコーポレート銀行産業調査部に約5年間在籍し，情報・通信分野を担当。テレコム・メディア・ネットの融合分野を中心に調査・M&A案件の発掘等の業務に従事。2006年1月ポラリス参画。著書に「インターネット時代のメディアビジネス」（2005／12，みずほ産業調査）等多数。駅探およびオークネット向け投資を主導。

第12章

福本太郎（ふくもと・たろう）

MBKパートナーズ株式会社　ヴァイス プレジデント

1995年筑波大学法学部卒業。慶應義塾大学大学院経営管理研究科修士課程修了（MBA）。日本興業銀行（現みずほコーポレート銀行），GCA株式会社（現GCAサヴィアン）を経て現職。プライベート・エクイティ，M&Aアドバイザリー（経営陣主導型のMBO・MEBOなどを含む），事業再生，企業審査（事業戦略，財務戦略立案などのアドバイザリー業務，格付付与・与信方針決定業務），ストラクチャード・ファイナンスなどに従事。弥生株式会社取締役，田崎真珠株式会社元監査役。著書に，『プライベート・エクイティ―勝者の条件―』（共著,日本経済新聞出版社）,『ケースブック　企業再生』（共著,中央経済社）などがある。

第13章

松川力造（まつかわ・りきぞう）

シティック・キャピタル・パートナーズ・ジャパン・リミテッド マネージング・ディレクター

1979年東京大学教養学部卒業。同年，日本開発銀行（現日本政策投資銀行）入行。企業審査・法人向け出資・融資業務，海外債券発行等を担当，ロンドン次席駐在員・ニューヨーク首席駐在員を歴任。2006年4月より現職。同年9月より鳴海製陶株式会社社外役員を兼務。2010年6月より同社代表取締役社長。米国ブルッキングス研究所および通商産業省（現経済産業省）への派遣経験を有す。

第14章

永見隆幸（ながみ・りゅうこう）

キャス・キャピタル株式会社 ディレクター

監査法人トーマツに入社後，法定監査の他，M&Aにおける財務アドバイザリー業務やデューデリジェンス業務に携わる。その後，MKSパートナーズを経て，キャス・キャピタルに参画。プライベート・エクイティ投資を通じ，投資先の価値創造に取り組む。

第15章

法田真一（ほった・しんいち）

日本プライベートエクイティ株式会社 代表取締役社長

1989年慶応義塾大学経済学部卒業。商工組合中央金庫入庫。1991年日本アセアン投資株式会社（現日本アジア投資株式会社）入社。北海道，首都圏，西日本地区を中心にベンチャー企業への投資育成業務に従事。1999年より新規事業推進，M&A業務を手掛け，2000年日本プライベートエクイティ株式会社の設立に参画し，同社取締役に就任。2005年1月同代表取締役社長就任。2007年6月より日本アジア投資株式会社取締役。

■編者紹介

株式会社日本バイアウト研究所（代表者：代表取締役 杉浦慶一）

　日本におけるバイアウトを中心とする投資ファンド専門の研究機関。学術的な視点も兼ね備えた完全独立系のシンクタンクとして，中立的な立場から日本のバイアウト市場の調査・分析を行い，バイアウトに関する出版物の刊行・販売，セミナー・カンファレンスの企画・開催，同分野に関する調査・コンサルティングの受託を行っている。具体的には，日本のバイアウト市場の統計データを定期的に公表し，専門誌『日本バイアウト市場年鑑』の刊行，Japan Buy-out Deal Conferenceなどのカンファレンスの開催，官公庁からの委託調査の受託，各種の講演・セミナーなどを手掛けている。

URL: http://www.jbo-research.com/

〈日本企業のバイアウト〉
事業再編とバイアウト

2011年3月30日　第1版第1刷発行

編　者	日本バイアウト研究所	
発行者	山　本　憲　央	
発行所	㈱中　央　経　済　社	

〒101-0051　東京都千代田区神田神保町1-31-2
電　話　03（3293）3371（編集部）
　　　　03（3293）3381（営業部）
http://www.chuokeizai.co.jp/
振替口座00100-8-8432

Ⓒ 2011
Printed in Japan

印刷／東光整版印刷㈱
製本／誠　製　本㈱

＊頁の「欠落」や「順序違い」などがありましたらお取り替えいたしますので小社営業部までご送付ください。（送料小社負担）

ISBN 978-4-502-68300-8 C3334

JCOPY〈出版者著作権管理機構委託出版物〉本書を無断で複写複製（コピー）することは，著作権法上の例外を除き，禁じられています。本書をコピーされる場合は事前に出版者著作権管理機構（JCOPY）の許諾を受けてください。
　JCOPY〈http://www.jcopy.or.jp　eメール：info@jcopy.or.jp　電話：03-3513-6969〉

〈日本企業のバイアウト〉シリーズ

日本バイアウト研究所 編

本シリーズは、経営課題を抱えた企業や成長意欲のある企業に対して、バイアウト・ファンドが各種のソリューションを提供している実態を、実際の事例を通じて明らかにした日本企業の活性化に向けた待望の三部作。

事業再編とバイアウト

A5判／468頁

事業再編による子会社売却、ノンコア事業の売却、MBOによる独立、バイアウト・ファンドの資金提供機能と経営支援機能、アジアを中心とする海外事業の強化、MBO後の株式公開、業界再編におけるバイアウト・ファンドの役割など、事業再編に伴うバイアウトの実態を豊富な事例と経営者インタビューにより明らかにする。

事業再生とバイアウト

A5判／448頁

事業再生におけるバイアウト・ファンドの活用、経営者の外部招聘、経営プロフェッショナルの活躍、バイアウト・ファンドの資金提供機能・経営支援機能、内部管理体制の強化、社員の意識改革、人材育成、ブランドの再強化など、バイアウト・ファンドによる事業再生支援の実態を豊富な事例と経営者インタビューにより明らかにする。

事業承継とバイアウト

A5判／436頁

オーナー企業の後継者問題と事業承継、創業経営者のリタイア、後継者がいない場合の経営者の外部招聘、バイアウト・ファンドの資金提供機能と経営支援機能、事業承継におけるバイアウト・ファンドの役割など、中堅・中小企業の事業承継手法としてのバイアウトの実態を豊富な事例と経営者インタビューにより明らかにする。

中央経済社